# 東京税関

## 税関職員

### 土会悪物品を水際で取り締まり
### 貿易の公正と日本の安全を守る

東京税関羽田税関支署のある羽田空港は，年間7,870万人と，世界5位の旅客総数を誇る（2023年）

## 羽田空港で活躍する税関職員たち

貿易は，我が国の産業を発展させ，国民生活を豊かにする原動力である。グローバル化が進み，人や物の交流が著しく増加する現代社会で，その貿易取引において不可欠な行政機関が「税関」だ。税関は財務省の地方支分部局であり，全国9つの区域に分かれて管轄し，「税＝税金の徴収」と「関（関所）＝法律で輸出入が禁止されているもの等の密輸取締り」に関する業務を行っている。

今回の取材では，羽田空港で業務に当たっている3人の税関職員に仕事内容を伺った。

勝野さんは，旅具通関部門に所属し，出入国する旅客の手荷物検査を担当している。

「旅具とは，旅行者の携帯品のことです。携帯品に麻薬などの不正薬物，拳銃，偽ブランド品などの知的財産侵害物品といった，関税法で日本への輸入が禁じられている物が国内に持ち込まれるのを，水際で阻止しています。また，海外から持ち込まれる物品に対して課される関税や消費税等の徴収も行っています。コロナ禍で激減した入国者数が，再び右肩上がりで増加し続けている中で，少しでも効率的に仕事を進め，利用者の待ち時間を減らせるよう，日々工夫しています」

特別通関部門に所属する大場さんは，主に航空機貨物の通関業務を担当しているという。

「貨物を輸出入するときは，税関に申告をして許可を受ける『通関手続』が必要です。また，貨物によっては食品衛生法や植物防疫法など，関税法以外の手続が必要な物もあります。私の所属する部署では，貨物の中にそういった法令等で規制されている物がないか審査したり，審査の段階で必要と判断した物の検査をしたりしています」

戸田さんが所属するのは審理部門。

羽田税関支署
旅具通関部門
**勝野 結衣**さん
（令和4年入関）

羽田税関支署
審理部門 審理官
**戸田 陽介**さん
（平成27年入関）

羽田税関支署
特別通関部門
**大場 航洋**さん
（令和3年入関）

差し押えた証拠物件はしっかり確認します

「勝野さんや大場さんが所属する通関部門で，密輸入や関税ほ脱，不正輸出が摘発されると，関税法違反事件の発生となります。その事件の調査をするのが私の仕事です。事件の関係者や関係先への取り調べや張込，尾行，調査，証拠の収集などを行っています。警察官のイメージに近い仕事ですね。自分が担当した事件が，大々的に報道され，それをニュースで見たときは『自分のやった仕事が，多くの人に知ってもらえている』と，やりがいを感じます」

勝野さんも仕事の責任の重さが，やりがいにつながっているという。

「密輸を摘発し，戸田さんが所属する審理部門に引き継ぎ書類を作成しているときに，『自分はこれからどうなってしまうのだろう』と激しく

後悔をする人もいます。人の人生を大きく変えてしまう仕事でもあるので，しっかり責任を持って業務に当たるようにしています」

大場さんは自身のスキルが蓄積できていることが実感できるのが，やりがいにつながっているそうだ。

「現在の業務は，人ではなく貨物が相手です。しかし，どれ一つとして同じ貨物はありません。そのため，人によって審査や検査で重視するポイントや検査方法は異なり，100%の正解はありません。自分なりのやり方を見つけるために，上司や先輩に質問したり，過去の摘発事例を頭に入れたりしながら，日々の検査に当たっています。先日『あれ？』と

感じて検査に出した貨物に，申告していた物以外の物が入っていたことがわかり，自信につながりました」

### 税関職員をめざしたきっかけ

税関職員をめざしたきっかけはなんだったのだろう。勝野さんは輸入品への興味がきっかけだったそうだ。

「輸入品があると生活の中での選択の幅が広がりますよね。私は，高校生のときから輸入品のジャムや紅茶が好きで，輸入食品店によく行っていました。そこから輸入品がどのように日本に入ってくるのかを調べ，税関の仕事を知って，志望するようになりました」

ニュースで自分が担当した事件が報じられているのを見たときは，「自分の仕事が多くの人に知ってもらえている！」とモチベーションが高まります（戸田さん）

街中で外国人旅行客に道を尋ねられたときに，友人たちに「英語は得意でしょ？」と任せられることがしばしば。私も英語は苦手なのですが……（大場さん）

輸入貨物の審査時には，実行関税率表（通称『タリフ』）で関税の税率を確認します

大場さんと戸田さんは，公務員を志望する中で，業務説明会に参加して業務内容を知ったことがきっかけだったそうだ。

「説明会で，税関の仕事では，自分の好きなことや興味のあることへの知識が仕事に活かせると知り，興味を持ちました。たとえば，私の場合はテニスをやっていたので，『テニスラケットは1本300gくらいしかないのに，申告書類に記載されている総重量が重すぎるので，もしかしたらほかの物も入っているかもしれない』といった不審点に気づけたりするんですよ」と大場さんは話す。

戸田さんは，

「税関の仕事は，一般の方のイメージにある水際での取締りだけではなく，分類や科学的分析，システム構築，開発途上国への関税技術協力，

### 輸出入通関の流れ

□…輸出入および港湾事業者の行為
□…税関の行為

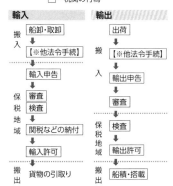

| 輸入 | 輸出 |
|---|---|
| 搬入　船卸・取卸 | 出荷 |
| 【※他法令手続】 | 搬入　【※他法令手続】 |
| 輸入申告 | 輸出申告 |
| 保税地域　審査 | 審査 |
| 検査 | 保税地域　検査 |
| 関税などの納付 | 輸出許可 |
| 輸入許可 | |
| 搬出　貨物の引取り | 搬出　船積・搭載 |

※他法令手続：貨物によっては，食品衛生法，
植物防疫法，家畜伝染病などの関税関係法令
以外の手続が必要となるものがある

大使館勤務など，仕事が多種多様にわたるところに魅力を感じて，志望するようになりました。実際，これまで所属した部署では，どこもやることが大きく異なり，新鮮な気持ちで向き合うことができています」と話してくれた。

勝野さんも，

「先日，中国語話者の旅行者から聞き取りをして申告書を作成しなくてはならない場面がありました。私は大学で中国語を学んでいたので，なんとかコミュニケーションが取れて，無事に書類が作成できたことがあります」と特技を業務に活かせた経験を話してくれた。

外国語話者と接する機会が多い仕事だけに，語学力は武器になるようだ。とはいえ，入関時に語学力はなくても問題はないと戸田さんは言う。

「私も語学力はありませんが，外国語話者の取調べ時には，通訳がついてくれるので，支障なく業務ができています。また，語学力を身につけたい場合は，語学研修が充実していますよ」

### 入関前後のギャップと仕事の魅力

世間の「税関職員＝語学が堪能」というイメージは強いと大場さんは話す。

「街を歩いているときに外国の方に道を聞かれると，友人たちに『ふだ

んから仕事で使っているから，英語は得意でしょ？』と対応を任されてしまうことが多々あります。私は学生時代から英語が大の苦手なのですが……もちろん困っている人を助けないわけにはいかないので，その度に頑張って意思疎通はしています。

また，これは私自身の入関前と後のギャップですが，税関は関税法をはじめとする法律に基づいて行う仕事なので，『法律の知識がないと務まらないのでは』と不安でした。確かに法律の知識が求められる仕事ではあります。でも，研修制度がとても充実していて，法律以外にも先ほど話題に出た語学など，業務に必要な知識をしっかり身につけられます。先輩や上司たちも『行っておいで！』と後押ししてくれるので，すごく成長できる環境です」

戸田さんは「入関後のギャップは特にないですが，世間の税関の仕事への知名度の低さは常々感じています。友人たちに『この間海外旅行に行ったとき，入管（出入国在留管理庁）で会えると思ったのにいなかったね』と何度言われたことか……私がいくら説明しても，友人たちは税関と入管の区別がつかないようです」と苦笑する。

勝野さんは「実際に入ってみると，先輩も上司もすごく優しい方が多くて，質問もしやすい環境です。実は，以前自分が旅客として税関を通過したとき，緊張してしまった経験から，入関前は税関に対して『怖い人が多いんじゃないか』というイメージを

持っていました。そういった経験から，自分が手荷物検査をするときは，旅客に対してできる限り丁寧で親切な対応を心掛けています。でも，中には密輸を企てる人もいます。そういった人を発見したときは，今後繰り返させないためにも，国内の安全を守るという使命感を持って，毅然とした対応を取っています」と力強く語ってくれた。

使命感は，大場さんにとっても税関の仕事をするうえで，大きなモチベーションになっているようだ。「私たちはいろいろな物に囲まれて生活していますが，紙や服，文房具，食品といった身近な物も外国からの輸入品であることは珍しくありません。それだけ日本には，多くの物が輸入されています。そして，それらの輸入品はすべて税関の審査を通って入ってきた物です。その大量の輸入品の中に紛れて覚醒剤・麻薬・銃砲といった社会悪物品が密輸されるのを阻止することで，貿易の秩序を守り，国内の安全を守っているという点が，私にとって仕事の魅力ですね」

事件の調査業務を行っている戸田さんは，

「今の業務は，空港の密輸事件の現場に向かったり，関係者の家を捜索したりなど，この仕事をしていなかったらできないような体験をさせてもらえている点が魅力です。緊張感はありますが，刺激的な毎日が送れています」と話してくれた。

航空会社等からの問合せへの対応も業務の一つです

税関職員のイメージアップのためにも，旅客に対してはできる限り丁寧で親切な対応を心掛けています（勝野さん）

## 今後の目標とキャリアパス

税関での今後の目標を聞いた。勝野さんは，

「私はまだ入関3年目で，旅具通関業務しか経験していません。まずは，旅客でさらに経験を積んで，貨物の通関業務に携わってみたいと考えています」

と，直近の目標を教えてくれた。

大場さんと戸田さんは，税関の多彩なキャリアパスに向けて，さらに経験を積みたいと考えているそうだ。大場さんは，

「私はもっと幅広い業務を経験したいと考えています。そのため，一つの分野にこだわることなく，もっといろんな部署を経験していろいろな知識を吸収して，幅広い視野を持つ人材になりたいと考えています」

戸田さんは，

「入関10年目の私でも把握しきれていないくらい，税関にはいろいろな部署があります。それらの部署を経験し，新たな知識を吸収することで，今よりももっと税関に必要とされる職員になれるよう，日々精進したいと思います」

## 多様な人が活躍できるフィールド

最後に，公務員をめざす読者に向けてのメッセージを聞いた。

大場さんは，

「『気になることは，とことん気になってしまう』という人は通関業務に向いているかもしれません。ちょっとした違和感から，検査で確認し，違和感を潰していくことが大事な業務だからです」

と話す。

戸田さんは，活躍フィールドの多彩さを強調した。

「『税関職員はこういう人が向いている』というよりは，『税関には，どんな人でもその人なりに活躍できるフィールドが見つけられる』と表現したほうが適していると思います。これは興味関心事だけの話ではなく，性格的なことにもいえます。たとえば，私はマイペースな性格なのですが，取調べのときに，対象者が興奮して激しい口調になってしまっても，動揺することなく冷静に進めることができています」

勝野さんは，

「税関は，『自分に向いていることってなんだろう？』と迷っているような人にこそオススメです。多彩な業務に携わる中で自分の適性が見つかり，将来なりたい自分を主体的に設計し，実現できる環境だと思います」と話す。

グローバル化が進む社会において，税関職員の活躍の場は，ますます広がっていく。

（取材：金田未歩）

受験ジャーナル 特別企画 **2**

# 公務員の 仕事入門ブック

## 7年度試験対応

### CONTENTS

[表紙デザイン]鳴田小夜子（KOGUMA OFFICE）　[表紙イラスト]森優

# 国家公務員 002

# 環境省

自然環境局　野生生物課
希少種保全推進室

早瀬 穂奈実 さん（31歳）
（はやせ ほなみ）

## 絶滅危惧種を守りながら
## 人間社会も良くしていく

　環境省は，自然環境保全，地球環境保全，公害防止，廃棄物対策などの環境行政を総合的に推進している機関だ。

　その中で，自然環境局に所属し，希少種保全のための取組みを行っている早瀬さんに，詳しい業務内容や仕事のやりがいについて話を伺った。

### 希少種を守るための
### レッドリストと制度づくり

　2017年度に国家総合職の自然系職員として入省し，8年目を迎えた早瀬さん。入省後は本省の動物愛護管理室に1年所属し，その後は鹿児島県の奄美群島国立公園で自然保護官（レンジャー）を3年弱務め，現在の自然環境局に配属されて4年目だという。自然環境局では，原生的な自然から身近な自然までそれぞれの地域に応じた自然環境の保全を行い，自然とのふれあいの推進を図るとともに，生物多様性の保全や野生生物の保護および管理，国際的取組みの推進などの施策を進めている。

　「私が所属している希少種保全推進室は，その名のとおり，希少な動植物種の保全に携わる部署です。具体的な業務としては，日本国内に生息する生物の中で，絶滅のおそれがある生物種のリストである『レッドリスト』を作成しています。このリス

トは法的な拘束力はありませんが，社会への警鐘として広く情報を提供することで，さまざまな場面で活用されることを期待するものです。現在，絶滅危惧種といわれているものだけでも3,772種もいますが，リストを作成するに当たっては，分類群ごとに専門家の先生方を集めて会議を行い，さらにそこから一種ごとに評価をしてもらうための仕組みづくりをして，評価をお願いし，最終的に全体の評価をまとめていくといった調整業務をします。リストを作成

したら，国内外の希少生物を保全するための法律『種の保存法』や制度に基づき，どの種をどのように保全していくか，情報収集しながら具体的に決めていきます。

　評価に関する専門家の先生方との会議は1年に10回ぐらい行っています。コロナ禍以降はWEB会議が増えましたが，同じ時期に会議が集中することが多く，1日2回あるときは資料の準備などが大変です。また，先生方は希少保全のために熱い気持ちを持ってかかわってくださっ

### レッドリストのカテゴリー

| 絶滅(EX) | 我が国ではすでに絶滅したと考えられる種 |
|---|---|
| 野生絶滅(EW) | 飼育・栽培下あるいは自然分布域の明らかに外側で野生化した状態でのみ存続している種 |
| 絶滅危惧Ⅰ類(CR+EN) | 絶滅の危機に瀕している種 |
| 絶滅危惧ⅠA類(CR) | ごく近い将来における野生での絶滅の危険性が極めて高いもの |
| 絶滅危惧ⅠB類(EN) | ⅠA類ほどではないが，近い将来における野生での絶滅の危険性が高いもの |
| 絶滅危惧Ⅱ類(VU) | 絶滅の危険が増大している種 |
| 準絶滅危惧(NT) | 現時点での絶滅危険度は小さいが，生息条件の変化によっては「絶滅危惧」に移行する可能性のある種 |
| 情報不足(DD) | 評価するだけの情報が不足している種 |
| 絶滅のおそれのある地域個体群(LP) | 地域的に孤立している個体群で，絶滅のおそれが高いもの |

※赤字の部分が絶滅のおそれのある種（絶滅危惧種）

ているので，議論が白熱することも
しばしばです」

## 守るだけではなく
## 国民の理解も大事

　仕事をするうえで，どのようなことに気をつけているのだろうか。
「環境省では，『自然を大切にしなくては』と当たり前に考えている人がほとんどですが，それは，一般の感覚と異なる部分もあると感じます。種の保存のために規制をかけるとなると，国民の経済活動を制限せざるをえない場合もあります。また，希少種の保全のためには規制だけでなく生息環境の保全も必要ですが，理解を得ないまま進めても，机上の空論でしかなく，うまく運用されません。種の保全と国民の利益のバランスを考慮した制度にしたうえで，説明や発信の方法を工夫して，国民の皆様にきちんと理解していただく必要があります。

　また，施行前の駆け込み捕獲を防止するため，捕獲を規制する種の情報は，なるべく秘匿しながら調整を進める必要があります。限られた専門家の方のみとやり取りをしているため，法令改正案の情報を公開し，パブリックコメントなどで国民の皆

「休日には自然に触れるために全国各地の国立公園に行くことも多いです。仕事柄，『ここにはどんな生物が多いか？』『外来種の植物が結構はびこってきているな』といったことは，どうしても気になってしまいますね（笑）」

### 奄美大島の世界遺産登録に貢献！

　奄美群島国立公園は，34番目に指定された国立公園だ。早瀬さんが自然保護官として配属されたときは，ちょうど「奄美大島，徳之島，沖縄島北部および西表島」の世界自然遺産への登録をめざして，準備をしているときだったという。「登録されたのは私が異動した後の2021年7月でしたが，登録事業に携われたことを誇りに思いますし，登録されたときはとても感動しました！」（早瀬さん）

様から意見や反応をいただくときは，とても緊張します」

## 現場での経験が
## 現在に活きる

　種の保全と国民の利益のバランスを保つうえで，自然保護官の経験は大いに役立っているという。
「法律が実際に運用されるのは現場です。私が配属されていた奄美群島国立公園にもたくさんの種がいました。それらを地元の人たちとどうやって保全していくかを考えた経験は，とても役に立っています。

　配属時の奄美大島では，ハブ駆除のために持ち込まれたマングースが在来種を捕食し，生態系のバランスを大きく崩していたことから，地元の人たちと協力しながら防除を進めました。私がいたのはほんの数年ですが，その間にもマングース対策の効果から，希少な在来種を目にすることがどんどん増えていき，取組みの成果を実感できたことも，やりがいにつながっています」

## 「自然・生物が好き」
## だけでは務まらない

　最後に，読者へのメッセージをも

らった。

「最近は，民間企業でも環境保全活動を推進していて，『環境への配慮もしなくては，持続可能な発展はありえない』という認識が一般的になってきています。その中で，環境省は日本の社会と自然環境をどうやって良くするかに一番重きを置いて仕事ができる職場だと思います。

　私は，野生生物の生息環境を直接守るだけでなく，人間社会との両立ができる仕組みづくりから携われると考え，環境省を選びました。また，これまで仕事をしてきて，何か一つを専門的に突き詰めるというよりも，現在の仕事のような，いろいろな方たちの意見を聞いて，調整していく仕事が向いていると思うようになりました。

　現在，自然環境や生物多様性の保全は，とても重要な局面にありますし，それらに対して環境省でしかできない仕事はたくさんあります。ただし，『自然や生物が好き』というだけでは務まらないと思います。自然・生物を保全する過程では，必ず人と人とのかかわりがあるので，そこを調整していくことが求められます。志を持ちながら，人間社会と自然のあり方の双方をどのように良くしていくかを考えられる人と，ぜひ一緒に働きたいと思います」

（取材：金田 未歩）

# 愛知県

経済産業局 革新事業創造部 スタートアップ推進課
創出・成長支援グループ 主事

## 松山 ふくみ さん （32歳）
まつ やま

## スタートアップの創出・成長に
## 切れ目のない支援を提供する

2024年10月，愛知県が整備する日本最大級のスタートアップ支援拠点「STATION Ai」が開業する。スタートアップを起爆剤としてイノベーションを起こす土壌をつくることがその目的だ。新拠点の開業に向け，起業家の育成や企業の成長を支援する愛知県スタートアップ推進課の松山さんに，日々の業務内容や仕事のやりがいについて伺った。

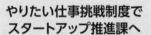

### やりたい仕事挑戦制度で
### スタートアップ推進課へ

スタートアップ推進課に配属されて2年目の松山さんは，民間企業経験者でもある。大学（農学部）卒業後，県内の食品メーカーに勤務し，商品の栄養成分表示などを作成する仕事に携わった。その後，非常勤として勤務した愛知県企業庁を経て，採用試験をクリアし正規職員になった。入庁後は企業庁で3年勤務した後，「やりたい仕事挑戦制度」を活用してスタートアップ推進課へ異動。これは，職員が「やりたい」と希望する業務へ応募し，選考に合格すれば異動できるという庁内公募制度だ。松山さんは，異動を希望した理由について「スタートアップ推進は本県の“一丁目一番地”。そこに携わりたいという思いが強かった」と説明する。

ここでいう「スタートアップ」とは，「AI，IoTなどの技術を活用し，新しい革新的なビジネスモデルを用い

て急成長をめざす企業」のこと。愛知県の基幹産業である自動車産業は，CASE等の進展により，“100年に一度”の大変革期を迎える。「県が引き続き競争力を維持していくため，スタートアップにフォーカスしたイノベーション創出の取組みを推進すること」がスタートアップ推進課の業務の柱だ。

2024年10月には日本最大級のスタートアップ支援拠点「STATION Ai」が名古屋市にオープン予定。同課は民間企業と連携し，この施設の運営にもかかわる。同課の職員数は約20人。「30代以下の職員が多く，私のグループは9人中8人が民間経

験者。中小企業診断士などの有資格者もいる」という“異色”の部署だ。

「それまでは定型業務が多かったのですが，この課の業務は自由度が高く，待っていても仕事は下りてきません。配属当初は自分がどう動けばいいのかわからず，困惑しました」

そこで，松山さんは「何をしていいのかわからないなら，考えるよりまず行動する」と心に決めた。

「異動1年目はスタートアップ関連のイベントに数多く参加し，とにかく人と出会うことに注力しました」

その結果，「1年間で名刺交換した枚数は1,000枚以上，参加したイベントは100以上」に及ぶ。「1年間

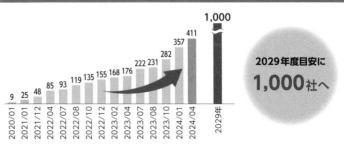

「PRE-STATION Ai」のメンバー社数 （2024年4月時点）

| 2020/01 | 2021/01 | 2021/12 | 2022/04 | 2022/07 | 2022/08 | 2022/10 | 2022/12 | 2023/02 | 2023/04 | 2023/07 | 2023/08 | 2023/10 | 2024/01 | 2024/04 | 2029年 |
|---|---|---|---|---|---|---|---|---|---|---|---|---|---|---|---|
| 9 | 25 | 48 | 85 | 93 | 119 | 135 | 155 | 168 | 176 | 222 | 231 | 282 | 357 | 411 | 1,000 |

2029年度目安に
**1,000社へ**

## 公務員に求められる人材像は変化している

配属当初は「戸惑いの連続だった」という松山さんだが、公務員をめざす人にこんなメッセージを送ってくれた。

「愛知県庁の仕事は幅広く、さまざまな経験を積むことができます。その積み重ねが、分野がまったく違う仕事でも活きてくることが多い、というのが、私の経験から言えることです。ですので、どんな仕事でも『こんな仕事はやりたくなかった』と後ろ向きになるのではなく、『この経験が後々活きてくる』と捉えるポジティブさが大切だと思います。近頃は、ルールどおりではなく、自ら行動し、新しいことができる人が求められています。

愛知県をもっと盛り上げたい！と考えている方と、一緒に働けたらうれしいですね」

副業・兼業による起業やスタートアップへの転職を検討している人材の発掘・育成を図る「ACTIVATION Lab」にも力を入れている

---

で最も印象的だったイベントは？」という質問への答えは「IVSですね」。「IVS」とは、"スタートアップ起業家たちの登竜門"とされる年1回の大規模イベントで、昨年は6月に京都で開催。その1か月ほど前、イベント関係者から「IVSでスタッフを募集しているよ」と声を掛けられた松山さんは、その場で「やります！」と即答したそうだ。

こうしてスタートアップ界隈で注目度の高い「IVS」の運営に、ボランティアスタッフとして参画。その会場では主に受付スタッフとして働きながら、起業家や投資家、起業を志す学生など、多様な人たちと知り合った。その人脈が後に活きてくる。「会場でつながった方が、『PRE-STATION Ai』（後述）のメンバーになってくれたり、イベントに『登壇者として出演してほしい』とお声掛けいただいたりしました。人前で話すのは苦手なのですが、トークセッションに参加させていただきました」

### 双方の適性やニーズに合わせてイベント参加者を選定

愛知県は、「STATION Ai」の開業に先駆け、2020年1月に名古屋市内のオフィスタワーにスタートアップの支援拠点「PRE-STATION Ai」を開設。メンバーとしてこの施設に

2024年10月にオープン予定の「STATION Ai」（※写真は完成イメージ）

入居するスタートアップ（2024年4月時点で411社）の資金調達を支援することも、松山さんの担当業務の一つ。その中に、「AICHI STARTUP BRIDGE」がある。これは、資金調達を求めるスタートアップと、出資するVC（ベンチャーキャピタル＝投資会社）をつなぐための事業で、起業家がプレゼンを行い、VCが出資先を検討する「ピッチイベント」などを行う。その参加者を松山さんが集める。

「PRE-STATION Aiのメンバーが参加するアプリ上でイベント告知を行いますが、それだけだと気づいてもらえないので、個別に声掛けすることが多いです」

その際には手当たり次第に声を掛けるというわけではない。

「ピッチイベントでは、VCは登壇するスタートアップの成長性などを慎重に見て投資先を検討しますが、そこには得意・不得意の分野があります。スタートアップの方も、得意とするテクノロジーは各社さまざまで、製造系、教育系、人材系など事業領域も多岐にわたります。ミスマッチが起きないよう、双方の適性やニーズを考えながら参加者を選ぶ視点も大切だと思っています」

松山さんは、大学生向けの起業家養成プログラム「STAPS」にもかか

わる。これは1か月半の間に、事業立案や仮説検証の講座からピッチ大会（自身の事業計画を発表するコンテスト）まで起業を実践的に体験できるものだ。その「STAPS」の参加者の中に、特に印象に残った学生がいたという。彼は生成AI分野での事業化をめざしていたそうだが、「STAPS」開催日に、偶然、隣のフロアで生成AI関連イベントがあり、松山さんと面識のある起業家が登壇していた。イベント後、松山さんが「話を聞きに行く？」と誘うと、学生は「行きます！」と即答。初対面の先輩起業家にも物おじせず、ぐいぐいと質問攻めにした。その後、彼は「STAPS」のピッチ大会で優勝。その後のイベントでも、複数の投資会社を前に堂々と新事業をプレゼンしたという。

スタートアップの創出から育成、VCとのマッチングまで、各フェーズで切れ目なく県の支援が展開され、それが同じ施設の中で完結しているという点がこの事業の特徴。職員にとっても、「起業をめざす方々に伴走しながら、彼らがチャンスをつかみ、目標へと近づいていく姿を身近に見ることができる。それがこの仕事の魅力であり、大きなやりがいです」と松山さんは話してくれた。

（取材：興山英雄）

# さいたま市

スポーツ文化局　スポーツ部
スポーツイベント課

市川（いちかわ） 達也（たつや） さん（36歳）

## 市民マラソンを支え，
## "スポーツのまち・さいたま"を盛り上げる

　さいたま市はスポーツが盛んなまちとしても知られている。それを象徴するのが自転車とマラソンの２つの大規模スポーツイベントだ。2024年2月に開催された「さいたまマラソン」では，16,000人超のランナーが市内を疾走し，"スポーツのまち・さいたま"を全国にアピールした。その運営を担った市川さんに，スポーツにかかわる仕事の魅力などを伺った。

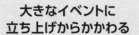

### 大きなイベントに
### 立ち上げからかかわる

　人口約130万人を抱えるさいたま市は"スポーツのまち"としても知られており，2つの大規模スポーツイベントを開催している。世界のトップ選手が集う自転車ロードレース大会「ツール・ド・フランスさいたまクリテリウム」と，「さいたまマラソン」だ。その運営を担うのが，市川さんが所属するスポーツイベント課である。

　「さいたまマラソンの関連業務では夜間に競技コースを車で走りながら距離（42.195km）を実測したり，さいたまクリテリウムでは世界的な一流選手たちをホテルから競技会場まで車で送迎したりと，この課でしか経験できないような業務を任されます。何より，大きなイベントに立ち上げからかかわる仕事なので，自由な発想と柔軟なコミュニケーション力が必要。その点が私がこれまで在籍してきた部署とは違うと感じる部分です」

　「さいたまマラソン」は，「さいたま国際マラソン」を前身とするもので，2024年2月，市民マラソンとして初開催を迎えた。

　「さいたまマラソンに向けては，メイン会場の設営や各種プログラムの準備，総勢約5,000人のボランティアスタッフの取りまとめなど，課員総出で業務に当たりました」

　市川さんのメインの担当業務は，交通沿道対策だったそうだ。

　「まず，埼玉県警と協議して，開催日とコースを確定します。その後，大会当日の交通規制をどのように運用するかを具体的に決めていきました」

### さいたまマラソン参加者数等データ

| | | 申込者数 | 参加者数 | 沿道観客数 |
|---|---|---|---|---|
| さいたま国際マラソン | 2015年度（第1回） | 9,899人 | 8,703人 | 約36万人 |
| | 2016年度（第2回） | 20,061人 | 17,528人 | 約57万人 |
| | 2017年度（第3回） | 18,703人 | 16,073人 | 約48万人 |
| | 2018年度（第4回） | 20,960人 | 18,286人 | 約36万人 |
| | 2019年度（第5回） | 20,714人 | 17,913人 | 約30万人 |
| さいたまオンラインマラソン | 2020年度 | 1,106人 | 1,106人 | なし |
| さいたまランフェス | 2021年度（2021−22） | 4,706人 | 3,731人 | 未集計 |
| | 2022年度（2022−23） | 6,891人 | 5,998人 | 未集計 |
| さいたまマラソン※ | 2023年度 | 21,295人 | 18,621人 | 約93,000人（ランナー含まず） |

※さいたまマラソンin埼スタを含む。

交通規制の運用を決めていくうえでは，ランナーの安全確保はもちろん，交通や周辺住民への影響にも配慮する必要があるという。

「大会当日には路線バス等も通常運行ができなくなるので，規制が長引けば長引くほど，交通や周辺住民への影響が大きくなります。その影響を極力抑えるためには，たとえばコースを数キロごとに区切り，交通規制の必要がなくなった区間から速やかに規制を解除していく，といった柔軟な運用が必要となります」

大会のコースは6つの警察署の管轄エリアにまたがるため，県警本部と並行して6署の交通課とも個別にやり取りする必要があった。協議する相手が多いぶん，「打合せの日時を決めるだけでもひと苦労でした」と市川さんは振り返る。

また，スーパーやコンビニ，そのほかの店舗など，コースの沿道にある事業所を回り，大会の概要を説明したり，協力を要請したりすることも欠かせない仕事だという。

「沿道の事業者からは，給水・給食所や仮設トイレの設置，沿道の応援，ボランティアの集合・解散場所など，さまざまな用途で敷地をお借りしなければなりません。2024年2月の大会では，委託事業者の力も借りながら一軒一軒，沿道の事業所を回り，結果的には計96の団体に施設協力をしていただく形になりました。大会への協力は義務ではありませんので，市の協力要請を断ろうと思えば

2024年2月に行われた「さいたまマラソン」

## 市民マラソンも都市間で競争激化

全国各地で数多く開催されている市民マラソンだが，近年は感染症対策などで運営費が高騰し，参加費も上昇傾向にある中，「ランナーの方々も参加する大会を絞り込むようになっている」（市川さん）のが実情だ。「競争の時代にある今，さいたまマラソンを"選ばれる大会"にしていくことが必要」だという。

さいたまマラソンには，フルマラソンの部，

8kmの部，車いすの部，エンジョイランの部（1.2km，3km），親子ランの部といった種目があり，「誰もが参加でき，誰もが楽しめる」のが特色。給食・給水所では連携都市のご当地グルメを振る舞う「連携給食」でランナーをもてなす。「さいたまマラソンの輪を広げていくことが，大会の魅力を高めることにつながるはずです」と力を込めた。

「スポーツの熱気や感動を身近に感じられる仕事があるというのが，さいたま市で働く魅力の一つです」（市川さん）

断れます。でも，実際に断られたケースはほとんどありませんでした。さいたまマラソンは，すべてがご協力いただく方々の善意で成り立っている大会だということです」

だからこそ，事業者から届く不安や疑問の声には真摯に耳を傾けた。

「大会当日，交通規制がかかれば最大5時間ほど店前の道路が使えない，という事業者も出てきます。そのため，各事業者からは『お客様が車で来店できる動線をどうにか確保できないか』といった声をいただくこともありました。その場合は現地に行って，実際にどのような動線があるかを自分の目で確かめます。そうすると，地図を眺めているだけでは見えてこない対応策が見つかることがありました」

### やり遂げた後の達成感は大きなものに

大会当日，最も緊張したのが交通規制を解除する瞬間だという。

「条件をクリアできている区間については，警察の了承を得て前倒しで

交通規制を解除していきます。十分に安全確認を取っているとはいえ，何度経験しても，この瞬間はドキドキしますね」

さいたまマラソンの業務は，開催日の1年ほど前から始まる。かかわる時間が長く，仕事量も多く，責任も重大だからこそ，すべてを終えた後の達成感は大きなものになる。

「大会自体は華やかなイベントですが，私たちの仕事は裏方です。事故なく安全に大会を終えることが当然で，『今年の交通規制はすばらしかった！』などとほめられることはありません。ただ，周りの方からかけられる『お疲れ様』の一言は，これまでに経験がないほど心に染み渡りましたね。ご協力いただいたお店の方には『まちを盛り上げてくれてありがとう。来年も協力するからね』と言っていただけて，苦労が報われたと思いました」

さいたまマラソンを「もっといい大会にできる余地は十分にあると感じています」という市川さん。次回の大会へ向けたチャレンジは，すでに始まっている。

（取材：興山英雄）

# 受験ジャーナル
## 年間発行予定

令和7年度試験に向けた『受験ジャーナル』は, 定期号6冊, 特別企画5冊, 別冊1冊を発行します。
年間の発行予定は下表をご覧ください（6年6月時点での予定です。記事の内容は変更することもあります）。

| 定期号 | 発売予定 | 特集等 |
|---|---|---|
| 7年度試験対応 Vol. 1 | 6年 10月1日 | 巻頭企画：若手職員座談会<br>特集1：判断推理・数的推理を得意にする方法<br>特集2：合格への必勝レシピ<br>徹底分析：国家総合職, 東京都, 特別区 |
| 7年度試験対応 Vol. 2 | 6年 11月1日 | 特集1：SPI&SCOA攻略法<br>特集2：論文・面接にも役立つ　行政課題の最前線<br>地方上級データバンク①：東日本<br>徹底分析：国家一般職 |
| 7年度試験対応 Vol. 3 | 7年 1月1日 | 特集1：残り半年からの合格メソッド<br>特集2：面接必勝キーワード10<br>地方上級データバンク②：西日本<br>徹底分析：国家専門職, 裁判所 |
| 7年度試験対応 Vol. 4 | 7年 2月1日 | 特集：地方上級<br>暗記カード：教養 |
| 7年度試験対応 Vol. 5 | 7年 3月1日 | 特集1：時事予想問題<br>特集2：論文対策<br>特集3：合格体験記に学ぶ<br>暗記カード：専門 |
| 7年度試験対応 Vol. 6 | 7年 4月1日 | 巻頭企画：直前期にやること・やめること<br>特集：市役所 |

| 特別企画 | 発売予定 | 内容 |
|---|---|---|
| 特別企画1<br>学習スタートブック<br>7年度試験対応 | 既刊 | ●合格体験記から学ぼう<br>●公務員試験 Q & A　　　　　　　　●学習プラン＆体験記<br>●教養・専門 合格勉強法＆オススメ本　●論文＆面接試験の基礎知識<br>●国家公務員試験ガイダンス　　　　　●地方公務員試験ガイダンス |
| 特別企画2<br>公務員の仕事入門ブック<br>7年度試験対応 | 既刊 | ●見たい！ 知りたい！ 公務員の仕事場訪問<br>●国家公務員の仕事ガイド<br>●地方公務員の仕事ガイド<br>●スペシャリストの仕事ガイド |
| 特別企画3<br>7年度<br>直前対策ブック | 7年 2月中旬 | ●直前期の攻略ポイント　　　　　　　●丸ごと覚える最重要定番データ<br>●最新白書 早わかり解説＆要点チェック　●新法・改正法 法律時事ニュース<br>●教養試験の「出る文」チェック<br>●専門試験の「出る文」チェック　等 |
| 特別企画4<br>7年度<br>面接完全攻略ブック | 7年 3月中旬 | ●個別面接シミュレーション　　　　　●面接対策直前講義<br>●面接カードのまとめ方　　　　　　　●合格者の面接再現＆体験記<br>●個別面接データバンク　　　　　　　●集団討論・グループワーク<br>●官庁訪問　　　　　　　　　　　　　●[書き込み式]定番質問回答シート |
| 特別企画5<br>7年度<br>直前予想問題 | 7年 3月下旬 | ●地方上級 教養試験 予想問題<br>●市役所 教養試験 予想問題<br>●地方上級 専門試験 予想問題<br>●市役所 専門試験 予想問題 |

| 別冊 | 発売予定 | 内容 |
|---|---|---|
| 7年度<br>国立大学法人等職員<br>採用試験攻略ブック | 6年 12月上旬 | ●「これが私の仕事です」<br>●こんな試験が行われる！<br>●過去問を解いてみよう！<br>●7年度予想問題 |

# PART

# 1

# 国家公務員の
# 仕事ガイド

国家公務員は，政策の企画・立案，法律の制定・改正，
適正な運用指導，許認可事務をはじめ，
予算編成，国会対策，各種審議会の運営などに携わる。
国の舵取り役として，ダイナミックな仕事をプロデュースする
「やりがい」が大きな魅力である。
「国家公務員の基礎知識」を読んで
興味を持ったら，人事院主催の説明会やイベントに参加したり，
本誌「中央官庁情報パック」のページを活用して，
国家公務員の仕事を研究しよう。

# 国家公務員の基礎知識

一口に公務員といっても，その具体的な仕事内容，種類は民間以上に多種多様。
国家公務員と地方公務員の違いくらいはわかっている，という人でも，
国家公務員の種類は，となるとよくわからなかったりするのでは？
PART1では大学卒業程度で受験できる国家公務員について見ていこう。

## 公務員の定義と種類

公務員とは国および地方自治体の事務を執行する人のことをさし，国の立法・行政・司法の各機関に属するのが国家公務員，地方の公務に従事するのが地方公務員である。

15ページに「国家公務員と地方公務員の数の比率」をグラフで示したので参照してほしい。現在，日本には330万人を超える公務員がおり，その80％以上が地方公務員である。

その下の「国家公務員の種類と数」は国家公務員についてもう少し詳しく説明したもので，まず，国家公務員は「特別職」と「一般職」に分けられる。

一般職には原則として国家公務員法が適用され，競争試験によって採用されることになっている（成績主義の原則）。各府省等に勤務し，一般的な行政事務に従事する公務員をはじめ，皇宮護衛官，税務職員，労働基準監督官，航空管制官などの専門職，司法試験の合格者が任用される検察官のほか，国立公文書館や国立印刷局，造幣局などといった行政執行法人の職員も一般職の国家公務員である。

これに対して特別職の公務員には国家公務員法は適用されない。成績主義の原則などを適用するのが適当ではない内閣総理大臣や国務大臣，三権分立の観点や職務の性質から国家公務員法を適用することが適当ではない裁判官，裁判所職員，国会職員，防衛省の職員などが該当する。

地方公務員にも「特別職」と「一般職」があるが，地方の場合は，選挙によって選ばれる都道府県知事や市町村長，議会の議員をはじめ，議会の同意を経て任命される副知事や副市町村長，行政委員会の委員などが「特別職」で，それ以外が「一般職」と定義される。

## 国家公務員試験と採用

人事院が行っている公務員試験は次のような体系になっている。

**●総合職試験**

主として政策の企画立案等の高度の知識，技術または経験を必要とする業務に従事する職員を採用する。院卒者試験と大卒程度試験がある。

**●一般職試験**

主として事務処理等の定型的な業務に従事する職員を採用する。大卒程度試験，高卒者試験，社会人試験（係員級）がある。

**●専門職試験**

特定の行政分野に係る専門的な職種を対象とする。

**●経験者採用試験**

民間企業等経験を有する者を係長以上の職に採用する。

\* \* \*

総合職，一般職の試験内容については20・21ページにまとめた。なお，近年，試験制度の変更が相次いでいるので注意してほしい。

総合職，一般職は，受験段階では採用官庁が限定されておらず，合格者は「官庁訪問」を行って志望官庁を絞り込んでいくというプロセスを踏む（21ページ参照）。受験者は早い段階で各官庁の業務内容や組織の状況などを研究しておかなければならない。

## 職種により異なる職務内容

本 PART で扱うのは，府省など国の行政機関で事務や技術の仕事に従事する行政職の職務内容である。国家総合職および大卒程度の国家一般職試験に合格し，入庁した職員の仕事ということになるが，採用された試験によって，職務内容が異なる。

総合職の場合，各府省の所掌事務にかかわる政策の企画・立案，法律の制定・改正，法律の適正な運用指導，いわゆる許認可事務をはじめ，それを支える予算編成事務，国会対応，府省内や他府省との調整業務，各種審議会の運営といった仕事に携わる。また，一般職の場合は，その政策を施行するために必要な事務処理などに従事する。

総合職は本省採用，一般職の場合は全国各地の出先機関での採用になるケースが多い。

## 行政機関の基礎知識

16ページに中央官庁全体の組織図を掲載した。先述のように，国家総合職・一般職試験を経て採用された人はこの中のいずれかの組織またはその地方機関に勤務する。この図にあるように，日本では内閣の統括の下に1府（内閣府）12省庁が置かれている。12省庁とは，通常，総務省，法務省，外務省，財務省，文部科学省，厚生労働省，農林水産省，経済産業省，国土交通省，環境省，防衛省の11省と，国家公安委員会（警察庁）の1庁をさす。「庁」の付く機関は警察庁以外にもあるが，これらはそれぞれの省の外局である（デジタル庁と復興庁は例外的な存在）。このほか，内閣から独立した機関として会計検査院がある。

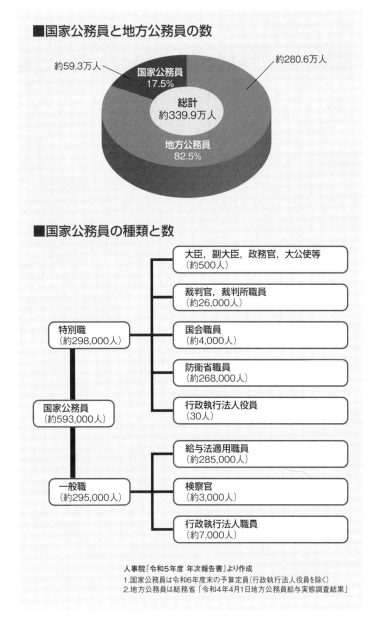

■国家公務員と地方公務員の数

約59.3万人
国家公務員
17.5%

約280.6万人

総計
約339.9万人

地方公務員
82.5%

■国家公務員の種類と数

特別職
（約298,000人）
- 大臣，副大臣，政務官，大公使等（約500人）
- 裁判官，裁判所職員（約26,000人）
- 国会職員（約4,000人）
- 防衛省職員（約268,000人）
- 行政執行法人役員（30人）

国家公務員
（約593,000人）

一般職
（約295,000人）
- 給与法適用職員（約285,000人）
- 検察官（約3,000人）
- 行政執行法人職員（約7,000人）

人事院『令和5年度 年次報告書』より作成
1.国家公務員は令和6年度末の予算定員（行政執行法人役員を除く）
2.地方公務員は総務省「令和4年4月1日地方公務員給与実態調査結果」

以下，「省」の組織について，もう少し詳しく見ていこう。

### ●内部部局と外局

周知のように，国の行政機関の本庁舎のほとんどは東京・霞が関にある。各府省の組織図は35ページ以降の「中央官庁情報パック」を参照してほしい。それぞれ「内部部局」と「外局」が置かれている。

内部部局は「大臣（長官）官房」と各行政分野を担う各局とで組織されている。「大臣官房」は人事や組織の管理，予算編成などを担当する部署である。一方，各官庁固有の事務を遂行する各部署は「原局」あるいは「原課」などと呼ばれており，政策の企画・立案，法律の制定・改正，法律の適正な運用指導（いわゆる許認可事務）などを担当している。たとえば，財務省の場合，内部部局は大臣官房，主計局，主税局，関税局，理財局，国際局の1官房5局で

■国の行政組織（人事院ホームページより）

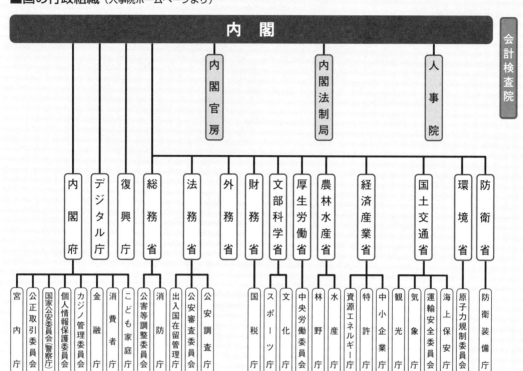

内 閣

会計検査院

内閣官房　内閣法制局　人事院

内閣府　デジタル庁　復興庁　総務省　法務省　外務省　財務省　文部科学省　厚生労働省　農林水産省　経済産業省　国土交通省　環境省　防衛省

宮内庁　公正取引委員会　国家公安委員会（警察庁）　個人情報保護委員会　カジノ管理委員会　金融庁　消費者庁　こども家庭庁　公害等調整委員会　消防庁　出入国在留管理庁　公安審査委員会　公安調査庁　国税庁　スポーツ庁　文化庁　中央労働委員会　林野庁　水産庁　資源エネルギー庁　特許庁　中小企業庁　観光庁　気象庁　運輸安全委員会　海上保安庁　原子力規制委員会　防衛装備庁

構成されている。

これに対し、「外局」とは府省の下に置かれ、特殊な事務や独立性の高い事務を行う機関で、合議制の委員会と独任制の庁の２つに大別される。委員会の例としては、内閣府の公正取引委員会や環境省の原子力規制委員会、庁の例としては財務省の国税庁、文部科学省の文化庁・スポーツ庁、農林水産省の林野庁・水産庁、経済産業省の資源エネルギー庁・特許庁・中小企業庁、国土交通省の観光庁・気象庁・海上保安庁などがある。

●地方支分部局

一般に国家公務員の職場というと、東京・霞が関がイメージされるが、実際には「地方支分部局」と呼ばれる地方出先機関で働く職員がたくさんおり、職種によっては広域での異動が行われるケースもある。

地方機関は全国の各ブロックごとに「局」などの名称で設置され、その下部機関として都道府県ごとに「支局」や「事務所」が置かれている。たとえば、財務省の財務局や税関、厚生労働省の地方厚生局・都道府県労働局、農林水産省の地方農政局・森林管理局・漁業調整事務所、経済産業省の経済産業局・産業保安監督部、国土交通省の地方整備局・地方運輸局・地方航空局といったものである。

●施設等附属機関と各種審議会

各府省には、各行政分野に関連するさまざまな施設や研究所などの附属機関が全国に置かれている。たとえば、文部科学省の国立教育政策研究所、警察庁の科学警察研究所、農林水産省の農林水産政策研究所などである。

そのほか、大臣などの諮問に応じ

て設けられた合議制の諮問機関である「審議会」もある。文部科学省の科学技術・学術審議会、経済産業省の産業構造審議会などがその例である。

## 異動・昇任

採用された試験の種類や省庁、あるいは職種にもよるが、数年おきに異動を重ねながら昇任していくのが、公務員の常である。いずれの省庁においても、国家総合職の採用者の場合は、幹部職員候補としてさまざまな部署を経験してキャリアを積むことが期待されており、異動のサイクルは非常に短い。海外留学や国際機関勤務などもあるし、他省庁や地方自治体、独立行政法人、民間企業への出向なども珍しくない。一方、国家一般職の採用者の場合は、

携わる仕事の内容や配属される組織の数に限りがあるため，異動のスパンは長めになる（本省勤務か出先機関勤務かによっても異なる）。

平成19年に国家公務員法が改正され，平成21年度より国家公務員にも人事評価制度が本格的に導入されている。年功序列は撤廃され，能力，実績に基づく人事管理が進められ，昇任，昇級，昇格などは人事評価制度に基づいて行われている。総合職採用者のキャリアパスのイメージ例を下記に掲載しているので参考にしてほしい。

なお，旧Ⅱ種・Ⅲ種等で採用された職員の管理職員・幹部職員への登用も進められている。

また，幹部職ポストに昇進した職員への「勧奨退職」制度（営利企業や特殊法人，公益法人等への「天下り」）は平成25年10月末をもって禁止され，現在は45歳以上の職員を対象とした自由意思による「早期退職募集制度」が導入されている（自己都合よりも割増された退職手当が支給される）。

## 勤務時間，休暇・休業

### ●勤務時間

職員の勤務時間は休憩時間を除き，1週間当たり38時間45分で，月～金曜日に7時間45分勤務することを基本とする（土・日曜日は週休日）。職員が希望する場合は，公務の運営に支障がない範囲でフレックスタイム制も利用できる。

また，24時間体制での業務運営が必要な官署に交替制で勤務する職員の場合も，4週間について8日の週休日を設け，1週間平均で38時間45分の勤務となるように設定されている。

### ●休暇・休業

週休日と国民の祝日および年末年始のほか，次のような休暇が定められている。

①**年次休暇**…有給で，年間20日（4月採用の場合，採用の年は15日）取得できる。使用しなかった休暇は20日を限度として翌年に繰り越せる。

②**病気休暇**…療養のため勤務しないことがやむをえないと認められる

必要最小限度の期間（原則90日），取得できる。

③**特別休暇**…夏季休暇をはじめ，公民権の行使，裁判員等としての官公署への出頭，ボランティア活動への参加，結婚，出産，子の看護，親族の短期介護や死亡などの理由で取得できる（有給）。

④**介護休暇**…配偶者，父母，子，配偶者の父母等の介護のため，連続して6か月の期間内において，必要と認められる期間，取得できる（勤務しない時間の給与は減額）。

⑤**育児休業等**…子が3歳になるまでの間，全日取得できる「育児休業」や，勤務の始めまたは終わりに2時間以内取得できる「育児時間」（いずれも無給），未就学の子の育児のために勤務時間を短縮できる「育児短時間勤務」（時間比例の給与を支給）がある。

⑥**自己啓発等休業**…大学等における修学や国際貢献活動への参加を理由とするもの（無給）。

⑦**配偶者同行休業**…外国で勤務等をする配偶者と生活をともにするために取得できる（3年以内。無給）。

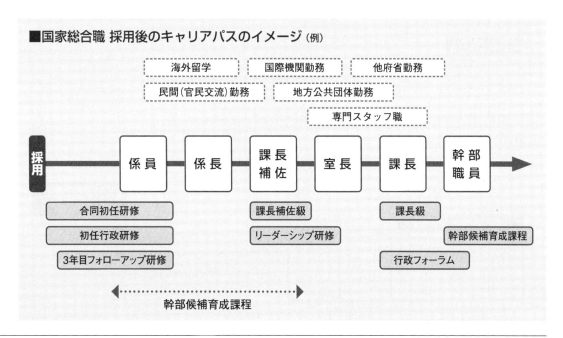

■国家総合職 採用後のキャリアパスのイメージ （例）

## 研 修

公務員には採用直後から幹部級に至るまで，さまざまな研修が用意されている。人事院が実施する研修は実施対象や内容面から，次の4つに分類することができる。

### ①役職段階別研修

下図を参照してほしい。新規採用者はまず，入庁直後の4月上旬に「合同初任研修」を受講する。これは人事院と内閣人事局が合同で主催する3日間の合宿研修である。受講後は各府省に戻り，自府省の新任研修を受けるが，引き続き，採用後1か月程度の時期に「初任行政研修」を受講する。これは5週間（合宿・通勤）という比較的長期のもので，プログラムには地方自治体や介護施設等での現場体験も含まれている。

さらに，採用3年目には「3年目フォローアップ研修」があり，課長補佐級昇任後1年以内には「行政研修（課長補佐級）」を受講する。将来，本府省幹部職員としてリーダーシップを発揮することが期待される職員を対象とした「行政研修（課長補佐級）リーダーシップ研修」もある。

また，課長級の職員には行政的識見・政策実現能力・マネジメント能力の充実を目的とした「行政研修（課長級）」が用意されている。

### ②派遣研修

外国の大学院で2年間学ぶ「行政官長期在外研究員制度」や，外国の政府機関や国際機関等で調査研究活動に従事する「行政官短期在外研究員制度」（6か月または1年），国内の大学院等で学ぶ「行政官国内研究員制度」（修士課程コースは1年または2年，博士課程コースは3年間を限度とする）のほか，「民間派遣研修制度」（1か月～1年）もある。

### ③テーマ別・対象者別研修

管理職員を対象とした「評価・育成能力向上研修」「パーソネル・マネジメント・セミナー」「女性職員登用促進セミナー」のほか，メンターを対象とした「メンター養成研修」，係長級等を対象とした「本府省女性職員キャリアアップ研修」，中途採用者を対象とした「実務経験採用者研修」がある。

### ④指導者養成研修

各府省における研修担当者・指導者を養成するための係長級等を対象とした「研修担当官能力向上研修」や「ハラスメント防止研修」などが設けられている。

地方機関で採用された場合も，「新採用職員研修」に始まり，段階ごとに「中堅係員研修」「係長研修」「管理監督者研修」「幹部行政官セミナー」などが用意されており，各府省においても，階層別研修や専門知識を付与する専門研修のほか，経済理論研修，能力開発研修，英会話などの語学研修もある。また，先の人事院の在外研修とは別に，外務省やJETRO（日本貿易振興機構）への出向という形で海外勤務を体験するケースも増えており，国際化に対応した人づくりに力が注がれている。

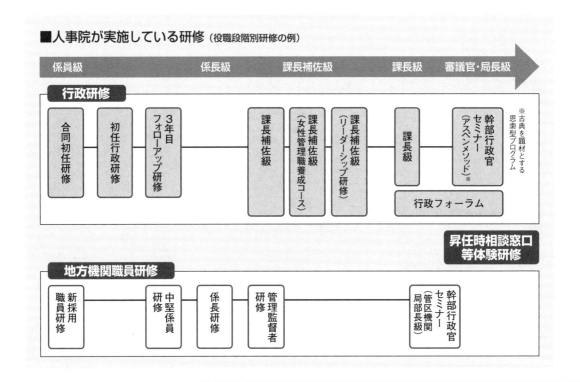

■人事院が実施している研修（役職段階別研修の例）

## ■給与と手当
### 給与の仕組み

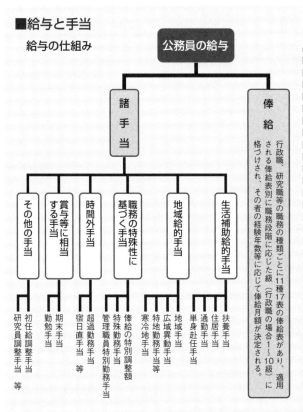

公務員の給与

**諸手当**
- その他の手当
  - 研究員調整手当 等
  - 初任給調整手当
- 賞与等に相当する手当
  - 期末手当
  - 勤勉手当
- 時間外手当
  - 宿日直手当 等
  - 超過勤務手当
- 職務の特殊性に基づく手当
  - 管理職員特別勤務手当
  - 特殊勤務手当
  - 俸給の特別調整額
- 地域給的手当
  - 地域手当
  - 特地勤務手当等
  - 広域異動手当
  - 寒冷地手当
- 生活補助給的手当
  - 扶養手当
  - 住居手当
  - 通勤手当
  - 単身赴任手当

**俸給**

行政職、研究職等の職務の種類ごとに11種17表の俸給表があり、適用格づけされ、その者の経験年数等に応じて俸給月額が決定される。

される俸給表別に職務段階に応じた級（行政職の場合1〜10級）に

### 国家公務員の諸手当（一部を紹介）

**●期末・勤勉手当**（いわゆるボーナス）
年2回（6月，12月）支給。合計支給月数は約4.50か月分。

**●超過勤務手当**
勤務1時間当たりの給与額×支給割合（午後10時〜翌日午前5時は100分の150，それ以外は100分の125）×超過（正規時間を超えた）勤務時間数。

**●扶養手当**
配偶者，22歳以下の子や孫，弟や妹，60歳以上の父母，祖父母，重度心身障害者を養う職員に支給。

**●地域手当**
東京都の特別区，横浜市，大阪市など，民間賃金や物価，生計費が特に高い地域に6か月を超えて在勤する職員が該当。

**●住居手当**
借家・借間に住む職員および単身赴任手当受給者で，配偶者等が借家・借間に居住する職員に支給。

**●特殊勤務手当**
非常に危険，不快，不健康，または困難，特殊といった勤務に就いている職員が該当。

### 初任給

初任給の額は，試験・職種等の区分や学歴などによって異なるが，行政職（一）の大卒初任給は次のとおり。
**●総合職** 240,840円
**●一般職** 235,440円
上記の数字は東京都特別区内に勤務する場合における令和6年4月1日の給与の例である。このほか，支給要件に該当する諸手当が支給される。

### 平均給与月額（令和5年国家公務員給与等実態調査）

| 給与種目 | 全職員 | 行政職俸給表（一）適用職員 |
|---|---|---|
| 俸　　給 | 334,218 円 | 322,487 円 |
| 扶養手当 | 9,027 | 8,602 |
| 俸給の特別調整額 | 11,994 | 12,688 |
| 地域手当等 | 43,290 | 43,800 |
| 住居手当 | 6,769 | 7,447 |
| そ の 他 | 7,449 | 8,991 |
| 合　　計 | 412,747 | 404,015 |

## 給与

公務員の給与には俸給（給料）と手当がある。俸給は民間企業における基本給に相当するもので，公務員には行政職（一）（二），専門行政職，税務職，公安職（一）（二）など，仕事の種類ごとに11種17表の俸給表がある。俸給表には職務の複雑さ，困難さ，責任の度合いに応じた職務の級が，さらに，経験の度合いによって号俸が定められていて，実績に応じて昇給していく。そのほか，それぞれの条件に当てはまる人に期末手当，勤勉手当，超過勤務手当，扶養手当などの手当が支給される（詳しくは上図参照）。

給与が増えることを「昇給」というが，勤続年数や勤務成績によって俸給表に定める給与額が上がる「定期昇給」と，俸給表そのものを書き換え，職員の給与が一斉に増額される「ベースアップ」がある。

民間企業の場合，ベースアップは通常，労使協定に基づいて行われるが，公務員はその地位の特殊性と勤務の公共性から協約締結権や争議権などが制約されており，民間企業のように使用者との交渉によって決めることができない。その代償措置として行われているのが，「人事院勧告（給与その他の勤務条件の改善及び人事行政の改善に関する勧告）」である。

給与に関しては，人事院が毎年，民間企業従業員と国家公務員の給与水準を合わせることを基本に調査を行い，改定が必要と判断すれば国会と内閣に「勧告」を行う。閣議決定のうえでその内容が国会で可決・成立すれば，当年の4月にさかのぼって適用される，という仕組みだ。

# 国家公務員になるには…

前述のとおり，国家公務員にはさまざまな種類があるが，ここでは，各省庁等に勤務し，一般的な行政事務に従事する国家総合職と国家一般職の試験概要をまとめる。

国家総合職，国家一般職は人事院が試験を行い，受験する段階では採用官庁は決まっていない。最終合格＝採用ではなく，官庁訪問を経て採用先が決定するシステムである（官庁訪問については後述）。人事院が行う試験には国家専門職もあるが，こちらは最初から採用官庁が決まっている（PART 3参照）。

## 国家総合職試験の概要

### 国家総合職（6年度・春試験）

| 受験資格 | 年齢要件 | 22～30歳 |
|---|---|---|
| 試験日程 | 受付期間 | 2月5日～2月26日 |
| | 第一次試験日 | 3月17日（日） |
| | 第二次試験日 | 4月14日（筆記試験） |
| | | 4月下旬～5月中旬（人物試験等） |
| | 最終合格発表 | 5月下旬 |

国家総合職試験は，主として政策の企画および立案または調査および研究に関する事務をその職務とする係員の採用試験である。公務員試験の中でも最難関とされる試験だが，例年，その年度の最初に一次試験が実施されることもあり，多くの地方公務員志望者が併願する。

国家総合職試験は院卒者試験と大卒程度試験に分か

れ，さらにそれぞれ以下の区分に分かれている。

［院卒者試験］行政／人間科学／デジタル／工学／数理科学・物理・地球科学／化学・生物・薬学／農業科学・水産／農業農村工学／森林・自然環境／法務

［大卒程度試験］政治・国際・人文／法律／経済／人間科学／デジタル／工学／数理科学・物理・地球科学／化学・生物・薬学／農業科学・水産／農業農村工学／森林・自然環境／教養

一次試験は基礎能力試験（択一式）と専門試験（択一式）が課される（法務，教養区分を除く）。下に大卒程度試験の試験概要をまとめた。

#### ●基礎能力試験

知能分野が出題数の8割を占めるため，知能分野を中心に対策するのが基本である。一方の知識分野は，自然・人文・社会に関する時事5問，情報1問の出題となっており，範囲が広いわりに出題数が少ない。専門試験の対策を優先して，時事の対策は試験直前に効率的に行いたい。

#### ●専門試験（択一式）

区分ごとに出題科目と出題数が異なる。出題内容の例は以下のとおり（大卒程度試験）。

【政治・国際・人文区分（コースA）】55問中40問解答

必須問題（25問）：政治学10問，国際関係10問，憲法5問。選択問題（30問中15問解答）：行政学5問，国際事情3問，国際法5問，行政法5問，民法（担保物権，親族および相続を除く）3問，経済学3問，財政学3問，経済政策3問。

### 国家総合職　大卒程度試験（6年度）

| | 試験種目 | 解答時間 | 解答数 | 内容，出題科目等 |
|---|---|---|---|---|
| 一次試験 | 基礎能力試験（択一式） | 2時間20分 | 30問 | 知能分野24問（文章理解10問，判断・数的推理〈資料解釈を含む〉14問）<br>知識分野6問（自然・人文・社会に関する時事5問，情報1問） |
| | 専門試験（択一式） | 3時間30分 | 40問 | 出題科目は区分により異なる |
| 二次試験 | 専門試験（記述式） | 3時間 | 2題 | 出題科目は区分により異なる |
| | 政策論文試験 | 2時間 | 1題 | 政策の企画立案に必要な能力その他総合的な判断力および思考力についての筆記試験 |
| | 人物試験 | － | － | 個別面接，性格検査 |
| | 英語試験 | － | － | 外部英語試験を活用し，スコア等に応じて総得点に加算 |

法律区分，経済区分など，その他の区分の詳細は『学習スタートブック』などを参照してほしい。二次試験の内容も区分により異なる。なお，大卒程度試験の教養区分は秋に試験が実施され，大学2年生から受験可能である。

総合職試験に合格すると，採用候補者名簿に5年間掲載される（教養区分は6年6か月）。

## 国家一般職試験の概要

国家一般職試験は，主として事務処理等の定型的な業務を職務とする係員の採用試験である。試験の難易度は地方上級とほぼ同レベルであり，例年，多くの地方公務員志望者も併願する。国家総合職同様に，採用されるには官庁訪問を行う必要がある。試験区分は以下のとおり。

行政／デジタル・電気・電子／機械／土木／建築／物理／化学／農学／農業農村工学／林学

行政区分は北海道，東北，関東甲信越，東海北陸，近畿，中国，四国，九州，沖縄の各地域別採用である。

| 国家一般職（6年度） | | |
|---|---|---|
| 受験資格 | 年齢要件 | 22～30歳 |
| 試験日程 | 受付期間 | 2月22日～3月25日 |
| | 第一次試験日 | 6月2日（日） |
| | 第二次試験日 | 7月10日～26日 |
| | 最終合格発表 | 8月13日 |

一次試験は6月に実施されており，基礎能力試験（択一式）と専門試験（択一式）が課される。行政区分では，一般論文試験も課される。

### ●基礎能力試験

国家総合職同様に，知能分野が出題数の8割を占める。知能分野を中心に学習し，併せて，効率よく時事対策も行おう。

### ●専門試験（択一式）

行政区分は，16科目中8科目の選択解答制である（下表参照）。通常は，憲法，行政法，民法（2科目），ミクロ経済学，マクロ経済学を中心に学習するのがセオリーだが，選択の幅は広い。

## 官庁訪問

国家総合職，国家一般職の合格者は，「官庁訪問」というプロセスを経て採用先が決まる。各省庁は，官庁訪問を通じて，訪問者が当該省庁に適した人材であるかどうか，行政に対する意欲がどの程度あるかなどを評価し，採用者を選ぶ。訪問者（受験者）にとっては自分の能力や意欲をアピールする場として位置づけられる。本書をフル活用するとともに，業務説明会にも積極的に参加して，志望官庁を絞っていこう。近年は，インターンシップやワークショップなどの体験型イベントに加え，オンラインでのセミナーも数多く行われている。例年，2月頃にその年の官庁訪問の日程やルールが公表される。官庁訪問については『面接完全攻略ブック』で詳しく解説している。

### ●国家総合職の官庁訪問

国家総合職の官庁訪問は，例年，内々定が出るまで約2週間と長期にわたり，基本的に面接（人事課面接）と原課訪問（原課面接）が繰り返される。面接の回数や形式，内容は省庁により大きく異なり，個別面接以外に集団討論や集団面接が課される場合もある。

### ●国家一般職の官庁訪問

国家一般職の官庁訪問は，中央官庁・地方の出先期間を問わず比較的短期間となっており，国家総合職と比べて，内々定までの訪問回数も少ない。

| 国家一般職　大卒程度試験（6年度） | | | | |
|---|---|---|---|---|
| | 試験種目 | 解答時間 | 解答数 | 内容，出題科目等 |
| 一次試験 | 基礎能力試験（択一式） | 1時間50分 | 30問 | 知能分野24問（文章理解10問，判断推理7問，数的推理4問，資料解釈3問）知識分野6問（自然・人文・社会に関する時事5問，情報1問） |
| | 専門試験（択一式） | 3時間 | 40問 | 【行政区分】80問中40問解答（科目選択制。16科目〈各5問〉中8科目40問解答）政治学，行政学，憲法，行政法，民法（総則および物権），民法（債権，親族および相続），ミクロ経済学，マクロ経済学，財政学・経済事情，経営学，国際関係，社会学，心理学，教育学，英語（基礎），英語（一般） |
| | 一般論文試験 | 1時間 | 1題 | |
| 二次試験 | 人物試験 | ― | ― | 個別面接，性格検査 |

## ■国家総合職　官庁別採用データ（最終合格発表～令和6年4月）

※上段：院卒者試験、下段：大卒程度試験。院は院卒者試験、大は大卒程度試験、（　）内は女性の内数。

| 試験区分／採用官庁等 | 行政 | 政治・国際 | 法律 | 経済 | 人間科学 | 法務 | 教養 | デジタル | 工学 | 数理科学・地球科学 | 物化生 | 学農 | 薬学農 | 農水産 | 工農業・農村 | 自然環境・森林 | 計 | 出身大学 法文系 | 理工系 | 農学系 |
|---|---|---|---|---|---|---|---|---|---|---|---|---|---|---|---|---|---|---|---|---|
| 会計検査院 | | | 3(1) | 2(1) | | | | | | | | | | | | | 5(2) | 大横浜国立大1, 京都大1, 岡山大1, 九州大1(1), 明治大1(1) | — | — |
| 人事院 | | | 4(1) | 1(1) | 1 | | | | | | | | | | | 1(0) | 7(3) | 大千葉大, 大阪大, 長崎大, 青山学院大, 慶應義塾大, 明治大, 同志社大 ※法文系と農学系の出身大学。人数は非公表 | | |
| 内閣府（院）| 3(1) | | | | | | | | | | | | | | | | 19(8) | 院東北大院, 一橋大院, 兵庫教育大院 | | |
| 内閣府（大）| | 1(1) | 3(2) | 4(2) | | | 8(2) | | | | | | | | | | | 大東京大, 横浜国立大, 京都大, 東京都立大, 京都府立大, 慶應義塾大, 早稲田大, 同志社大 ※人数は非公表 | | |
| デジタル庁（院）| 1(0) | | | | | | | 1(0) | | | | 1(0) | | | | | 11(5) | 非公表 | 非公表 | 非公表 |
| デジタル庁（大）| | 2(2) | 1(1) | 2(1) | | | 2(2) | 1(0) | | | | | | | | | | | | |
| 公正取引委員会（院）| 1(0) | | | | | | | | | | | | | | | | 8(3) | 院法政大院1 | | |
| 公正取引委員会（大）| | | 4(2) | 3(1) | | | | | | | | | | | | | | 大千葉大1(1), 一橋大1(1), 大阪大1, 岡山大1, 慶應義塾大1, 早稲田大1(1), 関西学院大1 | | |
| 警察庁（院）| 2(1) | | | | | | | | 4(1) | 1(0) | 1(0) | 2(1) | | | | | 33(11) | 非公表 | 非公表 | 非公表 |
| 警察庁（大）| | 3(3) | 5(2) | 1(0) | | | 11(5) | | | 2(0) | 1(0) | | | | | | | | | |
| 金融庁（院）| 1(1) | | | | | | | | | | 1(0) | | | | | | 17(7) | 院東北大院1(1)／大東京大6(1), 東北大2(1), 慶應義塾大2(1), 東北大院1(1), 一橋大院1, 名古屋大院1, 早稲田大1(1) | 院東京工業大院1／大東京工業大1(1) | — |
| 金融庁（大）| | | | 8(2) | | | 6(3) | | | | | | | 1(1) | | | | | | |
| 消費者庁 | | 1(1) | | 3(1) | | | | | | | | | | | | | 4(2) | 非公表 | — | — |
| 総務省（院）| 9(1) | | | | | | | | 3(0) | 1(0) | | | | | | 1(1) | 57(17) | 院東北大院, 東京大院, 一橋大院, 名古屋大院, 大阪大院, 京都大院, 慶應義塾大院, 法政大院, 早稲田大院／大北海道大, 東北大, 東京大, 一橋大, 京都大, 九州大, 慶應義塾大, 国際基督教大, 早稲田大, 同志社大 ※人数は非公表 | 院電気通信大院, 東京都立大院, 慶應義塾大院, 立命館大院／大東北大院, 東北大, 東京理科大 ※人数は非公表 | 院東京大院 |
| 総務省（大）| | 7(1) | 6(4) | 1(0) | | | 26(9) | 1(1) | 2(0) | | | | | | | | | | | |
| 消防庁 | | | | | | | | | 1(1) | | | | | | | | 1(1) | — | 非公表 | — |
| 法務省（院）| 3(1) | | | 8(7) | | | | | | | | | | | | | 31(17) | 非公表 | 非公表 | — |
| 法務省（大）| | | 12(5) | 8(6) | | | | | | 2(0) | | | | | | | | | | |
| 出入国在留管理庁（院）| 5(3) | | | | | | | | | | | | | | | | 12(6) | 非公表 | — | — |
| 出入国在留管理庁（大）| | 4(2) | 1(1) | 1(0) | | | | | | | | | | | | | | | | |
| 公安調査庁（院）| 2(0) | | | 1(1) | | | | | | | | | | | | | 7(2) | 非公表 | — | — |
| 公安調査庁（大）| | 3(1) | | | | | 1(0) | | | | | | | | | | | | | |
| 外務省（院）| 1(1) | | | | | | | | | | | | | | | 1(0) | 36(16) | 院LSE1(1)／大東京大15(6), 早稲田大6(3), 一橋大3(2), 慶應義塾大3(2), 大阪大2, 北海道大1(1), 東京外国語大1(1), 九州大1, 中央大1, 防衛大学校1 | — | 院京都大院1 |
| 外務省（大）| | 13(5) | 1(1) | | | | 20(9) | | | | | | | | | | | | | |
| 財務省（本省・財務局・税関の合計）（院）| 4(1) | | | | | | | | | | | | 1(1) | 1(0) | | | 41(13) | 院北海道大院, 東京大院, 一橋大院／大北海道大, 東京大, 一橋大, 横浜国立大, 大阪大, 京都大, 広島大, 九州大, 慶應義塾大, 中央大, 明治大, 早稲田大 ※人数は非公表 | | 院筑波大院, 東京大院 ※人数は非公表 |
| 財務省（大）| | 7(2) | 10(4) | 5(2) | | | 13(3) | | | | | | | | | | | | | |
| 国税庁（院）| 2(2) | | | | | | | | | 1(0) | 2(2) | 1(1) | | | | | 14(7) | 院兵庫県立大院／大東北大, 東京大, 新潟大, 岡山大, 明治大, 立命館大 ※人数は非公表 | 大大阪大院, 東京理科大院 ※人数は非公表 | 院東京海洋大院／大福島大, 岡山大 ※人数は非公表 |
| 国税庁（大）| | 1(1) | 1(0) | 3(1) | | | 1(0) | | | | | 2(1) | | | | | | | | |
| 文部科学省（院）| 3(2) | | | | 1(0) | | | | 1(0) | 3(0) | 1(0) | 2(1) | | | | 1(1) | 30(12) | 院東京大院2, お茶の水女子大院1(1), 国際基督教大院1(1)／大東京大4(3), 京都大3(2), 北海道大2, 東北大1, 一橋大1, 神戸大1(1), 慶應義塾大1(1), 中央大1 | 院東京大院2, 東京工業大院1, 慶應義塾大院1(1), 中央大院1, 日本大院1, ブリティッシュコロンビア大院1(1)／大東京大院2, 大阪公立大院1, 立命館大院1 | 院筑波大院1(1) |
| 文部科学省（大）| | 2(0) | 3(0) | | | | 8(5) | 1(2) | 2(0) | | | | | | | | | | | |

| 令和5年度訪問者数 | 府省庁からのメッセージ | 所在地・担当 |
|---|---|---|
| 80～90人 | 会計検査院のフィールドは国の行財政のすべてです。財政監督機関として，社会情勢の変化や国民の期待に対応して検査活動を発展させています。大学等での専攻にとらわれず，人物本位で採用しています。公共事業やデジタルの検査もあるので，技術系の方も大歓迎です。ぜひ官庁訪問にいらしてください。 | 〒100-8941　千代田区霞が関3-2-2 事務総長官房人事課 |
| 90～100人 | 人事院は，「公務員を元気に国民を幸せに」のMISSIONの下，国家公務員が働きがいを持って，いきいきと仕事ができる環境を創り出す機関です。主体的に考え，自ら行動することができ，円滑な人間関係を構築できる人材を人物本位で採用しています。業務説明会・官庁訪問については人事院ホームページやSNSでご確認いただき，ぜひお越しください。 | 〒100-8913　千代田区霞が関1-2-3 人事課人事班 |
| 130～140人 | 内閣府は，幅広い政策課題に対応できるよう多様な人材を求めています。常に新しい課題に出会い，成長できる職場です。試験区分は問いません。自らの力で日本の未来をすばらしいものにしたいという熱い思いを持つ皆様の訪問をお待ちしております。 | 〒100-8914　千代田区永田町1-6-1 大臣官房人事課企画係 |
| 非公表 | デジタル庁では文系・理系を問わず幅広い分野から人材を募集しています。業務説明会や官庁訪問についてはデジタル庁ホームページ（デジタル庁，新卒採用　で検索）をご覧ください。「誰一人取り残されない，人に優しいデジタル化」が実装された社会の実現に向けて，ともに取り組みましょう。 | 〒102-0094　千代田区紀尾井町1-3 戦略・組織グループ新卒採用担当 |
| 40～50人 | 公正取引委員会は，出身大学，学部，専攻分野にとらわれることなく，多様な人材を人物本位で採用しています。日々変化する経済状況に対し，知的好奇心旺盛に，広い視野を持って意欲的に業務に取り組める方をお待ちしています。官庁訪問情報は，ホームページの「採用情報」に掲載しますので，ご確認ください。 | 〒100-8987　千代田区霞が関1-1-1 官房人事課 |
| 120～140人 | 「世のため，人のために働きたい」という情熱を胸に公務を志している方や，ぶれない使命と公のため貢献しているという確かな手応えを求めている方の想いに，警察庁の仕事は間違いなく応えてくれます。公に奉仕する気概にあふれる皆さんとともに働ける日を心待ちにしています。 | 〒100-8987　千代田区霞が関2-1-2 長官官房人事課 |
| 60～70人 | 官庁訪問時点では金融・経済の知識は問いません！　経済・社会全体にアンテナを高く張り巡らす「好奇心」，幅広い分野の知識を吸収する「向上心」，自由な発想で政策を立案する「柔軟なアタマ」，日本をよくし，国民の幸せに貢献したいという「志」を持つ方をお待ちしています。 | 〒100-8967　千代田区霞が関3-2-1 総合政策局秘書課人事調整係 |
| 20～30人 | 消費者庁は自身の「消費」を通じ得た「気づき」を直接仕事に還元することで社会を変革し，さらに仕事の成果が日々の暮らしの中で実感できる唯一の省庁です。日々多様化・複雑化する消費者問題に対応するため，区分は問わず多種多様な人材を求めております。ぜひ官庁訪問を通じて消費者庁の門をたたいてみてください！　官庁訪問の詳細は消費者庁ホームページにてご確認ください（https://www.caa.go.jp/about_us/recruitment/）。 | 〒100-8958　千代田区霞が関3-1-1 総務課人事企画室 |
| 200～210人 | 「総て」を「務める」と書いて総務省。総務省は，幅広いフィールドを通じて，皆さんが最も身近に接する行政機能を担い，明日の日本を支える社会基盤づくりを進めています。説明会情報等，以下のホームページに公開しておりますのでぜひご覧ください！ https://mic-recruit.snar.jp/index.aspx | 〒100-8926　千代田区霞が関2-1-2 大臣官房秘書課 |
| 5～10人 | 消防庁は，あらゆる災害から国民の生命・身体・財産を守るため，通常時は消防行政の礎として，非常時は災害対応の司令塔としての役割を担っています。官庁訪問では，国の消防機関としての役割や技術系職員の活躍についてご説明いたします。国民の命を守るという使命感と意欲ある方，ぜひ消防庁へ！ | 〒100-8927　千代田区霞が関2-1-2 総務課 |
| 150～160人 | 法務省は，国民が安全・安心に暮らせる公正・公平な社会の実現のため，さまざまな分野で国民生活の「基盤」をつくっています。日々変化する社会情勢に対し，柔軟かつ幅広い発想で対応できる方をお待ちしております。官庁訪問や説明会等の情報は法務省ホームページやX，Facebookで発信しています！ | 〒100-8977　千代田区霞が関1-1-1 大臣官房人事課 |
| 60～70人 | 水際での出入国審査，難民等の保護などに加え，近年は，外国人材獲得政策の立案や共生社会の実現に向けた外国人の受入環境の整備に取り組んでいます。われわれとともに外国人政策に取り組み，我が国における外国人との共生社会をともに構築することに意欲ある皆さんの訪問をお待ちしています。 | 〒100-8973　千代田区霞が関1-1-1 総務課人事係 |
| 50～60人 | 公安調査庁は，テロ等の危険な活動を行うおそれのある団体の調査や規制を行っているほか，調査の過程で得られた情報を，独自の分析を加えたうえで官邸等に提供することで，政府の施策推進にも貢献しています。国民の安心・安全を支えたいとの熱意を持った皆様をお待ちしています。 | 〒100-0013　千代田区霞が関1-1-1 総務部人事課 |
| 130～140人 | 「国と国の関係」は，各国の外交官の「人と人の関係」が織り成すものです。世界が今，歴史の転換点にある中，日本と国際社会の平和と繁栄のため，外交の最前線で日本を体現し，未知の課題にチャレンジし続けたい，そんな想いの方をお待ちしています。出身大学，専門，海外経験の有無等は問いません。 | 〒100-8919　千代田区霞が関2-2-1 大臣官房人事課 |
| 180～220人 | 予算，税制，国家の資産・債務の管理，関税政策，通貨・国際金融システムの安定，途上国開発など多岐にわたる分野で，資金の流れという観点から国家の重要な動きにかかわっています。知的好奇心を持って未知の課題に挑戦する意欲のある人材を求めています。 | 〒100-8940　千代田区霞が関3-1-1 大臣官房秘書課 |
| 50～60人 | 国税庁総合職は，日本を歳入の面から支えるべく，国税組織が「正直者には尊敬の的，悪徳者には畏怖の的」であり続けられるような税務行政の未来を考えることを使命としています。また，国税庁技術系職員は「お酒のエキスパート」として，科学的知見から酒類産業を支えています。 | 〒100-8978　千代田区霞が関3-1-1 人事課企画係 |
| 140～150人 | 文部科学省は，教育，科学技術・学術，スポーツ，文化芸術の各分野の振興を通じて，「人と知恵」を育み，未来の基盤をつくっていくことを使命としています。我が国の未来づくりのため，ともに働きたいという志を持つ方を求めています。詳細はホームページ，採用・キャリア情報フェイスブック，X（旧ツイッター）をご覧ください。 | 〒100-8959　千代田区霞が関3-2-2 大臣官房人事課任用班 |

| 試験区分<br>採用官庁等 | 行政 | 政治・国際 | 法律 | 経済 | 人間科学 | 法務 | 教養 | デジタル | 工学 | 理数・地球科学・物理子 | 物化・薬学生 | 学・農業・水産科 | 工業・農学村 | 自然・環境・森林 | 計 | 出身大学 法文系 | 出身大学 理工系 | 出身大学 農学系 |
|---|---|---|---|---|---|---|---|---|---|---|---|---|---|---|---|---|---|---|
| 厚生労働省 | 6(3) | | | | 2(2) | | | 1(0) | 1(0) | 4(0) | 10(6) | 1(0) | | | 64(31) | 【院】東京大院、一橋大院、横浜国立大院、新潟大院、京都大院、大阪大院、東京都立大院、慶應義塾大院　【大】北海道大、東北大、筑波大、千葉大、東京大、お茶の水女子大、名古屋大、京都大、大阪大、岡山大、広島大、九州大、慶應義塾大、中央大、早稲田大、近畿大、同志社大、ミドルベリー大 ※人数は非公表 | 【院】東北大院、東京大院、東京工業大院、名古屋大院、神戸大院、広島大院、近畿大院　【大】立命館大院、京都大院、日本大 ※人数は非公表 | 【院】山形大院　【大】徳島大院、東京海洋大、大阪府立大、明治大 ※人数は非公表 |
| 　 | | | 3(2) | 14(6) | 1(0) | 1(0) | 12(8) | 1(1) | 1(1) | 1(1) | 1(0) | 4(3) | | | | | | |
| 農林水産省 | 6(3) | | | | | | | | 2(0) | | 3(0) | 32(17) | 3(0) | 7(3) | 124(51) | 【院】東北大院、京都大院、名古屋大院、早稲田大院　【大】東京大院、京都大院、東京外国語大、一橋大、京都大、大阪大、神戸大、九州大、慶應義塾大、上智大、早稲田大 ※人数は非公表 | 【院】徳島大院、東京都立大院、岐阜薬科大院、日本大院、早稲田大院　【大】東京大、東京農工大、上智大 ※人数は非公表 | 【院】北海道大院、東北大院、茨城大院、筑波大院、千葉大院、東京大院、東京海洋大院、新潟大院、三重大院、京都大院、広島大院、九州大院、長崎大院、鹿児島大院、滋賀県立大院、京都府立大院、大阪公立大院、東京農業大院、明治大院　【大】北海道大、弘前大、東北大、岩手大、福島大、茨城大、千葉大、東京農工大、新潟大、信州大、静岡大、三重大、京都大、大阪大、九州大、宮崎大、鹿児島大、大阪府立大、公立鳥取環境大、法政大、明治大、水産大学校 ※人数は非公表 |
| 　 | | | 4(3) | 7(3) | 1(0) | 1(0) | 12(2) | 1(0) | | | 2(1) | 17(9) | 16(5) | 10(5) | | | | |
| 経済産業省 | 3(1) | | | | | | | | 3(1) | | 3(2) | 1(0) | | | 56(14) | 【院】京都大院1、早稲田大院1、京都大院1(1)　【大】早稲田大院10(2)、東京大院9(2)、京都大院4(2)、一橋大院3(2)、東京大院、慶應義塾大院2(1)、東北大院1、金沢大院1、京都大院1、東京外国語大1、横浜国立大1、名古屋大1、神戸大1、同志社大1 | 【院】東京大院2(1)、北海道大院1、東京農工大1(1)、京都大院1(1)、中央大院1　【大】東北大院1、京都大院1、北海道大院1、東京大1、山口大1、早稲田大1 | 【院】東京大院1　【大】東京大1 |
| 　 | | 6(1) | | 4(0) | 1(0) | | 28(7) | 5(1) | 1(0) | | | 1(0) | | | | | | |
| 特許庁 | | | | | | | | | 2(1) | 16(1) | 3(0) | 8(5) | 2(1) | | 54(17) | ― | 【院】北海道大院、筑波大院、千葉大院、東京農工大院、横浜国立大院、岐阜大院、京都大院、徳島大院、静岡県立大院、慶應義塾大院、中央大院、東京理科大院、日本大院、早稲田大院、立命館大院、立命館大　【大】北海道大、千葉大、東京大院、東京工業大院、京都大院、大阪大院、東京都立大院、慶應義塾大院、立命館大院、北海道大院、東京医科歯科大院、東京大、熊本大、東京理科大、明治大、立命館大 ※人数は非公表 | 【院】千葉大院、東京農工大院　【大】神戸大、岡山大、立命館大 ※人数は非公表 |
| 　 | | | | | | | | | 1(0) | 13(4) | 6(2) | 2(2) | 1(1) | | | | | |
| 国土交通省 | 4(2) | | | | | | | | 28(5) | | 2(0) | | | 4(2) | 125(29) | 【院】筑波大院、東京大院、京都大院、慶應義塾大院　【大】東北大院、東京大院、京都大院、北海道大、東北大、千葉大、東京大、一橋大、東京工業大、京都大、慶應義塾大、早稲田大 ※人数は非公表 | 【院】東北大院、筑波大院、東京大院、東京工業大院、東京海洋大院、新潟大院、名古屋大院、京都大院、大阪大院、広島大院、九州大院、東京都立大院、慶應義塾大院、芝浦工業大院、上智大院、中央大院、東京理科大院、日本大院　【大】北海道大、東北大、東京大、東京工業大、名古屋大、京都大院、大阪大院、岡山大院、九州大院、熊本大、福島大、宇都宮大、東京大、横浜国立大、静岡大、大阪大、広島大、九州大、大阪府立大、芝浦工業大、工学院大、東京理科大、日本大、早稲田大、立命館大 ※人数は非公表 | 【院】北海道大院、筑波大院、京都大院、奈良女子大院　【大】北海道大院、東京農工大院、帯広畜産大、山形大、千葉大、東京農工大、京都大、島根大、宮崎大 ※人数は非公表 |
| 　 | | 4(0) | 8(1) | 4(2) | | | 10(5) | 1(0) | 48(9) | | 2(0) | | 5(0) | 5(3) | | | | |
| 気象庁 | | | | | | | | | | 8(0) | | | | | 10(1) | ― | 【院】北海道大院2、筑波大院2、東北大院1、千葉大院1、京都大院1、九州大院1　【大】京都大2(1) | ― |
| 　 | | | | | | | | | | 1(1) | 1(0) | | | | | | | |
| 海上保安庁 | | | | | | | | | | 1 | 1(0) | | 2(1) | | 4(1) | ― | 【院】北海道大院1、広島大院1　【大】東北大院1、東京海洋大院1(1) | ― |
| 環境省 | 1(1) | | | | | | | | 1(0) | | 4(1) | | | 7(3) | 29(13) | 【院】京都大院1(1)　【大】慶應義塾大3(2)、千葉大1、東京大1、東京外国語大1、お茶の水女子大1(1)、横浜国立大1、京都大1、大阪大1(1)、神戸大1(1)、関西大1 | 【院】福島大院1(1)、東京大院、東京農工大農学府1(1)、東京工業大院1、横浜国立大院1　【大】東京大2 | 【院】北海道大環境科学院1(1)、東北大院1、筑波大院1、千葉大院1、東京大院1、京都大院1(1)、日本大院1(1)　【大】東京大1、明治大1(1) |
| 　 | | 2(1) | 3(1) | 1(0) | | | 6(0) | | 1(0) | | 1(0) | 1(1) | 1(0) | | | | | |
| 原子力規制庁 | | | | | | | | | | | 1(0) | 1(1) | | | 2(1) | | 【院】東京大院1 | 【院】千葉大院1(1) |
| （独）造幣局 | | | | | | | | | 2(1) | | | | | | 2(1) | | 【大】神戸大1、立命館大1(1) | |
| 防衛省 | | | | | | | | | 6(2) | 1(0) | | | | | 30(9) | 非公表 | 非公表 | ― |
| 　 | | 6(3) | 2(1) | | | | 8(2) | | | 1(0) | 1(0) | | | | | | | |
| 防衛装備庁 | | | | | | | | | 3(0) | 8(0) | 2(0) | | | | 17(1) | ― | 非公表 | ― |
| 　 | | | | | | | | | 3(1) | | 1(0) | | | | | | | |

| 令和5年度<br>訪問者数 | 府省庁からのメッセージ | 所 在 地・担 当 |
|---|---|---|
| 290～325人 | 厚生労働省は，人々の一生に寄り添う，最も身近な行政分野を担当しており，人を大切に想う心，国家の長い未来に思いをはせる想像力，一つ一つの困難に立ち向かう気概と勇気を持った方々をお待ちしています。なお，各職種の官庁訪問の詳細等は，以下のホームページからご確認ください（https://www.mhlw.go.jp/kouseiroudoushou/saiyou/tokusetsu/）。 | 〒100-8916　千代田区霞が関1－2－2<br>大臣官房人事課 |
| 500～600人 | 農林水産省は，生命を支える「食」と安心して暮らせる「環境」を未来に継承していくことを使命としています。農林水産業を若者が夢や希望を託すことができる，魅力のある成長産業にしていくために，広い視野と問題意識，そしてチャレンジ精神を持つ方を求めています。採用において年齢，性別，大卒・院卒，新卒・既卒，試験の順位，出身校や出身学部は，一切関係ありません。官庁訪問の詳細はホームページにてご確認ください（https://careers.maff.go.jp/）。 | 〒100-8950　千代田区霞が関1－2－1<br>大臣官房秘書課 |
| 200人 | 経済産業省は，「国富の拡大」を追求する唯一の官庁として，日本の産業が世界と日本の課題解決に貢献できるようにすることで，未来の日本を豊かにしていくことが使命です。官庁訪問（要予約）の詳細については，経済産業省ホームページからご確認ください。皆さんの挑戦をお待ちしております。 | 〒100-8901　千代田区霞が関1－3－1<br>大臣官房秘書課 |
| 140～160人 | 特許庁は，日本の産業の成長を支えたいといった熱い思いのある方を，あらゆる技術系分野から求めています。特許庁で総合職採用されますと，国内外から受け付けたさまざまな発明の出願について審査を行うことに加え，法律改正や国内外の知財政策の立案，スタートアップ支援など，多様な分野で活躍できます。詳細はホームページをご確認ください。 | 〒100-8915　千代田区霞が関3－4－3<br>審査第一部調整課 |
| 350～450人 | 人口減少時代の到来，激甚化する災害など課題先進国といわれる日本において，国土交通省のフィールドはハードからソフトまで，ローカルからグローバルまで多岐にわたります。コンパクトシティの推進，防災・減災，一人一人に寄り添うバリアフリー社会の実現，MaaSの推進，インフラの海外展開。より豊かで暮らしやすい日本をめざし，社会システムをデザインする，それがわれわれの使命です。国土交通省は，仕事の幅広さに比例するように，多種多様な職員が集まっています。出身大学・学部を問わず，志ある皆さんとお会いできることを楽しみにしています。詳細はホームページ（https://www.mlit.go.jp/saiyojoho/）をご覧ください。 | 〒100-8918　千代田区霞が関2－1－3<br>大臣官房人事課 |
| 30～40人 | 気象庁は大雨や暴風，地震や津波，火山噴火などの自然災害から国民の生命・財産を守ることを主たる任務とする防災官庁です。あなたが学び，得てきた知識と技能を気象庁で活かしてみませんか。ぜひ，気象庁の官庁訪問へお越しください。 | 〒105-8431　港区虎ノ門3－6－9<br>総務部人事課任用係 |
| 20～30人 | 海上保安庁の総合職技術系職員は，日本の生命線である海を守り・活かすため，科学・技術の力をフル活用して，日々活躍しています。あなたの力で日本を海から支えてみませんか。官庁訪問などの詳細情報は，海上保安庁総合職採用ページをご覧ください。 | 〒100-8976　千代田区霞が関2－1－3<br>総務部人事課 |
| 200～220人 | 環境省は地球環境問題，生物多様性の保全，震災復興など多くの難題を抱えています。若手からも多様な経験を積むことができ，好奇心と行動力のある方を求めています！　採用において年齢，性別，出身校などは一切関係ありません。官庁訪問情報は環境省採用・キャリア形成支援情報ホームページよりご確認ください。 | 〒100-8975　千代田区霞が関1－2－2<br>大臣官房秘書課 |
| 35～40人 | 原子力規制庁は，原子力の規制を担う唯一の国家機関として，原子力施設の許認可に係る審査や検査，原子力災害対策，放射線規制などを行っています。技術系全区分から採用していますので，専攻問わず，少しでも関心のある方をお待ちしています。官庁訪問（要予約）情報はホームページをご覧ください。 | 〒106-8450　港区六本木1－9－9<br>長官官房人事課 |
| 10～20人 | 造幣局は純正画一で偽造されない貨幣を合理的な価格で安定的かつ確実に供給することなどの使命を有しており，この使命を果たすためにも，自ら考え行動し，前向きでチャレンジ精神あふれる人を求めています。多くの方の官庁訪問をお待ちしております。 | 〒530-0043　大阪市北区天満1－1－79<br>総務部人事課 |
| 180～200人 | 戦後，最も厳しい安全保障に直面する中，日本の防衛政策は大きな転換点を迎え，防衛省・自衛隊の役割は新たなフェーズに入っています。真に国民を守り抜くため，あらゆる叡智を結集し，宇宙やサイバー空間まで拡大するフィールドに立ち向かう。そんな覚悟と情熱を持った皆さんをお待ちしています。 | 〒162-8801　新宿区市谷本村町5－1<br>大臣官房秘書課 |
| 25～35人 | 科学技術の進展が安全保障環境に大きな影響を及ぼす中で，装備品の研究開発等の業務を担う防衛装備庁の役割も重要性を増しています。研究職として確かな技術と優れたリーダーシップを発揮し，研究開発や装備・技術政策といった幅広いフィールドで活躍できるあなたをお待ちしています。 | 〒162-8870　新宿区市谷本村町5－1<br>長官官房人事官付 |

# ■国家一般職（本省採用）官庁別採用データ（最終合格発表～令和6年4月）

※（　）内は女性の内数。「他地域からの採用数」は関東甲信越地域以外の合格者の内数。
訪は官庁訪問者数、説は独自説明会の参加者数。

| 採用官庁 / 試験区分 | 行政 | 電気・電子・デジタル | 機械 | 土木 | 建築 | 物理 | 化学 | 農学 | 農業農村工学 | 林学 | 計 | 出身大学等 | 令和5年度訪問者数等 | 所在地・担当 |
|---|---|---|---|---|---|---|---|---|---|---|---|---|---|---|
| 会計検査院 | 20 (5) | 1 (1) | | | | 1 (0) | 1 (1) | 3 (3) | | | 26 (10) | 早稲田大4(1)、東京農工大院2(2)、専修大2(1)、北里大院1(1)、北海道大1、埼玉大1、千葉大1、東京農工大1(1)、お茶の水女子大1(1)、富山大1、岡山大1(1)、東京都立大1、大妻女子大1(1)、慶應義塾大1、東洋大1、日本大1、明治大1、立教大1(1)、成蹊大1、帝京大1 | 訪110～120人 説360～370人 | 〒100-8941 千代田区霞が関3-2-2 事務総長官房人事課 |
| └他地域からの採用数 | 2 | | | | | | | | | | 2 | | | |
| 人事院 | 11 (6) | | | | | | | | | | 11 (6) | 東北大、千葉大、名古屋大、慶應義塾大、駒澤大、聖心女子大、中央大、東洋大、早稲田大、立命館大　※人数は非公表 | 訪60～70人 説770～780人 | 〒100-8913 千代田区霞が関1-2-3 人事課 |
| └他地域からの採用数 | 1 | | | | | | | | | | 1 | | | |
| 内閣官房（内閣情報調査室、内閣衛星情報センター） | 8 (1) | 2 (1) | 2 (1) | 2 (0) | | 1 | | | | | 15 (4) | 非公表 | 訪50～60人 説100～150人 | 〒100-8968 千代田区永田町1-6-1 総務部門 |
| └他地域からの採用数 | 2 | | | | | | | | | | 2 | | | |
| 内閣法制局 | 1 (1) | | | | | | | | | | 1 (1) | 早稲田大1(1) | 訪10～20人 説20～30人 | 〒100-0013 千代田区霞が関3-1-1 長官総務室総務課人事係 |
| └他地域からの採用数 | | | | | | | | | | | | | | |
| 内閣府 | 34 (20) | | | | | | 2 (0) | | | | 36 (20) | 専門学校等21(11)、中央大2(1)、奈良女子大院1(1)、日本大院1、千葉大1、お茶の水女子大1(1)、岐阜大1(1)、岡山大1(1)、広島大1(1)、九州大1(1)、学習院大1(1)、専修大1(1)、東洋大1(1)、日本大1、立教大1(1) | 訪130～140人 説300～310人 | 〒100-8914 千代田区永田町1-6-1 大臣官房人事課 |
| └他地域からの採用数 | 5 | | | | | | | | | | 5 | | | |
| デジタル庁 | 5 (2) | 1 (1) | | | | | | | | | 6 (3) | 非公表 | 非公表 | 〒102-0094 千代田区紀尾井町1-3 戦略・組織グループ 新卒採用担当 |
| └他地域からの採用数 | 1 | | | | | | | | | | 1 | | | |
| 宮内庁 | 15 (8) | | | 1 (0) | | | | | | | 16 (8) | 法政大2(1)、東京都立大院1、京都府立大院1、筑波大1(1)、長岡技術科学大1、新潟大1(1)、静岡大1(1)、広島大1(1)、京都府立大1(1)、神田外語大1(1)、学習院大1、國學院大1、国士舘大1、聖心女子大1(1)、明治大1(1) | 訪60～70人 説80～90人 | 〒100-8111 千代田区千代田1-1 長官官房秘書課任用係 |
| └他地域からの採用数 | 4 | | | | | | | | | | 4 | | | |
| 公正取引委員会 | 19 (13) | | | | | | | | | | 19 (13) | 北海道大2(2)、東京都立大2(2)、中央大2(1)、小樽商科大1(1)、静岡大1(1)、岡山大1(1)、広島大1(1)、愛媛大1(1)、都留文科大1(1)、大阪市立大1(1)、青山学院大1(1)、駒澤大1、上智大1(1)、法政大1(1)、明治大1(1)、立命館大1 | 訪80～90人 説130～140人 | 〒100-8987 千代田区霞が関1-1-1 官房人事課 |
| └他地域からの採用数 | 6 | | | | | | | | | | 6 | | | |
| 警察庁 | 11 (5) | 1 (0) | | | | 1 (0) | | | | | 13 (5) | 非公表 | 訪120～130人 説250～300人 | 〒100-8974 千代田区霞が関2-1-2 長官官房人事課 |
| └他地域からの採用数 | 4 | | | | | | | | | | 4 | | | |
| 個人情報保護委員会 | 10 (7) | 1 (0) | | | | | | | | | 11 (7) | 筑波大1(1)、慶應義塾大1(1)、専修大1(1)、中央大1(1)、東京理科大1、法政大1(1)、明治大1(1)、早稲田大1(1)、同志社大1(1)、立命館大1、関西学院大1 | 訪30～40人 説60～70人 | 〒100-0013 千代田区霞が関3-2-1 総務課人事第1係 |
| └他地域からの採用数 | 1 | | | | | | | | | | 1 | | | |
| カジノ管理委員会 | 6 (2) | | | | | | | | | | 6 (2) | 非公表 | 訪30人程度 説150人程度 | 〒105-6090 港区虎ノ門4-3-1 総務企画部総務課 人事担当 |
| └他地域からの採用数 | 4 | | | | | | | | | | 4 | | | |
| 金融庁 | 23 (14) | | | 1 | 1 (0) | | | | | | 25 (15) | 千葉大2(1)、新潟大2、成城大2(2)、専修大2、早稲田大2(2)、東京工業大院1、北海道大1、一橋大1(1)、横浜国立大1、金沢大1(1)、広島大1(1)、東京都立大1(1)、学習院大1(1)、慶應義塾大1(1)、上智大1、東京理科大1、日本大1(1)、立教大1(1)、武蔵野大1、関西学院大1 | 訪100～110人 説400～500人 | 〒100-8967 千代田区霞が関3-2-1 総合政策局秘書課 |
| └他地域からの採用数 | 4 | | | | | | | | | | 4 | | | |
| 消費者庁 | 3 (1) | | | | | | 1 (1) | | | | 4 (2) | 非公表 | 訪20人 説70～80人 | 〒100-8958 千代田区霞が関3-1-1 総務課人事企画室 |
| └他地域からの採用数 | 0 | | | | | | | | | | 0 | | | |
| 総務省 | 60 (26) | 6 (2) | | | | 1 (0) | 1 (0) | | | | 68 (28) | 中央大11(3)、明治大7(3)、埼玉大3(1)、國學院大3、専修大3(1)、立教大3(2)、早稲田大3(3)、お茶の水女子大2(2)、横浜国立大2(1)、成城大2(2)、東京理科大2(1)、日本大2、北海道大1、福島大1、千葉大1(1)、群馬大1、新潟大1、富山大1(1)、静岡大1(1)、広島大1(1)、琉球大1、東京都立大1、都留文科大1、東京情報大1、青山学院大1(1)、国士舘大1、高千穂大1、東京電機大1、東邦大1、東洋大1、法政大1(1)、明治学院大1、津田塾大1(1)、立命館大1、大阪経済大1、関西学院大1(1) | 訪250～260人 説500～530人 | 〒100-8926 千代田区霞が関2-1-2 大臣官房秘書課 |
| └他地域からの採用数 | 8 | | | | | | | | | | 8 | | | |
| 外務省 | 3 (3) | 2 (0) | | 3 (3) | | | | | | | 8 (6) | 名古屋工業大院1(1)、東京都立大院1、金沢大1、東京都立大1(1)、青山学院大1(1)、専修大1(1)、東京電機大1、法政大1(1) | 訪20～30人 説20～30人 | 〒100-8919 千代田区霞が関2-2-1 大臣官房人事課採用班 |
| └他地域からの採用数 | 0 | | | | | | | | | | 0 | | | |
| 財務省 | 9 (4) | | | | | | | | | | 9 (4) | 北海道大1、山形大1、宇都宮大1、都留文科大1(1)、青山学院大1(1)、東海大1、日本大1、法政大1、西南学院大1(1) | 訪60～70人 説340～350人 | 〒100-8940 千代田区霞が関3-1-1 大臣官房秘書課 人事第1係 |
| └他地域からの採用数 | 3 | | | | | | | | | | 3 | | | |
| 文部科学省 | 22 (9) | 1 (1) | | | 2 (1) | 1 (1) | 1 (1) | 1 (1) | | | 28 (14) | 早稲田大3(1)、東京学芸大2(1)、横浜国立大2、日本大2(2)、明治大2(1)、筑波大院1、横浜国立大院1(1)、山形大1、千葉大1、東京外国語大1(1)、新潟大1、静岡大1、福岡教育大1、琉球大1、大阪府立大1、慶應義塾大1(1)、成城大1(1)、帝京大1(1)、中京大1、京都薬科大1(1)、立命館大1(1)、近畿大1 | 訪230～260人 説900～950人 | 〒100-8959 千代田区霞が関3-2-2 大臣官房人事課任用班 任用調整係 |
| └他地域からの採用数 | 5 | | | | | | | | | | 5 | | | |

| 採用官庁 | 試験区分 / 行政 | デジタル・電気・電子 | 機械 | 土木 | 建築 | 物理 | 化学 | 農学 | 農業農村工学 | 林学 | 計 | 出身大学等 | 令和5年度訪問者数等 | 所在地・担当 |
|---|---|---|---|---|---|---|---|---|---|---|---|---|---|---|
| 厚生労働省 | 136 (63) | 1 (1) | | | | | | | | | 137 (64) | 北海道大院、筑波大院、千葉大院、お茶の水女子大院、名古屋大院、立教大院、北海道大、東北大、秋田大、福島大、宇都宮大、埼玉大、千葉大、東京外国語大、東京学芸大、お茶の水女子大、一橋大、新潟大、金沢大、静岡大、三重大、京都大、大阪教育大、奈良県立大、岡山大、広島大、香川大、佐賀大、大分大、横浜市立大、公立小松大、大阪府立大、福岡女子大、青山学院大、大妻女子大、学習院大、北里大、駒澤大、國學院大、上智大、成城大、専修大、東京女子大、中央大、東海大、東京理科大、東洋大、東京音楽大、二松學舍大、日本大、法政大、明治大、明治学院大、立教大、早稲田大、学習院女子大、桜美林大、成蹊大、津田塾大、東京経済大、武蔵野大、中京大、京都産業大、同志社大、立命館大、関西大、広島修道大、上野法律ビジネス専門学校、東京法律公務員専門学校、大阪法律公務員専門学校 ※人数は非公表 | 600～700人 / 3,300～3,400人 | 〒100-8916 千代田区霞が関1-2-2 大臣官房人事課 |
| 他地域からの採用数 | 41 | | | | | | | | | | 41 | | | |
| 農林水産省 | 45 (30) | | 1 (0) | | | | 2 (1) | 5 (4) | 40 (21) | | 93 (56) | 岩手大院、東北大院、宇都宮大院、埼玉大院、千葉大院、お茶の水女子大院、信州大院、岐阜大院、岡山大院、広島大院、津田塾大院、北海道大、帯広畜産大、岩手大、東北大、山形大、筑波大、群馬大、千葉大、東京農工大、お茶の水女子大、一橋大、横浜国立大、新潟大、信州大、金沢大、静岡大、岡山大、高知大、九州大、都留文科大、青山学院大、学習院大、慶應義塾大、昭和女子大、成城大、専修大、中央大、東京農業大、東洋大、拓殖大、明星大、東京都市大、明治大、早稲田大、津田塾大、帝京大、神奈川工科大、同志社大、立命館大、関西大、近畿大、関西学院大、クイーンズランド大、大原簿記公務員専門学校千葉校、上野法律ビジネス専門学校、東京法律公務員専門学校、富山高等専門学校、東京都立広尾高等学校 ※人数は非公表 | 300～350人 / 1,800～2,000人 | 〒100-8950 千代田区霞が関1-2-1 大臣官房秘書課 |
| 他地域からの採用数 | 12 | | | | | | | | | | 12 | | | |
| 農林水産省 デジタル戦略グループ | 1 (0) | 3 (1) | | | | | | | | | 4 (1) | 琉球大院1、岡山大1、青山学院大1(1)、大東文化大1 | 10～20人 / 20～30人 | 〒100-8950 千代田区霞が関1-2-1 大臣官房 デジタル戦略グループ |
| 他地域からの採用数 | 0 | | | | | | | | | | 0 | | | |
| 農林水産省統計部 | 12 (9) | 1 | | | | | | 1 (0) | | 1 (0) | 15 (9) | 日本女子大2(2)、明治大2(1)、東北大1(1)、お茶の水女子大1(1)、岡山大1(1)、香川大1、大阪市立大1(1)、専修大1、中央大1(1)、東邦大1、東洋大1、日本大1、早稲田大1(1) | 40～50人 / 210～220人 | 〒100-8950 千代田区霞が関1-2-1 大臣官房統計部管理課 |
| 他地域からの採用数 | 2 | | | | | | | | | | 2 | | | |
| 水産庁 | 11 (3) | | | 2 (1) | | | | | | | 13 (4) | 東北大1、新潟大1、長崎大1、熊本大1、北海学園大1(1)、獨協大1、東京農業大1(1)、法政大1(1)、武蔵大1、大原法律専門学校1(1)、大原簿記公務員専門学校1、東京IT会計公務員専門学校1、吉田学園公務員専門学校1 | 30～40人 / 50～60人 | 〒100-8950 千代田区霞が関1-2-1 漁政課人事班 |
| 他地域からの採用数 | 7 | | | | | | | | | | 7 | | | |
| 経済産業省 | 27 (9) | 3 (0) | 2 (0) | 2 (0) | | 1 (0) | 9 (4) | 4 (3) | | | 48 (16) | 群馬大院2(1)、宇都宮大院2(1)、千葉大院2(1)、岡山大院2(1)、専修大院2(1)、中央大院2(1)、日本大院2(1)、法政大院2、立命館大院2、千葉大院1、富山大院1、東京都立大院1、工学院大院1、北見工業大1、東北大院1(1)、福井大1、新潟大1、愛知教育大1、三重大1、広島大1、愛媛大1、九州大1、名古屋市立大1(1)、北里大1、駒澤大1、成城大1(1)、東京農業大1、東京理科大1、東洋大1(1)、日本女子大1(1)、明治大1、立教大1、早稲田大1、東京経済大1、産業能率大1、東洋英和女学院大1(1)、龍谷大1(1)、関西学院大1 | 150人 / 150人 | 〒100-8901 千代田区霞が関1-3-1 大臣官房秘書課 |
| 他地域からの採用数 | 9 | | | | | | | | | | 9 | | | |
| 特許庁 | 38 (20) | | | | | | | | | | 38 (20) | 千葉大4(2)、お茶の水女子大3(3)、早稲田大3(1)、日本大2(1)、岡山大1(2)、東京都立大2、慶應義塾大2(1)、専修大2(1)、立教大2(2)、北海道大1(1)、宇都宮大1、群馬大1、横浜市立大1、青山学院大1、駒澤大1、中央大1(1)、東京女子大1、東京薬科大1、東洋大1(1)、日本大1、明治大1、成蹊大1、京都薬科大1(1)、関西大1(1)、東京電子専門学校1 | 150人程度 / 500～1,000人 | 〒100-8915 千代田区霞が関3-4-3 総務部秘書課 |
| 他地域からの採用数 | 0 | | | | | | | | | | 0 | | | |
| 国土交通省 | 59 (19) | | | | | | | | | | 59 (19) | 東北大、千葉大、横浜国立大、信州大、富山大、金沢大、岡山大、東京都立大、横浜市立大、長野大、神戸市外国語大、跡見学園女子大、慶應義塾大、駒澤大、上智大、専修大、中央大、東京女子大、東京農業大、日本大、文化学園大、法政大、明治大、早稲田大、明星大、神奈川大、関東学院大、京都産業大、近畿大、大阪経済法科大、関西学院大 ※人数は非公表 | 250～300人 / 500～600人 | 〒100-8918 千代田区霞が関2-1-3 大臣官房人事課 |
| 他地域からの採用数 | 13 | | | | | | | | | | 13 | | | |
| 気象庁 | 6 (3) | | | | | | | | | | 6 (3) | 北海道教育大1(1)、国士舘大1、中央大1(1)、法政大1(1)、京都産業大1、公務員専門学校1 | 30～40人 / 50～60人 | 〒105-8431 港区虎ノ門3-6-9 総務部人事課任用係 |
| 他地域からの採用数 | 2 | | | | | | | | | | 2 | | | |
| 運輸安全委員会 | 2 (1) | 1 (0) | | 1 (0) | | | | | | | 4 (1) | 法政大院1、九州大1(1)、青山学院大1、明治大1 | 15～20人 / 40～50人 | 〒160-0004 新宿区四谷1-6-1 総務課人事係 |
| 他地域からの採用数 | 1 | | | | | | | | | | 1 | | | |
| 環境省 | 19 (11) | | | 3 (2) | | 1 (0) | 4 (2) | 4 (2) | | 16 (7) | 47 (24) | 東京農業大4(2)、日本大3(2)、弘前大1、岩手大1、山形大1(1)、茨城大1、埼玉大1、東京大1(1)、東京農工大1、富山大1、静岡大1、熊本大1、東京都立大1、青山学院大1、中央大1、東海大1、法政大1(1)、明治大1(1)、早稲田大1、武蔵野大1(1)、その他14(9)、専門学校・高等学校8(5) | 260～280人 / 230～240人 | 〒100-8975 千代田区霞が関1-2-2 大臣官房秘書課 |
| 他地域からの採用数 | 0 | | | | | | | | | | 0 | | | |
| 原子力規制庁 | 8 (1) | 2 (1) | 1 (0) | 1 (0) | 1 | 1 | 4 | | | | 18 (5) | 東京農工大2、中央大2、北海道大院1(1)、東北大院1(1)、千葉大院1(1)、東京理科大院1、宇都宮大1(1)、岐阜大1、名古屋大1、奈良教育大1、琉球大1、東海大1、東洋大1(1)、明治大1、岡山理科大1、大原簿記公務員専門学校1 | 50～55人 / 220～230人 | 〒106-8450 港区六本木1-9-9 長官官房人事課 |
| 他地域からの採用数 | 2 | | | | | | | | | | 2 | | | |
| 防衛省 本省内部部局 | 11 (5) | | | | | | | | | | 11 (5) | 非公表 | 60～70人 / 520～530人 | 〒162-8801 新宿区市谷本村町5-1 大臣官房秘書課 人事企画係 |
| 他地域からの採用数 | 4 | | | | | | | | | | 4 | | | |
| 防衛省 本省所在機関 | 22 (10) | | | | | | | | | | 22 (10) | 非公表 | 140～150人 / 380～400人 | 〒162-8801 新宿区市谷本村町5-1 大臣官房秘書課 試験企画係 |
| 他地域からの採用数 | 9 | | | | | | | | | | 9 | | | |
| 防衛装備庁 | 26 (8) | 1 (0) | 1 (0) | | | 1 (0) | 1 (0) | | | | 30 (9) | 非公表 | 180～190人 / 200～210人 | 〒162-8870 新宿区市谷本村町5-1 長官官房人事官付 |
| 他地域からの採用数 | 10 | | | | | | | | | | 10 | | | |

# ■国家一般職（地方機関等採用）官庁別採用データ（最終合格発表～令和6年4月）

※主要地方機関にアンケートを実施し、6月7日までに回答のあったところを掲載。（ ）内は女性の内数。
訪は官庁訪問者数、説は独自説明会の参加者数。独＝独立行政法人

| 事務局 | 採用先／試験区分 | 行政 | 電気・電子／デジタル | 機械 | 土木 | 建築 | 物理 | 化学 | 農学 | 農業農村工学 | 林学 | 計 | 出身大学等 | 令和5年度訪問者数等 | 所在地・担当 |
|---|---|---|---|---|---|---|---|---|---|---|---|---|---|---|---|
| 北海道 | 公正取引委員会・北海道事務所 | 1(1) | | | | | | | | | | 1(1) | 小樽商科大1(1) | 訪10～20人 | 〒060-0042 札幌市中央区大通西12丁目 札幌第3合同庁舎 総務課 |
| | 総務省・北海道管区行政評価局 | 3(1) | | | | | | | | | | 3(1) | 小樽商科大1、札幌市立大1、早稲田大1(1) | 訪61人 説103人 | 〒060-0808 札幌市北区北8条西2丁目 札幌第1合同庁舎 総務課人事係 |
| | 総務省・北海道総合通信局 | 2(2) | 1(0) | | | | | | | | | 3(2) | 室蘭工業大1、小樽商科大1(1)、北海学園大1(1) | 訪100人 説100人 | 〒060-8795 札幌市北区北8条西2丁目1-1 札幌第1合同庁舎 総務部総務課 |
| | 出入国在留管理庁・札幌出入国在留管理局 | 11(6) | | | | | | | | | | 11(6) | 非公表 | 訪40～50人 説50～60人 | 〒060-0042 札幌市中央区大通西12丁目 札幌第3合同庁舎 総務課人事係 |
| | 公安調査庁・北海道公安調査局 | 5(3) | 1(0) | | | | | | | | | 6(3) | 非公表 | 訪20～30人 説40～50人 | 〒060-0042 札幌市中央区大通西12丁目 札幌第3合同庁舎 総務部 |
| | 財務省・函館税関 | 12(5) | | | | | | | | | | 12(5) | 大原法律公務員専門学校4(1)、北海学園大3(1)、北海道大1(1)、北海道教育大1(1)、弘前大1、明治大1(1)、大阪法律公務員専門学校1 | 訪90～100人 説240～250人 | 〒040-8561 函館市海岸町24-4 総務部人事課人事第1係 |
| | 農林水産省・北海道農政事務所 | 16(12) | | | | | | | | | | 16(12) | 北海道大3(3)、北星学園大3(2)、北海道教育大2(2)、小樽商科大2(1)、北海学園大2、帯広畜産大1(1)、弘前大1(1)、東京農業大1(1)、明治大1 | 訪80～90人 説210～220人 | 〒064-8518 札幌市中央区南22条西6丁目2-22 エムズ南22条ビル 総務課 |
| | 国土交通省・北海道開発局 | 36(11) | | 3(0) | 11(1) | 1(0) | | 6(1) | 1(0) | 4(0) | | 62(13) | 北海学園大19(6)、弘前大6、室蘭工業大3、小樽商科大3(1)、北星学園大3、札幌学院大2(1)、日本大2、埼玉大院1、東京大院1、高知大院1、琉球大院1、麻布大院1、近畿大院1、北海道大1、北海道教育大函館校1、長岡技術科学大1、信州大1、京都大1、鳥取大1、北海道科学大1、北里大1、東京農業大1、帝京大1、京都産業大1(1)、立命館大1(1)、桃山学院大1、北海道武蔵女子短期大1(1)、札幌工科専門学校1、大原法律公務員専門学校1、長野県林業大学校1、函館工業高等専門学校1 | 訪336人 説471人 | 〒060-8511 札幌市北区北8条西2丁目 札幌第1合同庁舎 開発監理部人事課任用班 |
| | 国土交通省・北海道運輸局 | 12(2) | | | 1(0) | | | | | | 1(0) | 14(2) | 北海学園大4(1)、北海道大2、小樽商科大1、弘前大1、岩手大1、鹿児島大1、北星学園大1、北海商科大1(1)、日本大1、札幌工科専門学校1 | 訪50～60人 説30～40人 | 〒060-0042 札幌市中央区大通西10丁目 総務部人事課 |
| | 気象庁・札幌管区気象台 | 4(1) | 1(1) | | 1 | | 8(1) | 4(1) | | | | 18(4) | 小樽商科大2(1)、弘前大2、立命館大2、北見工業大院2、東京大院1、東京工業大院1、富山大院1、北海道大1、北海道教育大1(1)、室蘭工業大1(1)、富山大1、静岡大1、公立千歳科学技術大1(1)、北海学園大1、日本大1 | 訪20～30人 説30～40人 | 〒060-0002 札幌市中央区北2条西18-2 総務部総務課人事係 |
| | 防衛省・陸上自衛隊の北海道地区所在官署 | 12(4) | | | | | | | | | | 12(4) | 非公表 | 訪50～60人 説30～50人 | 〒064-8510 札幌市中央区南26条西10丁目 北部方面総監部人事課 |
| | 防衛省・地方防衛局の北海道地区所在官署 | 8(3) | | | | 2(0) | | | | | | 10(3) | 非公表 | 訪50～60人 説260～270人 | 〒060-0042 札幌市中央区大通西12丁目 札幌第3合同庁舎 北海道防衛局総務課 |
| 東北 | 公正取引委員会・東北事務所 | 2(2) | | | | | | | | | | 2(2) | 東北大1(1)、山形大1(1) | 訪10～20人 | 〒980-0014 仙台市青葉区本町3-2-23 仙台第2合同庁舎 総務課 |
| | 総務省・東北管区行政評価局 | 3(2) | | | | | | | | | | 3(2) | 弘前大1(1)、山形大1、大阪市立大1(1) | 訪66人 説67人 | 〒980-0014 仙台市青葉区本町3-2-23 仙台第2合同庁舎 総務課人事係 |

| 事務局 | 採用先（試験区分） | 行政 | デジタル・電気・電子 | 機械 | 土木 | 建築 | 物理 | 化学 | 農学 | 農業農村工学 | 林学 | 計 | 出身大学等 | 令和5年度訪問者数等 | 所在地・担当 |
|---|---|---|---|---|---|---|---|---|---|---|---|---|---|---|---|
| 東北 | 総務省・東北総合通信局 | 4 (3) | 1 (0) | | | | | | | | | 5 (3) | 山形大3(3)，秋田大1，日本大1 | 前52人 後61人 | 〒980-8795 仙台市青葉区本町3-2-23 総務部総務課人事係 |
| | 出入国在留管理庁・仙台出入国在留管理局 | 11 (8) | | | | | | | | | | 11 (8) | 山形大3(3)，岩手大1，宮城教育大1(1)，秋田大1(1)，福島大1，新潟大1(1)，横浜市立大1(1)，宮城学院女子大1(1)，東京法律専門学校1 | 前47～50人 後40～50人 | 〒983-0842 仙台市宮城野区五輪1-3-20 総務課総務係 |
| | 公安調査庁・東北公安調査局 | 4 (0) | | | | | | | | | | 4 (0) | 非公表 | 前20～30人 後40～50人 | 〒980-0821 仙台市青葉区春日町7-25 総務部 |
| | 国土交通省・東北運輸局 | 13 (3) | | 1 (0) | | | | | | | | 14 (3) | 非公表 | 前50～60人 後60～70人 | 〒983-8537 仙台市宮城野区鉄砲町1 仙台第4合同庁舎 総務部人事課 |
| | 気象庁・仙台管区気象台 | 3 (1) | | | 1 (1) | | 8 (2) | 2 (1) | | | | 14 (5) | 茨城大2(1)，山形大院1，福島大院1，新潟大院1，琉球大院1(1)，岩手大1(1)，東北大1，山形大1(1)，秋田県立大1，東北福祉大1，東邦大1，立正大1(1)，公務員専門学校1 | 前30人 後30～40人 | 〒983-8537 仙台市宮城野区五輪1-3-15 仙台第3合同庁舎 総務部総務課人事係 |
| | 防衛省・陸上自衛隊の東北地区所在官署 | 4 (0) | | | | | | | | | | 4 (0) | 非公表 | 前40～50人 後40～50人 | 〒983-8580 仙台市宮城野区南目館1-1 東北方面総監部人事課 |
| | 防衛省・海上自衛隊の東北地区所在官署 | 4 (3) | | | | 1 (0) | | | | | | 5 (3) | 非公表 | 前30～40人 後40～50人 | 〒035-8511 むつ市大湊町4-1 大湊地方総監部人事課 |
| | 防衛省・地方防衛局の東北地区所在官署 | 5 (3) | | | 1 (0) | | | | | | | 6 (3) | 非公表 | 前60～70人 後40～50人 | 〒983-0842 仙台市宮城野区五輪1-3-15 仙台第3合同庁舎 東北防衛局総務課 |
| 関東 | 総務省・関東管区行政評価局 | 7 (3) | | | | | | | | | | 7 (3) | 東京理科大院1，千葉大1(1)，新潟大1，学習院大1，中央大1(1)，早稲田大1，創価大1(1) | 前45人 後150人 | 〒330-9717 さいたま市中央区新都心1-1 さいたま新都心合同庁舎1号館 総務課人事係 |
| | 総務省・関東総合通信局 | 7 (3) | 3 (0) | | 1 (1) | | | | 1 (0) | | | 12 (4) | 岩手大1，茨城大1，金沢大1(1)，愛媛大1(1)，高崎経済大1，東京都立大1，兵庫県立大1，中央大1(1)，東京理科大1，早稲田大1(1)，帝京大1，同志社大1 | 前30～50人 後50～60人 | 〒102-8795 千代田区九段南1-2-1 総務部総務課人事係 |
| | 総務省・信越総合通信局 | 3 (1) | | | | | | | | | | 3 (1) | 新潟大1，岐阜大1(1)，琉球大1 | 前10～15人 後15～20人 | 〒380-8795 長野市旭町1108 長野第1合同庁舎 総務課 |
| | 法務省・東京法務局管内法務局・地方法務局 ※静岡地方法務局を除く | 42 (15) | | | | | | | | | | 42 (15) | 非公表 | 前430～440人 後280～290人 | 〒102-8225 千代田区九段南1-1-15 九段第2合同庁舎 総務部職員課人事係 |
| | 公安調査庁・関東公安調査局 | 9 (3) | 1 (1) | | | | | | | | | 10 (4) | 非公表 | 前60～70人 後190～200人 | 〒102-0074 千代田区九段南1-1-10 九段合同庁舎 総務部 |
| | 出入国在留管理庁・東京出入国在留管理局 | 20 (10) | | | | | | | | | | 20 (10) | 非公表 | 前90～100人 後140～150人 | 〒108-8255 港区港南5-5-30 職員課人事第1係 |
| | 財務省・横浜税関〈東北事務局〉 | 1 (0) | | | | | | | | | | 1 (0) | 東北学院大1 | 前10～20人 後20～30人 | 〒231-8401 横浜市中区海岸通1-1 総務部人事課人事第1係 |
| | 財務省・横浜税関〈関東事務局〉 | 21 (9) | | | | | | 4 (1) | | | | 25 (10) | 青山学院大院2，法政大2(2)，明治大2(2)，東京理科大院1，東京理科大院中退1，山形大1(1)，茨城大1(1)，お茶の水女子大1(1)，信州大1，高崎経済大1，横浜市立大1，都留文科大1，学習院大1，國學院大1，成城大1，大東文化大1，中央大1，東洋大1，立正大1，早稲田大1，神奈川大1，桐蔭横浜大1 | 前130～140人 後220～230人 | 〒231-8401 横浜市中区海岸通1-1 総務部人事課人事第1係 |
| | 厚生労働省・新潟労働局 | 4 (2) | | | | | | | | | | 4 (2) | 非公表 | 前20～30人 後20～30人 | 〒950-8625 新潟市中央区美咲町1-2-1 新潟美咲合同庁舎2号館 総務部総務課人事係 |

| 事務局 | 試験区分／採用先 | 行政 | 電気・電子・デジタル | 機械 | 土木 | 建築 | 物理 | 化学 | 農学 | 農業農村工学 | 林学 | 計 | 出身大学等 | 令和5年度訪問者数等 | 所在地・担当 |
|---|---|---|---|---|---|---|---|---|---|---|---|---|---|---|---|
| 関東 | 経済産業省・関東経済産業局および関東東北産業保安監督部 | 12(5) | | 1(0) | | | | | | | | 13(5) | 非公表 | (説)70〜80人程度 (試)200人程度 | 〒330-9715 さいたま市中央区新都心1-1 総務課人事係 |
| | 気象庁・東京管区気象台 | 5(3) | 1(0) | | 2(0) | | 19(3) | 8(3) | | | | 35(9) | 日本大3(2)，静岡大2(1)，中央大2(2)，北海道大院1，筑波大院1，東京大院1，横浜国立大院1(1)，静岡大院1，名古屋大院1，岡山大院1(1)，九州大院1，琉球大院1，お茶の水女子大1(1)，電気通信大1，東京海洋大1，新潟大1，信州大1，富山大1，金沢大1，三重大1，神戸大1，東京都立大1，城西大1，東京農業大1，東京理科大1，法政大1，東京都市大1，桜美林大1(1)，南山大1，公務員専門学校1，石川工業高等専門学校1 | (説)60〜70人 (試)50〜60人 | 〒204-8501 清瀬市中清戸3-235 総務部総務課人事係 |
| | 気象庁・気象研究所 | 1(1) | | | | | | | | | | 1(1) | 非公表 | ※気象庁本庁と合同 | 〒105-8431 港区虎ノ門3-6-9 総務部人事課任用係 |
| | 国土交通省・東京航空局 | 27(7) | 5(2) | 11(4) | 5(1) | 2(2) | 1(1) | | | | | 51(17) | 非公表 | (説)100〜110人 (試)390〜400人 | 〒102-0074 千代田区九段南1-1-15 総務部人事課 |
| | 防衛省・防衛大学校 | 3(2) | | | | | | | | | | 3(2) | 非公表 | (説)10〜20人 (試)130〜140人 | 〒239-8686 横須賀市走水1-10-20 総務部総務課 |
| | 防衛省・防衛医科大学校 | 3(1) | | | | | | | | | | 3(1) | 非公表 | (説)10〜20人 (試)140〜150人 | 〒359-8513 所沢市並木3-2 防衛医科大学校総務課 |
| | 防衛省・統合幕僚監部 | | 6(0) | | | | | | | | | 6(0) | 非公表 | (説)20〜30人 (試)60〜70人 | 〒162-8805 新宿区市谷本村町5-1 統合幕僚監部人事教育課 |
| | 防衛省・陸上自衛隊の関東地区所在官署 | 11(3) | 2(0) | 1(0) | | | | | | | | 14(3) | 非公表 | (説)60〜70人 (試)220〜230人 | 〒162-8802 新宿区市谷本村町5-1 陸上幕僚監部補任課 |
| | 防衛省・海上自衛隊の関東地区所在官署 | 12(3) | | | | | | | | | | 12(3) | 非公表 | (説)70〜80人 (試)220〜230人 | 〒162-8803 新宿区市谷本村町5-1 海上幕僚監部補任課 |
| | 防衛省・航空自衛隊の関東地区所在官署 | 10(4) | | 2(1) | | | | | | | | 12(5) | 非公表 | (説)50〜60人 (試)190〜200人 | 〒162-8804 新宿区市谷本村町5-1 人事教育部補任課 |
| | 防衛省・地方防衛局の関東地区所在官署 | 15(4) | | | 3(1) | | | | | | | 18(5) | 非公表 | (説)60〜70人 (試)250〜260人 | 〒330-9721 さいたま市中央区新都心2-1 さいたま新都心合同庁舎2号館 北関東防衛局総務課 〒231-0003 横浜市中区北仲通5-57 横浜第2合同庁舎 南関東防衛局総務課 |
| | 防衛省・情報本部 | 8(4) | 8(3) | 2(0) | | | | | | | | 18(7) | 非公表 | (説)10〜20人 (試)40〜50人 | 〒162-8806 新宿区市谷本村町5-1 総務部人事教育課 |
| | ㊪統計センター | 14(9) | | | | | 1(0) | | | | | 15(9) | 非公表 | (説)70〜80人 (試)60〜70人 | 〒162-8668 新宿区若松町19-1 総務部人事課人事係 |
| | ㊪製品評価技術基盤機構 | 5(2) | | 1(0) | | | | 3(1) | | | | 9(3) | 非公表 | (説)50〜60人 (試)80〜90人 | 〒151-0066 渋谷区西原2-49-10 人事企画課 |
| 中部 | 公正取引委員会・中部事務所 | 2(1) | | | | | | | | | | 2(1) | 静岡大1，南山大1(1) | (説)10〜20人 | 〒460-0001 名古屋市中区三の丸2-5-1 名古屋合同庁舎第2号館 総務課 |
| | 総務省・中部管区行政評価局 | 2(2) | | | | | | | | | | 2(2) | 中京大1(1)，関西大1(1) | (説)30人 (試)97人 | 〒460-0001 名古屋市中区三の丸2-5-1 名古屋合同庁舎第2号館 総務課人事係 |

| 事務局 | 採用先 / 試験区分 | 行政 | デジタル電気・電子 | 機械 | 土木 | 建築 | 物理 | 化学 | 農学 | 農業農村工学 | 林学 | 計 | 出身大学等 | 令和5年度訪問者数等 | 所在地・担当 |
|---|---|---|---|---|---|---|---|---|---|---|---|---|---|---|---|
| 中部 | 総務省・東海総合通信局 | 3(1) | 1(0) | | | | | | | | | 4(1) | 新潟大1、名古屋大1、名城大1、関西大1(1) | 前30～40人　令35～45人 | 〒461-8795　名古屋市東区白壁1-15-1　名古屋合同庁舎第3号館　総務部総務課 |
| | 総務省・北陸総合通信局 | | 1(0) | 1(0) | | 1(0) | | 1(1) | | | | 4(1) | 金沢大院1(1)、福井大1、金沢工業大1、関西大1 | 前20～30人　令30～40人 | 〒920-8795　金沢市広坂2-2-60　広坂合同庁舎　総務課 |
| | 出入国在留管理庁・名古屋出入国在留管理局 | 21(15) | | | | | | | | | | 21(15) | 非公表 | 前60～70人　令60～70人 | 〒455-8601　名古屋市港区正保町5-18　総務課人事係 |
| | 公安調査庁・中部公安調査局 | 6(1) | | | | | | | | | | 6(1) | 非公表 | 前20～30人　令50～60人 | 〒460-0001　名古屋市中区三の丸4-3-1　総務部 |
| | 財務省・名古屋税関〈中部事務局〉 | 22(9) | | | | | | 2(2) | | | | 24(11) | 愛知大9(3)、中京大4(2)、岐阜大3(2)、金沢大1(1)、愛知教育大1、愛知県立大1(1)、名古屋市立大1、名城大1、同志社大1、立命館大1、関西学院大1(1) | 前53人　令131人 | 〒455-8535　名古屋市港区入船2-3-12　総務部人事課人事第1係 |
| | 農林水産省・北陸農政局 | 18(10) | | | | | | | 7(4) | | | 25(14) | 金沢大8(2)、富山大2(2)、岡山大2(2)、金沢星稜大2(1)、立命館大院2(1)、東京農工大院1(1)、帯広畜産大1(1)、東北大1、山形大1、福井大1(1)、東京外国語大1(1)、新潟大1、香川大1(1)、高知大1 | 前70～80人　令100～110人 | 〒920-8566　金沢市広坂2-2-60　金沢広坂合同庁舎　総務課人事第1係 |
| | 国土交通省・北陸地方整備局 | 7(3) | | 3(0) | 9(4) | 1(0) | 1(0) | 1(0) | 1(0) | | 3(0) | 26(7) | 非公表 | | 〒950-8801　新潟市中央区美咲町1-1-1　総務部人事課 |
| | 国土交通省・中部地方整備局〈三の丸庁舎〉 | 18(9) | 1(0) | 1(0) | 16(3) | 1(0) | 2(1) | 2(0) | 2(2) | | 5(0) | 48(15) | 岐阜工業高等専門学校6(1)、愛知大5、岐阜大3(2)、三重大3、名古屋市立大3(2)、南山大3、広島大2(2)、名城大2(1)、東北大院1(1)、名古屋大院1、名古屋工業大院1、島根大院1(1)、名城大院1、北海道大1、福島大1、新潟大1、山梨大1、静岡大1、大阪大1、徳島大1(1)、大同大1、中京大1(1)、中部大1、愛知淑徳大1(1)、立命館大1、大阪工業大1、東京法律専門学校1(1)、豊田工業高等専門学校1、富山県立高岡工芸高等学校1 | 前200～210人　令700～710人 | 〒460-8514　名古屋市中区三の丸2-5-1　名古屋合同庁舎第2号館　総務部人事課(行政)　企画部企画課(技術) |
| | 防衛省・陸上自衛隊の中部地区所在官署 | 5(2) | | | | | | | | | | 5(2) | 非公表 | 前10～20人　令30～40人 | 〒664-0012　伊丹市緑ヶ丘7-1-1　中部方面総監部人事課 |
| | 防衛省・航空自衛隊の中部地区所在官署 | 5(1) | | | | | | | | | | 5(1) | 非公表 | 前10～20人　令30～40人 | 〒162-8804　新宿区市谷本村町5-1　人事教育部補任課 |
| | 防衛省・地方防衛局の中部地区所在官署 | 3(0) | | | | | | | | | | 3(0) | 非公表 | 前10～20人　令30～40人 | 〒460-0001　名古屋市中区三の丸2-2-1　東海防衛支局総務課 |
| | 防衛省・防衛装備庁の中部地区所在官署 | 1(1) | | | | | | | | | | 1(1) | 非公表 | 前50～60人　令10～20人 | 〒162-8804　新宿区市谷本村町5-1　長官官房人事官付 |
| 近畿 | 公正取引委員会・近畿中国四国事務所 | 3(2) | | | | | | | | | | 3(2) | 同志社大2(1)、大阪市立大1(1) | 前10～20人 | 〒540-0008　大阪市中央区大手前4-1-76　大阪合同庁舎第4号館　総務課 |
| | 総務省・近畿管区行政評価局 | 4(2) | | | | | | | | | | 4(2) | 大阪市立大1、兵庫県立大1、同志社大1(1)、関西大1(1) | 前49人　令113人 | 〒540-8533　大阪市中央区大手前3-1-41　大手前合同庁舎　総務課人事係 |
| | 総務省・近畿総合通信局 | 7(4) | 1(1) | | | | | | | | | 8(5) | 近畿大2(1)、神戸大1(1)、奈良女子大1(1)、京都府立大1(1)、大阪市立大1、関西大1(1)、関西学院大1 | 前40～50人　令140～150人 | 〒540-8795　大阪市中央区大手前1-5-44　総務課 |
| | 公安調査庁・近畿公安調査局 | 8(2) | | | | | | | | | | 8(2) | 非公表 | 前100～110人　令110～120人 | 〒540-0008　大阪市中央区大手前3-1-41　総務部 |

| 事務局 | 採用先（試験区分） | 行政 | 電気・電子・デジタル | 機械 | 土木 | 建築 | 物理 | 化学 | 農学 | 農業農村工学 | 林学 | 計 | 出身大学等 | 令和5年度訪問者数等 | 所在地・担当 |
|---|---|---|---|---|---|---|---|---|---|---|---|---|---|---|---|
| 近畿 | 財務省・神戸税関〈近畿事務局〉 | 11(4) | | | | | | 5(3) | 2(1) | | | 18(8) | 兵庫県立大3(1)，静岡大2(2)，関西学院大2，京都大院1，岡山大1(1)，広島大1(1)，徳島大1(1)，大分大1，大阪公立大1，神戸市外国語大1(1)，日本獣医生命科学大1，立命館大1，関西大1(1)，甲南大1 | ⑤60～70人 ⑥160～170人 | 〒650-0041 神戸市中央区新港町12-1 総務部人事課人事第1係 |
| | 財務省・大阪税関〈近畿事務局〉 | 43(20) | 2(2) | | | | | | 1(1) | | | 46(23) | 立命館大6(3)，関西大5(2)，関西学院大5(3)，神戸大3(1)，大阪市立大3(3)，大阪大院2(2)，大阪教育大2(2)，奈良女子大2(2)，兵庫県立大2，龍谷大2，大阪経済大2，近畿大2，広島大1(1)，岡山大1，大阪府立大1(1)，神戸市外国語大1(1)，青山学院大1(1)，大阪産業大1(1)，追手門学院大1，関西外国語大1(1)，梅花女子大1(1) | ⑤80～90人 ⑥240～250人 | 〒552-0021 大阪市港区築港4-10-3 総務部人事課人事第1係 |
| | 財務省・大阪税関〈中部事務局〉 | 3(0) | | | | | | | | | | 3(0) | 金沢大1，金沢星稜大1，立命館大1 | ⑤80～90人 ⑥240～250人 | 〒552-0021 大阪市港区築港4-10-3 総務部人事課人事第1係 |
| | 国土交通省・近畿地方整備局 | 34(13) | 2(0) | 4(0) | 18(9) | 3(2) | 2(0) | | 8(3) | | 6(2) | 77(29) | 和歌山大7(2)，同志社大5(1)，関西大5，大阪市立大4(1)，立命館大4(1)，龍谷大4(1)，岡山大3(1)，大阪府立大3(2)，甲南大3(2)，関西学院大3(3)，和歌山工業高等専門学校3(2)，神戸大2(1)，京都産業大2(1)，追手門学院大2，近畿大2(2)，京都大院1(1)，名古屋大院1(1)，神戸大院1，鹿児島大院1，首都大学東京院1，大阪公立大院1(1)，横浜国立大1，信州大1，富山大1，三重大1，大阪大1，鳥取大1(1)，徳島大1，香川大1，高知大1(1)，九州大1，琉球大1，滋賀県立大1(1)，兵庫県立大1，県立広島大学1(1)，大阪経済大1，福井工業高等専門学校1，舞鶴工業高等専門学校1(1)，明石工業高等専門学校1(1) | ⑤280～290人 ⑥350～360人 | 〒540-8586 大阪市中央区大手前3-1-41 大手前合同庁舎 総務部人事課任用係 |
| | 気象庁・大阪管区気象台〈人事院近畿〉 | 5(1) | 2(0) | | 5(0) | | 13(4) | 1(0) | | | | 26(5) | 岡山大4(1)，京都産業大2(1)，立命館大2，関西大2，東京大院1，大阪大院1，神戸大院1(1)，愛媛大院1，北海道大1，大阪大1，奈良女子大1(1)，山口大1(1)，高知大1，宮崎大1，琉球大1，京都府立大1，大阪市立大1，大阪府立大1，関西学院大1，高知工業高等専門学校1 | ⑤40～50人 ⑥50～60人 | 〒540-0008 大阪市中央区大手前4-1-76 大阪合同庁舎第4号館 総務部総務課人事係 |
| | 防衛省・陸上自衛隊の近畿地区所在官署 | 7(4) | | | | | | | | | | 7(4) | 非公表 | ⑤50～60人 ⑥90～100人 | 〒664-0012 伊丹市緑ヶ丘7-1-1 中部方面総監部人事課 |
| | 防衛省・海上自衛隊の近畿地区所在官署 | 4(3) | | | | | | | | | | 4(3) | 非公表 | ⑤50～60人 ⑥90～100人 | 〒625-8510 舞鶴市字余部下1190 舞鶴地方総監部人事課 |
| | 防衛省・地方防衛局の近畿地区所在官署 | 7(2) | 1(0) | | | | | | | | | 8(2) | 非公表 | ⑤60～70人 ⑥90～100人 | 〒540-0008 大阪市中央区大手前4-1-67 近畿中部防衛局総務課 |
| 中国 | 公正取引委員会・近畿中国四国事務所中国支所 | 1(0) | | | | | | | | | | 1(0) | 岡山大1 | ⑤10～20人 | 〒730-0012 広島市中区上八丁堀6-30 広島合同庁舎第4号館 総務課 |
| | 総務省・中国四国管区行政評価局 | 3(2) | | | | | | | | | | 3(2) | 京都大1，早稲田大1(1)，ノートルダム清心女子大1(1) | ⑤41人 ⑥79人 | 〒730-0012 広島市中区上八丁堀6-30 広島合同庁舎第4号館 総務課人事係 |
| | 総務省・中国総合通信局 | 3(1) | 1(0) | | | | | | | | | 4(1) | 愛媛大2，山口大1，関西大1(1) | ⑤30～40人 ⑥30～40人 | 〒731-3168 広島市中区東白島町19-36 総務部総務課 |
| | 出入国在留管理庁・広島出入国在留管理局 | 9(6) | | | | | | | | | | 9(6) | 非公表 | ⑤30～40人 ⑥40～50人 | 〒730-0012 広島市中区上八丁堀2-31 広島法務総合庁舎 総務課 |
| | 公安調査庁・中国公安調査局 | 5(2) | | | | | | | | | | 5(2) | 非公表 | ⑤30～40人 ⑥50～60人 | 〒730-0012 広島市中区上八丁堀2-31 総務部 |
| | 財務省・神戸税関〈中国事務局〉 | 16(10) | | | | | | | | | | 16(10) | 岡山大5(3)，島根大2(1)，山口大2(1)，北九州市立大1(1)，立命館大1，龍谷大1，近畿大1，ノートルダム清心女子大1(1)，環太平洋大1(1)，広島修道大1(1) | ⑤60～70人 ⑥50～60人 | 〒650-0041 神戸市中央区新港町12-1 総務部人事課人事第1係 |

| 事務局 | 採用先／試験区分 | 行政 | デジタル・電気・電子 | 機械 | 土木 | 建築 | 物理 | 化学 | 農学 | 農業農村工学 | 林学 | 計 | 出身大学等 | 令和5年度訪問者数等 | 所在地・担当 |
|---|---|---|---|---|---|---|---|---|---|---|---|---|---|---|---|
| 中国 | 財務省・門司税関〈中国事務局〉 | 1(1) | | | | | | | | | | 1(1) | 北九州市立大1(1) | 励200～210人 採500～510人 | 〒801-8511 北九州市門司区西海岸1-3-10 総務部人事課人事第1係 |
| | 気象庁・大阪管区気象台〈人事院中国〉 | 6(0) | | | | | | | | | | 6(0) | 岡山大2，広島大2，日本経済大1，関西大1 | 励10～15人 採50～60人 | 〒540-0008 大阪市中央区大手前4-1-76 大阪合同庁舎第4号館 総務部総務課人事係 |
| | 防衛省・陸上自衛隊の中国地区所在官署 | 3(1) | | | | | | | | | | 3(1) | 非公表 | 励20～30人 採30～40人 | 〒664-0012 伊丹市緑ヶ丘7-1-1 中部方面総監部人事課 |
| | 防衛省・海上自衛隊の中国地区所在官署 | 7(1) | 1(0) | | | 1(0) | | | | | | 9(1) | 非公表 | 励20～30人 採30～40人 | 〒737-8554 呉市幸町8-1 呉地方総監部人事課 |
| | 防衛省・地方防衛局の中国地区所在官署 | 6(1) | | | 2(1) | | | | | | | 8(2) | 非公表 | 励20～30人 採30～40人 | 〒730-0012 広島市中区上八丁堀6-30 広島合同庁舎第4号館 中国四国防衛局総務課 |
| 四国 | 公正取引委員会・近畿中国四国事務所四国支所 | 1(1) | | | | | | | | | | 1(1) | 岡山大1(1) | 励10～20人 | 〒760-0068 高松市サンポート3-33 高松サンポート合同庁舎南館 総務課 |
| | 総務省・四国行政評価支局 | 3(1) | | | | | | | | | | 3(1) | 香川大2(1)，愛媛大1 | 励28人 採60人 | 〒760-0019 高松市サンポート3-33 高松サンポート合同庁舎南館 総務課人事係 |
| | 総務省・四国総合通信局 | 3(2) | 1(0) | | | | | | | | | 4(2) | 愛媛大3(2)，愛媛大院1 | 励30～40人 採30～40人 | 〒790-8795 松山市味酒町2-14-4 総務課人事係 |
| | 公安調査庁・四国公安調査局 | 3(1) | | | | | | | | | | 3(1) | 非公表 | 励10～20人 採20～30人 | 〒760-0033 高松市丸の内1-1 高松法務合同庁舎 総務部 |
| | 財務省・神戸税関〈四国事務局〉 | 7(1) | | | | | | | | | | 7(1) | 広島大2，茨城大1，徳島大1(1)，香川大1，愛媛大1，京都産業大1 | 励60～70人 採30～40人 | 〒650-0041 神戸市中央区新港町12-1 総務部人事課人事第1係 |
| | 厚生労働省・(四国ブロック)労働局 ※徳島，香川，愛媛，高知の各労働局の合計 | 23(8) | | | | | | | | | | 23(8) | 愛媛大6(3)，徳島大2(2)，高知大2(1)，松山大2，鳴門教育大1，兵庫県立大1，高知県立大1(1)，杏林大1，京都産業大1(1)，大阪経済大1，関西大1，神戸学院大1，日本文理大1，高知商業高等学校1 | 励57人 採47人 | 〒760-0019 高松市サンポート3-33 高松サンポート合同庁舎北館 総務部総務課 |
| | 国土交通省・四国地方整備局 | 12(3) | 1(0) | 1(0) | 14(4) | 1(1) | | | | | 1(0) | 30(8) | 香川大5(2)，徳島大4(1)，高知工科大4(1)，愛媛大3(1)，香川大院2(1)，岡山大2，高知大2，山口大1，都留文科大1，明治大1，神奈川大1，立命館大1，関西学院大1(1)，阿南工業高等専門学校1，香川高等専門学校1(1) | 励150～160人 採130～140人 | 〒760-8554 高松市サンポート3-33 総務部人事課 |
| | 国土交通省・四国運輸局 | 16(10) | | | 1(0) | | | | | | | 17(10) | 香川大6(3)，愛媛大4(3)，広島大1(1)，高知大1(1)，高知県立大1(1)，高知工科大1，関西大1(1)，岡山理科大1，香川高等専門学校1 | 励70～80人 採100～110人 | 〒760-0019 高松市サンポート3-33 総務部人事課 |
| | 気象庁・大阪管区気象台〈人事院四国〉 | 7(2) | | | | | | | | | | 7(2) | 香川大3(2)，高知大1，法政大1，京都産業大1，松山大1 | 励10～15人 採50～60人 | 〒540-0008 大阪市中央区大手前4-1-76 大阪合同庁舎第4号館 総務部総務課人事係 |
| | 防衛省・陸上自衛隊の四国地区所在官署 | 4(0) | | | | | | | | | | 4(0) | 非公表 | 励20～30人 採30～40人 | 〒664-0012 伊丹市緑ヶ丘7-1-1 中部方面総監部人事課 |
| 九州 | 公正取引委員会・九州事務所 | 2(1) | | | | | | | | | | 2(1) | 長崎大1，西南学院大1(1) | 励10～20人 | 〒812-0013 福岡市博多区博多駅東2-10-7 福岡第2合同庁舎別館 総務課 |
| | 総務省・九州管区行政評価局 | 3(2) | | | | | | | | | | 3(2) | 九州大院1(1)，岡山大1，西南学院大1(1) | 励30～40人 | 〒812-0013 福岡市博多区博多駅東2-11-1 福岡合同庁舎本館 総務課庶務人事係 |

| 事務局 | 採用先（試験区分） | 行政 | 電気・電子・情報 | 機械 | 土木 | 建築 | 物理 | 化学 | 農学 | 農業農村工学 | 林学 | 計 | 出身大学等 | 令和5年度訪問者数等 | 所在地・担当 |
|---|---|---|---|---|---|---|---|---|---|---|---|---|---|---|---|
| 九州 | 総務省・九州総合通信局 | 4(3) | 1(0) | | | | | | | | | 5(3) | 熊本大3(2), 鹿児島大2(1) | 訪30～40人 説30～40人 | 〒860-8795 熊本市西区春日2-10-1 総務課 |
| 九州 | 法務省・福岡法務局管内法務局・地方法務局 ※那覇地方法務局を除く | 34(16) | | | | | | | | | | 34(16) | 非公表 | 訪295人 説342人 | 〒810-8513 福岡市中央区舞鶴3丁目5-25 職員課人事係 ほか |
| 九州 | 公安調査庁・九州公安調査局 | 10(4) | | | | | | | | | | 10(4) | 非公表 | 訪30～40人 説50～60人 | 〒810-0073 福岡市中央区舞鶴3-5-25 福岡第1法務総合庁舎 総務部 |
| 九州 | 財務省・門司税関〈九州事務局〉 | 19(8) | | | | | 1(0) | 1(1) | | | | 21(9) | 北九州市立大9(5), 西南学院大3(2), 岡山大2(1), 長崎大2, 熊本大2(1), 九州大1, 佐賀大1, 福岡工業大1 | 訪200～210人 説500～510人 | 〒801-8511 北九州市門司区西海岸1-3-10 総務部人事課人事第1係 |
| 九州 | 財務省・長崎税関 | 8(3) | | | | | | | | | | 8(3) | 長崎大5(1), 広島大1(1), 福岡女子大1(1), 熊本県立大1 | 訪30～40人 説440～450人 | 〒850-0862 長崎市出島町1-36 総務部人事課人事第1係 |
| 九州 | 国土交通省・九州地方整備局 | 22(7) | 3(0) | 3(0) | 9(3) | 2(1) | | 1(0) | 2(1) | 2(1) | 1(0) | 45(13) | 九州大院, 大分大院, 宮崎大院, 鹿児島大院, 日本文理大院, 山口大, 九州大, 佐賀大, 長崎大, 熊本大, 大分大, 鹿児島大, 北九州市立大, 長崎県立大, 立教大, 京都産業大, 立命館大, 広島工業大, 福岡大, 久留米大, 崇城大, 防衛大学校, 熊本高等専門学校, 大分工業高等専門学校　※人数は非公表 | 訪120～130人 説70～80人 | 〒812-0013 福岡市博多区博多駅東2-10-7 総務部人事課 |
| 九州 | 国土交通省・九州運輸局 | 32(10) | | | | | | | | | | 32(10) | 埼玉大, 岡山大, 広島大, 九州大, 長崎大, 熊本大, 鹿児島大, 福岡教育大, 下関市立大, 北九州市立大, 福岡女子大, 長崎県立大, 関西大, 神戸学院大, 福岡大, 久留米大, 西南学院大, 熊本学園大, 立命館アジア太平洋大　※人数は非公表 | 訪130～140人 説180～190人 | 〒812-0013 福岡市博多区博多駅東2-11-1 福岡合同庁舎 総務部人事課 |
| 九州 | 気象庁・福岡管区気象台 | 7(2) | 1(0) | | | | 8(2) | 3(1) | | | | 19(5) | 九州大院3, 福岡大3(1), 熊本大2(1), 名古屋大院1, 鹿児島大院1(1), 琉球大院1, 奈良女子大1(1), 九州大1, 佐賀大1, 鹿児島大1, 中央大1, 東海大1(1), 明治大1, 大手前大1 | 訪35～45人 説50～60人 | 〒810-0052 福岡市中央区大濠1-2-36 総務部総務課人事係 |
| 九州 | 防衛省・陸上自衛隊の九州地区所在官署 | 3(2) | | | | | | | | | | 3(2) | 非公表 | 訪30～40人 説30～40人 | 〒862-0901 熊本市東区東町1-1-1 西部方面総監部人事課 |
| 九州 | 防衛省・海上自衛隊の九州地区所在官署 | 3(2) | | | | | | 1(0) | | | | 4(2) | 非公表 | 訪30～40人 説30～40人 | 〒857-0056 佐世保市平瀬町18番地 佐世保地方総監部人事課 |
| 九州 | 防衛省・地方防衛局の九州地区所在官署 | 13(5) | | | | | | | | | | 13(5) | 非公表 | 訪30～40人 説30～40人 | 〒812-0013 福岡市博多区博多駅東2-10-7 福岡第2合同庁舎 九州防衛局総務課 |
| 沖縄 | 総務省・沖縄総合通信事務所 | 1(1) | | | | | | | | | | 1(1) | 千葉大1(1) | 訪5～10人 説15～20人 | 〒900-8795 那覇市旭町1-9 カフーナ旭橋B街区5階 総務課職員係 |
| 沖縄 | 法務省・那覇地方法務局 | 2(1) | | | | | | | | | | 2(1) | 非公表 | 訪29人 説28人 | 〒900-8544 那覇市樋川1-15-15 総務課人事係 |
| 沖縄 | 財務省・沖縄地区税関 | 15(5) | | | | | | | | | | 15(5) | 沖縄国際大6(1), 琉球大4(2), 兵庫教育大1(1), 広島大1, 東海大1, 桜美林大1, 福岡大1(1) | 訪70～80人 説100～110人 | 〒900-0025 那覇市壺川3-2-6 壺川ビル3階 総務部人事課人事係 |
| 沖縄 | 気象庁・沖縄気象台 | 3(1) | | | | | 1(0) | 2(1) | | | | 6(2) | 琉球大3(1), 琉球大院1, 長崎大1, 沖縄工業高等専門学校1(1) | 訪20～30人 説20～30人 | 〒900-8517 那覇市樋川1-15-15 那覇第1地方合同庁舎 総務課人事係 |
| 沖縄 | 防衛省・陸上自衛隊の沖縄地区所在官署 | 1(1) | | | | | | | | | | 1(1) | 非公表 | 訪50～60人 説50～60人 | 〒862-0901 熊本市東区東町1-1-1 西部方面総監部人事課 |
| 沖縄 | 防衛省・地方防衛局の沖縄地区所在官署 | 21(13) | | | | | | | | | | 21(13) | 非公表 | 訪50～60人 説50～60人 | 〒904-0295 中頭郡嘉手納町字嘉手納290-9 沖縄防衛局総務課 |

# 中央官庁 情報パック

国家公務員総合職試験，一般職試験に合格すると，

その主な職場は「国の行政機関」である1府12省庁，

つまり，内閣府および11省＋国家公安委員会（警察庁）となる。

さらに各省の下には外局である庁や委員会が置かれており，

地方に出先機関を設けている省庁も多い。

国家公務員の職場は実に幅が広いといえるだろう。

ここでは，各省庁が取り組んでいる仕事内容や課題などを紹介しよう。

---

**●インターンシップについて●**
　募集・実施時期について，現時点の見込みを掲載しています。
　最新の情報は各自で受験先のホームページで確認してください。

**●人事データ欄について●**
　採用動向・採用予定：2024年4月1日付で採用（入庁）した実績（人数）は，
「令和6年度」と記載することを基本としています。
　※一部は，「2024年4月」としました。

# 会計検査院

## 「財政の番人」として国民の負託に応える

〒100-8941　千代田区霞が関3-2-2　中央合同庁舎第7号館
☎03-3581-3251

https://www.jbaudit.go.jp/

| 体験<br>プログラム | 募集：5月下旬（予定）<br>実施：8月下旬，9月 |
| --- | --- |

## 会計検査院とは？

国の活動は，予算の執行を通じて行われる。その予算が適切かつ有効に執行されたかどうかをチェックすることは，国民の負託に応えるだけでなく，健全な財政活動にとっても極めて重要である。会計検査院は，この財政監督機関としての職責を果たしており，これを全うするため，国会および裁判所に属さず，内閣に対しても独立した地位が与えられ，検査の中立性と公平性が確保されている。会計検査院の仕事は不適正な会計経理を指摘するだけでなく，政策やその仕組みについて，政策を作る側とはまた違った視点で，国民目線のより良い行財政になるよう追求していく創造的な仕事である。

## 事務総局の組織

○官房部局：人事，会計，検査手法等の企画支援，職員の研修など，検査や検査を行う職員を支えている。また，総務省行政評価局等との間で情報交換を行ったり，国際会議に参加し会計検査を取り巻く国際情勢について意見交換を行ったりするなど，外部との交流活動も行っている。

○検査部局：5つの局に分かれ，会計検査院で働く職員（約1,250人）の多くが検査の第一線で活躍している。検査の対象や内容が広範・多岐にわたり，幅広い知識が要求されるため，「会計」検査院という名前から受けるイメージとは異なり，検査対象機関の業務内容をはじめ，法律，経済，土木，建築，電気，デジタルなどさまざまな分野の知識を身につけ

て，検査対象に切り込んでいる。

## 検査の対象

多種多様な活動を行っている国の機関，また，独立行政法人や政府関係機関など国が出資している団体，国が補助金を交付している団体，国に物品を納入するなど国と契約している企業など，会計検査院は非常に幅広い検査対象機関を検査する。

## 検査の方法

○在庁検査：検査対象である各府省等から計算書（家計でいえば家計簿）や証拠書類（契約書，請求書，領収書，図面など），事業の実施状況等に関するデータ等を提出させてその内容を確認するなどして，各府省等が取り扱った会計経理が正確，適法，妥当であるか，在庁して検査を行う。

○実地検査：在庁検査だけで完全に実態を確認することはできない。そこで，会計検査院の職員は，各府省等の本部や支部，あるいは工事などの事業が実際に行われている現場に出張して検査を行う。実地検査では，事業の実施機関の担当者に直接説明を求め，疑問点を質問したり，事業の現場

やその周辺の状況を自ら確認したりして，国民の税金がどこでどのように使われているのか職員一人一人が自らの目で実際に確認し，霞が関の庁舎にいるだけでは知ることのできない行政の実際，財政執行の真の姿をチェックする。職員は，北は北海道から南は沖縄まで全国津々浦々におおむね1週間単位で出張し，さらにODA（政府開発援助）の事業現場や在外公館などの検査のための外国出張も行う。なお，出張は多い一方，出先機関が置かれていないため，原則として転勤がなく，安定した環境で生活できる。

## 検査報告

検査の結果，問題や改善すべき点があれば，検査報告として国会に報告する。現場の姿を自らの目で実際に確認した調査官が職員の不正行為の指摘から法令や制度の改善の提言，国会への報告までの事務に一貫して携わる。ベテランばかりでなく，若手も現場で検査をし，問題点を発見して，担当者として国会報告までまとめ上げることも多くある。

## 人事データ

### 配属・異動

総合職・一般職とも，官房または各局の検査課などに配属され，総合職はおおむね2年サイクルで異動する。一般職はおおむね3〜4年サイクルを目安に異動する。局内にとらわれず各局の検査課を経験し，さまざまな行政分野の検査対象に取り組むほか，他省庁や他団体との人事交流も活発に行われている。また，在外公館への出向，海外の大学院への留学の機会もある。

### 昇任

事務官→調査官補→調査官→副長→総括副長→管理職という昇任ラインで，本人の適性を踏まえ，能力・実績等に応じ昇任していく。

### 採用動向・採用予定

令和6年度の採用は，総合職（大卒程度）が5人（うち女性2人）（法律3人，経済2人），一般職（大卒程度）が26人（うち女性10人）（行政20人，機械1人，物理1人，化学1人，農学3人）。令和7年度の採用は，総合職試験および一般職試験（大卒程度）の全区分から採用を予定している。

# 人事院

### 公務員を元気に　国民を幸せに

〒100-8913　千代田区霞が関1-2-3
☎03-3581-5311

https://www.jinji.go.jp/

| インターン<br>シップ | 募集：検討中<br>実施：検討中 |

人事院は，各府省で働く国家公務員の人事行政を担っている。その使命は，

① 一般職の国家公務員についての各種人事制度に関する基準等を定め，人事行政の公正な運営を確保すること

② 国家公務員が労働基本権を制約されていることに対する代償措置として，社会一般の情勢に適応するように給与等の勤務条件の改定等を行い，職員の福祉および利益の確保を図ること

③ 時代の変化に対応した人事施策の展開を通じ，信頼される効率的な行政運営に貢献すること

である。人事院は内閣の所轄の下に置かれているが，労働基本権制約の代償機能としての役割を担うこと，また，人事行政の中立公正性を確保する必要から，使用者である政府からの強い独立性が認められている。

### 〈官房部局〉

人事，会計などの内部管理業務，人事院全体が一体となって整合性のとれた人事行政施策を展開するための総合調整のほか，人事行政の基本的施策の策定，国民からの意見聴取，諸外国の公務員制度の研究などの事務を行う。また，人事院が所掌している法令の解釈，法令案の審査なども行っている。

### 〈職員福祉局〉

適正な勤務時間・休暇制度の企画立案，職員の健康・安全管理や，育児休業など職業生活と家庭生活の両立支援の推進，公務災害補償に関する制度の企画立案，ハラスメント防止対策，服務や職員団体に関する事務などを行うほか，各府省に対する給与簿などの検査を行う。

### 〈人材局〉

採用試験の実施や，免職・休職などの基準の設定および運用，高度の専門知識を有する民間の人材の任期付採用や官民人事交流の促進，旧Ⅱ種・Ⅲ種等採用職員の幹部職員への登用推進や女性職員の採用・登用の拡大に向けた取組みの推進，国家公務員の国際機関への派遣に関する業務などを行う。また，人事院が行う各府省職員などを対象とした各種研修の計画・実施を行う。

### 〈給与局〉

国家公務員の給与制度について所掌しており，官民の給与実態調査に基づく給与勧告のための業務，給与法を実施するための法令の制定，級別定数の設定のための意見の申し出，各種手当の基準・手続に関する企画立案，諸外国の公務員給与制度に関する調査研究，国家公務員の高齢期雇用の促進などを行う。また，今後の給与制度のあり方について民間企業の動向も踏まえながら，さまざまな検討を行っている。

### 〈公平審査局〉

国家公務員が，その意に反して懲戒処分などの不利益な処分を受けた場合や，公務災害の認定などに不服のあった場合，勤務条件に関して適当な行政上の措置を求めたい場合などには，人事院に対して審査請求，審査の申立て，また，行政措置の要求ができる。こうした審査請求などがあった際，必要な調査や口頭審理を行って判定を出すなどの準司法的な公平審査業務を行っている。また，職員からの苦情相談などにも対応し，適切な解決に努めている。

### 〈国家公務員倫理審査会〉

倫理規程の制定，改廃に関する意見の申し出，倫理法・倫理規程違反に係る懲戒処分の基準の作成，倫理法などに違反の疑いのある場合の調査，懲戒手続に関する業務を行う。また，倫理を保持するための研修に関する総合的企画・調整や，倫理規程遵守のための体制整備に関する各府省に対する指導および助言などを行い，倫理制度の周知徹底を図り，防止対策に努めている。

---

## 人事データ

### 配属・異動
本院採用者は，総合職・一般職とも幅広い経験を積むことを基本に，2〜3年のローテーションで本院各局の企画立案業務などに従事する。地方事務局勤務や他府省への出向もあり，海外派遣にも積極的（海外の大学院で2年間学ぶ長期在外研究員制度，外国の政府機関等で約6か月の調査研究を行う短期在外研究員制度，在外公館や国際機関への出向など）。また，地方採用の場合も本院への異動がある。

### 昇任
係員→係長→課長補佐→室長・企画官→課長→審議官→局長の役職段階があり，総合職，一般職ともさまざまな経験を積み重ねながら，能力，実績などに基づいて責任あるポストに昇任していく。

### 採用動向・採用予定
令和6年次採用実績は，総合職7人（うち女性3人），一般職（本院採用）8人（うち女性4人）。令和7年度は，総合職（事務系）および一般職（大卒程度・行政区分・デジタル・電気・電子区分）からの採用を予定している。

# 内閣府

行政の中枢にあって，
国政上の重要課題を担う

〒100-8914 千代田区永田町1-6-1 ☎03-5253-2111

https://www.cao.go.jp

| ワーク<br>ショップ | 募集：7月以降<br>実施：8月～9月 |
|---|---|

内閣府は，平成13（2001）年1月の中央省庁改革において，内閣機能強化のため，内閣総理大臣を長として，内閣に置かれた機関である。内閣府の任務は，内閣の統轄の下にある各省より一段高い立場から国の重要政策に関する企画・立案・総合調整を行うことであり，「国家運営の基本にかかわる経済財政政策」をはじめ，男女共同参画社会の実現など「暮らしと社会」にかかわる課題や，防災対策などの「国民の安全の確保」にかかわる課題等を担っている。

また，内閣府は，そのときどきの政策課題に柔軟に対応することが求められる組織でもある。内閣府の設置以来，さまざまな業務が追加されてきたほか，最近では経済安全保障，重要土地政策，性的指向・ジェンダーアイデンティティ理解増進施策，孤独・孤立対策が新たに内閣府の所掌となるなど，内閣府に寄せられる期待は高まるばかりである。

内閣府は，行政の中枢にあって常に新たな課題に挑戦し続ける組織であるともいえる。国政上の最もホットな課題にかかわる仕事をしたい―そんな志を持つ若者にはぴったりの場所かもしれない。

## 内閣機能強化のための特別な組織

内閣および内閣総理大臣が主導する国政運営を実現し，もって国民主権の理念を実現するため，内閣府には，内閣総理大臣または内閣官房長官を議長とし，関係大臣と有識者からなる「重要政策に関する会議」が置かれている。経済財政諮問会議，総合科学技術・イノベーション会議，中央防災会議，男女共同参画会議等がこれに当たり，内閣総理大臣自らがイニシアティブをとって国政上の指針を明らかにするうえで大きな意味を持つ機関である。内閣府が内閣および内閣総理大臣を助ける「知恵の場」といわれるゆえんである。

また，通常各省に大臣は1人であるが，内閣府には，経済財政政策担当，防災担当などの複数の特命担当大臣が置かれている。これは内閣の重要政策に関する企画・立案・総合調整等を大臣のリーダーシップにより強力かつ迅速に行うためであり，内閣府の仕事は，まさに政治と行政の中間にあって行政の中枢を支える仕事といえるだろう。

## 内閣府の6つの重要政策課題

### ❶国家運営の基本にかかわる経済財政政策

国家運営の基本である経済財政政策の分野で中核を担う経済財政諮問会議では「経済財政運営と改革の基本方針」「予算編成の基本方針」等を策定している。これらの方針は内閣の基本方針となり，関係各省庁の政策等に反映される。また，内閣府は，経済対策等の政策パッケージをとりまとめており，その企画立案や，総合調整等を行っている。

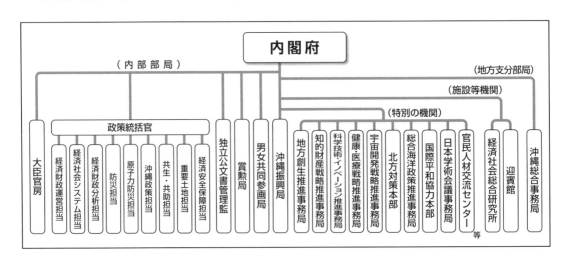

適切な政策運営を行っていくためには，経済の動きの正確な把握と分析が不可欠であり，毎月「月例経済報告」を作成したり，毎年『経済財政白書』を作成するなど，さまざまな分析を行っている。このほか，経済社会総合研究所では，政策と理論の橋渡しをする研究に取り組んだり，GDPをはじめとする各種経済統計等の作成を行っている。

（担当：政策統括官〔経済財政運営担当〕，政策統括官〔経済社会システム担当〕，政策統括官〔経済財政分析担当〕，経済社会総合研究所）

### ❷経済成長の原動力である科学技術・イノベーションの推進

経済成長と社会的課題の解決を両立するとともに，国際社会における我が国のプレゼンスを高めていくうえで，科学技術・イノベーションはその中核となる原動力である。そのため，「統合イノベーション戦略」を毎年策定し，科学技術関連予算の配分のメリハリ付けを行うなど，我が国の科学技術・イノベーション政策の司令塔の役割を担っている。また，原子力利用に関する政策について審議等を行う原子力委員会の事務局を担当している。

（担当：科学技術・イノベーション推進事務局）

### ❸「暮らしと社会」に関する施策の総合的な推進

内閣府では，社会のあり方そのものや国民生活に密接に関連する課題を取り扱っている。

第一に，男女共同参画社会の実現に向けた取組みである。男女共同参画会議を中心として，政策・方針決定過程への女性参画拡大やワークライフバランスの実現，女性に対する暴力の根絶等の課題に取り組んでいる。また，国際機関との連携や国際協力の取組みも進められている。

（担当：男女共同参画局）

第二に，年齢や障害の有無等にかかわりなく，相互に人格と個性を尊重し合い，多様な主体がともに支え合う「共生・共助社会」の実現に向け，高齢社会，障害者，バリアフリー・ユニバーサルデザイン，交通安全，性的指向・ジェンダーアイデンティティ理解増進，青年国際交流，特定非営利活動法人制度，休眠預金等活用制度など広く各府省にわたる施策等について，一体的・総合的な推進等を行っている。

（担当：政策統括官〔共生・共助担当〕）

### ❹国民生活の安全・安心の確保

関係省庁と緊密に連携を図りつつ，災害の予防，応急，復旧・復興対策に努め，災害に強い国づくりを推進している。また，台風上陸や地震などの災害発生時には，情報の収集，集約に努め，迅速な応急対策がとれる体制を整えている。

（担当：政策統括官〔防災担当〕）

### ❺沖縄に対する取組み

沖縄の本土復帰以降，社会資本の整備を中心に本土との格差是正を進めてきたが，低い所得水準やこどもの貧困問題など，なお解決しなければならない問題も存在している。沖縄が持つ地理的特性などの優位性・潜在力を活かし，「強い沖縄経済」の実現をめざして，観光等の各種産業や，北部・離島地域の振興，基地跡地の利用，こどもの貧困対策，クリーンエネルギー導入，スタートアップ支援，人材育成等を進めている。

（担当：政策統括官〔沖縄政策担当〕，沖縄振興局）

### ❻内閣総理大臣が直轄する行政事務の遂行

以上に挙げた業務のほか，内閣府は，国政の中心に位置する内閣総理大臣が直接担当することがふさわしい事務を担っている。

たとえば，政府の重要政策の内容・必要性を広く国内外に周知し，理解と協力を得ることを目的として，各府省とも連携して戦略的な広報活動を行うとともに，国民意識の動向や政府の重要施策に関する意見・要望を把握するため，世論調査を行っている。

（担当：大臣官房政府広報室）

また，公務員が職務を遂行する過程で作成し，または取得した公文書等を，政府の活動の記録として伝えていくため，公文書等の管理に関する制度の企画・立案を行っている。

（担当：大臣官房公文書管理課）

このほか，栄典・公式制度（元号，国旗・国歌など），北方対策，国際平和協力業務（PKO）などの事務も担っている。

（担当：賞勲局，北方対策本部，国際平和協力本部事務局等）

## 人事データ

### 配属・異動

総合職，一般職とも，大臣官房を含む各局，政策統括官スタッフ，経済社会総合研究所など内閣府各部局に配属され，約2年を目安に異動がある。各省庁間の総合調整を任務としている性格から，他省庁への出向などの機会も多い。また，在外公館や国際機関での海外勤務，欧米の大学院への留学の機会も多い。

### 採用動向・採用予定

令和6年度の採用実績は総合職が19人（うち女性8人），一般職が36人（うち女性20人）。

令和7年度は，総合職16人程度，一般職37人程度の採用を予定している。

# 公正取引委員会

### 競争政策を推進する「市場の番人」

https://www.jftc.go.jp/

〒100-8987　千代田区霞が関1-1-1　中央合同庁舎第6号館B棟
☎03-3581-5471

| インターンシップ | 募集：5月15日〜6月30日 |
| | 実施：8月17日〜18日 |

## 〈公正取引委員会の役割〉

今や，事業者の活動は国境を越えて市場そのものが国際化し，新たなビジネスモデルが次々と創出されている。こうした変化の中で日本経済をより発展させ，事業者と消費者の利益を守るためには，公正かつ自由な競争環境を維持・整備し，市場メカニズムの働きを確保する必要がある。事業者間の競争が正しく行われていれば，市場メカニズムの働きによって，消費者ニーズが事業者に正しく伝わることになる。そして，それぞれの事業者が消費者ニーズに合った商品を供給するために努力することによって，事業者と消費者の利益，日本経済全体の競争力が向上する。公正かつ自由な競争の促進は，事業者と消費者，そして社会全体を豊かにしていくことになる。

公正かつ自由な競争の促進のためには，適切なルールの整備と，ルール違反を取り締まる強い執行力が不可欠である。このルールとして制定されたのが独占禁止法であり，独占禁止法を運用するための行政機関として，公正取引委員会が設置されている。

### ○官房の業務

公正取引委員会における合理的な根拠に基づく政策立案の推進に関する業務のほか，情報セキュリティ，予算・会計，人事・研修などの業務を行っている。

また，排除措置命令等の行政処分を行う前に事業者側から意見を聴取する業務，経済学を用いた経済分析の業務，海外の競争当局との連携に係る業務も担当している。

### ○経済取引局の業務

各省庁の施策が，公正かつ自由な競争を制限したり，阻害したりすることがないよう各省庁と調整をしたり，急速に発展するデジタル分野の市場調査やルールの整備を行ったり，独占禁止法について，今日の経済実態に適合したものとなるよう，見直しに向けた取組等を行っている。

また，一定規模以上の合併や株式取得などの企業結合について，独占禁止法上問題とならないか審査を行い，競争が制限されることとなる場合には，計画の変更等の措置を講じさせたりしている。

### ○取引部の業務

不公正な取引方法によって，公正な競争が阻害されることがないよう，どのような行為が独占禁止法に違反するのかを，分野や業種別に具体的に明らかにしたガイドラインの策定・公表，企業や業界団体からの独占禁止法に関する相談対応，独占禁止法の特別法である下請法の運用などを担当している。令和6年の11月に施行のフリーランス法の運用も担当する。

### ○審査局の業務

独占禁止法違反の疑いのある行為に関する情報の受付けや独占禁止法違反被疑事件の審査などを担当している。独占禁止法違反被疑事件の審査は，違反の疑いのある事業者に立入検査をして書類等を収集したり，関係者に事情聴取を行うなどして独占禁止法違反を立証し，排除措置命令や課徴金納付命令という行政処分を行っている。

また，排除措置命令等に対する不服がある場合の行政訴訟への対応や，審査手法の企画・立案・研修等の実施，課徴金減免申請等の報告・相談受付業務も担当している。

### ○犯則審査部の業務

カルテル・入札談合等の独占禁止法違反行為で悪質・重大なものなどについて，犯則調査権限を行使して調査に当たり，検事総長に刑事処罰を求めて告発を行っている。

---

## 人事データ

**配属・異動**

総合職・一般職とも，官房または各部局等に配属され，おおむね2〜3年サイクルを目安に異動する。各省庁との人事交流も活発に行われている。また，在外公館での勤務，国内外の大学院への留学の機会もある。

**昇任**

係員→係長→課長補佐→管理職という昇任ラインで，本人の適性を踏まえ，能力・実績等に応じ昇任していく。

**採用動向・採用予定**

令和6年度の採用者は，総合職（院卒者）が1人（行政），総合職（大卒程度）が7人（法律4人，経済3人），一般職（大卒程度）が31人，一般職（高卒者）が7人。令和7年度は，総合職（院卒者）は行政，法務区分，総合職（大卒程度）は政治・国際・人文，法律，経済，教養区分，一般職（大卒程度）は行政区分，一般職（高卒者）からそれぞれ採用を予定している。

また，各地方事務所等での採用も一般職（大卒程度）を中心に予定している。

# 個人情報保護委員会

個人情報の保護と利活用を推進

〒100-0013　千代田区霞が関3-2-1　霞が関コモンゲート西館32階
☎03-6457-9680

https://www.ppc.go.jp/

| インターン<br>シップ | 募集：未定 |
|---|---|
| | 実施：未定 |

個人情報保護委員会は，個人情報の保護に関する法律（平成15年法律第57号）に基づき設置された，合議制の機関である。その使命は，独立した専門的見地から，個人情報の有用性に配慮しつつ個人の権利利益を保護するため，特定個人情報を含む個人情報の適正な取扱いの確保を図ることである。

当委員会は平成28年に，前身の特定個人情報保護委員会が改組されて発足した。比較的新しい官庁だが，所掌する業務の拡大により，当初50人程度だった定員が現在では4倍以上に増加し，今後も組織の拡大が見込まれている。ビッグデータの活用や生成AIなど，技術の急速な進展により個人データを取り巻く環境がめまぐるしく変わる現在，当委員会が期待される役割はますます大きくなっている。

以上を踏まえ，プライバシーを含む個人の人格と密接な関連を有する個人情報が適正に取り扱われることへの信頼の基礎を築き，国民の安心・安全を確保できるよう，組織一丸となって業務に取り組んでいる。

### 〈総務課〉

職員の人事・給与，会計，システム，国会対応など，いわゆる官房業務を担っている。内部管理を司り，事務局内の総合調整を行うほか，国民に対する情報提供，取材対応のような広報業務も担当している。

### 〈個人情報保護制度担当室〉

個人情報保護を巡る国内外の状況変化や，「個人情報の有用性に配慮しつつ，個人の権利利益を保護する」という個人情報保護法の目的を踏まえ，必要に応じて個人情報保護法の見直しを行っている。

また，個人情報の保護に関する基本方針の策定等を行い，官民の幅広い主体による地域や国境を越えた個人情報の取扱いについて，保護および適正かつ効果的な活用の促進のための取組みを推進している。

さらに，民間事業者や行政機関等における個人情報の適正な取扱いを確保することを目的として，個人情報保護法に基づく具体的な指針としてガイドラインを策定しているほか，ガイドライン等に関する具体的事例を示したQ&Aを公表している。

### 〈国際室〉

デジタル社会の進展に伴うデータの流通の増加等に伴い，個人情報を含むデータの円滑な越境流通の重要性がさらに増しており，個人情報保護委員会は，DFFT（信頼性のある自由なデータ流通）推進のための施策に取り組んでいるほか，各国の法制等の世界潮流の把握に努めるとともに，各国当局との連携強化を進めている。

### 〈監視・監督室〉

行政機関，地方公共団体，多種多様な業務分野の民間事業者等の個人情報の取扱いに関する監視・監督業務のほか，個人情報が適切に取り扱われる社会環境の醸成を担う。監督業務では，個人情報の漏えい等事案の報告を受けた場合，事実関係および再発防止策の確認等を行うとともに，同種の事態が起きないよう，必要に応じ指導等を行っている。

また，昨今は不正アクセスによる個人情報の漏えいなどサイバー犯罪に絡む案件が急増しているため，システムや情報セキュリティ分野の漏えい事案への対応を通じて，民間企業を支援する取組みも積極的に行っている。

## 人事データ

### 配属・異動
原則として係長級以下の職員は2年以内ごと，課長補佐級以上の職員は3年以内ごとに異動する。特に，採用10年目までの新規採用職員は，なるべく多くの課室の業務を経験し，その後は本人の得意分野や希望を考慮しながら，専門性に見合った人事異動を行う。

### 昇任
係員→係長→課長補佐→室長→課長→幹部職員という昇任ラインで，さまざまな経験を積み重ねながら，本人の能力，実績等の適性に応じて昇任していく。

### 採用動向・採用予定
令和6年度採用実績は，一般職12人（うち女性職員7人）。令和7年度は，総合職（事務系・デジタル職）および一般職（行政区分，電気・電子・デジタル職）からの採用を予定している。

# 警察庁

個人の生命・身体や財産の保護と
公共の安全・秩序の維持を目的に

〒100-8974　千代田区霞が関2-1-2　☎03-3581-0141（内線2646）

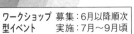
https://www.npa.go.jp/

| ワークショップ | 募集：6月以降順次 |
|---|---|
| 型イベント | 実施：7月〜9月頃 |

## 全国的見地から都道府県警察を指揮・監督

国民の安全安心を確保することは国家発展の基盤であり，警察庁はこのような国の礎たる治安に関する広範な事務を所掌する官庁である。

警察行政は社会・国家を治める根源的・本質的なものであり，すべての行政の母体深淵であると同時に，国家社会の発展，人間社会の複雑化に応じて常に新たなものを生み出し，社会のニーズに応えていくものである。

現在の我が国の警察組織は，国の警察機関である警察庁と，各都道府県における第一次的治安責任を担う都道府県警察から構成されている。警察庁は全国約30万人の職員を擁する警察組織の中枢機関として，各種政策の企画・立案等に当たるとともに，その所掌事務の範囲内で都道府県警察の指揮・監督を行うことにより，個人の権利と自由を保護し，公共の安全と秩序の維持に当たっている。

警察庁の組織構成は，以下のとおりである。

## 内部部局

### 〈長官官房〉

長官官房は，警察行政に関する企画・立案・総合調整，政策評価，組織管理，広報，情報公開，人事・定員管理，予算要求や物品等の管理，警察装備の開発・整備，被害者支援，国際協力，警察通信等の側面から，各部門がその事務を円滑に遂行するための支えとなっている。

### 〈生活安全局〉

生活安全局では，犯罪情勢の分析等に基づく効果的な犯罪防止に向けた取組み，犯罪被害に遭いにくい安全安心なまちづくりの推進，交番等を中心とした地域警察活動，少年非行防止対策，風俗環境浄化対策，悪質商法・ヤミ金融事犯，知的財産権侵害事犯，環境事犯等の生活経済事犯の取締り等，国民が安全に安心して暮らせる社会の構築に向けた幅広い業務を行っている。

### 〈刑事局〉

刑事局では，都道府県警察における重要な刑事事件の捜査に対する国家的・広域的観点からの指導・調整のほか，刑事警察に関する制度の企画・立案，捜査手法に関する法的・技術的観点からの調査研究，犯罪捜査に関する知識・技能の向上を図るための警察官に対する刑事教養の実施，装備資機材や捜査支援システムの整備等に取り組んでいる。

◎組織犯罪対策部…組織犯罪対策部は，暴力団犯罪，薬物・銃器事犯，国際組織犯罪，マネー・ローンダリング事犯等の組織犯罪について一元的に所掌し，犯罪組織に関する情報の集約・分析，全国的・統一的な取締戦略の策定，組織犯罪捜査に関する必要な指導・調整の実施等により，犯罪組織の弱体

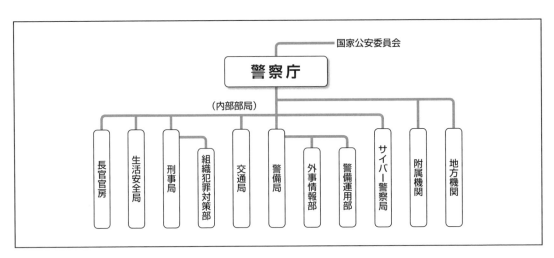

化および壊滅を目的とした対策を推進している。

### 〈交通局〉

交通局は，交通事故や交通公害のない「安全で快適な交通社会」を実現するため，自動運転に関する制度等，交通警察に関する制度の企画・立案，交通安全教育，交通指導取締り，運転免許行政等に関する業務を担当している。

### 〈警備局〉

警備局は，公共の安全と秩序を維持するため，国の公安にかかわる事案に対応するための企画・立案・総合調整，警備警察に関する法令の調査および研究，極左暴力集団や右翼等によるテロ，ゲリラ等の未然防止のための情報収集と取締り等を行っている。

◎**外事情報部**…外事情報部は，警備警察が扱う事象のうち，主として外国人が関与するものを扱っており，たとえば，北朝鮮をはじめとする外国の情報機関等によるスパイ活動に関する情報収集や取締り，イスラム過激派等による国際テロへの対策等を行っている。

◎**警備運用部**…警備運用部は，警備部門が扱う事象のうち，警備方針の策定およびその実施，警衛，警護等を担い，機動隊等に置かれた特殊部隊（SAT）や爆発物処理班等の運用によるテロ対策を推進していることに加え，大規模災害等の緊急事態への対処に関する業務を行っている。

### 〈サイバー警察局〉

サイバー警察局は，サイバー空間における国民の安全安心を確保するため，サイバー警察に関する制度や運営に関する企画・立案，官民連携を通じたサイバー事案の被害防止対策，サイバー空間の情勢に関する情報収集・分析，サイバー警察に関する国際的な枠組みへの参画，都道府県警察が行うサイバー事案の捜査に関する指導・調整等を行っている。

## 附属機関

### ●警察大学校

全国の幹部警察官に対する研修や国際捜査官の養成，警察実務の理論的支柱となる各種の研究等を行っている。

### ●科学警察研究所

警察活動の科学化を推進するための研究開発のほか，証拠物件の鑑定・検査，専門知識・技能に関する研修等を行っている。

### ●皇宮警察本部

天皇陛下をはじめとする皇族の護衛任務を担い，また，皇居・御所等で発生した犯罪の捜査活動にも従事している。

## 地方機関

### ●管区警察局

府県警察の警察行政や各種捜査・警備・通信等において，全国的または地方的見地から，数府県警察ないし隣接府県警察が一体となって有機的に警察活動を行い得るよう，ブロックセンターとしての調整機能を担っている。

### ●東京都警察情報通信部，北海道警察情報通信部

東京都と北海道の区域における警察通信に関する事務および犯罪の取締りのための情報技術の解析に関する事務を所掌している。

## 人事データ

### 配属・異動

総合職事務系は，入庁と同時に警察庁警部補に任命され，警察大学校における研修等を受けた後，都道府県警察の警察署および警察本部に配属される。都道府県警察における第一線勤務終了後，警察大学校で研修を受け，警察庁各課で係長として勤務する。以後は本庁および都道府県警察における勤務，留学や海外勤務，他省庁への出向などさまざまな経験を積みながら，行政官としての幅広い見識を養う。

総合職技術系は，警察大学校における研修等を受けた後，管区警察局府県情報通信部および都道府県警察において第一線の警察活動を経験し，警察大学校での研修を受け，警察庁各課で係長として勤務する。その後，本庁，都道府県警察等での勤務，留学や海外勤務，他省庁への出向などさまざまな経験を積みながら，技術系行政官として警察運営に携わる。

一般職事務系（警察官）は，入庁と同時に警察庁巡査部長に任命され，関東管区警察学校における研修を受けた後，警視庁に配属される。その後，再び警察学校での研修を受け，本庁各課および大規模都道府県警察での勤務を経て再度本庁各課に配属される。その後は本庁勤務，都道府県警察勤務，留学のほか，在外公館等でも勤務する。

### 採用動向・採用予定

令和6年度は，総合職（警察官）は20人，技術系行政官（研究職を含む）は理工系区分等から13人を採用している。総合職については，院卒者は工学4人，行政2人，農業科学・水産2人，数理科学・物理・地球科学1人，化学・生物・薬学1人，大卒程度は教養11人，法律5人，政治・国際3人，工学2人，経済1人，化学・生物・薬学1人を採用した。一般職（警察官）については，行政から11人，機械1人を本省で採用した。そのほか，管区警察局などの地方機関でも行政区分，技術系区分から採用している。

# 金融庁

## 「金融」というフィールドの創造

https://www.fsa.go.jp/common/recruit/

〒100-8967　千代田区霞が関3-2-1
☎03-3506-6000

| サマー プログラム | 募集：4月下旬〜 実施：8月上旬〜 |
|---|---|

## 金融とは

### ●経済・社会を支える金融

「金融」とは何か？「金融」は直接目には見えないものなので，皆さんには想像しづらいかもしれない。私たちは，いったいどこで金融とかかわっているのだろうか？

コンビニでの公共料金の支払い，銀行口座における出入金，住宅ローンの借入れ…皆さんの周りで行われているこうした行為はすべて「金融」である。ほかにも，設備投資のための企業の借入れ，株式や債券の売買から，資産の証券化といった専門性の高いものまで含めて，金融とは「資金の融通」，言い換えれば「世の中のお金の流れ」ともいえる。

あらゆる人々，あらゆる企業にとって，お金とのかかわりを断ち切ることは不可能である。どんなにやる気や能力がある人でも，どんな革新的なアイデアを持つ企業でも，お金がなければ，自らの思いを実現することは困難だろう。その意味で，「金融」は経済・社会を支えるインフラであり，そういった人・企業が必要な資金を調達できる環境を整備することは，経済の発展に極めて重要であるといえる。

### ●金融の仕組み

「金融」には，資金の余っているところ（とき）から資金を必要とするところ（とき）へ移すことができる機能がある。この機能により，能力・やる気・アイデアのある人や企業にお金が回り，その活動により経済・社会が発展し，人々の生活の質の向上に寄与することができる。

さらに，「金融」には将来の不確実性を回避するための機能もある。たとえば，将来病気になったとき，高額な医療費をカバーする医療保険などが挙げられる。

このように，「金融」は私たちの社会生活の（目に見えない）インフラとして私たちにさまざまな恩恵をもたらすが，一方で，予期せぬ事情変更が生じた場合，「金融」もその影響を受けるというリスクを抱えることとなる。

そして，「金融」とはお金の流れなので，一度予期しえないリスクが生じた場合，経済・社会に与える影響は非常に大きなものとなる。たとえば，一つの金融機関が破綻することによって，融資を受けている企業が資金を調達することができなくなり，連鎖的に企業が破綻するといったことが起こりえる。「金融」に内在するこうしたリスクを完全に排除することは不可能なため，リスクとうまくつきあいながら，世の中にお金がスムーズに回るように「金融」の仕組みを整備していくことが必要となる。それを担当しているのが金融庁であり，金融庁職員である。

## 金融行政とは

### ●国民一人一人を豊かにする仕事

時代や地域によって金融の形態や担い手が変わることがあっても，「資金の融通」という金融の本質的な機能はどの時代，地域においても変わることはない。金融行政とは，時代および金融そのものの移り変わりに応じて，金融の機能を十分に発揮させる仕組みを構築することによって，我が国の経済・産業を活性化し，国民一人一人を豊かにする仕事，すなわち，日本経済の根幹を支える仕事であると考えている。

金融庁では，経済・社会のインフラである「金融」が十分に機能し，世の中にお金がスムーズに回る環境にするために，

・あらゆる人々，あらゆる企業が金融を安心・便利に利用できるようにするためのルール作り
・あらゆる人々，あらゆる企業に金融サービスを提供する金融機関の検査・監督や市場での取引きの監視
・グローバルな金融の世界において，より健全かつ機能的な金融の仕組みを世界的に構築するための国際交渉・国際協力

等を行っている。

## 金融庁の主な業務

### ○モニタリング部門

銀行，保険会社等の金融機関を検査・監督する，業務範囲の「広さ」と「深さ」が特徴の部門。具体的には，メガバンクや地域金融機関等の規模や特性に応じたリスクを特定し，対話を通じて対応を促すセクションや，金融機関の許認可や行政対応等を行うセクションがある。金

融機関，弁護士，会計士等出身の職員も多く配置され，マネーローンダリング等の特に重要なテーマについては，業態横断的なチームを設置することもある。

## ○市場監視部門

証券取引等監視委員会は，市場で行われる株取引などの日常的な監視や，インサイダー取引などの不公正取引の調査・告発を行っている。また，金融庁採用職員だけでなく，司法関係者，公認会計士，民間企業経験者などさまざまなバックグラウンドを持つ職員が，監視のプロとして一体となり，日本の市場に対する信頼性を確保するため，日々の業務に当たっている。

## ○国際部門

経済活動や金融取引がグローバルに行われている現代において，金融システムの安定のため，国際的な政策協調は極めて重要である。国際部門は金融技術革新や環境問題を踏まえた金融分野の新しい課題の解決をリードするとともに，新興国への技術協力等を通じて，海外当局との連携強化にも取り組んでいる。

## ○市場証券部門

証券市場にかかわる制度の企画・立案を担う企画部門や，証券会社等の業務運営状況をモニタリングする監督部門，業者の業務実態を把握する検査部門が連携し，市場の透明性・公平性の確保と健全な発展を図っている。新しいトレンドにもスピード感を持って順応し，「投資家保護・利便性向上」と「市場・業界発展」の双方について，バランス感覚を持つことが求められている。

## ○開示・会計・監査部門

日本には，4,000社を超える上場企業があり，グローバル化，技術革新，少子高齢化などの大きな環境変化が続く中で，企業が直面する経営上の課題も複雑化している。この部門では，上場企業の開示ルールを定め，投資家の投資判断に必要な情報が十分かつ正確にわかりやすく提供されるようにするとともに，企業と投資家との対話を通じて，企業の中長期的な成長を促している。

## ○ IT 部門

金融機関のシステムが，誤作動や停止，サイバー攻撃により，利用者へ支障をきたさないよう検査・監督する業務のほか，FinTech の出現により変革を迫られる金融機関のモニタリング等を行い，利用者を保護しながらイノベーションを後押しするため，法令の見直し等の取組みを進めている。金融行政にとって IT 分野は必要不可欠な領域となっている。

## 職員の育成方針

前述のとおり，金融庁職員は，金融行政が有しているツールを使って，日本経済の発展，人々の生活を豊かにする／守ることを職務としている。金融とは経済・社会を支えるインフラなので，金融庁職員にとっては，金融にとどまらず経済・社会全般について幅広く問題意識を養い，多角度から問題にアプローチする能力を身につけることが非常に重要である。

そういった観点から，金融庁の新卒採用においては，官庁訪問時点で金融や経済の専門知識は要求していない。入庁後のさまざまな業務や研修を通じて，金融の専門知識のみならず，幅広い知識・経験を身につけ，それを日々の業務に活かしていくことが重要だと考えている。

また，金融分野には，専門性を磨ける分野がいくつもあるので，自分なりの興味や問題意識に応じて，専門性を深めていくことも可能である。

なお，金融機関を含む企業活動のグローバル化に伴い，金融庁においても国際的な業務の重要性は非常に高いことから，海外留学や国際機関等への派遣も積極的に行っている。

また，技術革新により日々進化する FinTech やサイバーセキュリティ対応に必要とされる IT の知識を深めるため，IT 大学院への留学や民間企業等への出向の機会も設けている。

## 人事データ

### 配属・異動

異動については，各部局でさまざまな業務を経験する機会を設けるとともに，他省庁や民間企業，国際機関等への出向も実施している。ただし，特に転居を伴うような異動の機会に際しては，十分に職員と意見交換をし，意に沿わない異動については原則として行わないようにしている。

昇任については，職員の能力や勤務成績等を踏まえて実施している。

また，子育てや介護の機会に際しては，おのおのの状況に配慮した人事を行う等により，金融庁で持続的に仕事ができるよう配慮している。

### 採用動向・採用予定

**[採用者数]** 令和 6 年 4 月 1 日時点における新規採用者数は，総合職 17 人，一般職（大卒）25 人，一般職（高卒）5 人。

**[求める人材・採用動向]** 法律，経済区分の出身者に限らず，理工系など多様なバックグラウンドからの採用実績がある。試験区分や出身学部，新卒・既卒による採用上の有利不利は一切なく，採用後もこれらの違いに基づくキャリアパスの違いはない。採用面接時点では，金融の専門知識の有無は一切問わない。金融は変化の激しい分野であることから，それにキャッチアップする能力＝成長力が最も重要だと考えている。したがって，社会動向に対する好奇心，未知の分野も積極的に学ぼうとする向上心を重視し，人物本位で採用することとしている。

# 消費者庁

消費者の視点から政策全般を監視

〒100-8958　千代田区霞が関3-1-1　中央合同庁舎第4号館
☎03-3507-8800

https://www.caa.go.jp

| インターン | 募集：未定 |
| シップ | 実施：未定 |
| ※詳細は消費者庁HPをご参照ください。 | |

さまざまな消費者事故，相次ぐ食品表示偽装問題や，悪質商法の横行など，われわれの生活をおびやかす種々の問題に，消費者の視点から政策全般を推進することを目的に設置された。内閣府の外局で，10課2参事官体制で業務に当たっている。常勤職員は約460人あまり。

〈総務課〉

総務課は人事・会計・法令審査などの消費者庁全体を対象とする業務のほか，国会対応などのいわゆる官房業務を行う。また，マスコミへの情報提供，取材対応といった広報業務も担当する。

〈消費者政策課〉

消費者庁全体に通じる基本的な政策の企画・立案・推進を担当し，「消費者基本計画」の策定や関係省庁との政策調整業務も担当する。財産被害対策室では，消費者安全法に基づき通知された消費者事故（財産分野）情報の集約・分析・原因究明や，消費者向けの注意喚起を実施する。寄附勧誘対策室では，不当な寄附勧誘行為に対する行政権限の行使や周知広報を実施する。

〈消費者制度課〉

消費者契約法や消費者裁判手続特例法等を所管する。適格消費者団体等の認定・監督などを行っている。

〈消費者教育推進課〉

自立した消費者を育成するための消費者教育や食品ロスの削減，エシカル消費の普及を通じたSDGsの推進などを行う。

〈地方協力課〉

地方公共団体と連携し，地方消費者行政に関する政策の企画・立案・推進や，消費者ホットライン「188」の周知啓発を行う。また，「国民生活センター」の運営・監督を担うとともに，連携して地方公共団体の消費生活相談体制のバックアップに当たる。

〈消費者安全課〉

消費者安全法，消費生活用製品安全法，製造物責任法を所管。行政機関，地方公共団体，事業者等から事故情報を集約し，分析。注意喚起や各省への情報提供，法に基づく措置等を行う。また，事故の原因を究明し，関係行政機関の長に再発防止策の勧告・意見具申を行う消費者安全調査委員会を援助する。

〈取引対策課〉

特定商取引法，預託法等を所管し，所管法令の違反が見られた場合，それらの法令に基づき厳正に対処し，消費者被害の防止に取り組む等，消費者が商品・サービスを安心して取り引きできる市場環境の整備等に取り組んでいる。

〈表示対策課〉

景品表示法，家庭用品品質表示法等を所管し，消費者が適正に商品・サービスを選択できる環境を守るため，表示のルールを整備している。

〈食品表示課〉

食品表示法，健康増進法等を所管し，食品の表示に関するルールを整備している。

〈食品衛生基準審査課〉

食品の安全確保のため，食品や食品添加物および食品用器具・容器包装等の衛生基準を策定している。

〈参事官（調査研究・国際担当）〉

社会変化に応じた有効な消費者政策立案に資する研究や国際業務を実施。そのほか，『消費者白書』の執筆・取りまとめなど，消費者政策の基礎となる調査分析を実施する。

〈参事官（公益通報・協働担当）〉

公益通報者保護制度の企画・立案・推進，消費者志向経営の推進，物価関係業務などの，消費者と事業者との連携強化のための体制整備を行う。

〈新未来創造戦略本部〉

新たな恒常的拠点として，徳島県に設置し，全国展開を見据えたモデルプロジェクトの推進，消費者政策の研究，国際シンポジウム等の国際交流事業を実施している。

## 人事データ

**配属・異動**
おおむね2年サイクルで異動する。消費者庁では，平成25年度から新規採用を開始し，近年では徳島の新未来創造戦略本部を含む庁内の異動以外にも他省庁，関係機関との人事交流を拡充しているほか，国際機関への派遣にも力を入れている。

**昇任**
係員→係長→課長補佐→室長→課長という昇任ラインで，本人の適性を踏まえ，能力・実績等に応じ昇任していく。

**採用動向・採用予定**
令和6年度の採用は，総合職4人（経済3人，政治・国際1人），一般職（大卒程度）4人（行政3人，化学1人），一般職（高卒）4人となっている。令和7年度も区分にとらわれず採用予定。

# こども家庭庁

### 「こどもまんなか」社会の実現に向けて

〒100-6003　千代田区霞が関3-2-5　霞が関ビルディング
☎03-6771-8030

https://www.cfa.go.jp

| インターン シップ | 募集：------ |
|---|---|
| | 実施：------ |

「こどもまんなか」社会を実現する。このような目標を掲げ，令和5年4月1日にこども家庭庁は発足した。こどもの最善の利益を図るための司令塔として，こども・若者や，こどもたちを育て，支えているみなさんの声をまんなかに捉えた政策を進めていくことが，私たちのミッションである。

また，このミッションを果たすため，こども基本法に定められた次の6つの基本理念をもとに，こども政策を推進している。

・すべてのこどもは大切にされ，基本的な人権が守られ，差別されないこと。

・すべてのこどもは，大事に育てられ，生活が守られ，愛され，保護される権利が守られ，平等に教育を受けられること。

・年齢や発達の程度により，自分に直接関係することに意見を言えたり，社会のさまざまな活動に参加できること。

・すべてのこどもは年齢や発達の程度に応じて，意見が尊重され，こどもの今とこれからにとって最もよいことが優先して考えられること。

・子育ては家庭を基本としながら，そのサポートが十分に行われ，家庭で育つことが難しいこどもも，家庭と同様の環境が確保されること。

・家庭や子育てに夢を持ち，喜びを感じられる社会をつくること。

### 〈長官官房〉

こども政策全体の司令塔として，こどもや若者の視点・子育て当事者の視点に立った政策の企画立案・総合調整，必要な支援を必要な人に届けるための情報発信や広報等，データ・統計を活用したエビデンスに基づく政策立案と実践，評価，改善などを担っている。

また，法令審査，予算編成，人事等を担当するほか，庁全体の代表窓口としての役割も果たしている。

（内部部局）

総務課，公文書管理官，参事官（会計担当），参事官（人事担当），参事官（日本版DBS担当），参事官（総合政策担当）

### 〈成育局〉

保育所や認定こども園などの教育・保育給付の充実，はじめの100か月の育ちビジョンの推進，放課後児童クラブなどによるこどもの居場所づくりの推進，産前・産後から子育て期にかけての母子への支援，こどもの事故防止など，家庭や社会に

おけるこどもの成育を後押しするための取組みを多角的に切れ目なく実施することで，すべてのこどもが健やかで安全・安心に成長できる環境の実現をめざす。

（内部部局）

総務課，保育政策課，成育基盤企画課，成育環境課，母子保健課，安全対策課，参事官（事業調整担当）

### 〈支援局〉

児童虐待防止対策，社会的養護，こどもの貧困の解消に向けた支援，ひとり親家庭支援，障害児支援，いじめ対策，不登校対策，こどもの自殺対策など，さまざまな困難を抱えるこどもや家庭を包括的に支援することで，心身の状況や，置かれている環境にかかわらず，誰一人取り残すことなく，すべてのこどもが健やかに成長することができ，権利の擁護が図られ，将来にわたって幸福な生活を送ることができる社会の実現をめざす。

（内部部局）

総務課，虐待防止対策課，家庭福祉課，障害児支援課

## 人事データ

**配属・異動**

こども家庭庁の内部部局をおおむね2年サイクルで異動する。また，国立児童自立支援施設（武蔵野学院〈埼玉県〉，きぬ川学院〈栃木県〉）への異動や，地方自治体との人事交流もある。

**昇任**

係員→係長→課長補佐→室長→課長という流れで，本人の適性を踏まえ，能力，業績等に応じて昇任していく。

**採用動向・採用予定**

令和6年度採用は実績なし。令和7年度採用から，こども家庭庁として総合職および一般職（大卒）を初めて新規採用予定。

# 総務省

国・地方を通じた行政の要として
21世紀の日本をデザイン

https://www.soumu.go.jp/

〒100-8926　千代田区霞が関2-1-2　☎03-5253-5111

| インターンシップ | 募集：4月12日〜5月12日 実施：7月22日〜9月13日（予定） |
|---|---|

　総務省は，総務庁，自治省，郵政省を再編統合した官庁である。これまで3つの省庁が所管していた，

- 国家行政組織など行政の基本的制度の管理・運営
- 国民の暮らしに最も身近な地方自治制度，地方税財政，選挙などの内政の基本的制度の企画・立案
- 経済・社会活動を支える情報通信の高度化促進や安定した郵政サービスの確保

といった国民生活の基盤に広くかかわる行政機能を引き継ぐ。また，内閣および内閣総理大臣を補佐・支援する体制の強化という役割も担っている。

## 国家行政のマネジメントを実施

### 〈行政管理局〉

　行政運営の総合的かつ効率的な実施および行政サービスの公正・透明性を確保するため，以下の機能を担っている。

#### ●業務改革の推進

　既存の業務プロセスにおける課題を把握・解決することにより，行政手続が簡素化され，国民・企業の行政手続に要する負担および職員の業務負担を軽減する取組み（BPR）を推進している。

#### ●独立行政法人制度の適切な運営

　独立行政法人の業務運営の改善・適正化を図るため，共通的な制度の企画・立案，法人の新設・改廃等の審査，主要な事務・事業の改廃に関する指摘等を行う独立

行政法人評価制度委員会の事務局を務めている。

#### ●行政の共通制度の適切な運用

　情報公開法，行政手続法および行政不服審査法など，行政機関等が行政活動を行うに当たって守るべき共通的な制度を所管し，国民から信頼される公正な行政の基盤をつくり，国民と行政の関係の適正化を図っている。

### 〈行政評価局〉

　国民に信頼される質の高い行政の実現をめざし，3つの機能を担う。

#### ①各府省の行政運営の改善に関する調査

　政府内にあって施策や事業の担当府省とは異なる立場から，各府省の業務の現場における実施状況を実地調査し，課題・問題点を実証的に把握・分析し，その改善方策を提示するものであり，近年では，「太陽光発電設備等の導入」「医療的ケア児とその家族に対する支援」「浄化槽行政」等多種多様なテーマについて調査を実施している。

#### ②政策評価の推進

　各府省が行う政策評価の共通ルールの策定や，政府全体の政策評価の実績の取りまとめを行っている。

　また，各府省が行う政策評価の内容等を点検し，評価の質の向上とそれを通じた政策の見直し・改善を図っており，令和5年度は租税特別措置等の分野で36件の点

検を行った。

#### ③行政相談

　国の行政などへの苦情や意見・要望を受け付け，担当行政機関とは異なる立場から，必要なあっせん等を行い，その解決や実現の促進を図るとともに，行政の制度および運営の改善に活かす仕組みであり，年間約12万件の相談を受け付けている。

### 〈統計局〉

　統計局は，社会・経済情勢を把握するための基礎となる国勢調査や，経済センサスをはじめとする国の重要な統計調査を企画・立案および実施し，社会に役立つ正確な統計を作成・提供する。これらの結果は，国や地方公共団体が行政施策を企画・立案する際の基礎資料として用いられるほか，学術研究機関や民間企業などで幅広く利用される。

　令和6年度には，わが国のすべての産業分野における事業所・企業の産業，従業者規模等の基本的構造を全国および地域別に明らかにするとともに，事業所・企業を対象とする各種統計調査の基盤となる情報を整備することを目的として「経済センサス―基礎調査」を実施した。

### 〈政策統括官（統計制度担当），（恩給担当）〉

　政策統括官の役割のうち統計制度担当は，統計の政府横断的な調整を図るべく，統計法などに基づき，統計に関する基本的事項の企画・立案，

統計調査の審査・調整，国際統計事務の統括などを行う。また，政府全体における「証拠に基づく政策立案（EBPM）」を推進するため，その証拠となる統計の整備・改善を推進する役割も担っている。

恩給担当は，恩給の支給に関する事務などを行っている。

## 時代の変化に即した「地方自治」の追究

### 〈自治行政局〉

地方公共団体の組織・運営，地方自治行政，地方公務員，選挙などの諸制度に関する企画・立案を行う。

また，活力ある地域づくりをめざして常に新たな政策を企画・立案し，新たな広域連携の推進，地方行革の推進，電子自治体の推進，地域力の創造，過疎地域の持続的発展，国際交流・国際協力の推進などの重要な課題に地方公共団体が積極的に対応していけるよう支援する。

### 〈自治財政局〉

人口や産業の集積の度合いによる地域間格差や景気の動向による税収の年度間格差にかかわらず，地方公共団体がその重要な責任を果たすことができるよう，地方財政計画（多種多様な地方公共団体の財政の複合体である地方財政の規模や収支見通しを全体としてとらえたもの）を通じて，地方の財源を保障し，これに基づく地方交付税や地方債制度を通じて各地方公共団体の財政基盤を支えるとともに，地方財政の健全化のための調査・助言，地方公営企業に関する制度の企画・立案等を行う。

### 〈自治税務局〉

地方自治の基盤を築くための税源の選択，国と地方の税源配分，地方税負担の合理化・適正化，経済社会の発展に即応する地方税制のあり方などについて企画・立案し，地方税負担の公平適正化に努めるとともに，地方分権改革を推進するため，税源の偏在性が小さく，税収が安定的な地方税体系の構築に取り組んでいる。

また，ふるさと納税，国有資産や国有提供施設などの所在市町村に対する交付金なども担当する。

## 情報通信で国の成長力を牽引，国際競争力を強化

### 〈国際戦略局〉

ICT（情報通信技術：Information & Communications Technology）は我が国経済の成長力・競争力の主要な源であり，この分野の国際競争力の強化を図ることは，我が国の経済全体の成長を牽引する大きな原動力となる。国際戦略局では，グローバルな視点から，ICT分野における戦略的な研究開発や標準化活動，海外展開活動，国際的なルール形成などに一体的に取り組むとともに，ICT分野のみならず，郵便，消防，統計，行政相談制度など，総務省における海外展開に向けた取組みを総合的・戦略的に推進している。

### 〈情報流通行政局〉

情報流通行政局では，地方が直面する社会課題の解決の切り札としてのデジタル実装を推進することにより，地域社会および経済の活性化に貢献し，さらには偽・誤情報の流通・拡散や生成AIやメタバースの普及

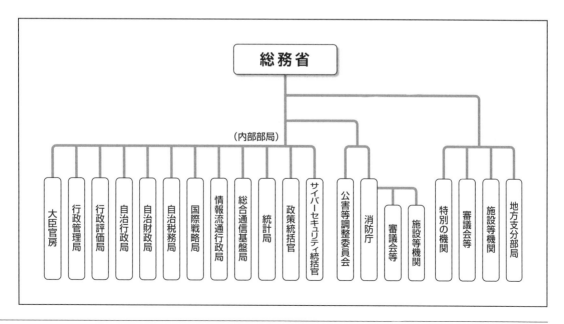

といった，デジタル空間の進展に伴う新たな課題に対して総合的な取組みを推進している。また，日本社会全体の活性化や我が国が抱える課題の解決に向けて，データ等を活用したさまざまなデジタルサービスの恩恵を誰もが享受できる社会の実現を推進するとともに，利用者が安全・安心に情報を利活用できる環境の整備などを推進している。

また，放送が，災害情報や地域情報等，社会の基本情報を共有する役割を果たしていることを踏まえ，大規模な災害に対応するための放送ネットワークの強靱化や字幕放送，解説放送等の視聴覚障害者等向け放送の普及促進，日本各地の魅力を伝える放送コンテンツの海外展開に積極的に取り組むとともに，デジタル時代における放送の将来像と制度のあり方についても検討を進めている。

そのほか，郵便局ネットワークを活用し，郵便，貯金および保険のユニバーサルサービスの確保および利用者利便の増進等に取り組んでいる。

〈総合通信基盤局〉

総合通信基盤局では，情報通信市場における公正な競争環境の整備，通信料金の低廉化，サービスの多様化・高度化，光ファイバー等のデジタル基盤の整備，インターネット上の違法・有害情報対策等，利用者の利便を向上させるための環境整備，サービスの安全・信頼性確保に取り組んでいる。

また，国民共有の財産である電波の適正な利用を確保するため，周波数の割当てや電波の監督管理などを所管しており，5G等の新たな無線システムの導入の推進，電波資源拡大のための研究開発や安心安全な電波利用環境の整備などに取り組んでいる。

〈サイバーセキュリティ統括官〉

自由で開かれたサイバー空間はわれわれにさまざまな恩恵を与えてくれているが，攻撃者は，このサイバー空間を悪用し，わが国の重要インフラに攻撃を仕掛け，政府や企業が持つ情報をねらっている。そうした高度なサイバー攻撃から日本の情報通信ネットワークをどう守ればよいのか。普及が進む5Gやさらなる先のBeyond 5G/6Gを見据えつつ，押さえるべきセキュリティ上のポイントはどこか。通信の秘密を確保し，表現の自由を発展させながら，どうすればサイバー空間を安全にできるのか。サイバーセキュリティ統括官は，法律，予算，産業界との協力，同盟国や友好国との連携，先端技術の研究開発など，あらゆる政策手段を選択肢に，日々，我が国のサイバーセキュリティの確保に取り組んでいる。

外 局

●公害等調整委員会

我が国における行政型ADR（裁判外紛争解決手段）の代表的機関として，公害紛争処理法に基づき，あっせん，調停，仲裁および裁定を行い，公害紛争の迅速かつ適正な解決を図るとともに，都道府県公害審査会等との連携や情報交換，全国の地方公共団体が行う公害に関する苦情の処理についての指導等を行っている。

●消防庁

我が国の消防は，消火・救助・救急や火災対策，地震対策に加えNBC災害（核等，生物剤および化学剤によって発生した災害）のような特殊災害等，あらゆる災害の対応を担っている。消防庁では，社会情勢の変化等に応じて，法律・制度の改正等により各地方公共団体および消防本部を支援するほか，大規模災害時には，被害情報の収集，緊急消防援助隊の指示等を行うなど国民の安全確保に極めて重要な役割を担っている。

## 人事データ

### 配属・異動

令和6年度は総合職については，行政管理局に4人，行政評価局に3人，自治行政局に12人，自治財政局に4人，自治税務局に5人，国際戦略局に4人，情報流通行政局に5人，総合通信基盤局に8人，統計局に2人，政策統括官に1人，サイバーセキュリティ統括官に2人，消防庁に8人が配属された。一般職（大卒程度）については，本省採用は大臣官房に10人，行政評価局に7人，自治行政局に8人，自治財政局に1人，自治税務局に1人，国際戦略局に2人，情報流通行政局に4人，総合通信基盤局に11人，統計局に8人，政策統括官に2人，サイバーセキュリティ統括官に1人，自治大学校に3人，消防庁に8人，消防大学校に1人，政治資金適正化委員会事務局に1人が配属されており，地方採用は，管区行政評価局等および総合通信局にそれぞれ配属された。

人事ローテーションについては，今後も，職員の適性や希望を十分踏まえながら実施する。職員は多様な経験を積んで，上位の役職に昇任していくこととなる。

### 採用動向・採用予定

令和6年度の採用数は，総合職については58人（事務系50人，技術系8人），一般職（大卒程度）については，本省採用で68人，地方採用で81人であった。

令和7年度の採用数については，総合職（院卒程度・大卒程度）では事務系・技術系合わせて57人程度を予定。一般職（大卒程度）では総務省本省で行政区分65人，技術系区分6人，地方局（管区行政評価局，総合通信局）でも，行政区分・技術区分合わせて78人程度の採用を予定。

# 厚生労働省

すべての「人」とその「暮らし」を見つめ，
守り続ける

https://www.mhlw.go.jp/

〒100-8916　千代田区霞が関1-2-2　☎03-5253-1111

| インターンシップ | 募集：5月〜6月 |
| --- | --- |
| | 実施：7月〜9月 |

## ひと・くらし・みらいのために

　厚生労働省は，「ゆりかごから墓場まで」という言葉に象徴されるように，医療，介護，年金，労働，福祉など，国民生活に密着した幅広い分野に取り組んでいる。

　日本が直面している少子高齢化という大きな課題の中で，厚生労働省の果たすべき役割は大きく，予算は国の一般歳出の50%以上を占めている。厚生労働省の業務は，幅が広く，責任の重い，ダイナミックな行政であり，言い換えれば，「厚生労働省から世の中を変えることができる」ということでもある。

　厚生労働省のミッションは，すべてのライフステージにおいて一人一人が安心して一生を送ることができる社会をつくるとともに，日本の経済発展の基盤を支えることである。今を生きる国民だけでなく，将来の国民にも「この国に生まれてよかった」と思ってもらえる社会を目指し，未来にわたってこの国を支えていくために，日々の業務に取り組んでいる。

## すべての人の健康を守る

### 〈医政局〉

　安心して必要なときに必要な医療を受けられるよう，高齢化による疾病構造の変化や，遠隔医療といった技術の進歩も見据えながら，医師・病院等の医療資源の配置や，患者と医師の関係，医療者間の連携体制などの課題に取り組み，最適な医療提供のあり方を追求している。

　また，医薬品・医療機器産業の振興や最先端医療に関する研究開発支援，医療情報の利活用など，より質が高く効率的な医療の提供に向けた取組も進めている。

### 〈健康・生活衛生局〉

　少子高齢化が進行する中で，人生100年時代を見据え，誰もがより長く元気に活躍できるようにするとともに，社会保障の担い手を確保するため，健康づくり，がん対策や循環器病対策，難病対策などに取り組んでいる。

　また，国内外の感染症から国民の命を守るため，次の感染症危機が発生した場合の備えも含めて先頭に立って対策を行っている。

　加えて，食中毒への対応など食品衛生の確保や，建築物やホテル・旅館などの衛生の向上を進めている。

### 〈医薬局〉

　医薬品，医薬部外品，化粧品，医療機器及び再生医療等製品について，品質や有効性，安全性の確保に取り組むとともに，薬局・薬剤師制度の整備，電子処方箋の普及促進，血液製剤の安定的な供給，麻薬・覚醒剤対策など，国民生活に密着し，国民の生命・健康に直結する諸課題に対応することで，保健衛生上の危害の防止及び保健衛生の向上を図っている。

### 〈保険局〉

　健康保険制度や後期高齢者医療制度等の企画立案，予防・健康づくりを推進し，人口構造の急速な変化が起こる中で，医療ニーズと費用負担とのバランスの確保などの諸課題に対応しながら，これからも，いつでも，誰でも，必要な保険診療を受けられる「国民皆保険」を受け継いでいけるよう取組を進めている。

## 働く人の安心・安全を守り，一人一人の「働く」を支える

### 〈労働基準局〉

　少子高齢化による労働力人口の減少，技術革新など，労働を取り巻く環境が大きく変化し，働く人の「働き方」に関するニーズも多様化する中，それぞれが多様な働き方を選択でき，その意欲・能力を最大限に発揮できるよう，長時間労働の是正や多様で柔軟な働き方の実現に取り組むとともに，働く人の立場に立って，安心・安全で，働きがいのある職場環境づくりを支援している。

### 〈職業安定局〉

　雇用のセーフティネットとして，全国500か所以上のハローワークを通じて，全国ネットワークを活用した職業紹介，失業時の所得保障を行う雇用保険制度，「働き方改革」に向けた雇用対策を一体的に実施することで，働く人一人一人が自分の未来を自ら創っていくことのできる，意欲ある人に多様なチャンスを生み出す社会の実現に取り組んでいる。

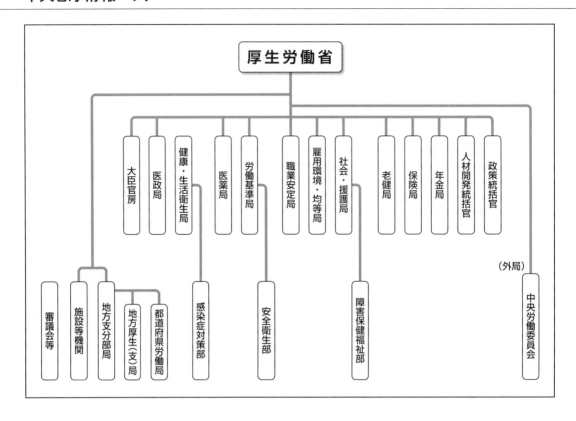

厚生労働省

大臣官房 ─ 審議会等 / 施設等機関 / 地方支分部局 / 地方厚生（支）局 / 都道府県労働局

医政局

健康・生活衛生局 ─ 感染症対策部

医薬局

労働基準局 ─ 安全衛生部

職業安定局

雇用環境・均等局

社会・援護局 ─ 障害保健福祉部

老健局

保険局

年金局

人材開発統括官

政策統括官

（外局）中央労働委員会

〈雇用環境・均等局〉

働く人も働き方も多様化が進んでいる中で，誰もが活躍できる職場環境の整備，パートタイムなどの非正規雇用で働く人の処遇改善，仕事と子育てや介護との両立，テレワークやフリーランスなどの柔軟な働き方の推進，豊かで安定した勤労者生活の実現に向けた取組など，誰もが活躍できる多様な雇用環境の推進に取り組んでいる。

〈人材開発統括官〉

DXの進展など企業・労働者を取り巻く環境が急速かつ広範に変化するとともに，人生100年時代や少子高齢化を背景とした職業人生の長期化も進む中で，誰もが生涯を通じて必要な能力を身につけ，希望に応じたキャリアを築いていくことができるよう，労働者やこれから働こうとする若者，再就職をめざす方などに対する仕事に必要なスキルの習得・向上の支援や，従業員の人材育成に取り組む企業への支援を行うほか，スキルを適正に評価・証明できる基盤の整備等に取り組んでいる。

### 地域共生社会を実現する

〈社会・援護局〉

社会福祉法人制度の整備や福祉人材の確保など，社会福祉の基盤を整えるとともに，生活に困窮する方への支援，自殺対策，困難な問題を抱える女性への支援など地域共生社会の実現に向け，社会福祉の増進に取り組んでいる。

また，障害者が自ら選択した場所に居住し，地域で生活し，社会参加するために必要な障害福祉サービスの提供や，精神障害者の保健医療等を推進しているほか，全国戦没者追悼式の実施や戦没者の遺骨収集事業をはじめとした戦没者の慰霊，ご遺族等への援護を行っている。

### 世界最前線の超高齢社会を支える

〈老健局〉

少子高齢化が急速に進行し，生産年齢人口が減少する一方，介護ニーズが急増する中でも，介護が必要な方やその家族を支え，いくつになっても住み慣れた地域で，自分らしい暮らしを続けることができる社会を

目指して，介護保険制度をはじめとする高齢者福祉・介護施策を，各地域で行われている地域づくりの取組と連携しながら推進している。

〈年金局〉

老後生活の基本を支える年金制度の安心と信頼を将来にわたって引き継いでいくため，働き方の多様化，高齢期の長期化などの社会・経済の変化に対応した制度の見直しや，日本年金機構と連携した年金制度の適切な運営に取り組んでいる。

## 省内の総合調整

〈大臣官房〉

大臣官房では，職員の研修や福利厚生等の人事業務，省内の業務改革，法令審査や国会の総括業務，予算の取りまとめなどの会計業務のほか，厚生労働行政のDXをはじめとした情報政策の推進，厚生労働省の科学技術に関する事務の総括，自然災害等が発生した場合の緊急対応や復旧・復興に向けた調整，国際機関や諸外国と連携した国際的な課題への取組等の厚生労働省の所掌事務の総合的調整を行っている。

〈政策統括官（総合政策担当）〉

厚生労働省の社会保障政策・労働政策をまとめる司令塔として，少子高齢化に伴う人口減少や構造的な人手不足，日本的雇用慣行の変容といった，まさに「歴史的な転換点」である社会経済の状況を踏まえ，めざすべき社会の将来像を描き，省内の各部局と連携しながら実現に向けた取組を進めている。

〈政策統括官（統計・情報システム管理，労使関係担当）〉

政府の政策決定はもとより，国民の意思決定に幅広く利用され社会の発展を支える基礎ともなる各種統計調査を実施し，公表しているほか，国民の重要な情報資産を預かる立場から，厚生労働行政における情報セキュリティ対策および情報システム整備を進めている。

加えて，労使団体等に係る連絡調整なども行っており，総合的な労働政策の策定と労使関係の安定に寄与している。

## 外 局

### ●中央労働委員会

中央労働委員会では，よりよい労使関係を実現するため，労働組合と使用者との間に立って，円滑に問題を解決するための調整等を行っている。

## 地方支分部局

### ●地方厚生（支）局

地方厚生（支）局は，全国8ブロックに置かれ，各都府県にはその分室が置かれている。保険医療機関等の指導監査，食品衛生，違法薬物等の取締り，健康保険組合・厚生年金基金の指導監督等，幅広い業務を行っている。

### ●都道府県労働局

都道府県労働局は，47都道府県に置かれ，労働相談や労働法違反の摘発，労災保険・雇用保険料の徴収，職業紹介と失業の防止などに取り組んでいる。

また，第一線機関として，労働基準法や最低賃金法等に基づいた監督や指導，労災保険の給付などの業務を行っている労働基準監督署と，「ハローワーク」の名で全国の求人・求職情報をオンラインで結び，綿密な職業紹介サービスに取り組んでいる公共職業安定所が置かれている。

## 人事データ

**配属・異動**

総合職は省の中核的な役割を担う立場として，一般職は省の各行政分野のエキスパートとして配属され，おおむね2年程度のサイクルで，施策の企画・立案などに従事する。

また，他府省庁や地方自治体，地方支分部局，在外公館や国際機関，民間企業や大学等への出向など，省外にも幅広い活躍の場がある。

**昇任**

採用区分等によって異なるが，たとえば総合職事務系の場合，おおむね入省4年目で係長，8年目で課長補佐，18年目以降で企画官・課室長級となる。

**採用動向・採用予定**

令和6年度の採用は，総合職が64人（事務系36人，技術系28人），一般職が137人であった（いずれも経験者採用を除く）。

# 中央官庁情報パック

# 法務省

法秩序の維持・確保，
国民の権利保全の旗手として

〒100-8977　千代田区霞が関1-1-1　☎03-3580-4111

https://www.moj.go.jp/

| インターン<br>シップ | 一部実施。<br>HPで確認 |
| --- | --- |

　法務省は，民主主義・法治主義の基盤である法秩序を維持・確保し，国民の権利を保全するという極めて重要な役割を担っている。

　法務行政は，司法・法務に関する法令の立案，検察，犯罪者の矯正や更生保護，人権の擁護，国籍，戸籍，各種の登記，供託および出入国在留管理等々，広範囲に及ぶ。

　こうした役割を果たしていくため，法務省は常に時代に応じた法務行政の実現を追求してきた。現在は，①司法制度改革の成果の定着，②再犯防止施策，③犯罪被害者等の支援，④刑事収容施設法の円滑な実施等，⑤所有者不明土地対策の推進，⑥人権擁護施策の推進，⑦基本法制の維持および整備，⑧司法外交の推進，⑨適正な出入国在留管理の実施，⑩破壊的な団体等の規制に関する調査などを重要課題と位置づけて仕事に取り組んでいる。

## 多岐にわたる国民生活に密着した法務行政を遂行

　法務省は多岐にわたる任務を遂行するため，大臣官房と6局からなる内部部局のほか，公安調査庁などの外局，検察庁や法務局などの諸機関を置き，約5万5,000人の職員を擁する組織を構成している。

　なお，裁判所関係の事務は，昭和22年，裁判所法の施行に伴って設置された最高裁判所に移されている。

### 〈大臣官房〉

　人事，会計，福利厚生，各部局間の総合調整事務などを担当しているのは他府省と同じだが，法務省の特徴的な仕事として次のものが挙げられる。

　司法試験の管理，検察官適格の審査，司法制度に関する企画・立案，法令・判例や法務に関する資料の収集・整備・編さん・刊行，法制審議会の運営，法務図書館，法務史料展示室・メッセージギャラリーの運営，法務省の所掌事務に係る統計に関する事務，総合法律支援，法教育に関する事務，弁護士資格認定に関する事務，外国法事務弁護士に関する事務，債権管理回収業の許可・監督，民間紛争解決手続の業務の認証・監督に関する事務など。

### 〈民事局〉

　市民生活・経済生活における権利義務関係の基本となる事務全般を担当している。戸籍，国籍，不動産・商業・法人・動産譲渡・債権譲渡・後見等の登記，商業登記に基づく電子認証，供託，遺言書保管，公証などの民事行政事務，民事基本法制に関する企画・立案に関する事務を行う。

### 〈刑事局〉

　検察庁の組織整備，各種事務規程の制定，検察事務の能率化などを行う。また，刑事裁判の執行指揮，犯罪人の引渡しと国際捜査共助，犯罪の予防に関する事務のほか，刑事法制に関する企画・立案に関する事務等に携わっている。

### 〈矯正局〉

　矯正施設（刑務所，少年刑務所，拘置所，少年院および少年鑑別所）の保安警備，分類保護，作業，教育，鑑別，医療，衛生など被収容者に対する処遇が適正に行われるように指導・監督するとともに，最近の矯正思潮に沿った新しい処遇方法について調査研究を行っている。

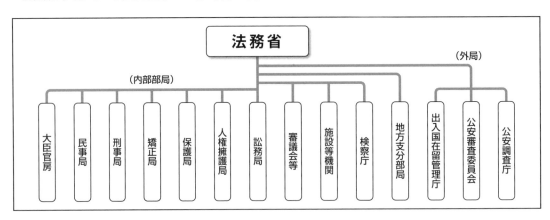

法務省

（内部部局）　（外局）

大臣官房　民事局　刑事局　矯正局　保護局　人権擁護局　訟務局　審議会等　施設等機関　検察庁　地方支分部局　出入国在留管理庁　公安審査委員会　公安調査庁

### 〈保護局〉

犯罪をした人や非行のある少年たちを実社会の中で指導・援助し、その改善更生を図る更生保護に関する事務を所掌している。具体的には、矯正施設からの仮釈放・仮退院者、保護観察処分少年、保護観察付執行猶予者などに対する保護観察、恩赦、更生保護事業の助長および監督、民間における犯罪予防活動の促進などの事務を行っており、刑事政策の最終段階として、近年、特にその重要性が強調されている。また、心神喪失者等医療観察法に基づく事務も行っている。

### 〈人権擁護局〉

国民の基本的人権を守るために、人権侵犯事件の調査救済、人権相談、人権啓発などに関する事務を行う。

### 〈訟務局〉

国を当事者とする訴訟等を統一的・一元的に処理することによって、国民全体の利益と個人の権利・利益との間に正しい調和を図るとともに、法律による行政の原理を確保することに寄与している。

また、行政庁からの求めに応じて、政策実行前の段階から、法的リスクに関する助言を行うことで、紛争を未然に防止するための活動（予防司法支援）も行っている。

## 外　局

### ●出入国在留管理庁

出入国在留管理庁は、日本の空港・海港における外国人の出入国審査、日本人の出帰国確認をはじめ、日本に居住する外国人の在留審査、出入国管理法令等に違反した外国人の退去強制および難民等の認定に関する事務に加え、外国人の受入れ環境整備に関する企画および立案ならびに総合調整に関する事務などを行う。

また、出入国在留管理庁の地方支分部局として、地方出入国在留管理局が置かれているほか、施設等機関として、我が国からの退去を強制される者の収容および送還を行う入国者収容所が置かれている。

### ●公安調査庁

公安調査庁は、破壊活動防止法および無差別大量殺人行為を行った団体の規制に関する法律に基づき、破壊的団体等の規制に関する調査および処分の請求等に関する事務を行う。また、我が国の情報コミュニティのコアメンバーとして、調査において収集した我が国の公共の安全にかかわる国内外の情報を、適宜関係機関に提供している。

### ●公安審査委員会

公安審査委員会は、公安調査庁長官の規制処分請求を審査し、処分の要否・規制内容等を決定する役割を担っている。

## 地方支分部局・施設等機関

地方機関で採用された職員の勤務場所は、採用局および局が所管する機関となるが、本人の希望などに応じて他局や他府省で活躍する道も開かれている（一般職試験合格者は原則として本省以外で採用）。

### ●地方支分部局

法務局と地方法務局では、登記・戸籍・国籍・供託等の民事行政事務、人権擁護および訟務事務を行う。また、矯正施設被収容者の仮釈放等の審理を行う地方更生保護委員会や、保護観察等の社会内処遇の実施機関である保護観察所のほか、矯正管区が置かれている。

### ●施設等機関

刑事施設（刑務所、少年刑務所、拘置所）では、受刑者等を収容し、矯正処遇等を行う。少年院では、非行のある少年を収容し、矯正教育等を行う。少年鑑別所では、主として家庭裁判所から送致された少年を収容し、鑑別を行うとともに、地域社会における非行および犯罪の防止に関する援助を行う。

## 特別の機関

### ●検察庁

検察庁の主な業務は、犯罪の捜査、刑事事件の公訴提起、裁判所に対する法の正当な適用の請求、裁判執行の監督などである。

---

## 人事データ

### 配属・異動

総合職試験のうち事務系区分の採用者は、基本的には最初に本省の各部局に配属され、その後は1～2年のサイクルで、大臣官房、当初配属以外の部局や地方機関等に異動しながら、昇任していく。

総合職試験のうち人間科学区分の採用者は、それぞれの専門知識を活かした仕事となるので、矯正官署、更生保護官署等の地方機関に配属されることが多い。ただし、人間科学区分の矯正局採用者のうち、教育・福祉・社会系の受験者は事務系区分と同様のキャリアパスとなる。

一般職試験の採用者については、原則として地方各機関に配属される。昇任については、努力次第で地方機関の上級幹部等への昇任も可能である。

### 採用動向・採用予定

令和7年度の採用は、総合職試験からは、行政（院卒者）、政治・国際・人文（大卒程度）、法律（大卒程度）および経済（大卒程度）区分から19人、人間科学（院卒者および大卒程度）区分から19人、デジタル（院卒者および大卒程度）区分から2人、工学（院卒者および大卒程度）区分から1人の合計41人程度、一般職試験（大卒程度）からは、全国で450人程度を予定している（出入国在留管理庁および公安調査庁は別途採用）。

このほか、法務省専門職員（人間科学）採用試験からは、矯正心理専門職が60人程度、法務教官が200人程度、保護観察官が30人程度の採用を予定している。
※本誌178ページを参照。

# 外務省

日本，そして世界の平和と安全，
繁栄のために

〒100-8919　千代田区霞が関2-2-1　☎03-3580-3311

https://www.mofa.go.jp/mofaj/

| インターン シップ | 募集　6月（予定） |
| --- | --- |
| | 実施　7月～9月（予定） |

　「外交」の目的は，国際社会の中で日本の安全と繁栄を確保し，国民の生命と安全を守ることであり，それは，「国家」の存在意義そのものと言っても過言ではない。

　今なお続くロシアのウクライナ侵略や現下の中東情勢等，世界が歴史の転換点を迎える中，「外交」の役割はかつてなく大きくなっている。「グローバル・サウス」と呼ばれる途上国・新興国の存在感が高まり，多様化が進む一方，国境や価値観を越えて対応すべき課題は山積している。こうした国際情勢の中，この歴史の転換点において，いかに日本が，自国の利益を増進し，法の支配に基づく自由で開かれた国際秩序を守り抜き，「人間の尊厳」が守られる世界を実現していくか。また，経済領域にまで裾野を広げた安全保障上の課題への対処，地球規模課題への対応，自由で公正な経済秩序の拡大に，新たな時代に対応したルールづくりや海外での邦人保護等，困難かつ多様な課題に対応すべく，外務省は世界各地で日々業務を行っている。

　外務省は，1869年（明治2年）に創設されて以降，名称を変えることなく現在まで日本外交の歴史を紡いできた。外務省では，国や国際社会のために尽くす情熱と使命感，それを支える知性，人間としてのタフさと誠実さ，さらには，あくなき向上心を備え，多様性を持った外交官たちがそれぞれの強みを活かしながら活躍している。「国の代表」として世界を舞台に挑戦したいという方は，ぜひ外務省の扉を叩いてほしい。

## 〈大臣官房〉

　①各部局の行政事務の総合調整，②人事，③会計経理等を通じて外交活動を支える。

◎**儀典組織**…天皇陛下や皇族，総理等日本の要人の外国訪問，国公賓等外国賓客の受入れ，大使等の接受，我が方大使等の派遣，外国人叙勲の推薦等を扱う。

◎**外務報道官・広報文化組織**…日本の政策・取組み・立場や多様な魅力の発信や文化・人物交流等を通じ，諸外国における日本に対する親近感向上・理解増進を図る。また，外務省の取組みに関し，さまざまな媒体を通じた国内外への発信を行う。

## 〈総合外交政策局〉

　日本が総合的かつ戦略的に外交を展開できるように，日本の安全保障や国連にかかわる問題を含め，全省横断的に取り組むべき重要な外交政策の企画・立案・調整等を行う。

◎**軍縮不拡散・科学部**…核兵器，生物・化学兵器および通常兵器の軍縮・不拡散への取組み，原子力の平和的利用や科学技術に関する国際協力等を行っている。

## 〈アジア大洋州局〉

　アジア地域は今や世界の成長センターといわれ，世界経済の中心に位置する。隣国の韓国・中国やASEANを含むアジア地域，および豪州，ニュージーランドや太平洋島嶼国を担当。二国間関係・地域協力の強化等に取り組んでいる。

◎**南部アジア部**…南部アジア諸国（東南アジアおよび南西アジア諸国）を担当。「自由で開かれたインド太平洋」の要である南部アジア地域の諸国との間で，地域の平和と繁栄，二国間関係の強化に取り組んでいる。

## 〈北米局〉

　米国とカナダを担当。日米同盟は日本外交・安全保障の基軸であり，インド太平洋地域，そして国際社会の平和と繁栄の基盤。日米両国は，政治，経済，安全保障，文化・人的交流等の幅広い分野で緊密に連携している。また，日加両国は，ともにG7に属し，価値を共有する重要なパートナーとして，政治，経済，安全保障，文化・人的交流等幅広い分野で密接に協力している。

## 〈中南米局〉

　中南米・カリブ諸国を担当。日本と伝統的に友好関係にある中南米・カリブ諸国の中で，ブラジル，メキシコ等は国際社会での存在感を一層

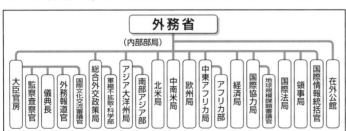

外務省

（内部部局）

大臣官房｜監察査察官｜儀典長｜外務報道官｜国際文化交流審議官｜総合外交政策局｜軍縮不拡散・科学部｜アジア大洋州局｜南部アジア部｜北米局｜中南米局｜欧州局｜中東アフリカ局｜アフリカ部｜経済局｜国際協力局｜地球規模課題審議官｜国際法局｜領事局｜国際情報統括官｜在外公館

増している。また，資源・エネルギー供給地域としての重要性に加え，中南米・カリブ諸国には民主主義，自由経済および法の支配等基本的価値を共有する国が多く，多面的な関係強化に取り組んでいる。

〈欧州局〉

西欧諸国，中・東欧諸国，ロシア，中央アジア・コーカサス諸国およびEU，NATO，OSCE，欧州評議会等の欧州地域国際機関等を担当。自由，民主主義，人権，法の支配といった基本的価値を共有する欧州諸国・機関との関係強化，中央アジア・コーカサス・西バルカン諸国等の自由で開かれた持続可能な発展に向けた協力，ロシアによるウクライナ侵略への対応，日露間の領土問題解決等に取り組んでいる。

〈中東アフリカ局〉

中東・北アフリカ地域を担当。この地域は日本のエネルギー安全保障上も死活的に重要であり，湾岸諸国，イラン，シリア，イラク，中東和平，アフガニスタン等国際社会の平和と安定に大きな影響を与える重要な地域である。地域諸国との関係強化に取り組むとともに，地域の平和と安定のために積極的に関与している。

◎**アフリカ部**…サハラ砂漠以南のアフリカ49か国を担当。アフリカは日本にとり，ビジネス・貿易投資・資源開発，貧困・紛争・感染症等の国際社会の課題克服，持続可能な開発目標（SDGs）推進，外交基盤強化等の観点から重要。アフリカ開発会議（TICAD）プロセス等を通じ，一層の関係強化に取り組んでいる。

〈経済局〉

経済外交担当。G7・G20，WTO，APEC，OECD等における国際的なルールづくりへの参画，多角的貿易体制の維持・強化，CPTPPや日EU・EPA，日英EPAの着実な実施，RCEP協定の透明性のある履行の確保に向けた取組み，その他経済連携協定交渉および投資関連協定交渉の推進，エネルギー・鉱物資源・食料・海洋・漁業（捕鯨を含む）等の経済安全保障の強化，日本産食品等に対する輸入規制の緩和・撤廃，日本企業の海外展開，知的財産の保護等を通じ経済的利益の保護・推進等に努めている。

〈国際協力局〉

開発途上国に対する政府開発援助（ODA）を担当。外交政策の最も重要なツールの一つとして，有償資金協力，無償資金協力，技術協力を戦略的に活用した二国間協力や国際機関等を通じた多国間協力からなる開発協力政策の企画・立案，調整等を行っている。

◎**地球規模課題審議官組織**…国連，その他の国際機関や条約等の多国間の枠組みを通じた地球規模課題に関する外交政策と交渉を担当。持続可能な開発目標（SDGs）達成への取組み，人間の安全保障の推進，教育・保健・環境・気候変動・防災等の分野別の外交政策の策定，国際社会共通のルールづくり等に関する協力を行っている。

〈国際法局〉

国際法に関する外交政策，ならびに条約等国際約束の締結，解釈および実施に関する事務（紛争解決を含む）等を担当。国民の安全と繁栄に資する法の支配に基づく国際秩序の構築に取り組むとともに，国際約束の誠実な遵守を確保している。

〈領事局〉

世界各地で紛争，災害，テロ等の緊急事態が発生する中，日本人の海外渡航・滞在は増加，活動範囲も多岐にわたる。海外に渡航・滞在する日本人の保護は外務省の最重要任務の一つ。海外で事件・事故等に遭った日本人の援護はもとより，平素から適時適切な海外安全情報の提供や安全対策の周知に努めている。その他，在外選挙，日本人の身分関係および証明に関する事務や，旅券の発給等の領事サービス，ハーグ条約に関する事務，外国人に対する査証の発給，在日外国人関係施策に関する事務を担当。

〈国際情報統括官組織〉

本省や在外公館を通じて収集した情報をもとに，世界各地の地域情勢や国際テロ，大量破壊兵器拡散等の日本に影響を与え得るグローバルな課題について分析を行い，適切な政策立案・決定に資するようその結果を省内の幹部や官邸等に報告している。

## 在外公館

現在，日本は在外公館として大使館，総領事館，政府代表部を置いている。大使館は相手国政府に対し，日本を代表して交渉や連絡を行うとともに，情報の収集・分析，広報文化活動，領事事務（邦人保護，査証発給等）に当たる。また，総領事館は主に領事事務，経済関係の促進や広報・文化活動を行う。政府代表部は国連等の国際機関において，日本を代表して交渉や情報収集等を行っている。

## 人事データ

**配属・異動** 入省後，総合職員は約2年間，専門職員は約1年間，研修所で語学や外交に関する研修を受けながら，本省各部局で実務に従事する。その後，原則として各国の教育機関等で2〜3年間の在外研修（留学）を行い，研修終了後は在外公館（大使館，総領事館等）に勤務する。その後は，総合職員，専門職員とも，本省勤務と在外公館勤務を繰り返し，能力および勤務成績に応じて昇進する。

**採用動向・採用予定** 令和6年度の採用は，総合職員が36人，専門職員が59人，一般職員が73人。総合職は国家総合職試験の区分に関係なく，合格者の中から採用されることになる。専門職については，独自の外務省専門職員採用試験が行われる（194ページ参照）。一般職については，大卒区分と高卒区分（事務，技術）から採用される。

# 財務省

幅広い政策を駆使して経済社会を通じた
国家のグランドデザインを描く

https://www.mof.go.jp/

〒100-8940　千代田区霞が関3-1-1　☎03-3581-4111

| ワーク ショップ | 募集：6月中旬〜7月中旬（予定） 実施：8月上旬〜9月上旬（予定） |
|---|---|

## 財務省の使命

　財務省の使命は，納税者としての国民の視点に立ち，効率的かつ透明性の高い行政を通じて国の財務を総合的に管理・運営することにより広く国の信用を守り，健全で活力ある経済および安心で豊かな社会を実現するとともに，世界経済の安定的発展に貢献して，希望ある社会を次世代に引き継ぐことである。

　このような使命を果たすべく，財務省は，予算編成，税制改正，関税制度，国債管理政策，政府開発援助政策，為替政策などの具体的な政策ツールを用いて，内外の諸課題に日々取り組んでいる。

## 予算編成，税制改正から国際金融まで

### 〈大臣官房〉

　大臣・副大臣・政務官を補佐する

とともに，財務省の所掌事務の総合調整，人事・会計等の管理事務，所管行政に必要な各種の調査・分析，政策金融の企画・立案や，政府系金融機関の監督，金融システム安定のための制度整備や金融危機への対応，預金保険機構等の監督等を行う。

### 〈主計局〉

　主計局の主要な業務である予算編成作業は，各省庁から概算要求が提出されることで幕を開ける。この概算要求に対し，数か月にわたって各省庁の担当者に対するヒアリングが重ねられ，適正な予算額が査定される。閣議決定された政府案は国会に提出され，国会での審議・可決により成立する。

　予算編成の過程では，個別の政策について，効率的かつ効果的な実施に向けた検討のほか，関連する制度全般についての見直しも提案するという「提案型査定」を行っている。また，健全な財政の確保と活力ある

経済の実現を図るため，各政策への予算配分が全体として最適になるよう不断の議論が行われる。

### 〈主税局〉

　主計局が国家財政の歳出面を担当しているのに対し，主税局は歳入面の核である税制の企画・立案に当たっている。税制度は経済社会の実態に合わせて絶えず見直しを行っていくことが必要である。

　主税局は，こうした税制改正など国税に関する制度についての調査や企画・立案をはじめ，租税の収入見積りに関する事務，地方税の制度に関する事務，外国との租税に関する協定（租税条約等）の企画・立案についての事務などを行っている。

### 〈関税局〉

　関税局の業務には2つの柱がある。1つは，外国からの輸入品に課される関税率の設定や，WTO（世界貿易機関）協定やEPA・FTAに関する交渉など関税制度の企画・立案に関する事務，APEC（アジア太

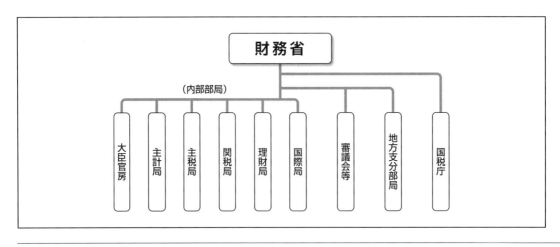

平洋経済協力）やWCO（世界税関機構）等の国際機関との連携などである。

　もう1つは，税関の指揮・監督である。税関は，関税の賦課徴収・輸出入貨物の水際取締りなどを行っている。

〈理財局〉

　国の財政活動に欠かすことのできない国の財産（資産・負債）の管理について，主に国庫金の管理，国債管理に関する事務，財政投融資に関する事務，国有財産に関する事務の4つの業務を行っている。

〈国際局〉

　外国為替や国際金融システムについての調査や企画・立案を行う。また，多国間・二国間協力の促進，国際的な資金の流れの調査・分析，外国為替資金の管理，国際収支統計の作成，ODA（政府開発援助）政策の企画・立案，IMF（国際通貨基金）やIBRD（国際復興開発銀行）についての事務なども担当している。

## 外　局

### ●国税庁

　内国税の賦課徴収を行う機関として昭和24年6月1日に大蔵省の外局として国税庁が発足し，税務行政の運営に当たっている。現在全国に，12か所の国税局（所）524か所の税務署が置かれ，5万6,000人の職員が適正・公平な課税の実現に取り組んでいる（国税専門官について，詳しくは，本誌184ページ参照）。

### 地方支分部局

　本省の出先機関としては，全国9か所の財務局と1か所の財務支局，8か所の税関と1か所の地区税関がある。

### ●財務局・財務支局

　国の予算の執行に関する監査・調査，地方経済の調査，法人企業統計調査，たばこ事業等に関する監督，財政融資資金の管理・運用，国有財産の管理・処分のほか金融庁長官から委任された地方民間金融機関等の検査・監督，証券取引等に係る監視，有価証券届出書等の審査，公認会計士試験の実施等に当たる。

### ●税関・地区税関

　関税・とん税・特別とん税等の賦課・徴収，輸出入貨物・船舶・航空機・旅客の取締り，通関業の許可，通関業者の監督，通関士試験の実施等に当たる。

　財務局，税関，国税庁とも，本省との人事交流が活発で，本省との間で異動を重ねながら昇任していくケースが少なくない。

### ●● これからの行政課題 ●●

　少子高齢化が進む中，我が国の財政状況は，国・地方を合わせた長期債務残高が現在1,000兆円を超えるなど，先進国中最悪の水準となっている。また，国内外の経済状況は絶えず変動し続けている。人口減少・高齢化，気候変動，デジタル化といった構造変化が依然として重要課題として立ちはだかり，日常生活にも大きな影響を及ぼし続けている。

　そのような中，財務省は多岐かつ重大な任務を担っており，日本のみならず世界の経済・社会にも大きな影響を与えている。経済社会におけるさまざまな変化や財政健全化などに関する諸問題について，従来のものの見方にとらわれず，先手を打って政策を立案・実行できる人材が求められている。我が国が，経済・技術・文化・自然などあらゆる面で世界において輝き続けるよう，将来を展望した国づくりにかかわりたい方はぜひ，財務省の門戸をたたいてほしい。

## 人事データ

### ▶ 配属・異動

　総合職の職員は採用後，本省各局の総務課などに配属され，2年間業務経験を積む。その後約1年間，全国各地の国税局・財務局・税関に出向し，国税調査官や金融証券検査官，監視官を経験する。そして，若手のうちに，ほとんどの職員が海外の大学院への留学や海外勤務を経験する。

### ▶ 昇任

　総合職職員は4年目前後から係長となる。係長を2年ほど経験した後，課長補佐として行政の第一線に立ち，政策の企画・立案に主体的に携わる。本省各局や地方支分部局で幅広い経験をするのはもちろん，他省庁や地方自治体，在外公館やIMF（国際通貨基金）などの国際機関に派遣されることもある。

### ▶ 採用動向・採用予定

　総合職入省者は，令和4年度は25人，令和5年度は25人，令和6年度は25人を採用。

　一般職（大卒程度）入省者は，令和4年度は12人，令和5年度は11人，令和6年度は9人を採用。

　また，窓口は別になるが，財務局，税関，国税庁でも，別途職員を採用している。

# 文部科学省

### 「人」と「知」の力で未来を創る

https://www.mext.go.jp/

〒100-8959　千代田区霞が関3-2-2
☎03-5253-4111

| インターン シップ | 募集：------ 実施：------ |
|---|---|

## 教育・学術・科学技術の振興と スポーツ・文化施策の推進を図る

文部科学省は，教育の振興および生涯学習の推進を中核とした豊かな人間性を備えた「創造的な人材」の育成，学術の振興，科学技術の総合的な振興を担っている。さらにスポーツおよび文化に関する施策の総合的な推進を図るとともに，宗教に関する行政事務を適切に行うことも任務とする官庁である。これらの取組みを通じて，「人」と「知」の力を通じた豊かな未来の創出に貢献する。

### 〈大臣官房〉

文部科学省全体の政策の総合調整を担っている。人事，総務，会計などの一般管理事務のほか，政策評価，情報公開，広報，行政情報化，国際関係事務，国際援助協力などの分野での総括事務を行っている。

### 〈大臣官房 文教施設企画・防災部〉

安全・安心で質の高い文教施設をめざし，学校施設整備におけるガイドラインを示すとともに，非構造部材を含めた耐震化や，バリアフリー化等の防災機能の強化，エコスクールや老巧化した施設の長寿命化対策の推進等を行っている。また，災害発生時における被害情報等の収集や学校施設の災害復旧の支援を行っている。さらに，国立大学等における教育研究活動を支えるキャンパス環境の整備充実を推進している。

### 〈総合教育政策局〉

教育基本法に定める生涯学習の理念の実現に向け，総合的かつ客観的な根拠に基づき，教育の基本的な政策の企画・立案を行うとともに，人材育成，環境整備，事業支援といった視点から，社会のグローバル化に対応した教育，外国人に対する日本語教育，生涯にわたる学び，地域における学び，ともに生きる学びを推進している。

### 〈初等中等教育局〉

すべての子どもたちに確かな学力や豊かな心，健やかな体のバランスを重視した「生きる力」を育む教育を実施するとともに，我が国の将来を担うグローバル人材の育成を推進する。また，教職員指導体制の整備やGIGAスクール構想の推進などを通じ，全国的な教育水準の維持・向上を図っている。

### 〈高等教育局〉

高等教育の振興のためのさまざまな政策を推進している。大学，短期大学，高等専門学校の設置認可および評価を通じた教育の質の保証，大学教育改革の支援や高度専門人材の養成などを進めるとともに，入学者選抜，学生支援，大学の国際化と留学生交流，国立大学の一層の活性化などに関する事務を行っている。また，税制上の優遇措置，私学助成，経営の指導・助言などを通じ，私立学校の振興に努めている。

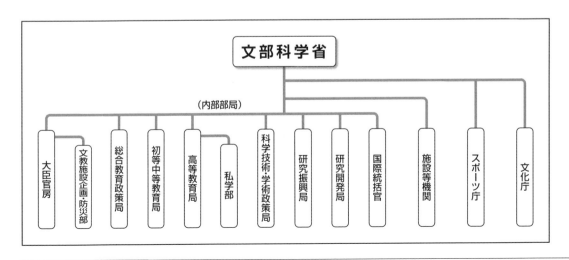

〈科学技術・学術政策局〉

　科学技術・イノベーションに関する基本的な政策の企画・立案を行っている。科学技術に関する調査・評価等のほか，児童生徒から第一線の研究者・技術者に至るまでの幅広い科学技術関係人材の育成，国際共同研究の推進や外国の科学技術関係省庁との交流等の国際活動，産学官連携の推進，地域における科学技術の振興，研究環境の整備・共用・プラットフォーム化，研究の公正性確保などの分野横断的な取組みにより，科学技術・イノベーション政策の推進を行っている。

〈研究振興局〉

　研究者の独創的な発想に基づく学術研究を研究機関の支援や研究助成等により振興するとともに，ライフサイエンス，情報通信，ナノテクノロジー・材料科学技術，素粒子・原子核，量子等の分野において政策に基づき将来の応用をめざす基礎研究の振興を図り，同時に研究設備等の研究インフラの整備や幅広い利活用に関する政策を進めている。

〈研究開発局〉

　環境エネルギー，地震・防災分野などにおける社会的課題の解決のための研究開発や，ロケットや人工衛星，核燃料サイクルや核融合エネルギー，海底探査や南極地域観測など宇宙，原子力，海洋・地球等の分野における国家規模の研究開発を推進している。

〈国際統括官〉

　国連教育科学文化機関（ユネスコ〈本部：パリ〉）と連携し，国内外におけるユネスコ活動の推進に取り組んでいる。「人の心の中に平和のとりでを築かなければならない」とい

うユネスコの理念の下，持続可能な開発目標（SDGs）の実現に向けて，持続可能な開発のための教育（ESD）の推進やアジア太平洋地域等に対する教育・科学等分野の協力事業への支援，国内のユネスコエコパーク，ユネスコ世界ジオパーク，ユネスコ創造都市ネットワーク等のユネスコ登録事業やユネスコスクールの推進等を担っている。

## 外　局

### ●スポーツ庁

　スポーツ基本法の理念である，スポーツを通じて「国民が生涯にわたり心身ともに健康で文化的な生活を営む」ことができる社会の実現に向けて，国民へのスポーツの普及・参画促進，地域スポーツの振興，学校体育の充実，国際競技力の向上のほか，スポーツを通じた健康増進，地域・経済活性化，国際交流・協力等に積極的に取り組んでいく。

### ●文化庁

　「文化芸術立国」の実現をめざして，文化芸術に関するさまざまな政策を進めている。具体的には，芸術家等の育成や芸術創造活動への助成，地域文化の振興，食文化を含む生活文化の振興，文化観光の推進，文化芸術による共生社会の推進，国宝や史跡をはじめとする文化財の保存・活用，博物館の振興，国際文化交流の推進，著作権の保護・活用，国語の改善とその普及を進めている。また，宗教に関する事務を行っている。

　なお，文化庁は令和5年3月から京都での業務を開始しており，京都の地から新たな文化行政を本格化させていく。

### ●● これからの行政課題 ●●

　文部科学省が担う「教育」「科学技術・学術」「スポーツ」および「文化」の振興は，我が国の未来を切り拓く取組みの中核であり，決して歩みをとめる事が許されないものである。これらは「人材の育成」の観点から重要な行政分野であり，未来の動向を見据えた総合的な政策の企画・立案およびその展開が強く求められている。

## 人事データ

**配属・異動**

　総合職・一般職とも，本省，スポーツ庁および文化庁の各部局に配属される。その後2〜3年のサイクルで異動し，幅広い経験を積むこととなる。省外への異動としては，他府省，都道府県の教育委員会，関係法人などへの出向や，在外公館，国際機関への派遣，海外留学等，多種多様で幅広い活躍の場がある。人事異動は，基本的に本人の適性や希望等を総合的に勘案して行われる。

**昇任**

　総合職職員は，入省から4年目で係長，9年目で課長補佐，その後，本人の適性を踏まえ，室課長などの管理職，本省の幹部職員に昇任する。一般職員は，おおむね30代前半で係長，その後，関係機関等の幹部職員や本省課長補佐級職員等として多様な経験を重ねつつ本人の適性等を踏まえ，室課長などの管理職に昇任する。

**採用動向・採用予定**

　採用に関する各種情報は，文部科学省採用HP（https://www.mext.go.jp/b_menu/saiyou/）もしくはFacebook，X（旧twitter）を参照のこと。
Facebook（https://ja-jp.facebook.com/mext.recruit/）
X（旧twitter）（https://twitter.com/mext_recruit）

# 農林水産省

### 国民の「食」と「環境」を未来に継承

https://www.maff.go.jp/

〒100-8950　千代田区霞が関1-2-1
☎03-3502-8111

| インターン<br>シップ | 募集：5月下旬～6月中旬,1月<br>実施：7月～9月,2月～4月 |
|---|---|

農林水産省は，生命を支える源である「食」を将来にわたり支え，安心して暮らせる「環境」を未来の子どもたちに継承していくことを使命としている。この使命を果たすため，現場主義に根ざして生産者の活力を引き出すとともに，食の安全と消費者の信頼確保に努めるなど，生産から消費まで，幅広い視野をもって政策を講じている。

農林水産業は，国民に食料を安定的に供給するとともに，農山漁村・中山間地域の振興，食品産業の振興，さらには国土・自然環境の保全など活力ある地域社会を維持するために大きな役割を果たす，まさに国の基（もとい）である。農林水産業の有する潜在力を最大限引き出し，農林水産業を，若者が夢や希望を託すことができる，魅力のある成長産業にしていくために，輸出による海外食市場の取り込みや加工・流通との連携，IT等の異分野との連携など，常に新しい政策課題に取り組んでいる。

## 本省の組織

### 〈大臣官房〉

農林水産行政の基本的な政策ビジョンの立案，法令案の審査，予算編成，国会事務，省内および各省庁との連絡調整など，農林水産省全体の政策に関する総合調整を行う。また，災害の予防・対策・復旧，広報をはじめとする情報の受発信，食料安全保障やみどりの食料システム戦略等の環境政策，農林水産分野のデジタルトランスフォーメーション，食に関する新事業の創出や食品産業の振興，農林水産業に関する統計の作成について扱う。

### 〈消費・安全局〉

消費者の視点を大切に，国民の健康を守ることが重要であるという考えの下，「食」の安全と安定供給を確保し，消費者が「食」に対する信頼感を持てるような政策を実施。具体的には，農場から食卓までの安全管理の徹底，食品表示の適正化，家畜や農作物の病気や害虫のまん延防止，望ましい食生活の実現に向けた食育の推進等の政策を担う。また，農畜産物の輸出拡大に向け，諸外国との動植物検疫の協議を実施。

### 〈輸出・国際局〉

農林水産物・食品の輸出額を2030年までに5兆円とする目標の達成に向けて，海外での販売力強化，輸出産地の育成・展開，輸入規制の緩和・撤廃交渉などの取組みを行うほか，日本の強みを守り活かすための知的財産の保護・活用を担う。また，貿易交渉やグローバルな議論に参画し，我が国の食料の安定供給の確保や世界の食料問題の解決に取り組んでいる。途上国への開発協力も重要な任務の一つ。

### 〈農産局〉

農産物の生産・販売を持続的に拡大し，農業者の所得向上を図るため，農産物の生産振興政策を推進している。また，ロボット等のスマート農業技術やシャインマスカット等の優良品種の導入，農業資材の良質かつ低廉な供給を通じて，低コスト

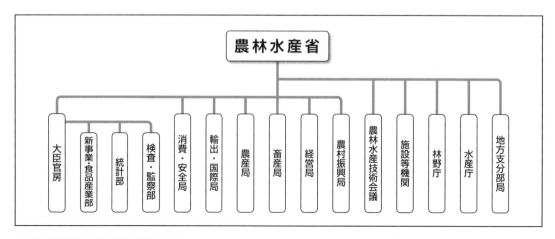

化や高付加価値化等を推進している。さらに，有機農業を含む環境保全型農業の推進や農業生産工程管理（GAP）の普及にも取り組んでいる。

〈畜産局〉

畜産物を安全かつ安定的に供給するとともに，畜産経営の健全な発展等を図るため，中長期的な展望に立って生産から流通・消費に至る一連の畜産振興施策を推進している。最近は和牛や乳製品をはじめとする国内外からの需要に応えるため，畜産農家の生産性向上につながる取組みを企画・立案するほか，畜産業が将来にわたって持続的に発展し続けるよう取り組んでいる。

〈経営局〉

我が国の農業が今後持続的に発展していくように，農業経営の改善・発展に向けた各種施策を行っている。農地中間管理機構を活用した担い手への農地集積・集約化を進めるとともに，意欲と能力のある担い手を対象とした融資・税制等による重点的な支援や，新規就農対策等を進めている。また，気象災害や価格変動等のリスクに備え経営安定を図るための農業保険の推進や，農協の指導や監督も行っている。

〈農村振興局〉

我が国の農業生産の基盤である農地や農業水利施設といったインフラの整備および保全管理と農村の生活環境の整備を進めている。また，美しい景観，伝統的な食，古民家，ジビエといった多様な地域資源を活用した地域の特色ある取組みを支援するとともに，都市と農村との交流促進や，農業と福祉との連携の推進を通じ，美しく活力ある農山漁村をつくりあげることに取り組んでいる。

〈農林水産技術会議事務局〉

ロボット・AI・IoT等の先端技術を活用した「スマート農業」の社会実装の推進や，みどりの食料システム戦略の実現に向け，生産者がデータを活用して，生産性の向上や経営の改善に挑戦できるよう，農林水産分野の研究開発・実証に係る政策立案を担っている。また，農林漁業者等のニーズを踏まえた技術開発，食料安全保障強化に資する新品種開発の加速化，気候変動対策や動物疾病・植物病害虫に係る国際共同研究等を推進している。

## 外　局

### ●林野庁

国土の7割を占め，二酸化炭素の吸収源としても重要な森林を将来にわたって持続可能な形で適切に管理・利用するための政策立案を担う。先人が植え，育てた豊富な森林資源が利用期を迎えており，この資源を活用した林業の成長産業化と森林資源の適切な管理の両立を図ることとしている。具体的には，森林の有する公益的機能発揮に向けた森林整備・保全の推進，山村の振興，国有林野の管理経営，林業の低コスト化や木材の生産・加工・流通体制の整備，さらには木材需要の拡大に向けた中高層建築物への木材利用，改質リグニン等の木材由来の新素材開発

等に取り組んでいる。

### ●水産庁

我が国は，世界で最も漁獲量の多い太平洋北西部海域に位置し，多種多様な水産物に恵まれ，地域ごとに特色のある料理や加工品といった豊かな魚食文化が形成されている。このような中，水産庁は，水産資源の適切な保存および管理，水産資源の安定供給の確保，水産業の発展ならびに漁業者の福祉の増進を図ることを任務としている。特に，近年の海洋環境の変化も踏まえた水産資源の調査・評価や漁獲量の管理といった水産資源管理，養殖の振興，スマート水産技術の活用や輸出の拡大等による水産業の成長産業化，漁港・漁場の整備や海業の振興といった地域を支える漁村の活性化の推進に取り組んでいる。

## 地方支分部局

本省に地方農政局（全国7か所），北海道農政事務所が置かれ，さらに林野庁に森林管理局（全国7か所），水産庁に漁業調整事務所（全国6か所）が置かれている。

※なお，試験研究機関は農林水産政策研究所を除いて独立行政法人となっており，採用活動も各法人で行っている。問合せは直接希望する法人へ。

## 人事データ

### 配属・異動
おおむね2年程度のサイクルで異動し，さまざまな業務経験を積みながらキャリアアップを図る。総合職は幹部候補生として主に政策の企画立案業務を，一般職は政策の企画立案業務に加え，行政の運営管理業務を担当する。本省のほか，地方農政局，地方公共団体，他省庁，在外公館・国際機関，民間企業等で働く機会もある。また，有志の若手職員がチームを組んで自由に政策提言・発信をできる制度や，農家等に数週間泊まり込んで実際の作業等を体験する研修が用意されている。

### 昇任
総合職の場合，入省3〜5年目で係長，8年目以降に課長補佐，専門官，企画官などの課長補佐級のポストに就くのが一般的。
一般職の場合，入省後おおむね8年目以降で係長になり，その後は地方機関の課長・部長に昇任する者と本省・庁の課長補佐・専門官などに昇任していく者に分かれる。

### 採用動向・採用予定
令和6年4月1日付の新規採用者数は総合職が121人（事務系30人，技術系91人），一般職が393人（事務系190人，技術系203人）。

# 経済産業省

未来に誇れる日本をつくるための経済政策を

https://www.meti.go.jp/

〒100-8901 千代田区霞が関1-3-1
☎03-3501-1608

1weekサマースクール（旧称：インターンシップ）
募集：3月〜　実施：第1期7月25日〜7月31日　第2期：8月15日〜8月21日　第3期：8月29日〜9月4日　いずれも平日5日間

## 時代と世界の変化に対応し，日本経済のあらゆる課題に挑戦

経済産業省の歩みを振り返ると，明治14（1881）年に発足した農商務省にさかのぼる。農商務省の産業・鉱工業部門が独立して商工省が誕生したのが大正14（1925）年。昭和18（1943）年に軍需省に名称が変わったが，戦後すぐに商工省が復活し，外局の石炭庁，貿易庁も発足した。

そして昭和24（1949）年に通商産業省に衣替えし，平成13（2001）年の中央省庁等改革で経済産業省に名を改めてからも，新たな局面ごとに的確なビジョンに裏打ちされた政策を推進してきた。

## 幅広い分野で未来をデザインし実行する

グローバル化，少子高齢化，環境・エネルギー問題など課題が山積する日本。経済・社会を取り巻く状況が次々変化する中，経済産業省は「産業政策」「通商・貿易政策」「資源・エネルギー政策」など幅広い分野で，既成概念にとらわれない斬新な発想

で政策立案，実行を進めてきた。「国富の拡大」を追求する唯一の官庁として，日本の豊かな未来を切り開くためのデザインを考え，実現していくことが経済産業省の使命である。

## 実効的な政策をよりスピーディーに

経済産業省のカバーする分野は，産業構造改革，人材，知財，環境，デジタル，産学連携，中小企業，地域活性化，製造業，サービス，通商，貿易，資源・エネルギーなど多岐にわたる。国内外の経済社会全体を見渡して業種横断的な全体戦略を立案する部局と，各産業・市場を担当して，「現場」の実態を深く把握し，政策を企画・立案する部局がクロスオーバーしており，部局どうしが互いに議論・協力しながら実効性のある戦略や政策を作り上げ，実行している。

〈大臣官房〉

大臣官房は，省の司令塔として，多種多様な部局が企画・立案する政策を調整し，実現につなげることを使命としている。具体的には，法令審査・とりまとめ，予算，政策の

評価，情報公開，組織体制，人事などの総合的なマネジメントに加え，省外と省内をつなぐ窓口業務，大臣の行政活動を支える業務を行う要の役割を担っている。

〈福島復興推進グループ〉

福島復興推進グループは，福島の復興推進を使命としている。具体的には，東京電力福島第一原子力発電所の廃炉・汚染水・処理水対策や帰還困難区域の避難指示解除に向けた取組み，福島浜通り地域の事業・なりわいの再建，新産業の創出，交流人口の拡大，芸術文化を通じた新たな魅力づくりに向けた政策の企画・立案・実行に取り組んでいる。

〈調査統計グループ〉

調査統計グループは，各種経済指標の作成や政策立案等に活用される統計の整備を通じて，産業構造や景気動向の「今」を捉え，「未来」づくりに向けた合理的な意思決定に貢献することを使命としている。質の高い統計を適時かつ確実に提供し続け，統計データについて説明責任を果たすとともに，社会の環境変化やニーズに合わせて統計を適切に改善

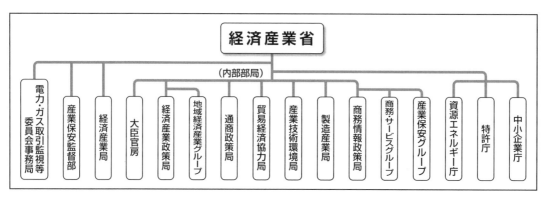

する役割も担っている。また，近年では省内外のデータリテラシー向上のため，調査分析支援，省内の人材育成等の取組みにも力を入れている。

### 〈経済産業政策局〉

経済産業政策局は，業種横断的な視点で日本経済全体の戦略を立案し，日本の持続的な経済成長を実現していくことを使命としている。未来の経済・社会システムをデザインするとともに，多様なステークホルダーと議論を重ね，課題を洗い出し，「成長戦略」「人材政策」「スタートアップ支援」など，さまざまな改革を進めている。

### 〈地域経済産業グループ〉

地域経済産業グループは，地域の良質な雇用を創出し，地域活性化を進める政策を立案・実現することを使命としている。たとえば，地域の特性を活かし，それぞれの地域で高い付加価値を創出し，経済波及効果を及ぼす「地域未来牽引企業」や地方公共団体の取組みを支援する「地域未来投資促進法」等を用い，地域の成長発展の基盤の整備を進めている。

### 〈通商政策局〉

通商政策局は，世界情勢を俯瞰しながら，対外経済政策に関する戦略を立案し，その実現を図っていくことを使命としている。グローバル化が進展する中，資源や食料の多くを輸入し，多くの製品を輸出している日本にとって，世界とのつながり，その活力を取り込んでいくことは不可欠である。WTOの交渉・紛争解決に関する企画・交渉，経済連携協定などの国際交渉，G7・G20，OECD，APEC等の国際連携枠組や国際機関における取組みの企画・調整，技術協力や貿易保険，円借款等の政策ツールを活用した貿易振興・海外資金の取込み，世界の課題解決に資するインフラの海外展開などに取り組んでいる。

### 〈貿易経済協力局〉

貿易経済協力局は，重要物資の安定供給確保や先端重要技術の育成など，官民連携，有志国連携を強化しながら，経済安全保障に関する具体的な取組みを行っている。また，海外からの資金・人材・企業の取込みの促進も行うと同時に，安全保障の確保・経済制裁や環境保全などのための国際約束の履行などのため，外為法に基づいた厳格な輸出入の管理も使命としている。

### 〈産業技術環境局〉

産業技術環境局は，量子など先端領域における研究開発の促進，税制優遇や産学官連携を通じた研究力の強化，ディープテック・スタートアップのエコシステム形成などを進めることで，イノベーションを生み出す環境を創出し，革新的な技術を迅速に社会実装することを使命としている。また，良い技術やサービスが適切に評価されるような標準化・認証の枠組みの活用の推進も使命としている。

加えて，2050年カーボンニュートラルの実現と産業競争力強化を実現するため，GXを推進している。成長志向型カーボンプライシング構想の具体化を進めるとともに，気候変動対策の国際交渉，資源循環経済の確立など，さまざまな政策を進めている。

### 〈製造産業局〉

製造産業局は，日本経済の原動力となる自動車・化学等の製造業が，高い付加価値を創出し，国際競争力の維持・向上を実現することを使命としている。特に近年，デジタルによる産業構造の変化や，脱炭素化の世界的な機運の高まり，地政学的リスクの高まりにより，製造業を取り巻く外部環境は変化している。こうしたメガトレンドを捉え，社会的課題をレバレッジに成長を実現するた

め，DX，GX，経済安全保障を軸とし，投資・研究開発支援をはじめとした各種施策を推し進めている。

### 〈商務情報政策局〉

商務情報政策局は，デジタルの利活用により，あらゆる産業・社会におけるイノベーションの創出を促進し，豊かな経済を実現することを使命としている。

半導体・クラウド・コンピューティング・蓄電池などのデジタル技術・産業基盤，社会実装に必要となるソフト・ハード・ルールにわたるデジタルインフラ基盤，それらを支え，活用するデジタル人材基盤といったデジタル基盤の整備を進めることで新たな付加価値を創出するとともに，GXや経済安全保障といった社会課題の解決もめざし，常に新しい政策課題に挑戦し続けている。

### 〈商務・サービスグループ〉

商務・サービスグループは，流通・物流分野における産業構造の変革，多様な人材の活躍を後押しする教育や家事支援等のサービスの促進，バイオ・医療・ヘルスケア産業の振興，デザイン・アートなどの文化経済分野やスポーツの海外展開に加えて，割賦販売・商品先物取引における監督や検査などを使命としている。また，2025年大阪・関西万博を次代に向けた国家プロジェクトと位置づけ，新たな社会像を世界に示していけるよう準備を進めている。

### 〈産業保安グループ〉

産業保安グループは，電気・ガスのインフラ，石油コンビナート，鉱山・火薬類などにおける事故やサイバー攻撃などを未然に防ぎ，災害・事故・停電が起きれば事故収束と復旧を担うことおよび家電製品や石油・ガス機器等の製品の安全を確保することを使命としている。産業の土台を担う施設などの安全確保のた

め，全国9の産業保安監督部の現場とともに，企業を検査・監督・指導し，企業の安全投資を促し，さらにはAIやIoT技術の導入によるプラント管理技術のイノベーションを誘発する規制改革（産業保安のスマート化）も進めている。また，製品の安全については関連法令に基づき，基準の企画，違反案件への対応，事故発生時の原因分析・再発防止策等を行っている。

## 〈資源エネルギー庁〉

資源エネルギー庁は，安全性の確保を大前提に，環境問題に配慮しつつ，安定的で安価な資源・エネルギーの供給を実現することを使命としている。現代社会は，安定的な資源なくしては成り立ちえない構造であり，資源確保の国際競争は激化し続けている。一方で，我が国のエネルギー自給率はわずか12.6％に過ぎない。このような状況の下，豊かな社会を実現するため，省エネの推進，再エネの最大限導入，水素等の導入拡大，原子力利用，資源確保戦略の推進などを進めている。

## 〈中小企業庁〉

中小企業庁は，経済活性化と雇用拡大の原動力となる元気な中小企業の果敢な挑戦を強力に後押ししていくことを使命としている。

中小企業が抱える課題はさまざまであり，たとえば，経済が減速したときでも中小企業が必要な資金を調達できるよう，政府系金融機関を通じた資金繰り支援などを実施している。また，中小企業の海外展開支援，事業承継など，中小企業を取り巻く課題に合わせた政策を実行している。

## 〈特許庁〉

資源の乏しい日本では，経済発展のために産業財産権の有効活用が必要不可欠であり，これらの権利を保護・活用し，日本の産業の発展に寄与することを目的としているのが産業財産権制度である。当該制度を所管する特許庁のミッションは，「知」が尊重され，一人一人が創造力を発揮したくなる社会を実現することである。高度化するAI技術や企業活動のグローバル化に伴う旺盛な海外への出願，そして注目が高まるスタートアップなど，世界がスピードを上げて変革していく中で，産業財産権がその役割を全うできるよう審査や知財政策の企画・立案を進めている。

## 〈電力・ガス取引監視等委員会〉

電力・ガス取引監視等委員会は，自由化された電力・ガス市場における健全な競争の確保を使命としている。高い専門性・中立性を持ち，電力・ガス取引の監視や，ネットワーク部門の中立性確保のための規制等の実施から，ガイドライン等のルール整備まで，幅広い業務を扱っている。

# 人事データ

## ●経済産業省（特許庁,経済産業局および産業保安監督部を除く）

### 配属・異動

**[総合職]**

総合職は，本省の各部局，資源エネルギー庁や中小企業庁などの業務を幅広く経験するとともに，特定分野での知見も養っていく。入省5年目程度から欧米の大学院などへの留学や在外公館，国際機関，日本貿易振興機構の在外事務所などでの海外勤務を通じて，比較的多くの職員が入省10年目くらいまでの間に海外生活を経験する機会が与えられる。加えて，他省庁や地方自治体，民間企業などへの出向などを通じて，多様な経験を積む。

**[一般職]**

一般職も総合職と同様に，入省後は2～3年ごとに異動し，資源エネルギー庁や中小企業庁も含めた各部局を幅広く経験するとともに，専門性も養っていく。入省7～8年目からアメリカをはじめ世界各地の大学・研究機関への留学，入省10年目以降に在外公館，国際機関，JETROの在外事務所などでの海外勤務の機会もある。

### 採用動向・採用予定

令和6年度4月の採用者は総合職56人（うち女性14人）で，内訳は，事務系38人（11人），技術系18人（3人），となっている。一般職（大卒程度）は47人（15人）で，事務系25人（8人），技術系15人（7人）である。

## ●特許庁

**[総合職]**

特許庁は業務の専門性が高いため，総合職試験の理工系，農学系区分から令和5年4月には42人を特許審査官として独自に採用した。

審査官は採用後3か月間の研修が終了すると審査官補に任用され，実務研修を経て，最終学歴に応じて入庁2～4年で審査官に昇任し，独立した権限の下に発明の審査などを行う。その後は，海外留学，国際機関などでの海外勤務，国際部門や特許情報の利用促進を図る情報部門において勤務する機会がある。このようなさまざまな業務を経験し，上級審を担当する審判官や，各部署を統括する管理職へと昇進していく。退官後は弁理士や大学教授として活躍する者もいる。

**[一般職]**

国家一般職試験からは事務職員のほか，商標審査官の採用を行っている。

事務職員は人事・法令・予算関係を担当する総務部門，情報部門，国際部門のほか，産業財産権に関する事務を担当する方式審査部門などを異動し，勤務成績に応じて約7年で係長相当に昇任する。

一方，商標審査官として採用された職員は，採用後通常4年間の実務研修を経て審査官に昇任，独立した権限の下，商標の登録の可否について審査する。その後，商標の制度・基準の策定，国際部門などを担当する機会もある。

## ●経済産業局・産業保安監督部

地域に根ざし幅広く具体的な施策展開を担う経済産業局や，電力，ガス，鉱山，火薬類等の保安，監督指導等を担う産業保安監督部を北海道，東北，関東，中部，近畿，中国，四国，九州，沖縄に設置。

採用については，一般職大卒職員を各局・部で採用している。

# 国土交通省

## 国民の命と暮らしを守る

つなぎ、紡ぎ、創る。

https://www.mlit.go.jp/saiyojoho

〒100-8918　千代田区霞が関2-1-3　☎03-5253-8111

| インターン シップ | 募集：6月～7月 実施：8月～9月 |
|---|---|

　平成13（2001）年1月6日，国土交通省は，中央省庁等改革の一環として，国土の総合的，体系的な利用・開発・保全，そのための社会資本の整合的な整備，交通政策の推進，観光立国の実現に向けた施策の推進，気象業務の健全な発達，海上の安全および治安の確保を担う責任官庁として，「北海道開発庁」「国土庁」「運輸省」および「建設省」の4省庁の統合により，誕生した。これにより，日本という国づくりを総合的にグランドデザインできる官庁に生まれ変わった。

　激甚化・頻発化する自然災害から人々の命を守る防災・減災の取組み，人口減少やバリアフリーに対応したまちづくりや公共交通ネットワークの確保，観光立国の実現を通じた経済活性化や活力に満ちた地域社会の実現の促進など，国土交通省の任務は多岐にわたり，さらなる重要性と広がりを見せている。

〈大臣官房〉

　省内全体の人事，組織，会計，福利厚生，広報などを行うほか，官庁営繕部では，国家機関の各施設の建設や保全指導などを行う。

〈総合政策局〉

　基本的かつ総合的な政策の策定を担う政策中枢部門。戦略的・計画的な社会資本整備の推進，バリアフリーや環境問題，総合的な交通体系の整備やMaaS（Mobility as a Service）をはじめとした新たなモビリティサービスの推進，物流に関する政策の企画・立案，全省的な情報化の推進等を担当し，国土交通行政を横断的に推進する。

〈国土政策局〉

　「国土形成計画」等の我が国の総合的かつ長期的な国土づくりの方向性を示すビジョンの策定や，奄美，小笠原，離島，半島，豪雪地帯等の振興等に取り組んでいる。

〈不動産・建設経済局〉

　近年問題になっている所有者不明土地問題をはじめとした土地利用に関する政策の企画・立案，不動産業の改善や不動産市場の整備，地域を支える建設業の働き方改革や外国人労働者の活用に関する取組みを進めている。

〈都市局〉

　人口減少社会を迎える中で，都市の持続性を確保するため，「居心地が良く歩きたくなる」まちなかの形成や都市再生の推進，良質な都市緑地の確保等を通じて人間中心のコンパクトで緑豊かなまちづくりに取り組んでいる。また，3D都市モデルの整備・活用をはじめとしたまちづくりDXや防災・減災まちづくりの推進，2027年国際園芸博覧会に向けた開催準備など，ハード・ソフト合わせた総合的な施策を展開している。

〈水管理・国土保全局〉

　激甚化・頻発化する自然災害から，人々の生命，財産を守るとともに，水需給の安定化を図ることを目的として，河川やダム等の整備や，水害・土砂災害対策を行っている。また，豊かな自然，美しい景観，歴史や文化に対する関心が高まる中，人が川と親しめる新たな川づくりや，生物の良好な生息・生育環境の保全・再生にも取り組んでいる。さらに，人々の住環境を支える上下水道の基盤の強化を図るため，上下水道の老朽化対策や耐震化，官民連携の推進などにも取り組んでいる。

〈道路局〉

　人流，物流の基盤となる道路ネットワークを整備し，4車線化を含めた道路の機能強化を進めている。また，既存の道路インフラの老朽化に対応し，計画的なメンテナンスを進めている。さらには，高速道路のETCの利用によるキャッシュレス化や維持管理におけるドローン等の新技術の活用，災害時も視野に入れた道路の無電柱化や道の駅の防災機能の強化にも取り組んでいる。

〈住宅局〉

　国民の住生活の向上を図るため，住宅の省エネ性能の向上，バリアフリー化や子育て環境の整備などを通じて，良質な住宅の供給を促進している。人口減少や高齢化の進展により増加する空き家の適切な管理や活用を図るとともに，空き家の発生抑制につながるような既存住宅の流通を促す取組みやマンションの長寿命化と再生の円滑化などによりストックを有効活用する社会への転換を進めている。さらには，建築物等への木材利用の促進などによるカーボンニュートラルの実現など，さまざまなテーマに取り組んでいる。

〈鉄道局〉

　安全で快適な輸送サービスの実現

のため，整備新幹線・リニア中央新幹線の建設や地域鉄道の活性化を推進するとともに，鉄道事故の防止やテロ対策，鉄道駅のエレベーターやホームドア等の設置を通じたバリアフリー化，被災した鉄道の復旧支援などに取り組んでいる。また，各国から注目を集める日本の鉄道システムの海外展開の推進に取り組んでいる。

〈物流・自動車局〉

バス，タクシー，トラック，整備事業等を所管し，自動車による交通の円滑化や輸送サービスの充実・強化に取り組んでいるほか，世界中で開発競争が進む自動運転車の社会実装や燃料電池自動車，電気自動車の普及等国際的な視点も踏まえた自動車の安全・環境対策を行っている。

また，2024年問題への取組み等，輸送モード横断的な物流政策の企画・立案を行っている。

〈海事局〉

海上輸送サービスの効率的かつ安定的な供給をめざし，外航海運の国際競争力の強化や造船業の生産性の向上，船員の働き方改革の促進や内航海運業の経営力向上に取り組んでいる。

さらに，海運の脱炭素化や，高度な船舶技術の開発，海上における安全確保・海洋環境の保全のための船舶の構造基準策定，船舶の登録，検査などを行っている。

〈港湾局〉

港湾の整備や維持管理を通じて，我が国の国際競争力の強化や地域振興に貢献している。具体的には，国際コンテナ戦略港湾の機能強化や港湾における脱炭素化，コンテナ物流や港湾建設現場へのICT・AIの導入や，洋上風力発電の導入促進に向けた取組みを進めている。

〈航空局〉

空港の整備，航空輸送事業の発展に関する政策の企画・立案，航空交通の安全確保，航空管制などを行っている。具体的には，首都圏空港の機能強化や空港コンセッションの推進，安全かつ安定的な航空ネットワークの維持・確保を目的とした航空運送事業の基盤強化，航空機運航・空港分野の脱炭素化，確実かつ効率的な航空保安対策の実施，ドローン等の安全な飛行を確保するためのルール整備などを進めている。

〈北海道局〉

北海道総合開発計画を策定し，社会資本を総合的・効率的に整備するとともに，北海道の特性を活かした産業の振興，環境の保全，資源・エネルギーに関する先駆的な取組みなどを推進している。

また，北方領土隣接地域の振興や住民の生活の安定を図るための支援を行っているほか，アイヌの伝統やアイヌ文化の普及啓発を図るための施策を推進している。

〈国際統括官〉

インフラシステムの海外展開の司令塔として，インフラシステムに関する二国間協議や多国間会合の企画・立案や，複数のインフラがかかわる案件の総合調整などの業務を行っている。

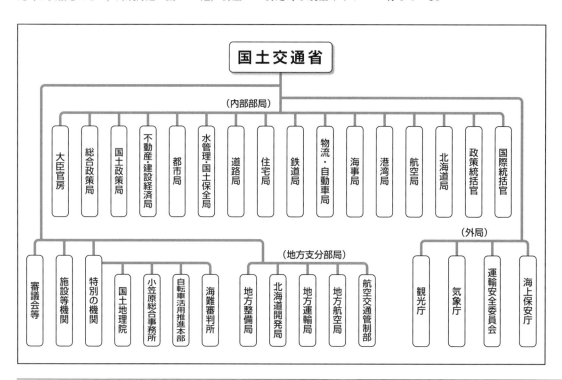

## 外　局

### ●観光庁

　観光立国の実現に向け，我が国のポテンシャルを活かした訪日プロモーション，魅力ある観光地域づくりやインバウンドの受入環境整備，観光の振興に寄与する人材の育成・確保などに，官民一体となって取り組んでいる。

### ●気象庁

　災害の予防や交通安全の確保，産業の興隆等を目的に，気象や地震・津波，火山等の自然現象の観測，スーパーコンピュータ等による解析・予測を行い，予報や警報等の情報提供を行っている。加えて，地域における防災対応力の向上のため，地方公共団体や関係機関との連携を進めている。

### ●運輸安全委員会

　航空，鉄道および船舶の事故等が発生した原因を究明するための調査を行い，国土交通大臣や原因関係者等に勧告・意見を行うことにより，再発防止に役立てている。

### ●海上保安庁

　警備救難業務（密輸・密航・密漁等の海上犯罪の取締り，領海等の警備，海洋環境の保全，海上防災・海難等への対応），水路業務（海洋調査，海洋情報の提供等），航行援助・航行安全業務(海上交通情報の提供，航路標識の整備・保守・運用等）など，海の安全や権益を確保するための幅広い業務を行っている。

## 特別の機関

### ●国土地理院

　国際的な基準を構築して日本の位置の基準を定め，すべての地図の基礎となる日本国土全体の地図や自然災害の把握に役立つ情報等を整備し，これらを提供している。災害時には，測量・地図分野の技術を活用して被災状況を把握し，速やかに関係機関等に提供している。

### ●小笠原総合事務所

　小笠原諸島における現地の総合行政機関として，国の行政機関の権限に属する事務を処理している。

### ●自転車活用推進本部

　自転車の活用推進に関する施策について，関係省庁一体となって，総合的・計画的に取り組んでいる。

　具体的な施策は，自転車活用推進法に基づく自転車活用推進計画で定められている。

### ●海難審判所

　海事に関する豊富な知識・経験を有する審判官が，故意または過失によって海難を発生させた海技士等の懲戒のための海難審判を行い，裁決によって海難の再発防止に寄与している。

## 地方支分部局

### ●地方整備局

　国直轄の河川，道路，ダム，砂防設備，海岸，公園，空港，港湾などの建設と維持管理等を行っている。

### ●北海道開発局

　北海道内における国直轄の河川，道路，港湾，空港，農業，漁港，公園等の整備と維持管理等を行っている。

### ●地方運輸局

　陸運，海運，観光等を通じて地域に密着した交通政策の展開と地域の活性化，輸送サービスの拡充および安全の確保などの指導監督業務等を行っている。

### ●地方航空局

　各空港で航空機の運航管理・管制，航空保安施設の維持管理等を行う現場部門を統括している。

### ●航空交通管制部

　航空路，航空交通管制，飛行計画および航空機の運航に関する情報の提供業務等を行っている。

　ほかにも，施設等機関として，国土交通政策研究所，国土技術政策総合研究所，国土交通大学校，航空保安大学校がある。

## 人事データ

### 配属

　総合職事務系は本省内部部局および外局（観光庁および海上保安庁）等に配属され，政策の企画・立案と，法律・予算・税制業務などに従事する。総合職技術系は，本省および地方支分部局等に配属され，本省での政策の企画・立案と地方での具体の事業に従事する。一般職（大卒程度）は本省採用と各地方機関採用があるが，技術系は各地方機関採用のみである。そのほか，各外局においても個別に採用を行っている場合がある。

### 異動・昇任

　異動については1～2年単位のサイクルが一般的である。総合職事務系の場合，基本的には3～4年目に本省係長となり，6～7年目に地方支分部局の課長などを経験するなどした後，本省課長補佐に昇任する。総合職技術系の場合，職種によって異なるが，本省や地方支分部局等を経験しながら，総合職事務系とおおむね同じペースで昇任する。一般職（大卒程度）の場合，おおむね8～9年目に本省等の係長となり，係長ポストをいくつか経験した後，地方支分部局の課長，本省の課長補佐・地方自治体の幹部などに昇任していくのが一般的である。

　総合職事務系・技術系を中心に，海外留学や在外公館での勤務，他省庁や地方公共団体，独立行政法人に出向して勤務する機会もある。他の省庁に比べて，海外や地方への出向ポスト数が多いのが特徴である。

### 採用動向・採用予定

　2024年4月の本省での採用実績は，総合職が125人（事務系30人，技術系95人），一般職（大卒程度）は41人。なお，2024年度以降の採用数については，人事院ホームページにて公表されているほかは未定である。

# 環境省

環境の世紀
—— 環境省は，挑戦しています

〒100-8975　千代田区霞が関1-2-2　☎03-3581-3351

https://www.env.go.jp/

| インターンシップ | 募集：随時受付　実施：随時実施 |
| --- | --- |

環境省は，1971年7月1日に環境庁として発足し，30年が経過した2001年に現在の形となった。この間，環境行政を取り巻く状況は大きく変化し，また，環境政策は大いに進展したといえる。環境庁が発足した当時は，1960年代後半からの水俣病や四日市ぜんそくをはじめとする深刻な産業公害が大きな社会問題となっていた時代であった。そして，その後の40年間で，環境問題を巡る状況は大きく変化し，また，環境保全意識の高まりの中，環境省の果たすべき役割は大きく変わってきている。気候変動対策や海洋プラスチックごみ対策，生物多様性保全，福島の復興再生など，環境省の取り組むべきミッションは広がり続けており，政策目的を遂行するための政策手段もますます多様化している。

## 環境を取り巻く状況の変化と政策手法の多様化

70年代，環境汚染が大きな社会問題となり，全国各地で工場事業場からの排水や排出が人の健康や生活環境に影響を与えた。これに対応するため，各省庁に分散していた公害行政を一本化して強化するべく，環境庁が設置された。この頃の取組みは，公害対策基本法に基づき，まず，公害を未然に防止するとともに，人の健康への被害や不可逆的な自然破壊の防止を行うことであり，政策手法は，即効性があり，効果が確実な規制的手法を主軸に据えたものであった。また，併せて，公害健康被害の保障の制度化や公害防止装置の設置に対する補助，税制優遇といった経済的措置にも着手した。

その後，80年代にかけて，工業化や地域開発が一層進展したことによる環境影響や，都市化の一層の進展と都市・生活型公害の深刻化が指摘されたことを受け，大気・水質等の規制法の整備を進めるとともに，生活排水による都市河川の汚濁などに対応するため，国民世論への働き掛けにも取り組み始めた。

80年代から90年代以降にかけては，土地改変を伴う大規模事業の増加を受けて，事業実施に当たっての適切な環境配慮を事業者自らが行うよう，各種開発法において環境配慮を求める規定を置くようになった。

さらに，オゾン層保護や地球温暖化等，地球環境問題への国民的・政治的関心の高まりを受け，国際的な取組みも強化されてきた。1987年にはブルントラント委員会が東京会合で「持続可能な開発」の概念を提唱した。環境省はこの会合の運営に携わり，以降，気候変動枠組条約第3回締約国会議を1997年に京都で，また，生物多様性条約第10回締約国会議を2010年に名古屋で開催するなど，多国間環境交渉の世界において国際的なイニシアチブを発揮し続けてきた。

1992年に開催された地球サミットを契機とし，多様化する環境問題に対処するため，翌年には，公害対策基本法を発展的に継承し，より広い視点から環境問題に取り組むことを可能とする新しい基本法として，

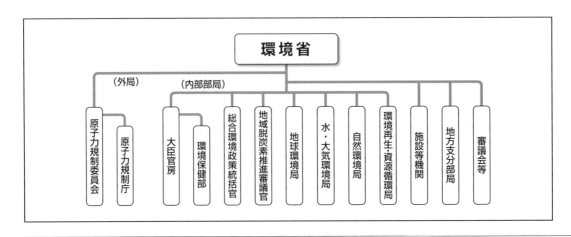

環境基本法が制定され，さらに，2000年には循環型社会形成基本法を制定し，各種リサイクルの個別法も順次制定・改正してきている。

施策の進展に伴い，環境省の組織も充実強化されてきた。1990年に地球環境部（現・地球環境局）を設置し地球環境保全施策の進展・充実を図り，2001年の中央省庁再編の際には，環境庁の省への昇格とともに，廃棄物・リサイクル対策部（現・環境再生・資源循環局）を新設し，廃棄物リサイクル行政を一元的に担うことになった。

## 環境問題の多様化がもたらすニーズに対応する環境省へ

環境問題の多様化や，環境問題への関心の高まりに伴い，環境問題の建設的な解決に向けて，より一層多くの人々が多様な環境保全活動に携わるようになってきている。このため，役所だけではなく，企業やNGO，国際機関，研究者など，さまざまな主体がそれぞれの知見を活かして協働し役割を十分果たしていくことが問題解決のための重要なカギとなってきている。

また，こうした協働の姿勢を，国内だけではなく，国境を越えて環境保全の輪として構築していくことが必要である。一衣帯水のアジアの国々はもとより，世界各国と協働し，地球環境という人類の生活基盤を保全していくこと，地球環境のバランスが崩れ，将来の社会に大きな影響を与える懸念がある中，地球環境益を追求していくための政策を大胆に提案していくことが，環境省に求められている課題である。

## オールジャパンで気候変動対策に取り組む

近年，顕著な降水や高温が観測される事例が国内外で増加しており，さまざまな被害をもたらしている。気候変動は，今や「気候危機」ともいわれるほど，全人類共通の喫緊の課題になっている。日本は，2014年以降5年連続で温室効果ガスの排出削減を実現するなど，これまでも気候危機への対応に貢献してきたが，脱炭素社会の実現という目標達成のためには，さらなる「非連続のイノベーション」が必要だといわれている。この気候危機への対応は，政府だけの取組みでは実現せず，地方自治体や民間企業，国民と手を取り合い，オールジャパンで進めていかなければならない。環境省では，気候危機への対応という難しいミッションにも真正面から取り組んでいる。

## 直面する重要課題東日本大震災への対応

今日の環境行政には，地球温暖化対策，生物多様性の保全，公害健康被害対策，環境保全への取組みを通じた経済や地域の活性化，循環型社会の構築，大気・水・土壌環境の保全，化学物質対策など，数多くの問題が山積している。そして，東日本大震災以降は，これに加えて，災害廃棄物の処理や放射性物質の除染などが重要なミッションとして加わる

とともに，環境省の外局として原子力規制委員会および事務局としての原子力規制庁が設置され，原子力の規制を担うこととなった。加えて被災地の本格的な復興に当たって，東北の特徴を活かした復興をめざすとともに，社会やライフスタイルの転換を図ることで，災害に強く，環境負荷の低い地域づくりを推進している。

## これからの取組み

環境省を取り巻く状況や期待される役割，政策手法などが時代とともに変わっても，環境省の使命は変わらない。それは，50年先，100年先の子どもたちが安心してこの地球で暮らせるように，社会や経済の仕組みを環境に配慮した持続可能な形にシフトしていくことである。「環境の世紀」といわれるこの21世紀をよりよい100年にするため，環境保全のために協働する，国内外のさまざまなパートナーとともに，「環境の世紀」にふさわしい力強い環境省をめざして，今後も環境省は挑戦し続けていく。なお，環境省では働き方改革の一環として，大半の部署で「フリーアドレス」に移行するなど，次世代型オフィスの拡大にも取り組んでいる。

## 人事データ

### 配属・異動
異動については，1～2年程度のサイクルでさまざまな部署を経験することとなる。他省庁や地方自治体への出向のほか，地球環境問題に関する取組みが広がる中，国際機関からの職員派遣要請が増えており，在外公館やOECD（経済協力開発機構），UNFCCC（気候変動枠組条約事務局）など，海外勤務の機会もある。職員の能力をさらに高めるため，外国の大学への留学も積極的に行われている。

### 昇任
昇任は個人がその職務を遂行するに当たり発揮した能力および挙げた業績に基づく人事評価によって決定されている。

### 採用動向・採用予定
令和7年度の採用予定数は，前年度と同程度を予定している。

# 防衛省

世界情勢を見据えて日本の安全保障政策を担う

https://www.mod.go.jp/

〒162-8801　新宿区市谷本村町5-1
☎03-3268-3111

| ワークショップ | 募集：4月〜7月中旬<br>実施：8月中旬〜9月中旬 |
| --- | --- |

## 新たな危機の時代を生き抜くために

　戦後，最も厳しいともいえる安全保障環境に直面する中，我が国は新たな危機の時代を生き抜かねばならない。防衛省の使命は極めてシンプル。「わが国の平和と独立を守り，国の安全を保つ」こと。この使命を果たすべく，昨年12月には今後10年を見据えた新たな戦略文書を策定した。我が国の防衛力の抜本的な強化を行い，同盟国，同志国とともに，望ましい安全保障環境を創出する。我が国を守る最後の砦として，防衛省は挑戦を続ける。

## 事務官・技官の存在

　望ましい安全保障環境を創出し，脅威の到来を抑止し，我が国におよぶ脅威に確実に対処するため，自衛官とともに，2万人を超える事務官と技官が全国各地で活躍している。防衛省には，各採用区分に応じた多種多様な職域が用意されており，そ

れぞれの能力を十分に発揮できる環境が整っている。

## 防衛省の組織

### 〈大臣官房〉

　総務，人事，企画，法令審査，広報，会計，監査，訟務などといった行政組織を管理運営していく上で欠かせない機能を担うほか，国会との連絡調整を行う。

### 〈防衛政策局〉

　日本の安全保障・防衛に関する基本的な方針や，総合的な政策を手掛ける。「自衛隊の果たすべき役割とは何か」といった方針の立案にはじまり，「宇宙空間やサイバー空間といった新しい課題にどのように対応するか」「米国とどのような協力と役割分担をすべきか」などさまざまな政策を立案するほか，自衛隊の訓練や各国との防衛協力・交流の企画および実施，政策立案に必要な情報の収集・分析も担う。

### 〈整備計画局〉

　装備品の取得や部隊配備を担当

し，陸海空に加え，サイバーや電磁波の領域においても自衛隊が適切に任務を遂行できるよう，能力強化に取り組む。また，自衛隊や在日米軍が使用する飛行場や格納庫といった防衛施設の整備にかかる企画・立案や技術的調査・研究などを担う。

### 〈人事教育局〉

　自衛隊が任務を適切に行うことができるよう，優秀な人材を確保し，個々の隊員が持てる能力をフルに発揮できるような環境を整備する。具体的には，人事管理・勤務条件・給与などの諸制度の企画・立案をはじめ，自衛官の募集や採用，教育訓練，退職支援，福利厚生などに関する業務などを行う。

### 〈地方協力局〉

　自衛隊・米軍がその能力を十分に発揮するためには，日頃から全国各地の自衛隊・在日米軍基地の円滑な運用と地域住民の生活や環境への配慮を両立することが重要である。このため，全国8か所の地方防衛局や各部隊，関係機関と連携し，防衛政策への

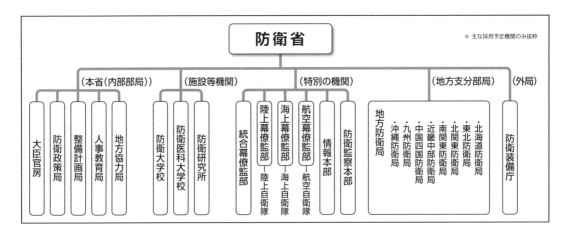

防衛省

※ 主な採用予定機関のみ抜粋

（本省（内部部局））：大臣官房／防衛政策局／整備計画局／人事教育局／地方協力局
（施設等機関）：防衛大学校／防衛医科大学校／防衛研究所
（特別の機関）：統合幕僚監部／陸上幕僚監部―陸上自衛隊／海上幕僚監部―海上自衛隊／航空幕僚監部―航空自衛隊／情報本部／防衛監察本部
（地方支分部局）：地方防衛局／北海道防衛局／東北防衛局／北関東防衛局／南関東防衛局／近畿中部防衛局／中国四国防衛局／九州防衛局／沖縄防衛局
（外局）：防衛装備庁

理解促進，危機管理対応，交付金等による地域の生活環境改善等の施策に取り組んでいるほか，気候変動等の環境問題への対応，在日米軍の円滑な駐留に関する各種の協力を行っている。

〈防衛大学校〉

将来，陸・海・空各自衛隊の幹部自衛官となるべき者を育成するために設置された教育機関で，神奈川県横須賀市の小原台に位置している。近年，自衛隊には任務の多様化や国際化などに柔軟に対応する質の高い人材の確保・育成が求められており，防衛大学校においてもさらなる高みをめざし，有効な教育施策を事務官・技官と教職員が一体となり検討・推進している。

〈防衛医科大学校〉

医師である医官等の幹部自衛官ならびに，保健師・看護師である幹部自衛官および技官となるべき者を養成している。さらに，自衛隊の任務遂行に必要な医学および看護学に関する高度な理論および応用についての知識と，これらに関する研究能力を修得させるほか，治療に関する臨床研修および研究を行うことを目的として設置された防衛省の機関である。事務官・技官は，行政事務，施設の建設・維持管理等業務，教官および学生等に関する教務事務，病院の医療事務等の幅広い職務に携わる。

〈統合幕僚監部〉

統合幕僚監部は，防衛出動や治安出動，災害派遣，国際平和協力活動をはじめとする陸・海・空3自衛隊の部隊行動等に際し，その運用をつかさどっている。近年さらに重要性が増大しているサイバー領域においても24時間態勢で防衛省の通信ネットワークおよび通信システム等を監視し，サイバー攻撃に対処しており，サイバーを専門とする技官が活躍している。

〈陸・海・空自衛隊〉

陸・海・空自衛隊に勤務する事務官・技官は，それぞれの自衛隊が有効に任務を遂行できるよう，各行政分野において高い専門性を備えて業務を行っている。事務官は，陸・海・空幕僚監部や全国に所在する部隊および機関等において，総務，人事，経理，補給，厚生，法務等，自衛隊の運用や人的基盤を支える多岐にわたる行政事務に携わる。技官は自衛隊施設の維持管理，工事設計・監督や修繕に必要な資材調達，装備された武器，車両，航空機，艦艇の修理や部品調達，仕様書の作成，装備品の研究開発，サイバー攻撃等に関する情報収集・分析などに携わる。

〈情報本部〉

防衛省の情報機関として，電波，画像・地理，公刊等のさまざまな情報を収集・解析するとともに，総合的な分析を加え，内閣総理大臣，防衛大臣をはじめ，自衛隊や関係機関に対し政策決定や自衛隊の部隊運用に必要な情報を提供する。

〈地方防衛局〉

防衛省の地方支分部局として，全国8か所（札幌市・仙台市・さいたま市・横浜市・大阪市・広島市・福岡市・嘉手納町）に所在し，自衛隊および在日米軍の活動基盤となる防衛施設の安定的使用をめざし，自衛隊および在日米軍の活動が円滑かつ効果的に実施されるよう地方公共団体や地域住民の理解および協力を得るためのさまざまな施策や防衛施設の整備（建設工事の実施）を行う。

〈防衛装備庁〉

防衛省の外局として設置され，装備品等の研究開発および生産のための産業基盤の強化を図りつつ，研究開発，調達，補給および管理の適正かつ効率的な遂行ならびに国際協力の推進を図る。

## 人事データ

### 配属・異動

**[総合職]**

総合職事務系および総合職技術系（行政職）は本省内部部局・防衛装備庁内部部局・統合幕僚監部の各課に配属され，幹部職員になるための実務経験を積む。総合職技術系（研究職）は専攻等に応じて防衛装備庁等に配属され，装備品の研究開発等に従事する。それぞれ，各種研修のほか，海外留学，海外勤務，地方勤務，他省庁への出向の機会がある。

**[一般職]**

一般職（大卒程度）には，本省採用と，各地域名簿が対象としている各地方の機関での採用があり，本省採用については本省内部部局・防衛装備庁の内部部局・統合幕僚監部等の各課に配属される。

### 採用予定

**[総合職]**

| | 法文系 | | 理工系 | | 農学系 | 総合職院卒者 | 総合職大卒程度 |
|---|---|---|---|---|---|---|---|
| | 際卒者 | 大卒程度 | 院卒者・大卒程度 | 院卒者・大卒程度 | 院卒者・大卒程度 | | |
| 防衛省 事務系 | | | 20 | | | | |
| 防衛省 技術系 | | | 15 | | | | |
| 防衛装備庁 | | | 25 | | | | |

**[一般職（大卒程度）]**

| | 行政 | デジタル・電気・電子 | 機械 | 土木 | 建築 | 物理 | 化学 | 農学 | 農業農村工学 | 林学 | 合計 | 備考 |
|---|---|---|---|---|---|---|---|---|---|---|---|---|
| 本省内部部局 | 53 ※1 | ※2 | ※2 | ※2 | ※2 | ※2 | ※2 | ※2 | ※2 | ※2 | 57 | ※1 本省内部部局13人 本省出先機関40人 ※2印の区分から4人採用予定 |
| 防衛大学校 | 3 | | | | | | | | | | 3 | |
| 防衛医科大学校 | 2 | | | | | | | | | | 2 | |
| 統合幕僚監部 | | 2 | | | | | | | | | 2 | |
| 陸上自衛隊 | 68 | ※ | ※ | ※ | ※ | ※ | ※ | | | | 97 | ※印の区分から29人採用予定 |
| 海上自衛隊 | 21 | ※ | | | | | | | | | 41 | ※印の区分から20人採用予定 |
| 航空自衛隊 | 16 | ※ | | | | | | | | | 39 | ※印の区分から23人採用予定 |
| 情報本部 | 12 | ※ | | | | | | | | | 32 | ※印の区分から20人採用予定 |
| 地方防衛局 | 62 | ※ | | | | | | | | | 112 | ※印の区分から50人採用予定 |
| 防衛装備庁 | 35 | ※ | | | | | | | | | 60 | ※印の区分から25人採用予定 |
| 計 | 272 | | | | | | | | | | 445 | |

※防衛省専門職員の情報については，本誌196ページを参照してほしい。

# デジタル庁

誰一人取り残されない，人に優しいデジタル化を。

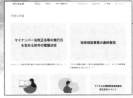

https://www.digital.go.jp/

〒102-0094　千代田区紀尾井町1番3号
東京ガーデンテラス紀尾井町　☎03-6771-8180

| インターン | 募集：------- |
|---|---|
| シップ | 実施：------- |

## 〈社会全体のDXを推進〉

　国や自治体のデジタル化は今までにもさまざまな取組みがなされてきたが，省庁や自治体によって対応が異なり，必ずしも統一的・標準的な形にはなっていなかった。そんな中，新型コロナウイルスへの対応，甚大な被害をもたらす自然災害の増加により，煩雑な手続や給付の遅れなど，デジタル化における課題が顕在化した。そこで，これらの問題を根本的に解決し，国民の生活の幸せにつながるサービス提供を行うため，内閣に直属する組織として2021年9月1日にデジタル庁が設置された。

　デジタル庁は，デジタル社会の形成に関する内閣の事務を内閣官房とともに助けることを任務の一つとしており，行政各部の施策の統一を図るために必要となる事務を担う。

　同時に，(i)デジタル社会の形成に関する重点計画の作成および推進，(ii)個人を識別する番号に関する総合的・基本的な政策の企画立案等，(iii)マイナンバー・マイナンバーカード・法人番号の利用に関することならびに情報提供ネットワークシステムの設置および管理，(iv)データの標準化，外部連携機能，公的基礎情報データベース（ベース・レジストリ）に係る総合的・基本的な政策の企画立案等，(v)国・地方公共団体・準公共部門の民間事業者の情報システムの整備・管理に関する基本的な方針の作成および推進など，デジタル社会の形成に関する事務を担う。

　このようにデジタル社会形成のために必要な事務を担うデジタル庁は，「GaaS（Government as a Service/Government as a Startup)」というスローガンを掲げていたとおり，スタートアップ企業のような異例の短期間で立ち上がった。

## 〈デジタル庁の組織，業務内容〉

　デジタル庁はプロジェクトベースでの組織づくりを進めており，いわゆる局や課を設ける組織構造にはしていない。以下，いくつかの業務内容について紹介する。

　プロジェクトの一つに，社会基盤となるマイナンバー制度の利活用が挙げられる。マイナンバーカードの保有数は2024年3月末時点で約9,200万枚と，国民の約4分の3の保有数に達し，デジタル社会において一番便利で安全な本人確認ツールとして広く認知されるようになった。マイナンバーカードは，コンビニでの住民票交付，健康保険証としての利用，マイナポータルと連携することによる各種行政手続（引越手続など）のオンラインでの実施など，その利用シーンは拡大しており，日常生活においてさらなる拡大が期待される。

　マイナンバーカードを中心とした便利なサービスを広げるために最も大事なことは「利用者にとってやさしいサービス」にすること。「サービスを使える人を増やす」「サービスを使えるシーンを増やす」だけではなく，「サービスの使いやすさ」を追求する。「利用者中心のサービス」を徹底することによって，結果としてマイナンバーカードの利用数の増加につながっている。

　各自治体の基幹業務システムにおける共通基盤を提供するガバメントクラウドも重要なプロジェクトの一つである。その背景にあるのはセキュリティの課題。今までのように各自治体が自前でシステムを管理し，セキュリティの問題が起きてから対応に乗り出していては，最新技術にキャッチアップすることは困難であり，個々の組織の状況を考慮しながら基盤の整備を進めている。

　DXを実現するには多様な人材が力を合わせることが大事であり，事実，社会全体のDXをめざすデジタル庁では，官庁と民間，文系と理系に関係なく一つのチームを組み，社会全体のデジタル化という目標に取り組んでいる。最新技術に触れ，行政を横断する視点でDXに取り組むことがデジタル庁の特色だといえる。

## 人事データ

### 配属・異動
　総合職・一般職ともに，さまざまなチームに配属されながらキャリアパスを歩む。令和4年から新規採用を開始したところであるが，今年度より他省庁や地方公共団体との人事交流を実施している。今後も民間企業への出向，国内外大学等への留学制度の活用，国際機関等への派遣などを検討している。

### 昇任
　キャリアパスについては，本人の適性を踏まえ，能力・実績等に応じ昇任していく。

### 採用動向・採用予定
　令和6年採用は，総合職11人，一般職（大卒程度）6人となっている。令和7年度も区分にとらわれず採用予定。

# PART

# 2

# 地方公務員の
# 仕事ガイド

地元での就職先として，地方公務員は高い人気を保っている。
しかし，「ノルマもなくて，仕事はラクそうだし，
なんたって安定してるし……」などというイメージだけで
公務員という職業を選んでほしくはない。
「行政は最大のサービス産業である」という言葉にもあるように，
今，地方自治体は新たな時代に向かって変身中なのである。
「地方から国を変える」ために
日夜奮闘している先輩職員たちに負けないくらいの
強い意気込みを持って，後に続いていこう。

# 地方公務員の基礎知識

地方公務員の仕事の魅力として，自分の仕事の成果がわかりやすいこと，
地域住民の声が届きやすく，より住民に身近な存在として活躍できることが挙げられる。
また，地域に密着したいろいろな分野での仕事を経験できる機会に恵まれているのも特徴だ。
PART 2 では大学・短大卒業程度で受験できる地方公務員について見ていこう。

## 地方行政とは？

　国と地方の行政の違いを考えてみよう。国は，あらゆる分野で日本全体を視野にとらえた施策を打ち出す。それは日本全体の大きなテーマでもある。一方，地方が置かれている状況は，それぞれ異なる。テーマは共通でも，実現するための方法は当然それぞれ異なってくるわけだ。国の施策に添いながらも，地方の実情に即した行政サービスを実施する，それが住民に身近な行政を担う地方自治体の役割だといえる。

　地方自治体とは都道府県や市区町村を総括する行政機関で，「地方公共団体」と呼ばれることもある。

　地方公共団体は，①普通地方公共

団体（都道府県および市町村）と②特別公共団体（特別区，普通地方公共団体の組合，財産区）の２つに分けられる。○○県や△△市は①，東京都の千代田区，新宿区などは②に当たる。

　地方自治体は首長（知事，市町村長，特別区の区長）をリーダーとして，地方議会で作られた条例・予算に基づいて，行政を執行する。条例とは国の法令の範囲内で地方議会の議決によって制定された法形式の名称で，そのほか，首長は「規則」を制定することができる。

　行政サービスには国が行うものと地方が行うものがあるが，権限や財源を国に一極集中させ，地方に再分配する中央集権型システムが長く続き，国が決めたことを地方自治体が全国画一的に実施することが多かった。しかし，近年は，住民に身近な行政はできる限り地方自治体にゆだねることを基本とする「地方分権改革」が進み，国と地方が「対等・協力の関係」となることをめざして，数度にわたり地方自治法が改正された。地方行政の担い手として，地方公務員の果たすべき役割はますます重要になっているといえるだろう。

## 自治体の規模と仕事の違い

　一口に地方自治体といってもその規模はさまざま。住民に身近な行政は，まず「基礎自治体」と呼ばれる市町村が担う。一方，都道府県は「広域自治体」として，これら複数の基礎自治体を包括する存在に位置づけられている。以下，自治体の規模ごとに分掌する事務を見ていこう。

〈都道府県〉

○地方の総合開発計画の策定，治山治水事業，産業立地条件の整備，基幹道路・河川・その他の公共施設の建設および管理など。

○義務教育の水準や社会福祉事務の基準の維持，警察の管理・運営，各種営業の許可，各種試験・免許・検査など。

　前者は市町村の区域を越える広域的事務，後者は全県的な統一を必要とする事務ということになる。そのほか，規模，経費等から市町村が処理することが不適当と思われる事務（高校，博物館，研究所等の建設・管理，農林水産業や中小企業等の指導および振興など），市町村に関する連絡調整事務を扱う。

〈市町村〉

○住民生活の基礎に関する事務（戸籍住民登録，住居表示，諸証明など）。

○住民の安全，健康の確保や環境保全に関する事務（消防，ごみ・し尿の処理，上水道，下水道，公園，緑地の整備など）。

○まちづくりに関する事務（都市計画，道路・河川その他の公共施設の建設および管理など）。

○各種施設の設置，管理に関する事務（公民館，保育所，小中学校，図書館など）。

なお，東京の特別区は特別地方公共団体で，基礎自治体の一つとして位置づけられており，一般の市とほぼ同等の事務を処理している。

### ●政令指定都市と中核市

市は人口などの規模により政令指定都市，中核市，その他の市に分類することができる。

このうち，最も規模が大きいのは政令指定都市で，「人口100万以上または近い将来100万を超える見込みの80万人以上の人口」が基準になるほか，行政能力などについての要件が設けられている。政令指定都市には道府県の事務である福祉，衛生，都市計画等の事務が移譲されるほか，国から干渉を受けない独自の政治を行う権利が多く与えられる。2024年4月現在，札幌，仙台，さいたま，千葉，横浜，川崎，相模原，新潟，静岡，浜松，名古屋，京都，大阪，堺，神戸，岡山，広島，北九州，福岡，熊本の20市が指定されている。

一方，中核市には都道府県から福祉，保健衛生，都市計画，環境保全などの事務が移譲され，指定を受けるには人口20万人以上という要件がある。2024年4月現在で中核市に指定されているのは62市，中核市への移行を検討している都市（候補市）は12市である。

## 地方公務員の仕事は多種多様

国家公務員と同様，地方公務員にも「一般職」と「特別職」がある。地方の場合，特別職とは都道府県知事，市町村長，副知事，副市町村長，監査委員，議員，各種委員会の委員，任命権者の判断で任意に任用される自由任用職などをさす。それ以外の試験によって採用される職員は一般職である。自治体の規模や地域の特徴によっても異なるが，ここでは一般職の仕事について，ある県の組織を例に説明しよう。

### ●総務部

予算の総括，職員の人事・給与・勤務条件の管理，情報公開や広報活動など，行政のスムーズな運営をサポートする。

### ●企画部

行政のトータル・プランニング部門。総合計画の策定をはじめ，関係部署が多岐にわたる大規模事業の推進に当たっている。

### ●福祉保健部

地域保健医療計画の推進，高齢者，障害者，児童などへの福祉の充実，地域福祉活動の推進，公的扶助など。

### ●生活環境部

産業廃棄物処理対策，生活排水対策など安全で快適な生活環境の維持に当たる。

## ■地方自治体の組織図

### 都道府県・都道府県警察の例

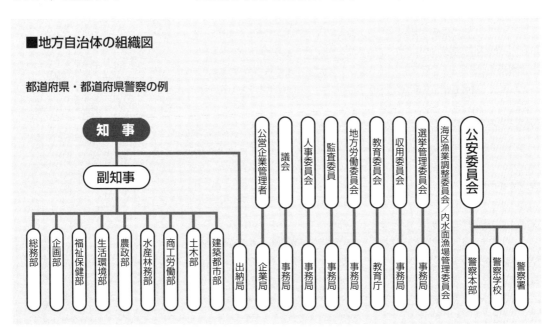

### ●農政部

農業情報のシステム化による生産性の向上，農産物のブランド化など，需給変化に対応した新しい農業づくりの推進をはじめ，農業・農村を支える人材の育成など，農業振興をサポートする仕事に携わる。

### ●水産林務部

漁業管理，漁港の整備，森林資源・林業基盤づくり，林産物需給の安定などのほか，自然環境の整備にも取り組んでいる。

### ●商工労働部

産業の振興，企業立地の促進，中小企業の経営支援，観光の振興，県産品のブランド化の推進のほか，雇用対策，職業能力開発などを担当。

### ●土木部

治水事業，河川総合開発事業，港湾整備事業，道路網の整備など社会資本形成の一翼を担う。また，道路空間の有効利用や快適な道路空間を創出する。

### ●建築都市部

土地区画整理事業や市街地再開発事業など，都市機能の向上を図るとともに，都市公園，流域下水道，住環境の整備を進める。

### ●企業局

臨海用地の管理や電気事業・工業用水事業の経営に当たる。

### ●教育庁

国際化，情報化の流れにマッチした学校教育，学習情報の提供を中心とした生涯学習，スポーツ交流，教育文化活動のバックアップなど。

このほか，市町村には，消防，清掃，市営交通といった部門がある。

## 配属・異動・昇任

### 〈配属〉

技術系区分で採用された場合，建築は建築都市部，土木は土木部，化学は生活環境部，農業は農政部というように，職種に応じた部署に配属されるのが一般的である。一方，事務系区分の職員はすべての部署に配属される可能性があるが，自治体によっては公立学校に勤務する学校事務や警察署に勤務する警察事務といった区分を設けている場合がある。

### 〈異動〉

幅広い視野を培うため，地方自治体では若いうちにさまざまな仕事を経験させる方針をとっており，本庁と出先機関（財務・福祉・土木事務所など）との人事交流も活発に行われている。最初の配属先が本庁，出先のいずれになるかはケースバイケースだが，その後の異動により，必ずどちらも経験するように配慮されている。

異動のサイクルは3〜4年おきという例が多く，さまざまな仕事を通して，各自の適性を見極めるというのが一般的な人事方針となっている。

技術系も，異動については事務系に準じたローテーションになっている。専門知識が求められる部署への異動が中心となるが，総合計画の立案やまちづくりなどの企画には技術系職員の知識，経験が必要であり，活躍の場は広い。

また，中央省庁や民間企業に出向する職員も多く，広域自治体（都道府県）と基礎自治体（市町村）との人事交流も盛んだ。

### 〈昇任〉

選考方式は筆記試験によるものと，人事考課によるものとがある。筆記試験方式は公平に能力が判定できる反面，受験勉強の負担がかかり，多忙な職場にいる職員が不利になるというマイナス面も無視できない。現在，筆記試験方式の選考は東京都などで実施されているが，全体としては少数派。大多数の自治体は人事考課によって選考している。上司の勤務評定などで十分能力を適正に判定できると考えているようだ。

職制は下図のようになっている自治体が多い。能力主義が原則であるものの，係長までの昇任年齢は比較的平均しており，年功序列的な面が強いようだ。個人差が大きくなるのは，課長補佐から上である。

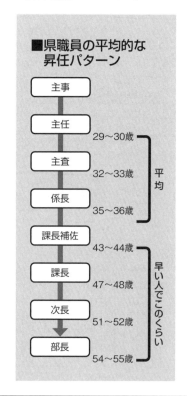

**■県職員の平均的な昇任パターン**

| 主事 | |
|---|---|
| 主任 | 29〜30歳 |
| 主査 | 32〜33歳 |
| 係長 | 35〜36歳 |
| 課長補佐 | 43〜44歳 |
| 課長 | 47〜48歳 |
| 次長 | 51〜52歳 |
| 部長 | 54〜55歳 |

## 待 遇

### ●給与

国家公務員の場合，19ページで述べたように，基本給に該当する賃金は「俸給」と呼ぶが，地方公務員の場合は「給料」で，給料＋諸手当が給与ということになる。その額は職種や団体の規模によって異なる。総務省の「令和5年地方公務員給与実態調査結果」から作成したのが下の表である。

■令和5年・団体区分別平均給与月額（一般行政職）

(単位：歳・円)

| 団体区分 | 平均年齢 | 平均給料月額 | 諸手当月額 | 平均給与月額（国比較ベース） |
|---|---|---|---|---|
| 都道府県 | 42.5 | 319,151 | 87,913 | 407,064 (360,813) |
| 指定都市 | 41.8 | 319,668 | 120,205 | 439,873 (379,748) |
| 市 | 42.1 | 315,844 | 86,195 | 402,039 (356,542) |
| 町村 | 41.3 | 302,172 | 59,083 | 361,255 (329,929) |
| 特別区 | 40.2 | 297,057 | 123,624 | 420,681 (373,138) |
| 国 | 42.4 | 322,487 | ― | 404,015 |

(注1)「平均給料月額」とは，給料の調整額を含むものであり，「諸手当月額」とは，月ごとに支払われることとされている手当の額を合計したものである（期末手当，勤勉手当等は含まない）。また，「平均給与月額」の下段の数字は国の公表資料と同じベース（＝時間外勤務手当等を除いたもの）で算出している。
(注2)国については，平均俸給月額と平均給与月額を記載した。

国家公務員と地方公務員の給与を比較するときに用いられるのが「ラスパイレス指数」である。国家公務員の給与を100として比較したものだが，令和5年4月現在，全地方公共団体平均は98.8（都道府県99.6，指定都市99.9，一般の市98.6）であり，100を超える自治体は11.9％となっている。

初任給については，大学卒業程度の一般行政系区分（令和4年4月現在）の場合，平均すると都道府県では187,686円，指定都市は183,307円，一般の市は184,552円となっている。

そのほか，時間外勤務手当，期末手当，勤勉手当，扶養手当，寒冷地手当，地域手当などが支給される。地域手当は物価や民間賃金の高い地域に勤務する職員を対象とするもので，全地方公共団体の約3割で支給されている（令和5年4月1日時点）。

地方公務員の場合，都道府県・政令指定都市では人事委員会による給与勧告制度があり，民間の給与水準と比較する形で調査を行っている（国家公務員の「人事院勧告」と似た仕組みである）。一般の市の

場合もそれに準じた形で毎年見直されている。

### ●勤務時間

基本的には1日7時間45分，1週間当たり38時間45分勤務と定められており，土日は週休日だが，所属や部署によっては変則勤務になる場合がある。

### ●休暇

《年次休暇》年間20日（4月採用の場合，採用の年は15日）が与えられる（有給）。1日単位で取得するほか，1時間単位で使うこともできる。

令和4年1月1日～12月31日における年次有給の平均取得日数は，都道府県が12.8日，政令指定都市が14.9日，市町村が12.0日となっている（総務省「令和4年度地方公共団体の勤務条件等に関する調査結果」）。ちなみに国家公務員は15.5日，民間企業は10.9日である（総務省「令和5年度国家公務員給与実態調査」および厚生労働省「令和5年就労条件総合調査」）。

《病気休暇》病気やケガのため，勤務しないことがやむをえない場合に与えられる（有給）。

《特別休暇》夏季休暇，公民権（選挙権）の行使，結婚，産前産後，妻の出産，服喪などの事由によって与えられる（有給）。

### ●育児休業，介護休暇（休業）

育児休業は基本的には子が1歳に達するまでだが，事情に応じて最長3年間取得できる（取得回数は原則2回まで）。介護休暇（休業）は通算して6か月の期間内に3回まで取得可能。いずれも無給だが，共済制度により一定の手当が支給される。

近年は育児休業を取得する男性職員が増えており，一般行政部門（全自治体合計）について，令和4年度は新たに取得可能となった職員の49.9％が育児休業を取得している。とはいえ，その取得期間は52.4％が1月にとどまっている。女性職員の場合はほぼ100％が取得しており，取得期間は9～12月が28.3％，12～24月が34.4％，24月超が27.5％である（総務省「令和4年度地方公共団体の勤務条件に関する調査結果」）。

### ●研修

入庁するとまず新採用職員研修を受講し，その後は職場研修（いわゆるOJT）によりスキルを身につける一方で，係長級・課長補佐級といった階層・役職別の研修を受ける。文書事務・財務会計・OA・語学等の専門研修もある。自治体によっては民間企業や海外への派遣研修なども行われている。

# 地方公務員になるには…

地方公務員の採用試験は，基本的に自治体ごとに行われる。したがって，まずは受験する自治体の試験情報をしっかり確認しよう。ただし，試験の内容や対策は，都道府県・政令指定都市，市役所ごとに共通している部分も多い。

ここでは，主に地方上級試験と市役所試験の概要について見ていこう。

## 地方上級試験の概要

「地方上級」というのは都道府県と政令指定都市の大卒程度の職員採用試験の総称で，自治体によって「上級」「大学卒業程度」「A試験」など名称はさまざまある。民間企業等の経験者を対象とした試験や大学院修了程度の試験を実施するところもある。

### ●受験資格

自治体や職種によって異なる。年齢要件は21歳以上29歳未満の場合が多いが，近年は年齢上限をゆるめる自治体が増えており，転職者も受験しやすくなっている。大学卒業程度といっても，ほとんどの場合，大学卒業程度のレベルの試験を実施するという意味で，学歴は問われない。

### ●試験区分

行政（事務），学校事務，警察事務，機械，電気，土木，建築，化学，農業，農業土木，農芸化学，林業，畜産，水産，造園，獣医師，薬剤師などがある。最近は通常の区分とは別に，民間企業との併願者が受験しやすいように配慮した新区分を設けるなどの動きも目立っている。

### ●試験日程

#### ①受験申込み

4月上旬〜5月中旬に受験案内を配布，5月上旬〜5月下旬が申込受付という自治体が多い。近年は，インターネット受付が主流である。申込時にエントリーシートや自己紹介書の提出が必要とされる自治体もある。

#### ②一次試験日

一部の自治体を除き，一次試験は同一日（例年，6月中〜下旬の日曜日）に実施されている。ほとんどの場合，択一式の教養試験と専門試験が課されるが，近年は，択一式試験を課さない自治体や，通常の試験区分とは別の方法で選考する区分を設ける自治体が増えている。なお，例年，北海道，愛知県，東京都，大阪府，特別区は，統一実施日ではなく別日程で実施している。

#### ③二次試験日〜最終合格発表

二次試験は7月中旬〜8月中旬に実施される。人物試

## 地方上級　主な試験種目

### ◎教養試験（択一式）
120〜150分。出題数は自治体により異なり，選択解答制の場合もある。知識分野と知能分野を半々のウエートで出題する自治体が多いが，自然科学や人文科学を出題しない自治体もある。教養試験に代えてSPI3やSCOA-Aなどの能力検査を課す区分・自治体が増えている（次ページ参照）。

### ◎専門試験（択一式）
おおむね120分。出題タイプにより，出題科目，科目別出題数が異なる。選択解答制の場合が多い。

### ◎専門試験（記述式）
東京都Ⅰ類B（一般方式）のみで実施。東京都Ⅰ類B（一般方式）では専門試験は記述式のみである。

### ◎論（作）文試験
9割以上の自治体で実施される。60〜90分程度で，字数は800〜1,200字というのが標準的である。

### ◎人物試験
すべての自治体で個別面接を行う。主として二次試験で実施される。併せて集団討論やグループワーク，集団面接を課すところもある。

験（個別面接）が中心で，三次試験を実施する自治体もある。最終合格発表は 8 月上旬～9 月中旬である。

●出題タイプ

地方上級では，一次試験が同一日に実施される試験では共通の問題が出題されることが多い。出題数・出題科目に着目すると，教養試験・専門試験は，全国型，関東型，中部・北陸型，法律・経済専門タイプ，その他の出題タイプ，独自タイプに分類することができる。

以上，地方上級試験の概要をまとめた。82 ページ以降に，自治体別に試験内容と実施結果を掲載したので参考にしてほしい。なお，近年は試験制度の変更が頻繁に行われている。志望先自治体のホームページを定期的にチェックして，情報収集を怠らないようにしてほしい。

## 市役所試験の概要

ここでは政令指定都市を除く市役所試験について解説する。

●受験資格

地方上級と大きな違いはない。自治体によって異なる。

●試験区分

これも地方上級と大きな違いはないが，大卒と高卒を区別しない自治体も見られる。

●試験種目

教養試験，専門試験，論（作）文試験，人物試験などが課される（試験内容は地方上級とほぼ同様）。

教養試験はほとんどの市で課されるが，近年は「公務員試対策不要」とし，教養試験に代えて SPI3 や SCOA-A などの能力検査を課す市が目立っている。また，教養試験は日程による難易度の違いはほぼないが，出題科目や難易度が違う複数の試験が実施されている（下の囲み参照）。

専門試験を課す市は年々減っており，全体の 1.5 割程度となっている。また，事務適性試験（事務処理能力を測るスピード検査）が 2 割弱の市で実施されている。

●試験日程

一次試験を 6 月中～下旬，7 月中旬，9 月中～下旬に実施するところが多く，同日程の試験では共通問題が出題されている。小社ではそれぞれ A 日程，B 日程，C 日程と呼んでいる。A 日程は県庁所在地などの比較的規模が大きな市が該当する。地方上級の一次試験と同日に実施され，専門試験では全国型との共通問題も確認されている。B 日程・C 日程では，専門試験を課す市は少ない。いずれも専門試験の問題は地方上級より易しめである。C 日程は，学歴による区分を設けない市も多い。

市役所試験の詳細は，『学習スタートブック』や実務教育出版ホームページを参照してほしい。

---

### 市役所の教養試験と SPI3・SCOA

○**Standard**（120分・40問〈五肢択一式〉）
　知識分野と知能分野から各 20 問が出題される。レベルによって I と II があり，大卒区分では I，大卒・高卒といった区分が設けられていない市では，難易度の低い II が課されることが多い（Logical も同様）。

○**Logical**（120分・40問〈五肢択一式〉）
　知能分野のウエートが大きく，27 問が出題される。知識分野は 13 問で，自然科学分野の出題がない。

○**BEST**（60分・60問〈四肢択一式〉）
　「論理的に思考する力」「文章を正確に理解する力」「統計等の資料を分析しする力」「国内外の社会情勢への理解」等を確認するための基礎的な出題。特別な準備は不要で，民間志望者にも受験しやすい内容である。

◎**SPI3**（70分・70問）※マークシートの場合
　受験案内では「SPI3（基礎能力検査）」「適性検査」「基礎能力検査」「基礎能力試験」などとされている場合が多い。言語能力検査（30分・40問），非言語能力検査（40分・30問）が出題される。

◎**SCOA-A**（60分・120問）※5尺度，マークシートの場合
　受験案内では，「基礎能力検査」「基礎能力試験」「教養試験」などとされている場合が多い。言語，数理，論理，常識，英語などが出題される。

# 地方上級 行政系区分　6年度 試験概要 & 5年度 実施結果

【試験概要】受験案内などで公表されている情報より作成。

＊この表は、大卒程度行政系区分（行政，警察事務，学校事務等）の試験概要をまとめたものである。
　以下の区分は除外した。定期採用（通常は翌年4月採用）以外の区分（早期採用，通年枠，追加枠など），病院事務区分，水道事務区分，情報・デジタル区分，高卒・短大卒程度の学校事務区分，国際・全国規模のスポーツ大会で優秀な成績を収めた人，海外留学や国際貢献活動の経験を有する人など，特別な経歴を持つ人を対象とした区分。

＊年齢要件は7年4月1日現在の年齢。いわゆる飛び入学・飛び級の者は，年齢要件に合致しなくても卒業（見込）を条件に受験できる。下限が明記されていない試験は上限年齢のみを表記。受験資格に学歴要件がある試験は年齢に◇印をつけた。

＊❶，❷，❸はそれぞれ一次，二次，三次で実施を表す。40/50は，50問中40問選択解答の意。

| 自治体 | 試験の種類 | 試験区分 | 一次試験日 | 年齢要件 | 教養等 出題タイプ | 教養等 時間・問題数 | 専門（択一式）出題タイプ | 専門（択一式）時間・問題数 | 記述式，論文等 |
|---|---|---|---|---|---|---|---|---|---|
| 北海道 | 行政職員 | 一般行政A（専門試験型） | 5/12 | 22～30 | | 職務基礎力試験（社会事情・言語能力：40分・30問，数的・論理的能力：70分・30問） | その他 | 120分，40問 | なし |
| | | 一般行政A（小論文試験型）（第1回） | | | | | | なし | ❷小論文（90分） |
| | | 教育行政A（第1回） | | | | | | | |
| | | 警察行政A（第1回） | | | | | | | ❶小論文（90分） |
| | | 一般行政A（小論文試験型）（第2回） | 9/29 | | | 職務基礎力試験 | | なし | ❶小論文 |
| | | 教育行政A（第2回） | | | | | | | |
| | | 警察行政A（第2回） | | | | | | | |
| | 公立小中学校事務職員 | 公立小中学校事務A | | | | | | | |
| 青森県 | 大学卒業程度 | 行政 | 6/16 | 22～32 | 全国型 | 120分，40問 | 全国型 | 120分，40問 | ❶論文（60分，800字） |
| | | 警察行政 | | | | | | | |
| 岩手県 | Ⅰ種（アピール試験型）先行実施枠 | 一般行政B | 4/21 | 22～45 | SPI3（70分） | | なし | | ❶論文（60分），アピールシート |
| | Ⅰ種（アピール試験型）通常枠 | 一般行政B | 6/16 | | | | | | |
| | Ⅰ種（専門試験型） | 一般行政A | | 22～35 | 全国型 | 120分，40/50問 | 全国型 | 120分，40/50問 | ❶論文（80分） |
| 宮城県 | 大学卒業程度 | 行政 | 6/16 | 22～35 | 全国型 | 150分，50問 | 全国型 | 120分，40問 | ❷論文（120分，1,600字） |
| | | 警察行政 | | | | | | | |
| 秋田県 | 大学卒業程度（通常枠） | 行政A | 6/16 | 22～34 | 全国型 | 120分，40問 | 全国型 | 120分，40問 | ❶論文（60分，800字） |
| | | 教育行政A | | | | | | | |
| | 警察行政職員（大学卒業程度） | 警察行政（事務） | | | | | | | |
| 山形県 | 大学卒業程度 | 行政 | 6/16 | 22～39 | 全国型 | 150分，50問 | 全国型 | 120分，40問 | ❷論文（60分，1,000字） |
| | | 警察行政 | | | | | | | |
| 福島県 | 大学卒程度 | 行政事務 | 6/16 | 22～35 | 全国型 | 120分，40問 | その他 | 60分，20問 | ❶論文（60分，800字） |
| | | 警察事務 | | | | | | | |
| 茨城県 | 早期日程 | 事務（知事部局等B） | 4/2～16 | 29（上限）◇ | SPI3 | | なし | | ❷論文（80分，1,000字），エントリーシート |

【実施結果】
＊二次試験・三次試験を実施していない自治体・試験区分については「─」としている。
＊最終倍率＝一次受験者数÷最終合格者数。
＊女性の内数：★…男女別の集計は実施していない　☆…任意項目として集計（例：10名の場合→☆10）。
※兵庫県：一次受験者数⇒筆記試験受験者数，一次合格者数⇒筆記試験合格者数，二次受験者数⇒一次面接試験受験者数，二次合格者数⇒
　　　　　一次面接試験合格者数，三次受験者数⇒最終面接試験受験者数。
※高知県：「行政」「警察事務」「教育事務」の受験者は，3つの試験区分の中から，いずれかを第一志望とし，残りの試験区分のうちいず
　　　　　れかを第二志望とすることができる。「最終倍率」は，3つの試験区分の合計で算出。
※相模原市：最終合格者数欄の（　）は採用待機者数（内数）。

| 面接，適性検査等 | 自治体 | 試験区分 | 申込者数 | 一次受験者数 | 一次合格者数 | 二次受験者数 | 二次合格者数 | 三次受験者数 | 最終合格者数 総数 | 最終合格者数 女性の内数 | 最終倍率 |
|---|---|---|---|---|---|---|---|---|---|---|---|
| ─ | 北海道 | 一般行政A（第1回） | 706 | 641 | 471 | 非公表 | ─ | ─ | 266 | ☆76 | 2.4 |
| ❷個別面接，適性検査 | | 教育行政A（第1回） | 78 | 72 | 55 | 非公表 | ─ | ─ | 42 | ☆19 | 1.7 |
| ❶適性検査 ❷個別面接 | | 警察行政A（第1回） | 99 | 90 | 52 | 非公表 | ─ | ─ | 43 | ☆22 | 2.1 |
| | | 一般行政A（第2回） | 214 | 161 | 140 | 非公表 | ─ | ─ | 46 | ☆10 | 3.5 |
| ❶適性検査 ❷個別面接 | | 教育行政A（第2回） | 26 | 19 | 18 | 非公表 | ─ | ─ | 14 | ☆4 | 1.4 |
| | | 警察行政A（第2回） | 39 | 33 | 25 | 非公表 | ─ | ─ | 15 | ☆7 | 2.2 |
| | | 公立小中学校事務A | 38 | 33 | 28 | 非公表 | ─ | ─ | 16 | ☆7 | 2.1 |
| ❷個別面接，グループワーク，適性検査 | 青森県 | 行政 | 272 | 227 | 176 | 168 | ─ | ─ | 90 | 非公表 | 2.5 |
| | | 警察行政 | 7 | 4 | 3 | 3 | ─ | ─ | 1 | 非公表 | 4.0 |
| ❷個別面接 （プレゼンテーション含む） | 岩手県 | 一般行政B（先行実施枠） | 171 | 137 | 25 | 24 | ─ | ─ | 11 | 4 | 12.5 |
| | | 一般行政B（通常枠） | 77 | 53 | 7 | 7 | ─ | ─ | 3 | 1 | 17.7 |
| ❷個別面接，適性検査 ❸個別面接，グループワーク | | 一般行政A | 200 | 139 | 117 | 111 | 70 | 69 | 52 | 29 | 2.7 |
| ❷個別面接，集団討論，適性検査 | 宮城県 | 行政 | 419 | 330 | 165 | 141 | ─ | ─ | 63 | 30 | 5.2 |
| | | 警察事務 | 47 | 34 | 20 | 17 | ─ | ─ | 7 | | 4.9 |
| ❷個別面接2回，適性検査，外国語資格加点 | 秋田県 | 行政A | 163 | 133 | 85 | 79 | ─ | ─ | 55 | 非公表 | 2.4 |
| | | 教育行政A | 10 | 9 | 8 | 7 | ─ | ─ | 3 | 非公表 | 3.0 |
| ❷個別面接，適性検査，外国語資格加点 | | 警察行政（事務） | 25 | 20 | 16 | 15 | ─ | ─ | 9 | 非公表 | 2.2 |
| ❶外国語資格加点，❷個別面接2回，集団討論，適性検査 | 山形県 | 行政 | 247 | 188 | 94 | 88 | ─ | ─ | 49 | 22 | 3.8 |
| ❶外国語資格加点，❷個別面接，集団討論，適性検査 | | 警察行政 | 24 | 13 | 4 | 3 | ─ | ─ | 2 | 2 | 6.5 |
| ❷個別面接2回，集団討論，適性検査 | 福島県 | 行政事務 | 484 | 354 | 246 | 232 | ─ | ─ | 172 | 68 | 2.1 |
| | | 警察事務 | 34 | 21 | 14 | 13 | ─ | ─ | 4 | 0 | 5.3 |
| ❶性格検査，❷個別面接2回（プレゼンテーション含む），集団討論，適性検査 | 茨城県 | 事務（知事部局等B） | 278 | 254 | 49 | 39 | ─ | ─ | 16 | ★ | 15.9 |

| 自治体 | 試験の種類 | 試験区分 | 一次試験日 | 年齢要件 | 教養等 出題タイプ | 教養等 時間・問題数 | 専門（択一式）出題タイプ | 専門（択一式）時間・問題数 | 記述式，論文等 |
|---|---|---|---|---|---|---|---|---|---|
| | | | | | | 6年度試験概要 | 一次 | | |
| 茨城県 | 大学卒業程度 | 事務（知事部局等A） | 6/16 | 22〜29 | 関東型 | 120分，40/50問 | 関東型 | 120分，40/50問 | ❶論文（80分，1,000字） |
| | | 事務（警察本部） | | | | | | | |
| 栃木県 | 大学卒業程度 | 行政（早期枠） | 4/2〜15 | 22〜29 | SCOA（60分，120問） | | なし | | ❷論文（90分，1,100字） |
| | | 行政 | 6/16 | | 関東型 | 120分，40/50問 | 関東型 | 120分，40/50問 | ❶論文（90分，1,100字） |
| | | 警察行政 | | | | | | | |
| | | 小中学校事務 | | 22〜32 | | | なし | | |
| 群馬県 | Ⅰ類 | 行政事務B | 4/2〜15 | 22〜29 | SPI3 | | なし | | ❷論文（90分，1,200字） |
| | | 行政事務A | 6/16 | | 関東型 | 120分，40/50問 | 関東型 | 120分，40/50問 | |
| 埼玉県 | 上級 | 一般行政 | 6/16 | 22〜30 | 関東型 | 120分，40/50問 | 関東型 | 120分，40/50問 | ❷論文（75分，900〜1,100字） |
| | 小・中学校事務上級 | 小・中学校事務 | | | | | なし | | |
| | 警察事務上級 | 警察事務 | | | | | 関東型 | 120分，40/50問 | |
| 千葉県 | 上級 | 一般行政A | 6/16 | 22〜30 | 関東型 | 120分，40/50問 | 関東型 | 120分，40/50問 | ❶論文（90分） |
| | | 一般行政B | | 25〜35 | | | なし | | ❶論文（90分），自己アピールシート（120分） |
| 東京都 | Ⅰ類B | 行政（一般方式） | 4/21 | 22〜29 | 独自 | 130分，40問 | なし | | ❶専門記述式（120分，10題中3題），論文（90分，1,000〜1,500字） |
| | | 行政（新方式） | | | SPI3（70分） | | | | ❶プレゼンテーション・シート作成（90分） |
| | Ⅰ類A | 事務 | 5/12 | 24〜31 | 独自 | 130分，40問 | | | ❶専門記述式（150分，5題中1題），論文（90分，1,000〜1,500字） |
| 神奈川県 | Ⅰ種 | 行政 | 6/16 | 22〜30 | 関東型 | 120分，40/50問 | その他 | 120分，40/80問 | ❶論文（90分，1,200字） |
| | 公立小中学校等事務Ⅰ種 | 小中学校等事務Ⅰ種 | | | | | | | ❶論文（60分，800字） |
| | 警察事務Ⅰ種 | 警察事務Ⅰ種 | | | | | | | |
| | 秋季Ⅰ種 | 行政 | 9/10〜10/21 | | SPI3 | | なし | | ❷論文 |
| 山梨県 | 大学卒業程度 | 行政 | 6/16 | 22〜35 | 関東型 | 120分，40/50問 | 関東型 | 120分，40/50問 | ❷論文（90分） |
| | | 警察行政 | | | | | | | |
| | | 行政（アピール試験型） | | | SPI3（70分） | | なし | | ❶自己アピール試験（90分），❷論文（90分） |
| 長野県 | 大学卒業程度 | 行政B［SPI方式］ | 4/11〜17 | 22〜29 | SPI3 | | なし | | ❶自己アピール試験（WEB） |
| | | 行政A［一般方式］ | 6/16 | | 関東型 | 120分，40/50問 | 関東型 | 120分，40/50問 | ❶論文（90分，1,200字） |
| | 警察行政職員（大学卒業程度） | 行政 | | 22〜35 | | | | | ❷論文（90分，1,200字） |

| 面接，適性検査等 | 自治体 | 試験区分 | 5年度実施結果 | | | | | | | | |
|---|---|---|---|---|---|---|---|---|---|---|---|
| | | | 申込者数 | 一次受験者数 | 一次合格者数 | 二次受験者数 | 二次合格者数 | 三次受験者数 | 最終合格者数 | | 最終倍率 |
| | | | | | | | | | 総数 | 女性の内数 | |
| ❷個別面接2回，集団討論，適性検査 | 茨城県 | 事務（知事部局等A） | 504 | 381 | 218 | 195 | — | — | 128 | ★ | 3.0 |
| | | 事務（警察本部） | 55 | 38 | 20 | 16 | — | — | 9 | ★ | 4.2 |
| ❶適性検査<br>❷個別面接，集団試験 | 栃木県 | 行政（特別枠） | 539 | 474 | 84 | 81 | — | — | 42 | ★ | 11.3 |
| | | 行政 | 361 | 225 | 136 | 121 | — | — | 64 | ★ | 3.5 |
| ❷個別面接，集団試験，適性検査 | | 警察行政 | 30 | 16 | 7 | 6 | — | — | 6 | ★ | 2.7 |
| | | 小中学校事務 | 98 | 56 | 33 | 30 | — | — | 11 | ★ | 5.1 |
| ❶性格検査<br>❷個別面接2回（自己PRタイムを含む），適性検査 | 群馬県 | 行政事務B | 257 | 224 | 80 | 63 | — | — | 28 | ★ | 8.0 |
| ❷個別面接，適性検査<br>❸個別面接（自己PRタイムを含む） | | 行政事務A | 426 | 334 | 180 | 151 | 111 | 107 | 86 | ★ | 3.9 |
| ❷個別面接2回，適性検査 | 埼玉県 | 一般行政 | 1,402 | 1,034 | 772 | 非公表 | — | — | 339 | ★ | 3.1 |
| | | 小・中学校事務 | 150 | 106 | 87 | 非公表 | — | — | 25 | ★ | 4.2 |
| ❷個別面接，適性検査 | | 警察事務 | 182 | 126 | 73 | 非公表 | — | — | 30 | ★ | 4.2 |
| ❷個別面接，適性検査 | 千葉県 | 一般行政A | 879 | 635 | 301 | 232 | — | — | 175 | ★ | 3.6 |
| ❷個別面接（プレゼンテーション含む），適性検査 | | 一般行政B | 142 | 94 | 94 | 86 | — | — | 41 | ★ | 2.3 |
| ❷個別面接 | 東京都 | 行政（一般方式） | 2,122 | 1,525 | 1,094 | 984 | — | — | 626 | ★ | 2.4 |
| ❷プレゼンテーション，個別面接<br>❸グループワーク，個別面接 | | 行政（新方式） | 560 | 433 | 366 | 315 | 259 | 253 | 230 | ★ | 1.9 |
| ❷個別面接 | | 事務（Ⅰ類A） | 608 | 288 | 120 | 104 | — | — | 51 | ★ | 5.6 |
| ❷個別面接2回，グループワーク，適性検査 | 神奈川県 | 行政 | 1,009 | 616 | 577 | 374 | — | — | 195 | ★ | 3.2 |
| ❷個別面接，適性検査 | | 小中学校等事務Ⅰ種 | 54 | 37 | 32 | 28 | — | — | 9 | ★ | 4.1 |
| | | 警察事務Ⅰ種 | 284 | 185 | 135 | 125 | — | — | 51 | ★ | 3.6 |
| ❶自己PR動画，❷個別面接（プレゼンテーション含む），グループワーク | | 行政（秋季Ⅰ種） | 836 | 463 | 252 | 186 | — | — | 76 | ★ | 6.1 |
| ❷集団討論，個別面接2回，適性検査 | 山梨県 | 行政 | 296 | 251 | 124 | 115 | — | — | 77 | ★ | 3.3 |
| | | 警察行政 | 30 | 26 | 17 | 16 | — | — | 10 | ★ | 2.6 |
| | | 行政（アピール試験型） | 0 | 0 | 0 | 0 | — | — | 0 | ★ | — |
| ❶性格検査<br>❷個別面接2回，グループワーク，適性検査 | 長野県 | 行政B［SPI方式］ | 522 | 376 | 177 | 135 | — | — | 65 | 43 | 5.8 |
| | | 行政B［SPI方式］【秋季チャンス】 | 243 | 118 | 23 | 16 | — | — | 4 | 3 | 29.5 |
| ❶資格加算，❷個別面接2回，グループワーク，適性検査 | | 行政A［一般方式］ | 245 | 178 | 124 | 112 | — | — | 59 | 22 | 3.0 |
| ❶資格加点<br>❷口述試験，適性検査 | | 行政（警察行政職員） | 150 | 64 | 22 | 18 | — | — | 8 | 5 | 8.0 |

| 自治体 | 試験の種類 | 試験区分 | 一次試験日 | 年齢要件 | 6年度試験概要 一次 教養等 出題タイプ | 教養等 時間・問題数 | 専門（択一式）出題タイプ | 専門（択一式）時間・問題数 | 記述式, 論文等 |
|---|---|---|---|---|---|---|---|---|---|
| 新潟県 | 大学卒業程度（先行実施枠） | 一般行政 | 4/21 | 22〜30 | SPI3（70分） | | なし | | ❶自己PRシート |
| | 大学卒業程度 | 一般行政 | 6/16 | | 関東型 | 120分, 40/50問 | 関東型 | 120分, 40/50問 | ❷論文（75分, 1,000字） |
| | | 警察行政 | | | | | | | |
| 岐阜県 | 大学卒程度 | 行政Ⅱ［SPI方式］ | 4/2〜18 | 22〜39 | SPI3（35分） | | なし | | ❷論文（60分） |
| | | 行政Ⅰ | 6/16 | 22〜29 | 全国型 | 150分, 50問 | 全国型 | 120分, 40問 | ❶論文（60分） |
| | | 警察行政 | | | | | | | |
| | 市町村立小中学校等事務職員（大学卒程度） | 市町村立小中学校等事務職員 | | | | | | | |
| 静岡県 | 大学卒業程度 | 行政Ⅰ | 6/16 | 22〜30 | 関東型 | 120分, 40/50問 | 関東型 | 120分, 40/55問 | ❶論文（90分） |
| | | 行政Ⅱ | | 22〜35 | 総合能力試験（120分, 40問） | | | | |
| | | 小中学校事務 | | 22〜30 | 関東型 | 120分, 40/50問 | 関東型 | 120分, 40/55問 | |
| | | 警察行政 | | | | | | | |
| 愛知県 | 第1回職員 | 行政Ⅰ | 5/19 | 22〜29 | その他 | 120分, 40問 | その他 | 120分, 40問 | ❷論文（90分, 800字） |
| | | 行政Ⅱ | | | | | なし | | ❶論文（120分, 1,000字） |
| | 第1回警察職員 | 行政Ⅰ | | | | | その他 | 120分, 40問 | ❷論文（90分） |
| | | 行政Ⅱ | | | | | なし | | ❶論文（120分） |
| 三重県 | A試験 | 一般行政分野（行政Ⅰ） | 6/16 | 22〜29 | 中部・北陸型 | 150分, 50問 | 中部・北陸型 | 120分, 40/50問 | ❷論文（90分） |
| 富山県 | 上級 | 総合行政 | 6/16 | 22〜35 | 中部・北陸型 | 120分, 40/50問 | 中部・北陸型 | 120分, 40/50問 | ❷論文（60分） |
| | | 警察事務 | | | | | | | |
| 石川県 | 大学卒程度 | 行政 | 6/16 | 22〜29 | 中部・北陸型 | 150分, 50問 | 中部・北陸型 | 120分, 40/50問 | ❶論文（70分, 800字） |
| 福井県 | Ⅰ種（アピール枠（行政）） | 行政 | 4/9〜23 | 22〜34 | SPI3 | | なし | | ❶アピールシート選考, ❷論文（70分） |
| | Ⅰ種 | 行政 | 6/16 | | 中部・北陸型 | 150分, 50問 | 中部・北陸型 | 120分, 40/60問 | ❷論文（70分） |
| | | 警察行政 | | | | | | | |
| 滋賀県 | 上級 | 行政（アピール試験型） | 6/2 | 22〜26 | SPI3（70分） | | なし | | ❶アピールシート（記述式）（60分, 1,000字）❷論文（90分） |
| | | 行政（専門試験型） | 6/16 | 22〜34 | 全国型 | 120分, 40/47問 | 全国型 | 120分, 40/50問 | ❷論文（90分） |
| | | 警察事務 | | | | | | | |

| 面接，適性検査等 | 自治体 | 試験区分 | 5年度実施結果 | | | | | | | | 最終倍率 |
|---|---|---|---|---|---|---|---|---|---|---|---|
| | | | 申込者数 | 一次受験者数 | 一次合格者数 | 二次受験者数 | 二次合格者数 | 三次受験者数 | 最終合格者数 総数 | 最終合格者数 女性の内数 | |
| ❷個別面接2回（1回目はプレゼンテーションを含む），集団討論 | 新潟県 | 一般行政 | 285 | 213 | 172 | 154 | — | — | 80 | 35 | 2.7 |
| ❷個別面接2回，集団討論，適性検査 | | | | | | | | | | | |
| ❷個別面接，集団討論，適性検査 | | 警察行政 | 12 | 10 | 3 | 3 | — | — | 1 | 1 | 10.0 |
| ❶性格検査<br>❷個別面接（プレゼンテーション含む），集団討論，適性検査 | 岐阜県 | 行政Ⅱ | 665 | 576 | 105 | 62 | — | — | 20 | 未集計 | 28.8 |
| | | 行政Ⅰ | 441 | 226 | 153 | 136 | — | — | 71 | 未集計 | 3.2 |
| ❷個別面接，集団討論，適性検査 | | 警察行政 | 75 | 42 | 26 | 23 | — | — | 14 | 未集計 | 3.0 |
| | | 市町村立小中学校等事務職員 | 25 | 20 | 14 | 13 | — | — | 3 | 未集計 | 6.7 |
| ❷個別面接2回，集団討論，適性検査 | 静岡県 | 行政Ⅰ | 374 | 285 | 197 | 168 | — | — | 94 | ★ | 3.0 |
| | | 行政Ⅱ | 255 | 168 | 88 | 81 | — | — | 36 | ★ | 4.7 |
| ❷個別面接，集団討論，適性検査 | | 小中学校事務 | 24 | 21 | 18 | 18 | — | — | 5 | ★ | 4.2 |
| | | 警察行政 | 74 | 52 | 37 | 34 | — | — | 22 | ★ | 2.4 |
| ❷面接，適性試験 | 愛知県 | 行政Ⅰ | 1,489 | 1,225 | 579 | 非公表 | — | — | 207 | 110 | 5.9 |
| ❷面接，集団討論，適性試験 | | 行政Ⅱ | 586 | 406 | 180 | 非公表 | — | — | 36 | 17 | 11.3 |
| ❷面接，適性試験 | | 行政Ⅰ（警察職員） | 85 | 62 | 34 | 非公表 | — | — | 9 | 6 | 6.9 |
| ❷面接，集団討論，適性試験 | | 行政Ⅱ（警察職員） | 105 | 82 | 35 | 非公表 | — | — | 10 | 10 | 8.2 |
| ❷個別面接，適性検査 | 三重県 | 一般行政分野（行政Ⅰ） | 360 | 253 | 110 | 102 | — | — | 71 | ★ | 3.6 |
| ❷個別面接2回，集団討論，適性検査 | 富山県 | 総合行政 | 254 | 195 | 119 | 非公表 | — | — | 79 | 非公表 | 2.5 |
| | | 警察事務 | 26 | 18 | 8 | 非公表 | — | — | 3 | 非公表 | 6.0 |
| ❶適性検査<br>❷個別面接，集団討論 | 石川県 | 行政 | 217 | 168 | 100 | 92 | — | — | 73 | 40 | 2.3 |
| ❶性格検査，❷個別面接，適性検査，外国語資格加点 | 福井県 | 行政 | 181 | 148 | 92 | 88 | — | — | 58 | ☆34 | 2.6 |
| ❶適性検査Ⅰ<br>❷個別面接，集団討論，適性検査Ⅱ，外国語資格加点 | | 警察行政 | 63 | 41 | 22 | 17 | — | — | 12 | ☆9 | 3.4 |
| ❶個別面接（自己アピールを含む）<br>❷個別面接，集団討論，適性検査 | 滋賀県 | 行政（アピール試験型） | 183 | 150 | 30 | 27 | — | — | 20 | 11 | 7.5 |
| ❶個別面接<br>❷個別面接，集団討論，適性検査 | | 行政（専門試験型） | 322 | 237 | 132 | 127 | — | — | 75 | 27 | 3.2 |
| | | 警察事務 | 47 | 32 | 10 | 10 | — | — | 5 | 2 | 6.4 |

| 自治体 | 試験の種類 | 試験区分 | 一次試験日 | 年齢要件 | 教養等 出題タイプ | 教養等 時間・問題数 | 専門（択一式）出題タイプ | 専門（択一式）時間・問題数 | 記述式, 論文等 |
|---|---|---|---|---|---|---|---|---|---|
| 京都府 | 職員（一類） | 行政A | 6/16 | 22～30 | その他 | 120分, 40/55問 | 90分, 40問 ※総合政策, 法律, 経済から1科目を選択。出題タイプは, 総合政策は全国型, 法律は法律専門, 経済は経済専門。 | | ●論文（90分） |
| | | 行政A（10月） | | 23～31 | | | | | |
| | | 行政B | | 22～30 | SPI3（70分） | | なし | | ●自己アピール試験（90分），論文（90分） |
| | 公立学校職員 | 学校事務職員A | 9/29 | 26(上限)◇ | 120分, 45/50問 | | なし | | ●作文（60分） |
| | 警察事務職員 | 警察事務職員A | | | | | | | |
| 大阪府 | 大学卒程度 | 行政 | 4/12～25 | 22～25 | SPI3（テストセンター） | | なし | | ❷見識（論文），法律（択一式, 20問），情報（記述式）から選択（60分） |
| | | 警察行政 | | 22～29 | | | | | |
| 兵庫県 | 事務系職種（大卒程度・早期SPI枠） | 総合事務職 | 4/13～26 | | SPI3 | | なし | | ●アピールシート |
| | 事務系職種（大卒程度・通常枠） | 総合事務職 | 6/16 | 22～27 | 全国型 | 150分, 45/55問 | その他 | 120分, 40/80問 | ●論文（60分，800字） |
| | | 警察事務職 | | | | | | | |
| | | 教育事務職 | | | | | | | |
| | | 小中学校事務職 | | | | | | | |
| 奈良県 | I種（行政分野A） | 総合職 | 4/14 | | SPI3（70分） | | なし | | ●小論文（60分，700字） |
| | I種（行政分野B） | 総合職（行政） | 6/16 | 22～30 | 全国型 | 105分, 35/50問 | 全国型 | 90分, 30/55問 | ●論文（75分，800字） |
| | | 警察行政職（警察行政） | | | | | | | |
| 和歌山県 | I種 | 一般行政職（早期募集枠） | 4/3～14 | 22～29 | SCOA（60分, 120問） | | なし | | ❷論文（90分，1,200字） |
| | | 一般行政職 | 6/16 | | | | ※法律, 経済, 総合A, 総合Bから1科目選択。法律, 経済は120分, 40問, 総合A, 総合Bは120分, 40/60問。出題タイプは, 法律は法律専門, 経済は経済専門, 総合A, 総合Bはその他。 | | ●論文（90分，1,200字） |
| | | 学校事務職 | | 22～35 | | | | | |
| | | 警察事務職 | | | | | | | |
| 鳥取県 | 大学卒業程度 | 事務（キャリア総合コース） | 5/12 | | SPI3（70分） | | なし | | ●アピールシート（90分） |
| | | 事務（一般コース） | 6/16 | 22～35 | 全国型 | 150分, 50問 | 全国型 | 120分, 40問 | ●論文（60分） |
| | | 事務（総合分野コース） | | | | | なし | | ●エントリーシート（120分），論文（60分） |
| | | 警察行政 | | | | | | | ●論文（60分） |
| 島根県 | 大学卒業程度 | 行政B（面接重視型） | 4/14 | 22～29 | SPI3（70分） | | なし | | ●自己アピールシート（90分） |
| | | 行政A | 6/16 | | 全国型 | 150分, 50問 | 全国型 | 120分, 40問 | ●論文（90分） |
| | | 警察事務 | | 22～32 | | | | 90分, 20/55問 | |

| 面接，適性検査等 | 自治体 | 試験区分 | 申込者数 | 一次受験者数 | 一次合格者数 | 二次受験者数 | 二次合格者数 | 三次受験者数 | 最終合格者数 総数 | 最終合格者数 女性の内数 | 最終倍率 |
|---|---|---|---|---|---|---|---|---|---|---|---|
| ❶集団面接，適性検査<br>❷個別面接 | 京都府 | 行政A | 487 | 316 | 176 | 170 | — | — | 141 | 76 | 2.2 |
|  |  | 行政A（10月） | 43 | 22 | 8 | 7 | — | — | 2 | 1 | 11.0 |
| ❶アピール型個別面接，適性検査<br>❷個別面接 |  | 行政B | 109 | 50 | 15 | 15 | — | — | 4 | 0 | 12.5 |
| ❶集団面接<br>❷個別面接，適性検査 |  | 学校事務職員A | 95 | 46 | 25 | 22 | — | — | 10 | 7 | 4.6 |
|  |  | 警察事務職員A | 121 | 65 | 16 | 15 | — | — | 4 | 3 | 16.3 |
| ❷個別面接<br>❸個別面接，グループワーク | 大阪府 | 行政 | 1,687 | 1,032 | 552 | 312 | 222 | 201 | 169 | ★ | 6.1 |
| ❷個別面接，適性検査<br>❸個別面接，グループワーク |  | 警察行政 | 346 | 206 | 132 | 106 | 58 | 54 | 33 | ★ | 6.2 |
| ❷個別面接，適性検査 | 兵庫県 | 一般事務職 | 683 | 458 | 382 | 326 | 164 | 155 | 110 | 57 | 4.2 |
| [一次面接試験]個別面接，適性検査<br>[最終面接試験]個別面接 |  | 警察事務職 | 78 | 47 | 28 | 26 | 12 | 12 | 8 | 7 | 5.9 |
|  |  | 教育事務職 | 106 | 78 | 63 | 58 | 47 | 47 | 36 | 24 | 2.2 |
|  |  | 小中学校事務職 | 42 | 29 | 18 | 17 | 15 | 13 | 11 | 8 | 2.6 |
| ❶性格検査，グループワーク，集団面接　❷個別面接２回 | 奈良県 | 総合職（行政）（行政アピール型） | 308 | 294 | 57 | 50 | — | — | 25 | 14 | 11.8 |
| ❶集団面接，適性検査<br>❷個別面接，グループワーク |  | 総合職（行政） | 301 | 222 | 175 | 164 | — | — | 118 | 58 | 1.9 |
|  |  | 警察行政職（警察行政） | 18 | 15 | 7 | 5 | — | — | 3 | 2 | 5.0 |
| ❶適性検査<br>❷個別面接２回（２回目はプレゼンテーションを含む） | 和歌山県 | 一般行政職（特別枠） | 15 | 14 | 14 | 13 | — | — | 5 | ☆4 | 2.8 |
| ❶適性検査<br>❷個別面接２回 |  | 一般行政職（通常枠） | 285 | 223 | 180 | 156 | — | — | 70 | ☆33 | 3.2 |
| ❶適性検査<br>❷個別面接 |  | 警察事務職 | 19 | 15 | 10 | 10 | — | — | 3 | ☆2 | 5.0 |
| ❶適性検査<br>❷個別面接２回，集団討論 | 鳥取県 | 事務（キャリア総合コース） | 194 | 136 | 60 | 56 | — | — | 33 | ☆20 | 4.1 |
|  |  | 事務（一般コース） | 110 | 83 | 56 | 52 | — | — | 31 | ☆16 | 2.7 |
|  |  | 事務（総合分野コース） | 44 | 27 | 25 | 25 | — | — | 12 | ☆7 | 2.3 |
| ❶適性検査<br>❷個別面接 |  | 警察行政 | 15 | 10 | 6 | 6 | — | — | 1 | ☆1 | 10.0 |
| ❶性格検査<br>❷個別面接①（プレゼンテーション含む），個別面接②，集団討論 | 島根県 | 行政B | 278 | 220 | 64 | 62 | — | — | 40 | ★ | 5.5 |
| ❶性格検査<br>❷個別面接，集団討論 |  | 行政A | 118 | 57 | 49 | 48 | — | — | 28 | ★ | 2.0 |
| ❶性格検査<br>❷個別面接 |  | 警察事務 | 24 | 17 | 15 | 15 | — | — | 9 | ★ | 1.9 |

*表頭：5年度実施結果*

| 自治体 | 試験の種類 | 試験区分 | 一次試験日 | 年齢要件 | 6年度試験概要 | | | | 記述式，論文等 |
|---|---|---|---|---|---|---|---|---|---|
| | | | | | 一次 | | | | |
| | | | | | 教養等 | | 専門（択一式） | | |
| | | | | | 出題タイプ | 時間・問題数 | 出題タイプ | 時間・問題数 | |
| 岡山県 | 県職員A（アピール型） | 行政 | 4/21 | 22〜26 | SPI3 (70分，70問) | | なし | | ❶アピールシート（90分，3題，各600字） |
| | 県職員A | 行政 | 6/16 | 22〜30 | 全国型 | 150分，50問 | 全国型 | 120分，40問 | なし |
| | 警察行政職員A | 警察行政職員A | | | | | なし | | ❶論文（90分，1,200字） |
| 広島県 | 大学卒業程度 | 行政（一般方式） | 6/16 | 22〜29 | その他 | 110分，30問 | 120分 ※行政，法律，経済から選択。出題タイプは，行政は全国型，法律は法律専門，経済は経済専門。 | | ❶論文（90分，800字） |
| | | 小中学校事務 | | | | | | | |
| | | 警察行政 | | | | | | | |
| | | 行政（SPI・アピール方式） | | 22〜26 | SPI3 (70分) | | なし | | ❶アピールシート（60分），論文（90分，800字） |
| 山口県 | 大学卒業程度（やまぐち型） | 行政 | 4/1〜12 | 22〜29 | SPI3 | | なし | | ❷論文（60分，1,000字） |
| | | 警察行政 | | | | | | | |
| | 大学卒業程度 | 行政 | 6/16 | | 全国型 | 150分，50問 | 全国型 | 120分，40問 | ❷論文（60分，1,000字） |
| | | 警察行政 | | | | | | | |
| 徳島県 | 大学卒業程度 | 行政事務 | 6/16 | 22〜36 | 全国型 | 150分，50問 | その他 | 135分，45/95問 | ❷論文（90分，1,000字） |
| | | 学校事務 | | | | | 全国型 | 120分，40問 | |
| | | 警察事務 | | | | | | | |
| 香川県 | 大学卒業程度 | 一般行政事務A | 6/16 | 22〜29 | 全国型 | 150分，50問 | 全国型 | 120分，40問 | ❶論文（90分） |
| | | 学校事務 | | | | | | | |
| | | 警察行政事務 | | | | | | | |
| | | 一般行政事務B | | | SCOA (60分，120問) | | なし | | |
| 愛媛県 | 上級 | 行政事務〔アピール型〕 | 4/1〜15 | 22〜34 | SCOA | | なし | | ❶自己アピール（受付期間内に登録）❷作文（60分） |
| | | 行政事務 | 6/16 | | 全国型 | 150分，50問 | 全国型 | 120分，40問 | ❷作文（60分） |
| | | 学校事務 | | | | | | | |
| | | 警察事務 | | | | | | | |
| 高知県 | 大学卒業程度 | 行政（チャレンジ型） | 4/14 | 22〜34 | SPI3 (70分，70問) | | なし | | ❶アピールシート ❷論文 |
| | | 行政 | 6/16 | 22〜29 | 全国型 | 150分，50問 | 全国型 | 120分，40問 | ❷論文 |
| | | 警察事務 | | | | | | | |
| | | 教育事務 | | | | | | | |
| 福岡県 | I類 | 行政 | 6/16 | 22〜29 | 全国型 | 150分，50問 | 全国型 | 120分，40問 | ❷論文 |
| | | 教育行政 | | | | | | | |
| | | 警察行政 | | | | | | | |

| 面接，適性検査等 | 5年度実施結果 | | | | | | | | | | |
|---|---|---|---|---|---|---|---|---|---|---|---|
| | 自治体 | 試験区分 | 申込者数 | 一次受験者数 | 一次合格者数 | 二次受験者数 | 二次合格者数 | 三次受験者数 | 最終合格者数 総数 | 最終合格者数 女性の内数 | 最終倍率 |
| ❶適性検査<br>❷グループワーク，個別面接2回 | 岡山県 | 行政（アピール型） | 225 | 170 | 49 | 39 | — | — | 16 | ☆13 | 10.6 |
| ❶適性検査<br>❷第一次個別面接，第二次個別面接（自己PRを含む） | | 行政 | 386 | 288 | 183 | 159 | — | — | 82 | ☆46 | 3.5 |
| ❶適性検査<br>❷集団面接，個別面接 | | 警察行政職員A | 106 | 57 | 32 | 30 | — | — | 8 | ☆8 | 7.1 |
| ❷個別面接2回 | 広島県 | 行政（一般事務A） | 459 | 362 | 253 | 224 | — | — | 117 | 65 | 3.1 |
| | | 行政（小中学校事務） | 20 | 15 | 9 | 9 | — | — | 7 | 5 | 2.1 |
| | | 行政（警察事務） | 33 | 29 | 14 | 14 | — | — | 7 | 6 | 4.1 |
| ❷個別面接2回（2回目はプレゼンテーション含む）※いずれもオンライン<br>❸個別面接 | | 行政（一般事務B） | 108 | 74 | 50 | 41 | 37 | 37 | 22 | 16 | 3.4 |
| ❶性格検査<br>❷個別面接，集団討論 | 山口県 | 行政（チャレンジ型） | 261 | 215 | 62 | 58 | — | — | 25 | 非公表 | 8.6 |
| | | 警察行政（チャレンジ型） | 59 | 44 | 10 | 10 | — | — | 5 | 非公表 | 8.8 |
| ❷個別面接，集団討論 | | 行政 | 217 | 148 | 95 | 85 | — | — | 45 | 非公表 | 3.3 |
| | | 警察行政 | 25 | 14 | 10 | 10 | — | — | 6 | 非公表 | 2.3 |
| ❷プレゼンテーション，個別面接，適性検査 | 徳島県 | 行政事務 | 359 | 299 | 119 | 104 | — | — | 79 | ★ | 3.8 |
| | | 学校事務 | 48 | 40 | 12 | 11 | — | — | 8 | ★ | 5.0 |
| | | 警察事務 | 55 | 45 | 15 | 15 | — | — | 13 | ★ | 3.5 |
| ❷個別面接，集団討論，適性検査 | 香川県 | 一般行政事務A | 281 | 222 | 98 | 88 | — | — | 65 | ★ | 3.4 |
| | | 学校事務 | 28 | 25 | 13 | 12 | — | — | 9 | ★ | 2.8 |
| | | 警察行政事務 | 30 | 25 | 14 | 12 | — | — | 7 | ★ | 3.6 |
| | | 一般行政事務B | 53 | 44 | 16 | 10 | — | — | 5 | ★ | 8.8 |
| ❶性格検査,特定資格等加点<br>❷個別面接，集団面接，集団討論，適性検査 | 愛媛県 | 行政事務（アピール型） | 140 | 105 | 35 | 25 | — | — | 16 | 10 | 6.6 |
| ❷個別面接，集団討論，適性検査 | | 行政事務 | 307 | 204 | 129 | 96 | — | — | 55 | 23 | 3.7 |
| | | 学校事務 | 85 | 66 | 45 | 40 | — | — | 18 | 9 | 3.7 |
| | | 警察事務 | 114 | 74 | 24 | 21 | — | — | 16 | 11 | 4.6 |
| ❷個別面接2回，集団討論，適性検査 | 高知県 | （チャレンジ型）行政 | 81 | 49 | 21 | 19 | — | — | 2 | ☆1 | 24.5 |
| | | 行政（第一志望）（第二志望） | 195 / 34 | 157 / 27 | 86 | 82 | — | — | 46 | ☆27 | 3.0 |
| | | 警察事務（第一志望）（第二志望） | 17 / 50 | 13 / 42 | 12 | 11 | — | — | 5 | ☆2 | |
| | | 教育事務（第一志望）（第二志望） | 27 / 114 | 20 / 52 | 30 | 24 | — | — | 12 | ☆6 | |
| ❷個別面接，適性検査 | 福岡県 | 行政 | 734 | 474 | 80 | 70 | — | — | 45 | ★ | 10.5 |
| | | 教育行政 | 115 | 94 | 48 | 46 | — | — | 23 | ★ | 4.1 |
| | | 警察行政 | 97 | 65 | 33 | 30 | — | — | 13 | ★ | 5.0 |

| 自治体 | 試験の種類 | 試験区分 | 一次試験日 | 年齢要件 | 教養等 出題タイプ | 教養等 時間・問題数 | 専門（択一式）出題タイプ | 専門（択一式）時間・問題数 | 記述式, 論文等 |
|---|---|---|---|---|---|---|---|---|---|
| 佐賀県 | 特別枠 | 行政 | 4/1〜11 | 22〜25 | 教養試験（60分, 120問） | | なし | | ❶書類選考（アピールシートを申込時に提出）❸論文（90分） |
| | | 教育行政 | | | | | | | |
| | 大学卒業程度 | 行政 | 6/16 | 22〜29 | 全国型 | 150分, 50問 | 全国型 | 120分, 40問 | ❶論文（90分） |
| | | 教育行政 | | | | | | | |
| | | 警察行政 | | | | | | | |
| 長崎県 | 大学卒業程度 | 行政B | 4/1〜16 | 22〜29 | SPI3 | | なし | | ❷論文（90分, 1,200字） |
| | | 教育事務B | | | | | | | |
| | | 行政A | 6/16 | | 全国型 | 150分, 50問 | 全国型 | 120分, 40問 | ❷論文（90分, 1,200字） |
| | | 教育事務A | | | | | | | |
| | | 交通局事務A | | | | | | | |
| | | 警察事務A | | | | | | | |
| 熊本県 | 大学卒業程度 | 行政 | 6/16 | 22〜35 | 全国型 | 150分, 40/50問 | その他 | 120分, 40/80問 | ❶論文（90分） |
| | | 警察行政 | | | | | | | |
| | | 教育行政 | | | | | | | |
| 大分県 | 上級 | （先行実施枠）行政 | 4/1〜10 | 22〜25 | SCOA（60分, 120問） | | なし | | ❷論文（80分, 1,000字） |
| | | 行政 | 6/16 | 22〜29 | 全国型 | 150分, 50問 | 全国型 | 120分, 40問 | ❷論文（80分, 1,000字） |
| | | 教育事務 | | | | | | | |
| | | 警察事務 | | | | | | | |
| 宮崎県 | 大学卒業程度 | 一般行政特別枠 | 4/5〜22 | 22〜29 | C-GABplus（基礎能力検査, 40問） | | なし | | ❷論文（90分） |
| | | 一般行政 | 6/16 | | 全国型 | 150分, 50問 | 全国型 | 120分, 40問 | ❶論文（90分） |
| | | 警察行政 | | | | | | | |
| 鹿児島県 | 大学卒業程度 | 行政（先行実施枠） | 4/14 | 22〜29 | SPI3（70分, 70問） | | なし | | ❶エントリーシート（一次試験時に提出）, PR論文（60分, 800字） |
| | | 行政（40問必須解答型） | 6/16 | 22〜29 | 全国型 | 150分, 50問 | 全国型 | 120分, 40問 | ❶エントリーシート（一次試験時に提出）❷論文（90分, 1,000字） |
| | | 行政（選択解答型） | | | | | その他 | 120分, 40/80問 | |
| | | 警察事務 | | | | | 全国型 | 120分, 40問 | |
| 沖縄県 | 上級 | 行政 | 6/16 | 22〜35 | 全国型 | 150分, 50問 | 全国型 | 120分, 40問 | ❷論文（120分, 1,000字） |
| | | 警察事務 | | | | | | | |

| 面接，適性検査等 | 自治体 | 試験区分 | 申込者数 | 一次受験者数 | 一次合格者数 | 二次受験者数 | 二次合格者数 | 三次受験者数 | 最終合格者数 総数 | 最終合格者数 女性の内数 | 最終倍率 |
|---|---|---|---|---|---|---|---|---|---|---|---|
| ❶語学資格保有者への加点<br>❷個別面接<br>❸個別面接 | 佐賀県 | 行政（特別枠） | 368 | 342 | 126 | 109 | 58 | 非公表 | 29 | ★ | 11.8 |
|  |  | 教育行政（特別枠） | 44 | 41 | 13 | 13 | 8 | 非公表 | 3 | ★ | 13.7 |
| ❶語学資格保有者への加点<br>❷個別面接２回 |  | 行政 | 224 | 150 | 40 | 35 | — | — | 20 | ★ | 7.5 |
|  |  | 教育行政 | 39 | 30 | 12 | 11 | — | — | 6 | ★ | 5.0 |
|  |  | 警察事務 | 19 | 13 | 6 | 4 | — | — | 3 | ★ | 4.3 |
| ❶性格検査<br>❷個別面接，グループワーク，適性検査 | 長崎県 | 行政B（SPI方式） | 242 | 204 | 94 | 77 | — | — | 42 | ☆29 | 4.9 |
|  |  | 教育事務B（SPI方式） | 34 | 27 | 14 | 13 | — | — | 8 | ☆6 | 3.4 |
| ❷個別面接，グループワーク，適性検査 |  | 行政A | 179 | 151 | 88 | 72 | — | — | 55 | ☆22 | 2.7 |
|  |  | 教育事務A | 50 | 48 | 24 | 23 | — | — | 16 | ☆8 | 3.0 |
|  |  | 交通局事務A | 1 | 0 | 0 | 0 | — | — | 0 | ☆0 | — |
|  |  | 警察事務A | 15 | 9 | 6 | 4 | — | — | 3 | ☆2 | 3.0 |
| ❶資格加点<br>❷個別面接<br>❸個別面接，集団討論 | 熊本県 | 行政 | 408 | 307 | 233 | 214 | 110 | 109 | 91 | 非公表 | 3.4 |
|  |  | 警察行政 | 31 | 21 | 9 | 8 | 5 | 5 | 3 | 非公表 | 7.0 |
| ❷個別面接<br>❸個別面接，集団討論 |  | 教育行政 | 56 | 40 | 24 | 24 | 22 | 22 | 19 | 非公表 | 2.1 |
| ❷個別面接２回，適性検査 | 大分県 | （先行実施枠）行政 | 322 | 297 | 120 | 119 | — | — | 40 | ☆23 | 7.4 |
| ❷個別面接２回，適性検査 |  | 行政 | 297 | 218 | 96 | 83 | — | — | 32 | ☆13 | 6.8 |
|  |  | 教育事務 | 52 | 41 | 25 | 24 | — | — | 16 | ☆9 | 2.6 |
|  |  | 警察事務 | 29 | 22 | 12 | 10 | — | — | 5 | ☆3 | 4.4 |
| ❶性格検査<br>❷個別面接２回 | 宮崎県 | 一般行政特別枠 | 280 | 200 | 93 | 82 | — | — | 31 | ★ | 6.5 |
| ❶適性検査<br>❷個別面接２回 |  | 一般行政 | 200 | 156 | 125 | 107 | — | — | 67 | ★ | 2.3 |
| ❶適性検査<br>❷個別面接２回，適性検査 |  | 警察行政 | 26 | 18 | 10 | 10 | — | — | 6 | ★ | 3.0 |
| ❷個別面接２回，適性検査 | 鹿児島県 | 行政（特別枠） | 266 | 213 | 101 | 94 | — | — | 44 | 23 | 4.8 |
| ❷個別面接２回，適性検査 |  | 行政（40問必須解答型と選択解答型の合計） | 377 | 306 | 113 | 103 | — | — | 61 | 31 | 5.0 |
| ❷個別面接，適性検査 |  | 警察事務 | 20 | 16 | 13 | 12 | — | — | 6 | 3 | 2.7 |
| ❷個別面接，集団討論，適性検査 | 沖縄県 | 行政 | 850 | 709 | 170 | 150 | — | — | 108 | ☆51 | 6.6 |
|  |  | 警察事務 | 82 | 66 | 4 | 4 | — | — | 2 | ☆2 | 33.0 |

5年度実施結果

| 自治体 | 試験の種類 | 試験区分 | 一次試験日 | 年齢要件 | 教養等 出題タイプ | 教養等 時間・問題数 | 専門（択一式）出題タイプ | 専門（択一式）時間・問題数 | 記述式，論文等 |
|---|---|---|---|---|---|---|---|---|---|
| 札幌市 | 大学の部 | 一般事務（行政コース） | 6/16 | 29（上限）◇ | 筆記試験（120分，教養系20問，専門系20/45問） | | | | なし |
| | | 学校事務 | | | | | | | |
| 仙台市 | 大学卒程度 | 事務 | 6/16 | 22～35 | 全国型 | 120分，40/45問 | 全国型 | 120分，40/56問 | ❷論文（120分，1,200字） |
| さいたま市 | 大学卒業程度 | 行政事務A | 6/16 | 22～30 | 全国型 | 120分，40/50問 | 全国型 | 120分，40/50問 | ❷論文（60分，1,000字） |
| | | 学校事務 | | | | | なし | | |
| | | 行政事務B（4月採用） | | | SPI3（70分） | | | | |
| 千葉市 | 上級 | 事務（行政A） | 6/16 | 22～28 | 全国型 | 150分，45/55問 | 全国型 | 120分，40/50問 | ❷論文（60分，800字） |
| | | 事務（行政B） | | 22～60 | 60分，60問 | | なし | | ❷自己PR論文（60分，800字） |
| 特別区 | Ⅰ類 | 事務（一般事務） | 4/21 | 22～31 | 独自 | 120分，40/48問 | 独自 | 90分，40/55問 | ❶論文（80分，1,000～1,500字） |
| 横浜市 | 大学卒程度 | 事務【春実施枠】 | 3/19～4/2 | 22～30 | SPI3（35分） | | なし | | なし |
| | 大学卒程度等 | 事務 | 6/16 | 22～30 | その他 | 150分，50問 | なし | | ❶論文（60分，750字） |
| | | 学校事務 | | | | | | | |
| 川崎市 | 大学卒程度 | 行政事務 | 6/16 | 22～29 | 総合筆記試験（180分，60問） | | | | ❷小論文（80分，1,000～1,200字） |
| | | 学校事務 | | | | | | | |
| 相模原市 | 大学卒業程度 | 行政 | 6/16 | 22～35 | その他 | 90分，30問 | なし | | ❷論述試験（60分，700字） |
| | | 学校事務 | | | | | | | なし |
| 新潟市 | 大学卒業程度 | 一般行政B | 4/1～15 | 22～28 | SPI3 | | なし | | ❸論文（60分，1,200字） |
| | | 一般行政A | 6/16 | | 全国型 | 120分，40問 | 全国型 | 120分，40問 | |
| 静岡市 | 大学卒程度 | 事務A | 6/16 | 22～30 | 全国型 | 150分，55問 | なし | | ❷事務処理能力試験 |
| | | 事務B | | | なし | | 全国型 | 150分，55問 | |
| | | 小中学校事務 | | | 全国型 | 150分，55問 | なし | | |
| 浜松市 | 第Ⅰ類行政職員 | 事務（行政B） | 6/16 | 29（上限）◇ | SPI3 | | なし | | ❸小論文（60分） |
| | | 事務（行政A） | | | 90分，30問 | | 120分，40問 | | |
| | | 事務（学校事務） | | | | | | | |
| 名古屋市 | 春実施試験 第1類 | 事務（行政〈教養型〉） | 4/21 | 22～30 | その他 | 120分，40問 | なし | | ❶論文（60分） |
| | | 事務（行政〈プレゼンテーション型〉） | | | 基礎能力試験（60分，60問） | | | | なし |
| | 春実施試験 第1類 | 事務（行政） | | | その他 | 120分，40問 | その他 | 120分，40問 | ❶論文（60分） |
| | 夏実施試験 第1類 | 学校事務 | 6/16 | | 全国型 | 150分，50問 | なし | | |

6年度試験概要

| 面接，適性検査等 | 5年度実施結果 | | | | | | | | | | |
| --- | --- | --- | --- | --- | --- | --- | --- | --- | --- | --- | --- |
| | 自治体 | 試験区分 | 申込者数 | 一次受験者数 | 一次合格者数 | 二次受験者数 | 二次合格者数 | 三次受験者数 | 最終合格者数 総数 | 最終合格者数 女性の内数 | 最終倍率 |
| ❶個別面談 ❷個別面接 | 札幌市 | 一般事務（行政コース） | 1,072 | 807 | 279 | 273 | — | — | 188 | ★ | 4.3 |
| | | 学校事務 | 58 | 43 | 25 | 25 | — | — | 13 | ★ | 3.3 |
| ❷個別面接，集団面接，適性検査 | 仙台市 | 事務 | 617 | 505 | 106 | 102 | — | — | 79 | ★ | 6.4 |
| ❷個別面接，集団面接（グループディスカッションを含む），適性検査 | さいたま市 | 行政事務A | 882 | 645 | 391 | 295 | — | — | 182 | ★ | 3.5 |
| | | 学校事務 | 62 | 42 | 37 | 29 | — | — | 16 | ★ | 2.6 |
| | | 行政事務B | 272 | 206 | 113 | 79 | — | — | 32 | ★ | 6.4 |
| ❶個別面談 ❷個別面接，適性検査 | 千葉市 | 事務（行政A） | 506 | 420 | 194 | 186 | — | — | 112 | ★ | 3.8 |
| ❶集団討論 ❷個別面接，適性検査，語学加算 | | 事務（行政B） | 179 | 134 | 29 | 28 | — | — | 11 | ★ | 12.2 |
| ❷個別面接 | 特別区 | 事務 | 8,541 | 7,668 | 5,955 | 4,595 | — | — | 3,013 | ★ | 2.5 |
| ❶性格検査，❷Myストーリープレゼンテーション，❸面接 | 横浜市 | 事務（特別実施枠）【SPI方式】 | 1,453 | 1,340 | 302 | 257 | 129 | 118 | 57 | ★ | 23.5 |
| ❷個別面接 ❸個別面接 | | 事務 | 1,829 | 1,451 | 593 | 544 | 362 | 330 | 180 | ★ | 8.1 |
| ❷個別面接 | | 学校事務 | 93 | 76 | 38 | 36 | — | — | 13 | ★ | 5.8 |
| ❶個別面談 ❷個別面接 | 川崎市 | 行政事務 | 1,130 | 784 | 348 | 328 | — | — | 193 | ☆102 | 4.1 |
| | | 学校事務 | 55 | 35 | 21 | 21 | — | — | 12 | ☆9 | 2.9 |
| ❷グループワーク，事務適性検査 ❸個別面接 | 相模原市 | 行政 | 568 | 445 | 273 | 258 | 121 | 113 | 71(13) | ☆32(5) | 6.3 |
| ❶個別面談，事務適性検査 ❷個別面接 | | 学校事務 | 53 | 43 | 10 | 10 | — | — | 5(1) | ☆3(1) | 8.6 |
| ❶性格検査，❷個別面接，❸個別面接，適性検査 | 新潟市 | 一般行政B | 46 | 38 | 24 | 24 | 16 | 15 | 9 | ★ | 4.2 |
| ❷個別面接 ❸個別面接（2回），適性検査 | | 一般行政A | 231 | 178 | 120 | 111 | 78 | 70 | 47 | ★ | 3.8 |
| ❶グループワーク ❷適性検査，個別面接2回 | 静岡市 | 事務A | 482 | 385 | 137 | 128 | — | — | 89 | ★ | 4.3 |
| | | 事務B | 40 | 24 | 9 | 7 | — | — | 6 | ★ | 4.0 |
| ❶グループワーク ❷個別面接 | | 小中学校事務 | 23 | 18 | 13 | 12 | — | — | 6 | ★ | 3.0 |
| ❶性格検査，個別面接 ❷個別面接 | 浜松市 | 事務（行政B） | 220 | 146 | 77 | 70 | 41 | 31 | 26 | 未集計 | 5.6 |
| ❶性格検査，個別面接 ❷個別面接 | | 事務（行政A） | 211 | 136 | 105 | 103 | 65 | 56 | 49 | 未集計 | 2.8 |
| | | 事務（学校事務） | 14 | 8 | 4 | 4 | 2 | 2 | 2 | 未集計 | 4.0 |
| ❷個別面接①，個別面接② | 名古屋市 | 事務（行政〈教養型〉） | 1,121 | 899 | 413 | 非公表 | — | — | 98 | ★ | 9.2 |
| ❷個別面接①，個別面接②（プレゼンテーション） | | 事務（行政〈プレゼンテーション型〉） | 257 | 203 | 153 | 非公表 | — | — | 33 | ★ | 6.2 |
| ❷個別面接①，個別面接② | | 事務（行政） | 1,735 | 1,473 | 562 | 非公表 | — | — | 146 | ★ | 10.1 |
| ❷個別面接 | | 学校事務 | 216 | 126 | 28 | 非公表 | — | — | 13 | ★ | 9.7 |

| 自治体 | 試験の種類 | 試験区分 | 一次試験日 | 年齢要件 | 教養等 出題タイプ | 教養等 時間・問題数 | 専門（択一式） 出題タイプ | 専門（択一式） 時間・問題数 | 記述式，論文等 | |
|---|---|---|---|---|---|---|---|---|---|---|
| 京都市 | 上級 | 一般事務職〈京都方式〉（行政） | 4/4〜17 | 22〜30 | SPI3（35分） | | なし | | ❶課題作文（60分） | |
| | | 一般事務職〈一般方式〉（行政） | 6/16 | 22〜30 | その他 | 90分，30問 | 全国型 | 90分，30/40問 | ❶作文（40分，600字） | |
| 大阪市 | 事務行政（22-25）（論文〈行政〉） | | 6/16 | 22〜25 | SPI3（70分） | | なし | | ❶論文（90分） | |
| | 事務行政（22-25）（択一式〈法律〉） | | | | | | 法律（90分，25/30問） | | なし | |
| 堺 市 | 大学卒程度 | 事務 | 5/26 | 22〜25 | SPI3（70分，70問） | | なし | | ❷論文（60分，800字） | |
| 神戸市 | 大学卒【適性検査方式】 | 総合事務 | 4/11〜21 | 24（上限）◇ | SPI3（35分） | | なし | | なし | |
| | 大学卒【基礎的能力・専門試験方式】 | 総合事務 | 6/16 | 24（上限）◇ | 基礎的な能力試験（150分，40/45問） | | 80分，25問※22分野（各5問）中5分野選択 | | ❸論文 | |
| | | 交通事務 | | | | | | | | |
| 岡山市 | 大学卒業程度 | 事務一般枠A | 6/16 | 22〜30 | その他 | 120分，40問 | 全国型 | 90分，40問 | ❷エントリーシート | |
| | | 事務一般枠B | | | SPI3（70分，70問） | | なし | | | |
| 広島市 | Ⅰ種 | 行政事務（SPI枠） | 4/3〜11 | 29（上限） | SPI3（35分） | | なし | | ❷小論文（60分，1,000字） | |
| | | 行政事務（一般枠）（法律） | 6/16 | | 全国型 | 150分，45/55問 | 法律専門 | 120分，40問 | ❶小論文（60分，1,000字） | |
| | | 行政事務（一般枠）（経済） | | | | | 経済専門 | | | |
| | | 行政事務（一般枠）（行政） | | | | | 全国型 | | | |
| 北九州市 | 上級（先行枠） | 一般事務員（行政〈プレゼン〉） | 4/1〜15 | 22〜40 | SPI3 | | なし | | ❸課題分析・提案シート作成（60分） | |
| | 上級（通常枠） | 一般事務員（行政Ⅰ〈専門択一〉） | 6/16 | 22〜30 | 全国型 | 150分，50問 | 全国型 | 120分，40問 | ❶論述（60分） | |
| | | 一般事務員（行政Ⅰ〈小論文〉） | | | | | なし | | ❶小論文（60分，800字），論述（60分） | |
| | 上級（秋季枠） | 一般事務員（行政〈プレゼン〉） | 9/6〜19 | 22〜40 | SPI3 | | なし | | ❸課題分析・提案シート作成（60分） | |
| 福岡市 | 上級 | 行政事務（行政〈特別枠〉） | 4/1〜14 | 22〜29 | SPI3 | | なし | | ❷論文（60分，600字） | |
| | | 行政事務（行政〈一般〉） | 6/16 | | 全国型 | 150分，50問 | 全国型 | 120分，40問 | ❶論文（75分，1,000字） | |
| 熊本市 | 大学卒業程度（早期枠） | 事務職 | 4/1〜18 | 22〜32 | 基礎的な能力試験（60分） | | なし | | なし | |
| | 大学卒業程度 | 事務職 | 6/16 | | 全国型 | 150分 | 全国型 | 120分 | ❶論文（90分） | |
| | | 学校事務職 | | | | | | | | |
| 警視庁 | 警察行政職員Ⅰ類 | 事務 | 4/21 | 22〜29 | 独自 | 130分，40問 | なし | | ❶専門記述式（120分，10題中3題），論文（90分，1,000〜1,500字） | |
| 東京消防庁 | 職員Ⅰ類 | 事務 | | | | | | | ❶専門記述式（60分，10題中3題），論文（90分，1,000〜1,500字） | |

| 面接，適性検査等 | 自治体 | 試験区分 | 5年度実施結果 | | | | | | | | |
|---|---|---|---|---|---|---|---|---|---|---|---|
| | | | 申込者数 | 一次受験者数 | 一次合格者数 | 二次受験者数 | 二次合格者数 | 三次受験者数 | 最終合格者数 | | 最終倍率 |
| | | | | | | | | | 総数 | 女性の内数 | |
| ❶性格検査，個別面接（WEB）❷個別面接 ❸個別面接 | 京都市 | 一般事務職（行政）〈京都方式〉 | 756 | 691 | 204 | 非公表 | 94 | 非公表 | 69 | 非公表 | 10.0 |
| ❶個別面接 ❷個別面接 | | 一般事務職（行政）〈一般方式〉 | 361 | 296 | 194 | 非公表 | 111 | 非公表 | 86 | 非公表 | 3.4 |
| ❷個別面接 | 大阪市 | 事務行政（22-25） | 2,216 | 1,129 | 387 | 352 | — | — | 260 | 未集計 | 4.3 |
| 性格検査 ❷個別面接，❸個別面接 | 堺市 | 事務 | 1,146 | 893 | 528 | 256 | 181 | 168 | 99 | ★ | 9.0 |
| ❶性格検査，❷個別面接（WEB），エントリーシート，❸個別面接，グループワーク | 神戸市 | 総合事務（通年募集枠） | 378 | 363 | 73 | 非公表 | 34 | 非公表 | 11 | ★ | 33.0 |
| ❶適性検査（性格検査）❷個別面接（WEB）❸個別面接，グループワーク | | 総合事務（一括募集枠） | 300 | 226 | 156 | 非公表 | 93 | 非公表 | 45 | ★ | 5.0 |
| | | 交通事務（一括募集枠） | 4 | 4 | 3 | 非公表 | 2 | 非公表 | 0 | ★ | |
| ❶適性検査 ❷個別面接，集団活動 ❸個別面接 | 岡山市 | 事務一般枠A | 269 | 179 | 130 | 122 | 102 | 96 | 62 | 未集計 | 2.9 |
| | | 事務一般枠B | 183 | 136 | 39 | 31 | 20 | 19 | 11 | 未集計 | 12.4 |
| ❷個別面接 ❸個別面接，集団討論 | 広島市 | 行政事務（法律・経済・行政） | 514 | 362 | 293 | 280 | 194 | 188 | 110 | ★ | 3.3 |
| ❶性格検査，❷個別面接 ❸プレゼン・個別面接 | 北九州市 | 一般事務員（行政Ⅰ〈プレゼン〉）（先行枠） | 257 | 242 | 90 | 76 | 39 | 29 | 25 | 非公表 | 9.7 |
| ❶個別面接 ❷個別面接，性格検査（WEB） | | 一般事務員（行政Ⅰ〈専門択一〉） | 241 | 159 | 60 | 59 | — | — | 42 | 非公表 | 3.8 |
| | | 一般事務員（行政Ⅰ〈小論文〉） | 126 | 89 | 27 | 27 | — | — | 21 | 非公表 | 4.2 |
| ❷個別面接 ❸プレゼン・個別面接 | | 一般事務員（行政Ⅰ〈プレゼン〉）（秋季枠） | 66 | 54 | 25 | 21 | 7 | 7 | 4 | 非公表 | 13.5 |
| ❶性格検査，個別面接（WEB，自主的アピールを含む）❷個別面接（論文の説明を含む），適性検査 | 福岡市 | 行政事務（行政〈特別枠〉）定期採用 | 687 | 639 | 111 | 99 | — | — | 51 | ★ | 12.5 |
| ❶個別面接 ❷個別面接，適性検査 | | 行政事務（行政〈一般〉） | 786 | 511 | 108 | 100 | — | — | 65 | ★ | 7.9 |
| 適性検査，❷個別面接（2回） | 熊本市 | 事務職 | 438 | 277 | 126 | 非公表 | — | — | 63 | 非公表 | 4.4 |
| ❶適性検査，資格加点 ❷個別面接2回，集団討論 | | 学校事務職 | 27 | 17 | 9 | 非公表 | — | — | 5 | 非公表 | 3.4 |
| ❷個別面接，適性検査 | 警視庁 | 事務 | 非公表 | 450 | 128 | 非公表 | — | — | 49 | 非公表 | 9.2 |
| ❶適性検査 ❷個別面接 | 東京消防庁 | 事務 | 93 | 41 | 38 | 38 | — | — | 13 | 非公表 | 3.2 |

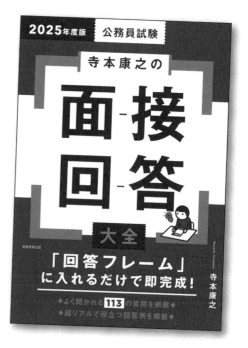

# PART 2

# 地方自治体情報パック

都道府県・政令指定都市・特別区について,

その自治体の魅力,仕事の概要がわかるように,

- 基本施策・長期計画
- 主要プロジェクト
- 恒例になっているイベント
- 今後予定されているイベント
- 主な文化施設
- ユニークな条例
- ユニークな組織・部署
- 今後の行政課題

などを一気に掲載。

さらに,配属,異動,昇任,大卒・短大卒程度の募集職種などの

人事データについても紹介しよう。

- **●インターンシップについて●**
  募集・実施時期について,現時点の見込を掲載しています。
  最新の情報は各自で受験先のホームページで確認してください。
- **●人事データ欄について●**
  **募集職種**:受験案内で「2024年度」と表記している自治体を含め,「令和6年度」で統一しています。

# 北海道

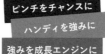

| インターンシップ | 募集：大学を経由 |
| --- | --- |
| | 実施：大学を経由 |

## DATA BOX

〒060-8588　札幌市中央区北3条西6丁目
☎011-231-4111（代表）

◆**人口**　5,009,789人（令和6年3月31日）
◆**面積**　83,423.23㎢（令和6年1月1日）
◆**市町村数**　35市129町15村（令和6年3月31日）
◆**令和6年度一般会計当初予算額**　約3兆215億円
◆**1人当たり道民所得**　2,811千円（令和3年度）
◆**職員数（知事部局）**　12,575人（令和6年4月1日）
◆**道のシンボル**　ハマナス（花），エゾマツ（木），タンチョウ（鳥）

ピンチをチャンスに
ハンディを強みに
強みを成長エンジンに

北海道職員採用
ポータルサイト
https://do-recruit.info/

URL https://www.pref.hokkaido.lg.jp/

## 基本施策・長期計画

道民や市町村をはじめ多様な主体と連携し，ともに行動していくための指針として，「北海道総合計画」を策定。

不安定な国際情勢を背景に，社会や経済の大きな変化に直面する中，北海道の豊かな自然，広大な土地，冷涼な気候などの特性や，豊富な食や観光の資源，再生可能エネルギーといった世界に誇るポテンシャルを力に変え，日本そして世界の発展をけん引する北海道の飛躍につなげるとともに，一人一人が豊かで安心して住み続けられる地域の実現をめざしている。

## 主要プロジェクト

「北海道総合計画」においては，人口減少問題，強靱な北海道づくり，デジタル化や脱炭素化といった直面する重要課題について，重点的，分野横断的に政策を推進する計画を重点戦略計画として位置づけ，関連する施策を一体的に推進。

## 恒例になっているイベント

「さっぽろ雪まつり（2月上旬，札幌市）」や「YOSAKOIソーラン祭り（6月上旬，札幌市）」以外にも，「姥神大神宮渡御祭（8月上旬，江差町）」「あっけし牡蠣まつり（10月上旬，厚岸町）」などが催されている。

## ユニークな組織・部署

①イノベーション推進局──業務の効率化・省力化や，多様で柔軟な働き方改革に加え，職員の意識改革や，挑戦を後押しする組織風土改革，道民の貴重な財産の有効活用などを一体的に推進。

②官民連携推進局──北海道に業・団体，個人が集うネットワークとして「ほっかいどう応援団会議」を結成し，企業版ふるさと納税や包括連携協定に基づくプロジェクトの実施等により，民間の知恵や力を最大限に活用しながら，重点政策との一体的な運用により官民連携の取組みを推進。

③野生動物対策課ヒグマ対策室──ヒグマなど野生動物の人身被害等の防止や，地域における対策の強化および自然環境の持続可能な利用や生物多様性の保全に向けた取組みを総合的に推進。

## 今後の行政課題

顕在化している課題や社会経済情勢の変化へ対応するため，国内外における本道の役割の重要性を踏まえ，「安心して住み続けられる地域」と「北海道の魅力を世界へ」の2つの視点の下，コロナ禍後の社会を見据えた取組みを進めていく。

【「安心して住み続けられる地域」の視点】
安全安心の確保，誰もが暮らしやすい生活環境，地域を支える多様な人材，持続可能な地域社会。

【「北海道の魅力を世界へ」の視点】
未来に向けた産業・人・投資，日本を支え世界に拡げる食，観光立国北海道の再構築，四季折々の豊かな自然と歴史文化。

## 人事データ

**■配属（知事部局）**
本庁・（総合）振興局・出先機関等に配属。

**■異動（知事部局）**
専門性の高い人材の育成を行うこととし，本人の希望や適性などを考慮しながら，おおむね3～5年のサイクルで行っている。

**■昇任（知事部局）**
係長→課長補佐→課長→部次長→部長，（総合）振興局長が主な職制である。その者の能力，適性および将来性を見極めて登用する。

**■令和6年度試験募集職種**
[A区分] 一般行政，教育行政，警察行政，環境科学，社会福祉，農業，水産，林業，総合土木，建築，普及職員（農業），普及職員（水産），公立小中学校事務　[C区分（社会人経験者）] 一般行政，教育行政，環境科学，社会福祉，農業，水産，林業，総合土木，建築，普及職員（農業），普及職員（水産），公立小中学校事務　[C区分（経験不問枠）] 一般行政，教育行政，公立小中学校事務

# 青森県

| インターンシップ | 募集(行政職):5〜7月<br>実施:8〜9月<br>※技術職別途開催(青森県HP参照) |
|---|---|

## DATA BOX

〒030-8570　青森市長島1-1-1
☎017-722-1111(代表)
◆人口　1,170,621人(令和6年4月1日)
◆面積　9,645.10㎢(令和6年1月1日)
◆市町村数　10市22町8村(令和6年4月1日)
◆令和6年度一般会計当初予算額　7,022億円
◆1人当たり県民所得　2,858千円(令和3年度)
◆職員数(知事部局)　3,660人(令和6年4月1日)
◆県のシンボル　リンゴの花(花), ヒバ(木), ハクチョウ(鳥), ヒラメ(魚)

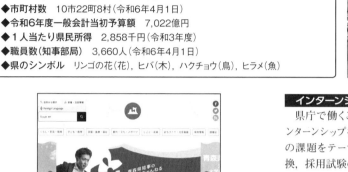

URL https://www.pref.aomori.lg.jp/

## 基本施策・長期計画

2024年度より, 新基本計画「『青森新時代』への架け橋」がスタート。

人口減少, 若者の県外流出, 全国下位の県民所得や平均寿命など, 長年にわたり解決できていない数多くの課題に立ち向かい, 私たち一人一人が青森を変えていくための挑戦を続け, そしてまた, 一人一人の挑戦を尊重し, 支えていく。それをAX(Aomori Transformation)という基本理念で表現している。

AX 青森県基本計画
「青森新時代」への架け橋
Aomori Transformation

## 主要プロジェクト

新基本計画では青森県の2040年のめざす姿を, 「若者が, 未来を自由に描き, 実現できる社会」とし, それを実現するため「しごと」「健康」「こども」「環境」「交流」「地域社会」「社会資本」の7つの政策テーマを設定。

所得向上につながる県産品の販売戦略の展開, ヘルスリテラシーの向上による生活習慣の改善, 安心してこどもを産み育てられる環境づくりなど, 政策テーマに沿った政策を展開していく。

## ユニークな組織・部署

2024年4月1日に本庁部局において8部を新設・再編し, 14部局(11部3局)体制とする大規模な組織改編を実施。

「若者定着還流促進課」「県産品販売・輸出促進課」などを新設。新基本計画の政策を強力に推進する。

## インターンシップ

県庁で働くことを具体的にイメージしてもらうため, 夏季インターンシップを実施。執務室でのデスクワーク以外にも, 県の課題をテーマとしたワークショップ, 若手職員との意見交換, 採用試験の概要説明, 庁内見学などのさまざまなプログラムを実施している。

時期:8月下旬〜9月中旬
日程:全4回, 各回5日間(月〜金)
対象:青森県職員として働くことに興味のある大学生, 大学院生, 社会人(大学生は原則として3年生以上)

庁内見学の様子　　　　全体プログラムの様子

また, 総合土木職や林業職をめざす方を対象としたインターンシップも別途開催予定。

## 人事データ

**■配属(新採用)**
事務職は, 本庁または出先機関に配属され, 本庁に配属された場合は2年後に県民と直接接する地域県民局の県税部, 地域健康福祉部などの出先機関に異動する。技術職は, 主に出先機関に配属されている。

**■異動**
採用後, 本庁・出先機関, 部局間を2〜3年程度のサイクルで異動し, 以後は, 能力・適性と本人の希望等を考慮のうえ, 専門的分野に配置することが基本である。

**■昇任**
採用されると「主事」または「技師」となり, その後の昇任は勤務成績を考慮して行われる。主事(技師)→主査→主幹→総括主幹→副参事→課長というのが基本的な職制ライン。

**■令和6年度試験募集職種**
[大学卒業程度] 行政, 警察行政, 病院運営, 農学, 総合土木, 化学, 保健師, 林業, 畜産, 水産, 建築, 設備, 心理, 福祉, 警察科学(化学), 警察科学(心理)　※社会人枠の募集あり(行政, 心理, 保健師, 農学, 総合土木, 林業, 建築, 設備, 福祉)

# 岩手県

| インターン<br>シップ | 募集：6月中旬頃<br>実施：8月～9月 |
|---|---|

## DATA BOX

〒020-8570　盛岡市内丸10-1
☎019-651-3111（代表）
◆人口　1,150,784人（令和6年4月1日）
◆面積　15,275.01㎢（令和5年10月1日）
◆市町村数　14市15町4村（令和6年4月1日）
◆令和6年度一般会計当初予算額　7,322億円
◆1人当たり県民所得　2,685千円（令和3年度）
◆職員数（知事部局）　4,211人（令和6年4月1日）
◆県のシンボル　キリ（花），ナンブアカマツ（木），キジ（鳥），南部さけ（魚）

岩手県公認 VTuber「岩手さちこ」

URL https://www.pref.iwate.jp/

## 基本施策・長期計画

平成31年3月に策定した「いわて県民計画（2019～2028）」は，行政だけでなく，県民，企業，NPOなどのあらゆる主体が，10年後の将来像を共有し，それぞれの主体が自ら取組みを進めていくためのビジョンとなるもの。

本計画の下，多様な主体の参画やつながりを活かした取組みなどを県政全般に広げ，基本目標に掲げる「お互いに幸福を守り育てる希望郷いわて」を実現していく。

## 主要プロジェクト

10年後の将来像の実現をより確かなものとし，さらに，その先を見据え，「ILCプロジェクト」や「北上川バレープロジェクト」等の11の「新しい時代を切り拓くプロジェクト」を掲げ，長期的な視点に立って，岩手らしさを活かした新たな価値やサービスの創造に取り組んでいくこととしている。

## 恒例になっているイベント

①藤原まつり（平泉町）。②盛岡さんさ踊り（盛岡市）。③みちのく芸能まつり（北上市）。

## 求められる人材

岩手県では，職員のあるべき姿として，「県民本位」「能力向上」「明朗快活」「法令遵守」「地域意識」の5つを信条とする「岩手県職員憲章」を策定している。また，複雑・多様化する県民ニーズに対応し，県民とともに地域課題の解決に取り組んでいくため，「高い先見性とグローバルな視点を備え，世界の中の岩手を意識しながら，県民視点で県全体の利益を追求する職員」をめざす職員像として掲げている。

## ユニークな組織・部署

①復興防災部──東日本大震災津波からの復興業務に加え，これまで培った教訓や知見を活かした危機管理を推進。
②文化スポーツ部──文化・スポーツ施策の充実に加え，県民の健康づくり支援や観光振興施策との連携による取組みを推進。
③ILC推進局──復興の象徴となる国際リニアコライダー（ILC）の実現に向けた活動と，ILCを核とした地域振興を推進。

## 今後の行政課題

令和5年3月に策定した「いわて県民計画（2019～2028）」第2期アクションプランに基づき，本県の重要課題である東日本大震災津波からの復興や人口減少対策に全力で取り組んでいく。

## 人事データ

### ■配属

採用直後の配属が本庁になるか，広域振興局などの出先機関になるかはケースバイケースだが，3～4年で入れ替わるようにしている。満遍なく配属され，特定の部署に偏ることはない。

### ■異動

おおむね3～4年で異動対象となり，採用直後，本庁に配属された人は出先へ，出先に配属された人は本庁への異動となる。その後は4年を基準としたサイクルでの異動となる。また，この間に，海外，企業，大学院，中央官庁，市町村等へ派遣されることもある。

### ■昇任

職制ラインは主事→主任→主査→主任主査→担当課長→総括課長→副部長→部長。Ⅰ種の場合，採用後10年程度経過後に主任に昇任し，主査クラスには主任経験3年程度経過後となっている。

### ■特色ある採用試験

Ⅰ種試験アピール試験型（一般行政Bと専門職種）において，教養試験にSPI3を導入したほか，先行実施日程（4月）も追加し，幅広い方々が受験しやすい試験としている。

また，Ⅱ種・Ⅲ種試験において，県北・沿岸地域に勤務地を限定した事務職の職種（一般事務B）を追加し，地元志向の受験生にも対応している。

### ■令和6年度試験募集職種

[Ⅰ種] 一般行政A・B，社会福祉，心理，農学A・B，畜産A・B，林学A・B，水産A・B，総合土木A・B，建築，機械，電気，環境化学・食品衛生　[Ⅱ種・Ⅲ種] 一般事務A・B，警察事務，林業，総合土木，建築，電気　※また，獣医師，薬剤師，保健師等の選考も必要に応じて行っている。

 # 宮城県

| インターンシップ | 募集：6月 |
|---|---|
| | 実施：8月～9月 |

### DATA BOX

〒980-8570　仙台市青葉区本町3-8-1
☎022-211-2111（代表）
◆人口　2,248,772人（令和6年4月1日）
◆面積　7,282.29㎢（令和6年1月1日）
◆市町村数　14市20町1村（令和6年4月1日）
◆令和6年度一般会計当初予算額　1兆238億円（東日本大震災分177億円含む）
◆1人当たり県民所得　2,865千円（令和3年度確報値）
◆職員数（知事部局）　4,790人（任期付職員含む 令和6年4月1日）
◆県のシンボル　ミヤギノハギ（花），ケヤキ（木），ガン（鳥），シカ（獣）

URL https://www.pref.miyagi.jp/

### 基本施策・長期計画

新・宮城の将来ビジョン（令和2年12月策定）2021-2030

### 主要プロジェクト

新・宮城の将来ビジョンに掲げる，「富県躍進！"PROGRESS Miyagi"〜多様な主体との連携による活力ある宮城を目指して〜」を県政運営の理念とし，「被災地の復興完了に向けたきめ細かなサポート」のほかに4つの基本方向に基づき，県政を推進する。①富県宮城を支える県内産業の持続的な成長促進，②社会全体で支える宮城の子ども・子育て，③誰もが安心していきいきと暮らせる地域社会づくり，④強靱で自然と調和した県土づくり。

### 恒例になっているイベント

①仙台七夕。②仙台青葉まつり。③定禅寺ストリートジャズフェスティバル。④SENDAI光のページェント（以上仙台市）。⑤松島流灯会 海の盆（松島町）。⑥政宗公祭り（大崎市岩出山）。

### 主な文化施設

①宮城県美術館。②宮城県図書館。③仙台市博物館（以上仙台市）。④東北歴史博物館（多賀城市）。

### ユニークな条例

①宮城県美しい景観の形成の推進に関する条例。②ものづくり産業振興に関する県民条例。

### 特徴的な組織・部署

①デジタルみやぎ推進課——県民サービスの向上，県内産業の活性化および働き方改革を推進する。②産業デジタル推進課——県内産業のDX，デジタル化，デジタル人材の育成を推進する。③子育て社会推進課。④復興支援・伝承課。⑤みやぎ米推進課。

### 今後の行政課題

宮城県の人口は2030年をピークに減少傾向が継続する見通しであるが，2060年に県内総人口172万人という高い目標をめざし人口減少抑制に取り組む。子育て環境の整備などによる自然減の抑制と，質の高い雇用などによる社会減の解消に向けた取組みを推進する。

### 人事データ

#### ■配属

行政職採用者は，3分の1が地方機関（地方振興事務所，土木事務所など）に，3分の2が本庁に配属されている。配属の決定は，面接の際に志望した仕事の分野，大学の専攻，本人の適性などを考慮して行われている。

#### ■異動

基本的に3年で異動の対象となる。最初の異動は，本庁配属組は地方機関へ，地方配属組は本庁かもう1か所別の地方機関を経験してから本庁へというのがパターン。また，管理部門と事業部門，企画のように全体の見える仕事と県民・地域を肌で知る仕事等のほか，各種派遣など，幅広くいろいろな経験を積むことができるようにローテーションを組んでいる。

#### ■昇任

職制ラインは，主事→主査→主任主査→主幹→課長補佐→課長→副部長→部長。標準的には10年目に主任，それから4〜5年程度で主任主査，さらに4〜5年程度で主幹となる。

#### ■令和6年度試験募集職種

[大学卒業程度] 行政，警察行政，総合土木，建築，農業，水産，林業，電気，機械，畜産，園芸，農芸化学，福祉，心理，保健師，獣医師，薬剤師，原子核工学，社会福祉士，研究員
[短期大学卒業程度] 学校事務，建築

# 秋田県

| インターン<br>シップ | 募集：職種により異なる |
|---|---|
| | 実施：職種により異なる |

## DATA BOX

〒010-8570　秋田市山王4-1-1
☎018-860-1111（代表）
◆人口　902,060人（令和6年4月1日）
◆面積　11,637.52㎢（令和6年4月1日）
◆市町村数　13市9町3村（令和6年4月1日）
◆令和6年度一般会計当初予算額　5,842億円
◆1人当たり県民所得　2,689千円（令和3年度）
◆職員数（知事部局）　3,203人（令和6年4月1日）
◆県のシンボル　フキノトウ（花），秋田杉（木），ヤマドリ（鳥），ハタハタ（魚）

秋田県庁で働こう！

©2015秋田県んだッチ

URL https://www.pref.akita.lg.jp/

職員動画
〜動画の特設サイトはこちらから〜
https://akita-kenshokuin.com

### 基本施策・長期計画

令和7年度までの県政運営指針である「新秋田元気創造プラン」に基づき，『強靱化（レジリエンス）』『持続可能性（サステナビリティ）』『存在感（プレゼンス）』『多様性（ダイバーシティ）』の4つの元気創造に向けて，次の3つの選択・集中プロジェクトと6つの重点戦略を進めていく。

### 主要プロジェクト

**プロジェクト1：賃金水準の向上**

「一人当たり県民所得」を押し上げることで東京圏等との賃金水準格差の縮小を図り，社会減の抑制につなげる。

**プロジェクト2：カーボンニュートラルへの挑戦**

脱炭素社会に対応した産業の構築や森林・木材による$CO_2$吸収・貯蔵効果の強化，日常生活等に伴う温室効果ガスの排出の削減に取り組む。

**プロジェクト3：デジタル化の推進**

デジタル社会を支える人材の育成とともに，日常生活に密接にかかわる分野や各産業，行政のデジタル化に取り組む。

**戦略1：産業・雇用戦略**

成長が見込まれる産業分野への参入や新たな価値の創造に果敢に挑戦する県内企業を後押しし，本県産業の持続的発展と魅力ある雇用の場の創出を図る。

**戦略2：農林水産戦略**

農業や水産業の生産力・収益力の維持・増大を図るととも

に，森林の多面的機能の発揮と資源の循環利用の両立による林業・木材産業の成長産業化や，農山漁村の活性化を図る。

**戦略3：観光・交流戦略**

食や文化，スポーツをはじめとする多様な分野と観光との連携・融合により，交流人口のさらなる拡大を図る。

**戦略4：未来創造・地域社会戦略**

社会減と自然減の抑制に向けた取組みを加速するとともに，県民誰もが将来にわたって生き生きと暮らせる地域社会をつくる。

**戦略5：健康・医療・福祉戦略**

県民の生活を支える保健・医療・福祉サービスの充実を図り，すべての人々がともに支え合い，健康で心豊かに暮らせる環境づくりを推進する。

**戦略6：教育・人づくり戦略**

本県教育の基本である「ふるさと教育」を一層推進しながら，心豊かで郷土愛に満ち，高い志と公共の精神を持って未来を力強く切り拓く人づくりに取り組む。

## 人事データ

**■配属**

新規採用者（大学卒業程度試験合格者）のうち，事務系職員は本庁と地方機関におおむね半数ずつ配置となり，技術系職員は地域振興局等の地方機関を中心に配置となる（令和6年度）。

**■異動・昇任**

おおむね4年で異動し，本人の希望を踏まえながら幅広い行政経験を積ませるようにしている。主事・技師として採用され，30代前半から40代前半の間に主任→主査→副主幹と昇任する。令和6年度からは，事務職員を対象に，職員が自らの将来像の実現に向け希望する職務分野を主体的に選択することができる「キャリア選択型人事制度」を導入している。

**■令和6年度試験募集職種**

[大学卒業程度] 行政A，行政B，行政C（職務経験者），心理判定，管理栄養士，保健師，化学，食品衛生，農学（一般）A（通常枠・早期SPI枠），農学（一般）B（職務経験者），農業農村工学A（通常枠・早期SPI枠），農業農村工学B（職務経験者），畜産，水産（通常枠・早期SPI枠），林学A（通常枠・早期SPI枠），林学B（職務経験者），資源工学，電気，土木A（通常枠・早期SPI枠），土木B（職務経験者），建築，機械，教育行政A，教育行政B（職務経験者），司書 ［その他選考試験］運航安全管理者，保健師，児童福祉司，児童自立支援専門員，薬剤師，獣医師，航海，職業訓練指導員，研究員（食品・醸造，生化学，林学，工業）

# 山形県

インターン 募集：職種により異なる
シップ 実施：職種により異なる

## DATA BOX

〒990-8570 山形市松波2-8-1
☎023-630-2211（代表）
◆人口 1,016,262人（令和6年4月1日）
◆面積 9,323.15㎢（令和6年1月1日）
◆市町村数 13市19町3村（令和6年4月1日）
◆令和6年度一般会計当初予算額 6,498億円
◆1人当たり県民所得 2,861千円（令和3年度）
◆職員数（知事部局） 4,114人（令和6年4月1日）
◆県のシンボル べにばな（花）,さくらんぼ（木）,カモシカ（獣）,オシドリ（鳥）,サクラマス（魚）

URL https://www.pref.yamagata.jp/

### 基本施策・長期計画

「第4次山形県総合発展計画」において、「人と自然がいきいきと調和し、真の豊かさと幸せを実感できる山形」を基本目標に、山形県ならではの人と自然との健全なバランスの下、県民一人一人の希望や思いを大切にして、真の豊かさ、生きがい、幸せを実感でき、将来にわたって持続的に発展し続ける、質の高い「新しいやまがた」の実現をめざしていく。

### 重点施策

総合発展計画の基本目標の実現に向けて、「人材」「イノベーション」「国内外の活力」を県づくりの推進力に、『①次代を担い地域を支える人材の育成・確保』『②競争力のある力強い農林水産業の振興・活性化』『③高い付加価値を創出する産業経済の振興・活性化』『④県民が安全・安心を実感し、総活躍できる社会づくり』『⑤未来に向けた発展基盤となる県土の整備・活用』の5つを政策の柱に掲げ、重点的に関連施策を展開していく。

### ユニークな組織・部署

①スポーツ振興課——観光や地域活性化などの視点を踏まえたスポーツ振興施策を展開し、県民誰もがスポーツを楽しむことができる環境づくりに取り組む。②観光交流拡大課観光魅力創造室——観光産業を取り巻く環境変化に的確に対応し、国内外からの観光誘客を進めるために、高付加価値な観光コンテンツの掘り起こしや観光資源の磨き上げに取り組む。③県産品・貿易振興課——全国新酒鑑評会金賞銘柄数全国1位となった県産日本酒をはじめ、県内企業による豊富な県産品の海外取引の活性化を図る。④東北農林専門職大学——担い手の減少や高齢化、グローバル化など、農

林業を取り巻く時代の変化に対応した経営戦略を構築し、地域をけん引できる農林業人材を育成していく。

### 今後の行政課題

少子高齢化を伴う人口減少の加速、技術革新の急速な進展など、本県を取り巻く社会経済環境の変化に対応しながら、未来を見据え、安全・安心を土台に県民誰もが個性や能力を発揮でき、将来にわたって地域の活力が持続する県づくりをめざしていく。具体的には、ハード・ソフト両面から災害に強い県づくりを進めるとともに、保健、医療、福祉の充実を図っていく。また、結婚、妊娠・出産、子育ての希望を叶える総合的な少子化対策や、若者や女性の志向を捉えた魅力ある仕事・職場づくり、外国人材の円滑な受入れに向けた体制整備に取り組む。併せて、産業振興のためのDXやGX、気候変動に対応した環境と調和のとれた農林水産業の推進、付加価値の高い観光地域づくり、交通ネットワークの充実強化などに取り組むことにより、SDGsの理念も取り入れながら、真の豊かさと幸せを実感できる県づくりを進めていく。

### 人事データ

■配属
新規採用者については、本人の適性等を考慮のうえ、本庁各部局のほか県内各地の出先機関に配置している。
■異動
人事異動のローテーションはおおむね3～4年。多様な部署や地域での職務を経験しながらキャリアを積んでいく。異動に際しては、事前に希望調書を提出のうえ、本人の適性や所属からの内申を勘案し決めている。
■昇任
職制ラインは、主事→係長→主査→課長補佐→課長→次長→部長。昇任試験は実施しておらず、県政への貢献度、実績等を考慮し、有能な人材の積極的な登用を図っている。
■令和6年度試験募集職種
［先行実施枠］行政、総合土木、林業、病院経営 ［大学卒業程度］行政、警察行政、病院経営、福祉・心理、総合土木、建築、化学、一般農業（農業）、一般農業（畜産）、林業、水産、電気、電子情報、工業化学、農芸化学、工業デザイン ［選考］行政（ICT）、行政（国際・観光）、行政（社会人経験者）、総合土木（社会人経験者）、林業（社会人経験者）、獣医師、獣医師（社会人経験者）、薬剤師、薬剤師（社会人経験者）、保健師、助産師、精神保健福祉士、学芸員

# 福島県

| インターン<br>シップ | 募集:6月〜7月 |
|---|---|
| | 実施:7月〜9月 |

## DATA BOX

〒960-8670　福島市杉妻町2-16
☎024-521-1111(代表)
◆人口　1,757,079人(令和6年3月1日)(推計人口)
◆面積　13,784.39㎢(令和6年1月1日)
◆市町村数　13市31町15村(令和6年4月1日)
◆令和6年度一般会計当初予算額　12,382億円
◆1人当たり県民所得　2,921千円(令和3年度)
◆職員数(知事部局)　5,410人(令和6年4月1日)
◆県のシンボル　ネモトシャクナゲ(花), ケヤキ(木), キビタキ(鳥)

URL https://www.pref.fukushima.lg.jp/

### 基本施策・長期計画

○福島県総合計画——県のあらゆる政策分野を網羅し, 県づくりの指針や施策を示す県の最上位計画。災害からの復興・再生と地方創生・人口減少対策を重要課題とし, SDGsの理念を踏まえ, 令和3年10月に新たな総合計画を策定。
○福島県復興ビジョン・復興計画——平成23年に復興ビジョンおよび復興計画を策定。着実に復興が進展してきた一方で, いまだ複雑で多様な課題が山積していることから, 切れ目なく復興・創生を進めていくため第2期復興計画を令和3年3月に策定した。

### 主要プロジェクト

令和6年度は, 「やさしさ, すこやかさ, おいしさあふれるふくしまを共に創り, つなぐ」を基本目標とし, 「ひと」「暮らし」「しごと」を軸に, 以下の8つの重点プロジェクトを推進。
①避難地域等復興加速化プロジェクト。②人・きずなづくりプロジェクト。③安全・安心な暮らしプロジェクト。④産業推進・なりわい再生プロジェクト。⑤輝く人づくりプロジェクト。⑥豊かなまちづくりプロジェクト。⑦しごとづくりプロジェクト。⑧魅力発信・交流促進プロジェクト。

### 恒例になっているイベント

①相馬野馬追(5月末の土・日・月)。②須賀川市の松明あかし(11月第2土曜日)。③会津まつり(9月下旬)。④声楽アンサンブルコンテスト全国大会(3月下旬)。

### 主な文化施設

①県立図書館・美術館(福島市)。②県立博物館(会津若松市)。③ふくしま海洋科学館「アクアマリンふくしま」(いわき市)。④文化財センター白河館「まほろん」(白河市)。⑤環境創造センター(三春町)。

### ユニークな条例

猪苗代湖等水環境保全条例——猪苗代湖および裏磐梯湖沼群を, 美しいまま次代へ引き継いでいくため, 県民, 事業者, 行政の責務を明記。水環境の保全を目的として制定。

### 特徴的な組織・部署

震災後, 避難地域にある市町村の帰還および復興支援を促進する「避難地域復興局」や, 東日本大震災および原子力災害の教訓等を踏まえて危機管理体制を強化する「危機管理部」を設置するとともに, 本県の環境の回復・創造に関する調査分析および試験研究を行う「環境創造センター」を整備。

### 今後の行政課題

復興・創生を着実に進めるための財源の確保や執行体制の強化, 市町村との連携強化に全力で取り組む。

### 人事データ

**■配属**
新規採用職員は, 本庁あるいは出先機関において, 総務・税務・福祉・農林・建設などさまざまな部署に配属される。
**■異動**
30歳までに3つの部署を経験させることが狙い。本庁に配属された者は2年で出先機関に異動した後, 2か所に勤務する。出先に配属された者は出先機関2か所に勤務後, 本庁に異動する。
**■昇任**
職制ラインは, 主事→副主査→主査→主任主査→副課長級→課長(主幹)級→部次長級→部長級の順。大卒の場合, 31歳で副主査に昇任, 次の主査への昇任は35〜40歳となっている。
**■令和6年度試験募集職種**
[大学卒程度]行政事務, 警察事務, 農業, 農業土木, 林業, 土木, 建築, 化学, 農芸化学, 薬学, 畜産, 水産, 機械, 心理, 福祉　[職務経験者]行政事務, 農業土木, 土木, 建築, 薬学, 心理　[資格免許職等]栄養士, 獣医師 ほか

# 茨城県

| インターン<br>シップ | 募集：6月（予定）<br>実施：8月・9月（予定） |
|---|---|

## DATA BOX

〒310-8555　水戸市笠原町978-6
☎029-301-1111（代表）
◆人口　2,812,901人（令和6年4月1日）
◆面積　6,097.56㎢（令和6年1月1日）
◆市町村数　32市10町2村（令和6年4月1日）
◆令和6年度一般会計当初予算額　1兆2,512億円
◆1人当たり県民所得　3,438千円（令和3年度）
◆職員数（知事部局）　5,075人（令和6年4月1日）
◆県のシンボル　バラ（花），ウメ（木），ヒバリ（鳥），ヒラメ（魚）

### URL https://www.pref.ibaraki.jp/

### ■ 基本施策・長期計画

茨城県が令和4年3月に策定した「第2次茨城県総合計画～『新しい茨城』への挑戦～」では，県民一人一人が本県の輝く未来を信じ，「茨城に住みたい，住み続けたい」人が大いに増えるような，「活力があり，県民が日本一幸せな県」を引き続き基本理念として掲げ，Ⅰ「新しい豊かさ」，Ⅱ「新しい安心安全」，Ⅲ「新しい人財育成」，Ⅳ「新しい夢・希望」の4つのチャレンジを常に進化・加速させながら，「新しい茨城」づくりに取り組んでいくこととしている。さらに，未来に希望の持てる新しい茨城づくりに向けて，「県民本位」「積極果敢」「選択と集中」の基本姿勢の下，「挑戦する県庁」への変革を進めていく。

### ■ 主な政策

「活力があり，県民が日本一幸せな県」の実現に向け，「4つのチャレンジ」を加速。①「新しい豊かさ」へチャレンジ——◎外国人留学生の就職支援，海外の大学と連携した日本語講座の運営等により外国人に選ばれる茨城を実現。◎遺伝的に優れた雌牛群の整備により，「常陸牛　煌（きらめき）」の生産を拡大。②「新しい安心安全」へのチャレンジ——◎老朽化が進む保健所の建て替えにより，新興感染症対策や大規模災害時の健康危機管理の司令塔としての保健所機能強化。◎マル福の対象に，中度の精神障害，かつ，中度の身体障害を有する方等を新たに追加。③「新しい人材育成」へのチャレンジ——◎外国人に対する母語による相談・支援体制の構築等により，外国人の生活支援を強化。◎県立高等学校等への外国語指導助手（ALT）の配置拡充により，生きた英語によるコミュニケーション中心の授業を推進。④「新しい夢・希望」へのチャレンジ——◎海外販路開拓に初めてチャレンジするものづくり企業を支援。◎常陸国ロングトレイルの海外向けプロモーションの強化等により，県北地域への誘客促進。

### ■ ユニークな条例

茨城県霞ケ浦水質保全条例——霞ケ浦流域における汚濁負荷削減を着実に実行していくため，工場・事業場の排水規制を定めるとともに，生活排水対策，農業・畜産業等における水質浄化対策の徹底を図るための条例を定めている。

### ■ ユニークな組織・部署

①営業戦略部（平成30年度～）——県内企業や県産物等の海外展開支援，観光誘客などを専属で行う組織に改組。
②フラット型組織（平成30年度～）——従来の課ではなくチームリーダーを中心としたチームという新たな組織形態を，営業活動など意思決定の迅速化の必要性が高い部門に設置。

### ■ 今後の行政課題

人口減少・超高齢化をはじめ，世界情勢の混迷，気候変動に伴う災害の激甚化など，予測困難な「非連続の時代」を迎えている中，本県をさらに大きく発展させるために重要な10年後，20年後の茨城を見据え，DXの推進やカーボンニュートラルの実現に向けた対応，さらには，県産品の海外展開やインバウンド誘客を強力に推進するなど，常にグローバルな視点と挑戦する気概を持ちながら，「挑戦」「スピード感」「選択と集中」の3つの基本姿勢を徹底し，「新しい茨城」づくりに全力で取り組んでいく。

### 人事データ

#### ■配属
大学卒業程度・事務職は，最初本庁または出先機関に配属される。技術職は，本庁，出先機関，研究所などに配属される。

#### ■異動
大学卒業程度・事務職は，原則として，採用時に，本庁に配置された場合は2年後は出先機関に，出先機関に配置された場合は2年後は本庁に，それぞれ異動する。その後も3～5年を目安に異動し，その間，幅広い部門を経験できるよう配置している。技術職も基本的には事務職と同様のローテーションで異動する。

#### ■昇任
職制は主事（技師）→主任→係長→課長補佐（グループリーダー）→課長（チームリーダー）→次長→部長で，昇任は人事評価等により行われる。

#### ■令和6年度試験募集職種
[大学卒業程度]事務，電気，機械，土木，建築，化学，薬剤師，管理栄養士，農業，農業土木，畜産，林業，水産，福祉，心理

# 栃木県

| インターン シップ | 募集：6月上旬 実施：8月下旬 |
| --- | --- |

栃木県庁

## DATA BOX

〒320-8501　宇都宮市塙田1-1-20
☎028-623-2323（代表）
◆人口　1,885,491人（令和6年4月1日）
◆面積　6,408.09㎢（令和6年4月1日）
◆市町村数　14市11町（令和6年4月1日）
◆令和6年度一般会計当初予算額　9,328億円
◆1人当たり県民所得　3,307千円（令和3年度）
◆職員数（知事部局）　4,654人（令和6年4月1日）
◆県のシンボル　ヤシオツツジ（花），トチノキ（木），オオルリ（鳥），カモシカ（獣）

URL https://www.pref.tochigi.lg.jp/

### 基本施策・長期計画

栃木県重点戦略「とちぎ未来創造プラン」（2021-2025）において，本県のめざす将来像を「人が育ち，地域が活きる未来に誇れる元気な"とちぎ"」と掲げ，その実現に向け，5つの重点戦略の下，18のプロジェクトを展開している。

### 主要プロジェクト

◇人材育成戦略——新たな時代に対応した学びの推進と学校指導体制の整備，妊娠・出産，子育て支援の充実，子どもの体力向上やスポーツによる健やかな体づくりなど。

◇産業成長戦略——産業人材の確保・育成，成長産業として持続的に発展する農業の確立，未来技術の活用等による林業・木材産業の進化・成長など。

◇健康長寿・共生戦略——感染症等の発生にも備えた地域医療提供体制の整備・充実，働きやすい環境づくりの推進，多文化共生の推進など。

◇安全・安心戦略——防災意識の高揚や適切な避難行動の促進，災害に強い県民の命と暮らしを守る社会資本の整備推進など。

◇地域・環境戦略——公共交通サービスの確保・充実，気候変動による影響に対する適応策の推進，地域の課題解決に向けた未来技術の活用に対する支援など。

### 求める人材

①高い意欲と実行力を備えた「挑戦する職員」，②栃木県職員としての使命感を持った「信頼される職員」，③県民起点の発想で，県民と連携協力できる「協働する職員」

### ユニークな組織・部署等

①CMO（Chief Marketing Officer）配置——マーケティングを含めたデジタル戦略の推進に対する助言役として民間人を登用。②デジタル戦略課（ブランディング推進室）——DXの推進，デジタルマーケティングを活用した本県ブランド力向上の推進。③気候変動対策課（カーボンニュートラル推進室）——2050年カーボンニュートラル実現に向け「栃木県カーボンニュートラル実現条例」（2023年4月施行）を定め，取組みを推進。④いちご研究所——「いちご王国・栃木」（昭和43年以来，収穫量日本一）におけるいちごの総合的な研究開発を実施。

### 主な文化・スポーツ施設

文化の創造・発信拠点として県立美術館・博物館および県総合文化センターを運営し，活動支援や文化芸術に触れる場として利用されるほか，Web上に県内の文化資源を集めて公開する「とちぎデジタルミュージアムSHUGYOKU」も開設。

栃木県総合運動公園内には，総合スポーツゾーン（約71.1ha）を整備。県民がスポーツを楽しむとともに栃木県スポーツコミッションが取り組む大規模大会や合宿誘致によるスポーツツーリズム推進の拠点施設となっており，2022年にはいちご一会とちぎ国体・とちぎ大会が開催された。

### 人事データ

#### ■配属

新規採用者は，事務系は約3分の1が本庁の各部署に，残りの3分の2が出先機関に，また技術系はほぼ全員が出先機関に配属される。出先は比較的規模の大きいところが中心である。

#### ■異動

基本的に3〜5年サイクルで異動する。35歳までに出先機関と本庁の両方を経験するのが原則。また，研修として毎年数名を，中央官庁，民間企業，自治大学校等に派遣している。

#### ■昇任

主事→主任→主査→係長→副主幹→課長補佐→主幹→課長→次長→部長というのが基本的な職制ラインとなっている。昇任年齢は，主任は30歳以上，係長級は35歳以上となっている。

#### ■令和6年度試験募集職種

［大学卒業程度］行政，行政（福祉型），化学，農業，畜産，林業，総合土木，建築，電気，機械，心理，水産，警察行政，小中学校事務　［資格・免許職］保健師，管理栄養士，栄養士，臨床検査技師，診療放射線技師　［選考考査］獣医師，薬剤師，学芸員，埋蔵文化財発掘調査技術者，警察情報処理技術者，犯罪鑑識技術者（心理）

# 群馬県

| インターン シップ | 募集：5月中旬 実施：8月下旬 |
| --- | --- |

## DATA BOX

〒371-8570　前橋市大手町1-1-1
☎027-223-1111（代表）
◆人口　1,912,615人（令和6年3月末）
◆面積　6,362.28㎢（令和6年1月）
◆市町村数　12市15町8村（令和6年3月末）
◆令和6年度一般会計当初予算額　7,816億円
◆1人当たり県民所得　3,187千円（令和3年度）
◆職員数（知事部局）　4,216人（令和6年4月1日）
◆県のシンボル　レンゲツツジ（花），クロマツ（木），ヤマドリ（鳥），アユ（魚）

ぐんまちゃんと富岡製糸場

URL https://www.pref.gunma.jp/

### 基本施策・長期計画

　20年後のめざす姿を描く「ビジョン」と，これを踏まえて，今後10年間に重点的に取り組む具体的な政策を体系化した「基本計画」の2つを合わせた，新たな総合計画を策定した。

### 主要プロジェクト

　①県民の幸福度向上——誰一人取り残されない特色ある教育，こどもまんなか政策，女性支援，多文化共生・共創，交通弱者に配慮した未来の交通の実現，医療提供体制の拡充，福祉政策のさらなる充実，健康寿命の延伸による幸福度の向上。

　②新群馬の創造——群馬県が近未来構想で掲げる「リトリートの聖地」「クリエイティブの発信源」「レジリエンスの拠点」の実現に向けた取組み（リトリート環境の整備，クリエイティブ人材の育成，災害レジリエンスの強化など）。

　③群馬モデルの発信——群馬モデルの追求（有機農業の普及・拡大，群馬パーセントフォーアート，ぐんまちゃんブランド化），県有施設の効果的な整備，DX・GIの推進（GI加速化支援など）。

　④財政の健全性の確保（基金残高の確保，県債発行額の抑制，県債残高の縮減）。

### ユニークな組織・部署

　①知事戦略部——政策立案や情報発信，トップセールスなどを戦略的・機動的に実施（県庁全体のデジタル発信力の強化を行うメディアプロモーション課tsulunos室，デジタル技術を活用して県内産業・県民生活・行政施策を変革していくデジタルトランスフォーメーション課，官民共創・イノベーション拠点NETSUGENの機能強化を行うデジタルトランスフォー

メーション課NETSUGEN室，次世代の交通サービスであるMaaSを推進し，誰でも快適に使える交通サービスの実現に向け部局横断的に取り組む交通イノベーション推進課）。

　②こども・子育て支援課——子育て支援や保育，多様なこどもの居場所づくりなど，こども・子育て事業を推進する。

　③蚕糸特産課——蚕糸やこんにゃく，ブランドニジマスなど，群馬オンリーワンともいうべき特産物を担当する。

### 今後の行政課題

　①デジタルトランスフォーメーション等による新しい行政の確立——新たな行政課題に対応するため，あらゆる分野でのデジタルトランスフォーメーションを推進することにより，県民の利便性を向上させるとともに，公共私が連携して地域課題等の解決に向けて共創する，新しい行政の確立をめざす。

　②職員の能力を最大化できる働き方改革——県政を進めるうえで中心となる職員の能力を最大限発揮できる体制や仕組み，それらを生み出す土壌づくりに取り組む。

　③災害などにも対応できる持続可能な財政基盤の構築——大規模化する自然災害や新型コロナウイルス感染症の流行など経験したことのない事態にも対応できる財政基盤を構築する。

### 人事データ

#### ■配属
　新規採用者は県庁（本庁）または県内各地の地域機関に配属される。技術職については，それぞれの専門的知識を活かした部署に配属される。

#### ■異動
　Ⅰ類行政職では2～3年で最初の異動が行われる。その後3年を目安に異動を繰り返して，30歳前半までに3～4か所の異分野の仕事を経験する。その後は，本人の適性等を勘案し，異動サイクルを長め（3～5年）にする。

#### ■昇任
　主事（技師）から平均31歳で主任に昇任し，副主幹には36～40歳，係長には早くて40代前半に昇任するケースが多い。

#### ■令和6年度試験募集職種
［Ⅰ類］行政事務，森林，農業，畜産，水産，化学，電気，建築，総合土木　［Ⅱ類］警察事務，学校事務　［選考］薬剤師，獣医師，栄養士，診療放射線技師，臨床検査技師，福祉，心理，保健師，保育士・児童指導員，文化財保護主事　等

# 埼玉県

| インターンシップ | 募集：5月 実施：7月～10月 ※対面実施。詳しくは埼玉県HPをご確認ください。 |

## DATA BOX

〒330-9301　さいたま市浦和区高砂3-15-1
☎048-824-2111（代表）
◆人口　7,326,804人（令和6年4月1日）
◆面積　3,797.75km²（令和6年1月1日）
◆市町村数　40市22町1村（令和6年4月1日）
◆令和6年度一般会計当初予算額　2兆1,197億円
◆1人当たり県民所得　3,049千円（令和3年度）
◆職員数（知事部局）　7,159人（令和6年4月1日）
◆県のシンボル　サクラソウ（花），ケヤキ（木），シラコバト（鳥），ミドリシジミ（蝶），ムサシトミヨ（魚），県の愛称「彩の国」，県のマスコット「コバトン」・「さいたまっち」

埼玉県マスコット「コバトン」・「さいたまっち」

URL https://www.pref.saitama.lg.jp/

## 総合計画

令和4年度からの県政運営の基礎となる新たな総合計画として「埼玉県5か年計画～日本一暮らしやすい埼玉へ～」を策定。あらゆる人に居場所があり，活躍でき，安心して暮らせる社会である「日本一暮らしやすい埼玉」をめざし，埼玉県の持続可能な発展・成長に向けて，中長期的な視点を持って具体的な事業展開を加速していく。計画では，2040年を見据えた3つの将来像と，その実現に向けた「12の針路」および「54の分野別施策」を体系的に位置づけている。また，「将来像の実現に向けた基本姿勢」として「埼玉版SDGsの推進」と「新たな社会に向けた変革」の2つを掲げ，すべての施策を貫く横断的な視点として反映している。

## 主要プロジェクト

令和6年度は，人口減少・超少子高齢社会の到来と激甚化・頻発化する自然災害などへの危機対応という2つの歴史的課題に立ち向かい，10年後，20年後を見据えた未来志向の施策を展開することで，本県の持続的な発展に向けた礎とするため，次の3つの考えに基づいた施策を中心に取り組む。

①人口減少・超少子高齢社会への対応——さらなるDXの推進による県民サービスと生産性の向上，持続可能なまちづくりと経済成長の実現，「あんしん　しあわせ　たのしいこども支援」の充実など。

②激甚化・頻発化する自然災害と新たな危機への強固な備え——災害対応力の強化，新たな感染症への備えなど。

③「日本一暮らしやすい埼玉」の実現に向けた取組みの深化——安心・安全の追求，誰もが輝く社会，持続可能な成長の実現に向けた各施策の推進。

## 主な文化施設

①埼玉スタジアム2○○2——アジア最大級のサッカー専用スタジアム。観客席数は6万3,700席。

②さいたまスーパーアリーナ——さまざまな大規模イベントが開催される多目的施設。観客席数は最大3万7,000席。

## ユニークな組織・部署

行政・デジタル改革課——生成AIを活用した業務の効率化や，県庁の未来のDXオフィスの検討など，DX実現に向けたさまざまな取組みを実施している。

未来のDXオフィス検討風景

## 今後の行政課題

人口減少・超少子高齢社会の到来や，激甚化・頻発化する自然災害，パンデミックといったさまざまな危機への対応など，複雑化する社会課題に対し，DXなどにより新たな社会に向けた変革を進め，持続可能で日本一暮らしやすい埼玉の実現に取り組んでいく。

## 人事データ

■配属
合格者に対する意向聴取などによって決定。人材育成の観点を重視し，本庁各課所または地域機関に配属。技術系職種では「現場での仕事の経験を」との考えから，最初に地域機関に配属される比率が高い。

■異動
初めの異動は3年後で，本庁と地域機関の入替えを行う。技術職では必ずしも当てはまらないが，その後も3～4年の目安で本庁と地域機関の交流を図りながら異動する。

■昇任
一般行政では主査級昇任試験を実施。おおむね大卒では入庁9年目で主任となり，翌10年目に受験資格を得る。試験は択一，論文，個人面接。合格者の平均年齢は約34歳。

■令和6年度試験募集職種
［上級］一般行政，一般行政（DX），福祉，心理，設備，設備（警察），総合土木，建築，化学，農業，林業，警察事務，小・中学校事務　［免許資格職］薬剤師，獣医師，保健師，司書　［経験者］一般行政，一般行政（DX），福祉，心理，設備，総合土木，建築，農業

# 千葉県

| インターン<br>シップ | 募集：5月中旬～6月上旬<br>実施：7月～9月 |
| --- | --- |

## DATA BOX

〒260-8667　千葉市中央区市場町1-1
☎043-223-2110（代表）
◆人口　6,270,470人（令和6年4月1日）
◆面積　5,156.48㎢（令和6年1月1日）
◆市町村数　37市16町1村（令和6年4月1日）
◆令和6年度一般会計当初予算額　2兆1,077億円
◆1人当たり県民所得　3,059千円（令和3年度）
◆職員数（知事部局）　7,954人（令和6年4月1日）
◆県のシンボル　ナノハナ（花），マキ（木），ホオジロ（鳥），タイ（魚）

URL https://www.pref.chiba.lg.jp/

千葉県マスコット
キャラクター
チーバくん

### 基本施策・長期計画・主要プロジェクト

　令和4年3月に，県政運営の指針となる「千葉県総合計画～新しい千葉の時代を切り開く～」を決定した。

　総合計画では，基本理念を「『まち』『海・緑』『ひと』がきらめく千葉の実現」とし，その実現に向け，県民の命とくらしを守る視点から「危機管理」「産業・社会資本」「医療・福祉」「子ども」について基本目標を設けるとともに，多様な個性が力を発揮できる社会をつくる視点から「共生」，本県が培ってきた財産を守り，活用する視点から「自然・文化」について基本目標を設けている。

　Ⅰ　危機管理体制の構築と安全の確保
　Ⅱ　千葉経済圏の確立と社会資本の整備
　Ⅲ　未来を支える医療・福祉の充実
　Ⅳ　子どもの可能性を広げる千葉の確立
　Ⅴ　誰もがその人らしく生きる・分かり合える社会の充実
　Ⅵ　独自の自然・文化を生かした魅力ある千葉の創造

　これらの6つの基本目標の実現に向け，15の政策分野の施策・事業パッケージを設定して各種取組みを実施している。

### 今後予定されているイベント

　令和6年11月10日（日）に，「ちばアクアラインマラソン2024」が開催。東京湾アクアラインから望む360度の青い海と澄み切った秋空の大パノラマの中，"風を切る爽快感"と"普段は決して味わえないアクアラインを踏みしめる高揚感"を感じながら，1万7,000人のランナーが駆け抜ける。ランナーには，千葉県自慢の絶景や特産品，多様な沿道応援などの千葉の温かいおもてなしが待っている。

### 職員が働きやすい職場環境の整備

　職員一人一人が安心して能力を発揮できる職場環境を構築するため，令和6年度に「ウェルビーイング推進室」を新設するとともに，令和6年6月からは，新たに「フレックスタイム制」を導入するなど，職員の多様で柔軟な働き方を推進している。

　○多様で柔軟な働き方：時差出勤制度，フレックスタイム制（週休3日とすることも可能〈総労働時間数は維持〉）が利用できる。また，テレワークを推進しており，ワーケーション（余暇とテレワークを組み合わせた働き方）も可能である。

　○育児・看護等との両立支援制度の充実：職員が仕事と家庭を両立できるよう，育児や看護等に関する休暇・休業制度を充実させている（子育て休暇，看護休暇，育児休業，育児短時間勤務，部分休業等）。

　○人材育成制度の充実：職員として必要な知識やスキルを身につけられるよう，研修を充実させている。また，先輩職員（メンター）に県庁生活に関する相談ができるメンター制度もある。

　○派遣研修：県以外の組織での勤務経験や，専門性の高い知識の習得を目的に，国や民間企業等で実施する研修がある。【派遣先例】総務省，イオンモール（株），JETRO（ニューヨーク等）

### 人事データ

**■配属**
　合格決定後に任命権者による面接（意向確認等）を受け，本庁または出先機関に配属される。

**■異動**
　30歳代までの若手職員は，3～5年程度のサイクルで異なる分野に配置換えを行い，多様な職務を経験しながら人材開発を図り，能力発揮の場での活躍につなげていく。

**■昇任**
　職制の基本ラインは，主事・技師→副主査→主査→班長・副主幹→副課長・主幹→課長→次長→部長。標準的には8年目で副主査，それから9年程度で主査に昇任する。

**■令和6年度試験募集職種**
［上級］一般行政A，一般行政B，心理，児童指導員，農業，林業，水産，畜産，農業土木，土木，建築，化学，電気，機械
［資格免許職］獣医師，薬剤師，保健師，管理栄養士，保育士，臨床検査技師，栄養士，司書
［中級］一般行政，警察事務，土木，市町村立学校事務

# 東京都

## DATA BOX

〒163-8001　東京都新宿区西新宿2-8-1
☎03-5321-1111（代表）
◆人口　14,101,583人（令和6年3月1日）
◆面積　2,199.93㎢（令和6年3月1日）
◆区市町村数　23区26市5町8村（令和6年3月1日）
◆令和6年度一般会計当初予算額　8兆4,530億円
◆職員数（知事部局等，定数）　33,026人（令和6年4月1日）
◆都のシンボル　ソメイヨシノ（花），イチョウ（木），ユリカモメ（鳥）

URL https://www.metro.tokyo.lg.jp

### 「シン・トセイ　都政の構造改革QOSアップグレード戦略」

「『未来の東京』戦略」の実現に向けて，都庁は自ら変革を続けている。

2021年3月に策定した「『シン・トセイ』戦略」では，都政のQOS（サービスの質）を向上させるため，DX（デジタルトランスフォーメーション）の推進をてこに，職員一人一人が主体となってアナログ環境から脱却するとともに，行政手続のデジタル化やキャッシュレスを推進するなど，「都政の構造改革」を強力に推進してきた。この改革を次なるステージへと深化させるため，2024年1月には，「シン・トセイ4　都政の構造改革QOSアップグレード戦略　version up 2024」へとバージョンアップさせた。DXの重点を「D（デジタル）」から「X（トランスフォーメーション）」へとギアチェンジし，都民が「実感」できるQOSの向上へと改革をさらに深掘りしていく。「オープン&フラット」な組織風土の下，改革の担い手である都庁組織・職員のパフォーマンスをさらに向上させ，将来にわたって都政のQOSを高めていけるイノベーティブな都庁を実現していく。

詳細はこちら

### 「令和6年度職員採用試験の改革により，受験者の受験機会を拡充！」

①春試験においてI類B（新方式）に適性検査を導入するとともに試験区分を拡充——専門試験・論文がなく，民間企業併願者等も受験しやすい試験区分であるI類B「新方式」で，従来の教養試験（択一）に代えて，公務員試験のための特別な準備を必要としない適性検査（SPI）を導入した。また，これまでの「行政」「ICT」に加え，「土木」の試験区分を追加した。

②秋試験においてI類B（新方式）の試験区分を拡充。さらに受験可能年齢を引下げ——技術職の採用試験については，春のI類B（新方式）の「土木」に加え，秋に「建築」「機械」「電気」の区分でも，新方式の試験を実施する。また，受験可能年齢を1歳引き下げ，大学3年生相当年齢（21歳）から受験が可能となる。

詳細はこちら

### 求める人材像

「高い志と豊かな感性を持った人材」
「進取の気性に富み，自ら課題を見つけ，進んで行動する力を持った人材」
「都民から信頼され，協力して仕事を進める力を持った人材」
「困難な状況に立ち向かい，自ら道を切り拓く力を持った人材」

### 人事データ

■配属
　新規採用者は基本的に，都民の要望が直接寄せられる職場をはじめ，さまざまな部署で，多様な職務経験ができるよう配属される。

■異動
　職員はおおむね3年を目安に異動しており，局内の異動はもちろん，局間の異動も盛んに行われている。なお，主任昇任時には原則として局間の異動となる。また，課長代理昇任時にも局内または局間の異動が原則となっている。

■昇任
　職員の昇任は，学歴や性別によらない能力・業績主義に基づく選考による。I類Aは在職3年，I類Bは在職5年で主任級職選考の受験資格を得られる。また管理職へチャレンジするコースが複数設けられており，職員の能力や経験に応じた人材活用を行っている。

■令和6年度試験・選考募集職種
［I類A］事務，土木，建築，機械，電気　［I類B］行政（一般方式・新方式），土木（一般方式・新方式），建築（一般方式・新方式），機械（一般方式・新方式），電気（一般方式・新方式），ICT（新方式），環境検査，林業，畜産，水産，造園，心理，衛生監視，栄養士，獣医，薬剤B　［II類］司書，栄養士　［キャリア活用］事務（資金運用，財務，不動産），土木（土木設計施工，測量），建築（建築構造，建築施工），機械（機械設備），電気（電気設備），ICT（ICT），環境検査（環境検査），林業（林業），水産（資源管理），造園（公園整備），心理（児童心理），看護師（看護），農業技術（都市農業振興）

# 神奈川県

| インターンシップ | 募集：①6月上旬～6月下旬<br>②1月中旬～1月下旬<br>実施：①7月下旬～9月中旬<br>②2月上旬～3月下旬 |
|---|---|

## DATA BOX

〒231-8588　横浜市中区日本大通1
☎045-210-1111（代表）
◆人口　9,214,617人（令和6年3月1日）
◆面積　2,416.32㎢（令和5年10月1日）
◆市町村数　19市13町1村（令和6年4月1日）
◆令和6年度一般会計当初予算額　2兆1,045億円
◆1人当たり県民所得　3,199千円（令和3年度）
◆職員数（知事部局）　7,133人（令和6年4月1日）
◆県のシンボル　ヤマユリ（花），イチョウ（木），カモメ（鳥）

職員採用HPはこちら

URL https://www.pref.kanagawa.jp/osirase/9111/index.html

## 基本施策・長期計画

県政運営の総合的・基本的指針を示す総合計画「新かながわグランドデザイン（令和6年3月）」は，2040年を展望した神奈川の将来像や県の政策の基本方向を示す「基本構想」と，2024年度から2027年度までの4年間に取り組む政策を示す「実施計画」で構成している。「基本構想」に掲げる基本理念「いのち輝くマグネット神奈川」を実現するため，計画を着実に推進し，県民一人一人のいのちを輝かせるとともに，人やものを引きつける魅力を持った神奈川の実現をめざしていく。

▶「実施計画（2024-2027年度）」における「神奈川の戦略」

①ヘルスケア・ニューフロンティアの推進。②輝き続ける人生100歳時代の実現。③ロボット共生社会の実現。④マグネット・カルチャーの推進。⑤グローバル戦略の推進。

## 「行政改革」の取組み

質の高い県民サービスの提供に向けた行政改革や，職員の働きやすさと働きがいの両立をめざした取組みを実施。

①暮らしのデジタル化（デジタル技術やデータを積極的に利活用して，多様な県民ニーズに対応したサービスを実現）。②行政のデジタル化（行政内部の業務全般の効率化）。③民間活力の活用（事業の委託化や民間への移譲を実施）。④業務プロセスの見直し（集計作業・定型業務の自動化等）。⑤多様で柔軟な働き方の推進（長時間労働の是正，フレックスタイム制度，時差出勤，テレワーク等を推進）。⑥働きがい・成長機会のある職場（OJTや研修の充実，キャリア開発や専門性向上を意識した人事異動の実施）。

## 令和6年度職員採用試験の見直し

令和6年度の秋季I種試験（申込期間：8月30日～9月13日）から，公務員志望の方はもちろん，民間企業志望の方や転職を考えている方も受験しやすい採用試験へ。

▶行政：「SPI3」と都道府県で初めて「録画面接」を導入。一次試験はオンラインで完結し，全国から受験可能。

▶総合土木・電気：受験可能年齢を1歳引き下げ，大学3年生も受験可能。

## ユニークな組織・部署

①デジタル戦略本部室。②脱炭素戦略本部室。③文化スポーツ観光局（令和6年度に設置）。

## 人事データ

### ■配属

配属先は，居住地（通勤時間），本人の希望や適性，人材育成を考慮して決定される。事務系は，本庁と出先機関（県税事務所，土木事務所等）に，おおむね半数ずつ配属される。技術系は，現場（出先機関）からスタートすることが多い。

### ■異動

異動サイクルはおおむね4年で，入庁後10年間は原則2部局3所属の中で，さまざまな職務分野を経験。その間に，本人が能力や適性を踏まえてキャリアプランを作成し，自らの専門分野や職務分野を選択する「キャリア選択型人事制度」を運用。人事異動でも本人の主体性を重視。

### ■昇任

職制ラインは，主事（技師）→主任主事（主任技師）→主査→副主幹（副技幹）→グループリーダー→課長→部長→局長。すべての職員が「プロフェッショナル」をめざし，さまざまな職場で活躍する中で，おおむね10年で選択した職務分野や適性を踏まえ，政策エキスパートとしての専門性を高めたり，管理職としての活躍を後押ししたりと，職員の主体性を重視している。

### ■令和6年度試験・選考募集職種

[I種] 行政，農政技術（農業，森林），水産，総合土木，建設技術（土木，建築），環境技術，機械，電気，公立小中学校等事務，警察事務　[免許資格職] 福祉職，福祉職（児童心理），司書A，管理栄養士，薬剤師，獣医師，保健師，栄養士　[選考] 看護専任教員，医師，看護師，職業訓練指導員　[経験者] 農政技術（森林，農業土木），建設技術（土木，建築），電気，福祉職，保健師，獣医師，看護専任教員

# 山梨県

| インターン<br>シップ | 募集：6月 |
|---|---|
| | 実施：7〜8月 |

## DATA BOX

〒400-8501　甲府市丸の内1-6-1
☎055-237-1111（代表）
◆人口　790,368人（令和6年4月1日）
◆面積　4,465.27㎢（令和5年10月1日）
◆市町村数　13市8町6村（令和6年4月1日）
◆令和6年度一般会計当初予算額　5,145億円
◆1人当たり県民所得　3,243千円（令和3年度）
◆職員数（知事部局）　3,153人（令和6年4月1日）
◆県のシンボル　フジザクラ（花），カエデ（木），ウグイス（鳥）

URL https://www.pref.yamanashi.jp/

### 基本施策

令和5年10月，県民の豊かさ・幸せを一層増進していくため，新たな総合計画を策定した。

県民の生活基盤を強く安心できるものにする「ふるさと強靱化」，物理的な面とともに意識の上での開化も進め，すべての人に対して開かれた「『開の国』づくり」，それらの先に，県民一人一人に豊かさがもれなく届けられる仕組みを持った「豊かさ共創社会」を築き上げるべく，5つの《戦略》ごとに，実現するための《政策》，《施策》を掲げ，これまでの歩みをさらに前進し，加速させていく。

○戦略1　強靱な「やまなし」を創る道
　⇒感染症や自然災害への強靱化，地域経済基盤強靱化等
○戦略2　活力ある「やまなし」を育む道
　⇒子育て支援，医療・福祉の不安解消，人財づくり等
○戦略3　開かれた「やまなし」へ集う道
　⇒「自然首都圏」創出の基盤整備等
○戦略4　躍動する「やまなし」へ進む道
　⇒教育の充実，共生社会化の推進等
○戦略5　先進地「やまなし」を叶える道
　⇒地域経済の収益力向上，文化芸術・スポーツ振興等

### 恒例になっているイベント

11月20日を「県民の日」と定め，毎年11月下旬には「県民の日記念行事」，4月には，郷土の英雄武田信玄公の遺徳をしのぶ県下最大の祭り「信玄公祭り」を開催。

### 主な文化施設

荒天時にも快適に練習ができる屋内練習走路（富士ウッドストレート）を備えた富士北麓公園などのスポーツ施設，「山梨の自然と人」をテーマとした県立博物館，ミレーに代表されるバルビゾン派の作品を数多く収蔵する県立美術館など。

### ユニークな条例

①おもてなしのやまなし観光振興条例。②山梨県再生資源物の不適正保管等の防止及び産業廃棄物の適正管理の促進に関する条例。

### ユニークな組織・部署

①新事業チャレンジ推進グループ──これまで取り組んできたテストベッドの聖地化に向けた実証実験に加え，幅広い分野における新たな事業の創出を支援するための司令塔を担う。②多様性社会・人材活躍推進局──女性，外国人など，多様な主体が積極的に社会参画を行い，活躍する社会の実現に向け，共生社会推進施策と労働施策を一体的に推進する。③富士山保全・観光エコシステム推進グループ──世界文化遺産「富士山」の普及啓発，保全管理，登山安全対策，観光エコシステムの推進を総合的に行う。

### 人事データ

**■配属**

新規採用職員は，県職員としての自覚を持ち，職員としての基礎的な知識が身につけられる所属で，同一職種の職員が複数人配置されているなど職員の指導養成が可能な所属へ配置する。令和6年度は，事務職については，本庁および出先機関に，技術職については出先機関を主体に配属した。

**■異動**

採用後，1所属2年で，2所属で4年程度のジョブローテーションを行う。事務職については，事業執行業務，内部管理的業務を経験させ，原則として本庁，出先を交互に異動させる。

**■昇任**

役職の基本ラインは，主事（技師）→主任→副主査→主査→課長補佐→課長→部次長→部長。平均的な昇任年齢は主任が30歳，副主査（係長級）が36歳，主査が40歳となっている。

**■令和6年度試験募集職種**

［大学卒業程度］行政，行政（アピール試験型），警察行政，社会福祉Ⅰ，社会福祉Ⅱ，心理，薬剤師，栄養士，化学，農業，林業（※），土木（※），農業土木（※），建築，電気，畜産，水産，保健師，保健師（警察），司書，学芸員Ⅰ，研究（林業），研究（化学），研究（電子），警察鑑定研究（電気）［民間企業等職務経験者］行政，農業土木　［就職氷河期世代］行政　［選考］獣医師，火山防災　等　（※）専門性面接型を含む

# 長野県

| インターンシップ | 募集:6月中旬～6月下旬 |
|---|---|
| | 実施:8月上旬～9月中旬 |

## DATA BOX

〒380-8570　長野市大字南長野字幅下692-2
☎026-232-0111（代表）
◆人口　1,991,977人（令和6年4月1日）
◆面積　13,561.56㎢（令和6年4月1日）
◆市町村数　19市23町35村（令和6年4月1日）
◆令和6年度一般会計当初予算額　9,991億円
◆1人当たり県民所得　2,788千円（令和2年度）
◆職員数（知事部局）　5,039人（令和6年4月1日）
◆県のシンボル　リンドウ（花），シラカバ（木），ライチョウ（鳥），カモシカ（獣）

URL https://www.pref.nagano.lg.jp/

### 基本施策・長期計画

令和5年度を初年度とする総合5か年計画「しあわせ信州創造プラン3.0」を策定。物価高騰や急激な人口減少など危機的な現状を打破する意味を込めてサブタイトルに「大変革への挑戦『ゆたかな社会』を実現するために」を設定するとともに，新しい基本目標「確かな暮らしを守り，信州からゆたかな社会を創る」を掲げている。

### 主要プロジェクト

計画では，基本目標の実現に向けて「5つの政策の柱」《①持続可能で安定した暮らしを守る，②創造的で強靭な産業の発展を支援する，③快適でゆとりのある社会生活を創造する，④誰にでも居場所と出番がある社会をつくる，⑤誰もが主体的に学ぶことができる環境をつくる》を設定。

また，さまざまな危機が複合的に押し寄せている現下の難局を乗り越え，新しい時代に向けて，社会経済システムの転換や施策の新展開・加速化，他に先駆けた取組等を特に進めていく必要がある政策をピックアップし，「新時代創造プロジェクト」として取組みを進めていく。

### ユニークな条例

①長野県脱炭素社会づくり条例——2050年度までに二酸化炭素排出量を実質ゼロにすることを目標に，持続可能な脱炭素社会づくりを推進。

②長野県登山安全条例——登山を安全に楽しむため，登山計画書の提出義務づけなど登山者が守るべきルールや県の責務を明確化。

### ユニークな組織・部署

①DX推進課——情報システム関連業務の集約化・専門性の向上を図り，本県のDXを推進。令和4年から新たに情報系の専門的知見を有するデジタル職を採用。②ゼロカーボン推進室——「2050年二酸化炭素排出量実質ゼロ」達成のため，再生可能エネルギーの普及拡大等を推進。③山岳高原観光課——本県の特色である山岳高原（自然環境）を活かし，登山やスキーを始めとするアウトドアアクティビティの普及など，世界水準の滞在型観光地づくりを推進。

### 今後の行政課題

時代の変化に適応し，最高品質の行政サービスを提供し続けるため，「長野県行政・財政改革方針2023」を策定。県民の信頼と期待に応える組織づくりを推進し，効果的・効率的な行政経営に向けた取組みを強化中。

## 人事データ

### ■配属

新規採用者の多くは，地域振興局，県税事務所，保健福祉事務所（保健所），建設事務所など住民と接する機会が多い現地機関に配属される。

### ■異動

異動サイクルは3～4年で，若手期に複数の部局や本庁と現地機関の両方を経験することによって，広い視野とバランス感覚を持った職員の育成を図っている。国，市町村，民間企業等への派遣も活発である。

### ■昇任

主事→主任→主査→係長→課長補佐→課長→部長という職制ラインである。採用時の職種や学歴にとらわれず，能力・実績主義の原則に基づき，公平，公正に選考される。

### ■ワークライフバランスの実現

職員の多様な働き方を実現するため，希望に基づく時差勤務やテレワークを推進。また，「男性職員の子育て計画書」の作成を徹底することで，男性職員の育児休業取得を促進。

### ■令和6年度試験募集職種

[試験（大卒程度）] 行政A，行政B，デジタル，社会福祉，心理，化学，産業技術，農業，林業，総合土木，建築，薬剤師，保健師，管理栄養士，電機総合
[選考（社会人経験者）] 行政，社会福祉，総合土木　等
[選考] 獣医師　等

# 新潟県

| インターンシップ | 募集：5月中旬 |
|---|---|
| | 実施：8月〜9月 |

## DATA BOX

〒950-8570　新潟市中央区新光町4-1
☎025-285-5511（代表）
◆人口　2,118,132人（令和6年2月1日）
◆面積　12,584㎢（令和5年10月1日）
◆市町村数　20市6町4村（令和6年4月1日）
◆令和6年度一般会計当初予算額　1兆2,872億円
◆1人当たり県民所得　2,919千円（令和3年度）
◆職員数（知事部局）　5,302人（令和6年4月1日）
◆県のシンボル　チューリップ(花),ユキツバキ(木),トキ(鳥),雪割草(草花),錦鯉(鑑賞魚),ヒスイ(石)

新潟県宣伝課長「トッキッキ」

URL https://www.pref.niigata.lg.jp/

## 基本施策・長期計画

令和4年4月に改定した新潟県総合計画により、「住んでよし、訪れてよしの新潟県」を基本理念に、県民が、新潟の魅力・新潟らしさ「新潟ブランド」を意識し、新潟に住んでいることを誇りに思い、これからも住み続けたいと思える新潟県、そして、国内外の方々が新潟に魅力を感じ、訪ねてきていただける新潟県をめざしていく。

## 主要プロジェクト

新潟県総合計画では、次の3つの将来像を掲げている。
①安全に安心して暮らせる、暮らしやすい新潟
②地域経済が元気で活力のある新潟
③県民一人一人が学び、成長し、活躍できる新潟
新潟県が若者や女性、子育て世代から「選ばれる地」となるために、社会全体で結婚や子育てを支える環境づくりと地方への人や企業の流れの確実な呼び込み、働き方改革や女性活躍など県内企業等の魅力向上など、人口減少問題への対応として、県の政策を総動員し、地域の総力を挙げて取り組んでいく。

## 主な文化施設

①県立自然科学館——恐竜の骨格模型、隕石、トキのはく製、ハイテクロボット等を展示。見て体験できる施設。
②県立近代美術館——ロダンの彫刻が出迎える、緑に囲まれた美術館。近代日本洋画の充実したコレクションが自慢。
③県立万代島美術館——現代の美術作品を中心に紹介する。
④県立歴史博物館——常設展示は、県の歴史・文化を紹介する「歴史展示」と縄文文化を全国的・世界的視点から紹介する「縄文展示」。

## ユニークな組織・部署

①こども家庭課こども政策室——こどもが安心して健やかに暮らしていける社会の実現をめざし、こども条例の制定に向けた取組みを進めるとともに、少子化対策としての結婚支援・こどもを産み育てやすい環境づくりを一層強化・推進する。
②文化課芸術文化振興室——本県の芸術文化振興施策を一層充実・推進するため、（公財）新潟県文化振興財団と一体化し、財団が有するノウハウやネットワークを活用しながら、県全体で効果的な事業展開を図る。

## 今後の行政課題

本県の総人口は、平成9年をピークに減少が続いているが、人口減少の中においても、住み続けたいと思う人が安全に安心して住み続けられるよう、県内市町村や県民等と力を合わせて、活力ある地域づくりを進めていく。

## 人事データ

### ■配属
新規採用者は、事務系は本庁または地域機関から、技術系は主に地域機関からスタートすることになる。

### ■異動
事務系は採用後2〜3年で異動し本庁と地域機関の両方を経験するというのが基本パターン。技術系の場合は、いくつかの地域機関で実地に技術力を身につけたうえで本庁勤務になるケースが多い。なお、一般的な異動サイクルは3〜4年となっている。

### ■昇任
職制ラインは、主事（技師）→主任→主査・係長→課長補佐→課長→副部長→部長となっている。大卒程度の場合、31歳ぐらいで主任に。

### ■令和6年度試験募集職種
[大卒程度] 一般行政、警察行政、福祉行政、福祉行政（心理）、総合土木、林業、農業、水産、建築、機械、環境、電気、保健師、管理栄養士（行政）、農芸化学（食品・環境衛生）、薬剤師（行政）、少年警察補導員、科学捜査（化学）、科学捜査（生物）
[その他] 市町村立義務教育諸学校事務職員

# 岐阜県

| インターン<br>シップ | 募集：5月（予定） |
|---|---|
| | 実施：8月上旬〜9月上旬 |

## DATA BOX

〒500-8570　岐阜市薮田南2-1-1
☎058-272-1111（代表）
◆人口　1,923,486人（令和6年3月1日）
◆面積　10,621.29k㎡（令和6年1月1日）
◆市町村数　21市19町2村（令和6年4月1日）
◆令和6年度一般会計当初予算額　8,861億円
◆1人当たり県民所得　3,092千円（令和3年度）
◆職員数（一般行政部門）　4,423人（令和5年4月1日）
◆県のシンボル　レンゲソウ（花），イチイ（木），ライチョウ（鳥），アユ（魚）

URL https://www.pref.gifu.lg.jp/

## 基本施策・長期計画

　2023年3月に，新たな「清流の国ぎふ」創生総合戦略を策定。従前の総合戦略に引き続き，今後5年間の施策の方向性を『「清流の国ぎふ」を支える人づくり』『健やかで安らかな地域づくり』『地域にあふれる魅力と活力づくり』の三本柱とし，一人一人の幸せと確かな暮らしのあるふるさと岐阜県をめざしていく。

## 令和6年度主要施策

### 県土と危機管理体制のさらなる強靱化

・巨大地震を想定した実践的な総合防災訓練の実施。
・市町村の災害対策をサポートする人材の育成・強化。

### GX・DXの推進

・県独自の「G-クレジット」の本格運用や県営林での「J-クレジット」の販売推進。
・市町村のDXを支援するデジタル人材の派遣。

### 若者向けの移住定住対策の強化

・県内企業に就職する若者への奨学金返還支援制度の創設。
・東京の大学生に対する県内企業の面接参加に要する交通費の支援。

## ユニークな組織・部署

　①清流の国推進部——政策立案，地域振興，スポーツ振興，SDGsの推進や外国人活躍などの部門を所管し，「清流の国ぎふ」づくりを推進。②県民文化局——文化・芸術の保存から伝承，発信，振興までの一貫した取組みを推進。③子ども・女性局——少子化対策，子育て支援，男女共同参画やワークライフバランスを一体的に推進。④観光国際部——観光資源の魅力向上，戦国武将をテーマとした広域周遊観光の促進など，国内外からの誘客を積極的に推進。

## 今後予定されているイベント

　①「清流の国ぎふ文化祭2024」（令和6年10月14日から11月24日まで）。②「全国都市緑化ぎふフェア」（令和7年4月23日から6月15日まで）。③「全国健康福祉祭ぎふ大会」（令和7年10月18日から21日まで）。

## 求める職員像

　①高い使命感と倫理観・遵法精神を備えた職員。
　②県民目線・現場主義で政策の立案・実行をする職員。
　③最小のコストで最大の成果をあげる経営感覚を持つ職員。

清流ミナモ

## 人事データ

### ■配属・異動

　[配属] 新規採用職員については，事務系の場合，本庁・現地機関へおおむね半数ずつ，技術系の場合，約1割が本庁，約9割が現地機関に配属される。
　[異動] 原則として，最初の部署で2〜3年を経た後，本庁に配属されていた者は現地機関へ，現地機関に配属されていた者は本庁へ異動する。その後は，本人の適性や希望（勤務地等）も考慮され，2〜3年を目途に異動するケースが多くなっている。

### ■昇任

　職制は主事→主任→主査→係長・課長補佐→課長→次長→部長となっている。一般的に30歳前後で主任，35歳前後で主査に昇任するケースが多い。

### ■令和6年度試験募集職種（予定）

[大学卒程度] 行政Ⅰ・Ⅱ，警察行政，薬剤師Ⅰ・Ⅱ，臨床検査技師Ⅰ・Ⅱ，管理栄養士Ⅰ，保健師Ⅰ・Ⅱ，精神保健福祉士Ⅰ，福祉Ⅰ・Ⅱ，心理Ⅰ・Ⅱ，農学Ⅰ・Ⅱ，農業土木Ⅰ・Ⅱ，畜産Ⅰ，水産Ⅰ，森林科学Ⅰ・Ⅱ，土木Ⅰ・Ⅱ，建築Ⅰ・Ⅱ，電気Ⅰ・Ⅱ，機械Ⅰ・Ⅱ，化学Ⅰ
※試験方式：Ⅰは従前の方式，ⅡはSPI方式（化学はSPI方式のみ）

# 静岡県

| インターンシップ | 募集：5月中旬〜6月上旬 |
| --- | --- |
| | 実施：7月下旬〜9月下旬 |

## DATA BOX

〒420-8601　静岡市葵区追手町9-6
☎054-221-2455（代表）

◆人口　3,533,214人（令和6年4月1日）
◆面積　7,777.35km²（令和6年4月1日）
◆市町数　23市12町（令和6年4月1日）
◆令和6年度一般会計当初予算額　1兆3,160億円
◆1人当たり県民所得　3,110千円（令和2年度）
◆職員数（知事部局）　5,922人（令和6年4月1日）
◆県のシンボル　ツツジ（花），モクセイ（木），サンコウチョウ（鳥）

ふじっぴー

**URL https://www.pref.shizuoka.jp/**

## 基本施策・長期計画

　令和4年3月に策定した静岡県新ビジョン後期アクションプランにおいて，「世界から見た静岡県」という視点に立ち，誰もが努力をすれば人生の夢を実現でき，幸せを実感できる地域社会の実現をめざす。

## 主要プロジェクト

　「誰もが努力をすれば人生の夢を実現し活躍できる社会」をめざすため，5つの基本方向により政策を進める。
　①安全・安心な地域づくり——命を守る安全な地域づくり，安心して暮らせる医療・福祉の充実。
　②持続的な発展に向けた新たな挑戦——デジタル社会の形成，環境と経済が両立した社会の形成。
　③未来を担う有徳の人づくり——子どもが健やかに学び育つ社会の形成，優れた資質・能力と人間性を兼ね備えた人材の育成，誰もが活躍できる社会の実現。
　④豊かな暮らしの実現——富をつくる産業の展開，多彩なライフスタイルの提案，地域の価値を高める交通ネットワークの充実。
　⑤魅力の発信と交流の拡大——静岡県の魅力の向上と発信，世界の人々との交流の拡大。

## 今後予定されているイベント

　世界お茶まつり（令和7年）。

## 主な文化施設

　①グランシップ。②富士山世界遺産センター。③ふじのくに地球環境史ミュージアム。④プラサヴェルデ。⑤静岡県立美術館（ロダン館）。⑥ふじのくに茶の都ミュージアム。

## ユニークな組織・部署

　①デジタル戦略課——デジタル技術の利用環境整備や，デジタル技術を活用した地域課題の解決を推進。
　②行政経営課——「働き方改革チーム」を設置し，県庁の働き方改革を推進。
　③富士山世界遺産課——富士山に係る交流事業，自然，歴史，文化，周辺観光等の情報提供を推進。
　④こども未来課——少子化対策や子育て支援に関する施策を企画立案から事業に至るまで一体的に推進。
　⑤産業イノベーション推進課——県内企業と首都圏や海外のスタートアップとの協業促進，ICT人材の確保・育成。

## 人事データ

### ■配属

　事務職員は，本庁または県内各地の出先機関に配属される。技術職員は仕事の専門性を考慮して本庁配置にこだわらないことを基本としている。

### ■異動

　異動の目安は3〜5年。入庁直後は，多くの部門を経験するという観点から，異なる部門の本庁，出先を3年ごとに異動。その後は本人のキャリア形成に配慮して配属。国や市町，民間企業，海外の機関への派遣研修制度もあり。

### ■昇任

　採用時に主事（技師），30歳前に主任となって以降，主査→班長→課長代理→課長→局長→部長が主な職制。

### ■多様な働き方の支援

　職員のライフスタイルに合わせた勤務時間の選択が可能。未就学児一時預かり保育施設（8：00〜18：30〈有料〉：本庁舎内）の利用が可能。

### ■令和6年度試験募集職種

　[大学卒業程度] 行政（Ⅰ・Ⅱ），小中学校事務，警察行政，行政（静岡がんセンター事務）　[専門技術系職種（大学卒業程度）]　土木，農業，林業，農業土木，建築，薬剤師，保健師，心理，児童福祉，水産，電気，電気（研究），機械，機械（研究），工業化学，金属材料，工業デザイン，文化財，職業訓練指導員（情報技術，電気，機械），少年警察補導員，理化学鑑識（心理，生物）　[短大卒程度]　臨床検査技師，司書　[民間企業等職務経験者]　土木，保健師，心理，児童福祉，医療社会福祉，学芸員　[就職氷河期世代]　行政，小中学校事務，警察行政

# 愛知県

| インターン<br>シップ | 募集：5月〜6月<br>実施：8月〜9月 |
| --- | --- |

## DATA BOX

〒460-8501　名古屋市中区三の丸3-1-2
☎052-961-2111（代表）
◆人口　7,470,402人（令和6年3月1日）
◆面積　5,173.19k㎡（令和6年1月1日）
◆市町村数　38市14町2村（令和6年4月1日）
◆令和6年度一般会計当初予算額　2兆7,949億円
◆1人当たり県民所得　3,597千円（令和3年度推計）
◆職員数（知事部局）　8,842人（令和6年4月1日）
◆県のシンボル　カキツバタ（花），ハナノキ（木），コノハズク（鳥），クルマエビ（魚）

愛知県職員採用情報
https://www.pref.
aichi.jp/jinji/
syokuin/index.html

愛知県職員採用情報
へは上記URL，もし
くはQRコードから。
県政HPは下記より。

### URL https://www.pref.aichi.jp/

## 基本施策・長期計画

　2020年11月に策定した「あいちビジョン2030」は，リニア中央新幹線が全線開業し，スーパー・メガリージョンの形成が期待される2040年頃の社会経済を展望し，2030年度までに取り組むべき重点的な政策の方向性を示す。基本目標「暮らし・経済・環境が調和した輝くあいち〜危機を乗り越え，愛知の元気を日本の活力に〜」の実現に向け，施策を推進していく。

## 主要プロジェクト

　①リニアを活かした「中京大都市圏」づくり──リニア中央新幹線の全線開業を見据え，名古屋駅のスーパーターミナル化の推進や中部国際空港の代替滑走路を始めとした機能強化，港湾の機能強化，広域道路ネットワークの充実のほか，MaaSの導入や広域的な防災活動拠点の整備等に取り組む。②イノベーションの推進──2024年10月開業予定の日本最大級のスタートアップ支援拠点「STATION Ai」の整備や，水素・アンモニア，自動運転，ロボットなど革新的な技術の社会実装，「休み方改革」の推進等に取り組む。③あいちの魅力発信──2025年7月開業予定のIGアリーナ（愛知国際アリーナ）の整備，2026年開催のアジア・アジアパラ競技大会に向けた準備，ジブリパークの魅力発信，愛知県国際展示場（Aichi Sky EXPO）を最大限活用したMICEの誘致・開催等に取り組む。④人が輝くあいちづくり──高度なものづくり人材の育成など地域の教育ニーズに応える中高一貫教育の導入やICTを活用した学校教育の推進，デジタル人材の育成，女性，外国人，高齢者，障害者の活躍促進，子どもの貧困対策の充実や虐待防止対策の強化，安心できる医療体制の構築等に取り組む。

## 今後予定されている大きなイベント

　①STATION Aiのオープン（2024年10月）──世界最高品質のスタートアップ支援プログラムを提供する，日本最大の支援拠点が開業。②FIA世界ラリー選手権ラリージャパン2024（11/21〜11/24）──ラリーの最高峰に位置し，F1と並び称される世界ラリー選手権の日本ラウンド。③サムライ・ニンジャフェスティバル2024（11/24）──全国の武将隊，忍者隊による演武など，サムライとニンジャをテーマにした観光イベント。④愛知万博20周年記念事業（2025/3/25〜9/25）──愛知万博の振り返りや愛知の魅力を発信するイベント，ジブリパーク連携イベントの実施。⑤国際芸術祭「あいち2025」（2025/9/13〜11/30）──国内外から多数のアーティストが参加し，現代アート作品の展示や舞台公演などを展開。⑥第20回アジア競技大会（2026/ 9/19〜10/ 4），第5回アジアパラ競技大会（2026/10/18〜10/24）──4年に一度のアジア最大のスポーツの祭典。アジア45の国と地域が参加！

## 人事データ

### ■配属

　採用前に面接を行い，本人の希望などを考慮して本庁または地方機関に配属される。

### ■異動

　幅広い視野や知識を習得するとともに適性を発見するため，事務職については，採用から7年のうちに，複数の局，3か所の所属，可能な限り本庁を経験するジョブローテーションを行っている。また，異動に際しては，自己申告書の提出にあわせ，上司と話し合う制度があり，職員の意向，適性，能力を勘案し異動を行っている。

### ■昇任

　職制は，主事・技師→主任→主査→課長補佐→課長→幹部（部長・局長）。勤務実績に応じ採用10年程度で主任へ昇任し，その後は選考方式で本人の能力と実績により昇任する。

### ■令和6年度試験募集職種

[第1回（大学卒業程度）] 行政Ⅰ，行政Ⅱ，心理，社会福祉，薬剤師，電気，機械，化学，環境工学，無機材料，農学，畜産，水産，林学，農業土木，土木，建築，警察職員（行政Ⅰ，行政Ⅱ，情報管理，電気，機械，農芸化学，建築）[資格免許職種等] 看護師，保健師，獣医師，児童自立支援専門員，精神保健福祉士　[民間企業等職務経験者] 行政，ICT，司書，薬剤師，電気，機械，化学，農学，林学，農業土木，土木，建築

# 三重県

| インターンシップ | 募集：6月上旬 |
| --- | --- |
| | 実施：8月中下旬（予定） |

## DATA BOX

〒514-8570　津市広明町13
☎059-224-2103（総務部人事課）
◆人口　1,721,312人（令和6年3月1日）（推計人口）
◆面積　5,774.48km²（令和5年10月1日）
◆市町村数　14市15町（令和6年4月1日）
◆令和6年度一般会計当初予算額　8,051億円
◆1人当たり県民所得　3,111千円（令和3年度）
◆職員数（知事部局）　4,342人（令和6年4月1日）
◆県のシンボル　ハナショウブ（花），神宮スギ（木），シロチドリ（鳥），
　　　　　　　　カモシカ（獣），伊勢えび（魚）

URL https://www.pref.mie.lg.jp/

## 基本施策・長期計画

令和4年度からおおむね10年先の三重の姿を展望し，政策展開の方向性や県政運営の基本方針を示すビジョン「強じんな美し国ビジョンみえ」と，このビジョンを着実に推進するための取組み内容をまとめた，5年間の中期の戦略計画である「みえ元気プラン」を策定している。

## 主要プロジェクト

「みえ元気プラン」では，「強じんな美し国ビジョンみえ」が掲げる基本理念の実現に向けて，取組みを一層加速させていかなければならない課題を抽出し，積極果敢に対応していくため，「人口減少への総合的な対応」など7つの取組みを「みえ元気プランで進める7つの挑戦」と位置づけている。

## 令和6年度における県政の考え方

「令和6年度三重県行政展開方針」に基づき，「強じんで多様な魅力あふれる『美し国』」をめざし，令和6年能登半島地震の被災地支援から得られる気づきを南海トラフ地震等への備えに活かすなど，社会情勢の変化に柔軟かつ的確に対応するとともに，今，取り組まなければならない新たな課題やチャンスに対して積極果敢にチャレンジしていくことで，「みえ元気プラン」に掲げるめざす姿の実現に向け，全庁を挙げて5つの注力する取組みの柱で県政を進めていく。

　　○注力する取組み
　　1. 子どもたちの輝く未来の実現
　　2. 実効性のある人口減少対策の推進
　　3. 時代の変化と潮流を捉えた産業振興
　　4. 観光振興と三重の魅力のプロモーション
　　5. いのちを守り，暮らしを支える

## ユニークな組織・部署

南海トラフ地震の発生に備え，令和6年度から新たに「南海トラフ地震対策プロジェクトチーム」を設置し，令和6年1月に発生した能登半島地震への支援活動を通じて得られた知見や気づきをふまえた，南海トラフ地震被害想定調査の実施や具体的な対策の検討に取り組んでいる。

## 職員のライフ・ワーク・マネジメントの取組み

職員一人一人が主体的に「ライフ」と「ワーク」をコントロールできる状態をめざし，次の取組みを実施している。
○意識・組織風土改革——ライフ・ワークの両面で，充実感を持って自己実現するための「意識・組織風土改革」を推進。
○ライフ・マネジメント——年次有給休暇の取得を促進し，職場全体で育児参画などを応援する職場環境づくりを推進。
○ワーク・マネジメント——効率的・効果的な業務遂行に向けた業務見直し等を図り，時間外勤務の縮減に取り組む。

## 人事データ

### ■配属
A試験行政職は本庁各部局および地域機関に配属し，技術系は地域機関に配属する場合が多い。

### ■異動
事務系は，原則として採用当初は幅広い視野と現場感覚を身につけるため本庁と地域機関の交流を基本とし，多様な職場に異動する。技術系は，おおむね職種に応じた部門で異動する。異動のサイクルは3～5年程度で，事務・技術の職場間交流も行う。

### ■昇任
主事・技師級で採用され，その後，主任級→主査級→課長補佐級→課長級→次長級→部長級となる。ある一定の基準に達した者について，本人の適性，意欲，能力，所属長の意見などを考慮して選考する。

### ■令和6年度試験募集職種
[A] 行政Ⅰ・行政Ⅱ，福祉技術，環境化学，農学，林学，水産，総合土木，建築，電気，機械，薬剤師，保健師，管理栄養士
[民間経験者] 行政（デジタル），総合土木，建築，薬剤師，警察デジタル
[B] 総合土木，警察事務，司書，学校事務（市町立小中学校職員）

# 富山県

| インターン<br>シップ | 募集：6月<br>実施：8月 |
|---|---|

## DATA BOX

〒930-8501　富山市新総曲輪1-7
☎076-431-4111（代表）

- ◆人口　1,006,367人（令和5年10月1日）
- ◆面積　4,247.54k㎡（令和5年10月1日）
- ◆市町村数　10市4町1村（令和6年4月1日）
- ◆令和6年度一般会計当初予算額　6,127億円
- ◆1人当たり県民所得　3,291千円（令和3年度）
- ◆職員数（知事部局）　4,309人（令和6年4月1日）
- ◆県のシンボル　チューリップ（花），タテヤマスギ（木），ライチョウ（鳥），ニホンカモシカ（獣），ブリ，ホタルイカ，シロエビ（魚）

元気とやまマスコット
きときと君&ぶりと君

## URL https://www.pref.toyama.jp/sections/0300/saiyo.html

### 幸せ人口1000万～ウェルビーイング先進地域，富山～

　本県は日本海側の中心に位置し，東西南北の各県・地域を結ぶ要所にあり，世界をもつなぐ「北陸の十字路」。高低差，4,000メートルの変化に富んだダイナミックな地形や豊かできれいな水，それらが生み出す食や文化，日本海側屈指の産業集積などの「幸せの基盤」がある。これらの強みを活かし，ウェルビーイングの向上を図り，次世代の価値を生む人材が育ち，県外から引き寄せられる「幸せ人口1000万～ウェルビーイング先進地域，富山～」をめざしている。

　ウェルビーイング先進地域の実現に向け，本県発展の礎となる「人づくり」と，新しい富山県をつくる「新しい社会経済システム」づくりを進めるとともに，主観的要素からなる本県独自の「ウェルビーイング指標」を政策形成プロセスに組み込み，県民一人一人の幸せ実感の向上に取り組んでいる。

2023年1月ウェルビーイング指標像を策定・公表。全体像を花に見立て，視覚的に表現。特設サイトでチェック！

### 恒例になっているイベント

　①富山マラソン（10月下旬～11月初旬）——富山県の自然や街並みを楽しめるフルマラソン。

　②とやまグルメ・フードフェス（10月下旬）——県内の農林水産物や加工食品等の情報発信，販売促進等。

### 今後予定されているイベント

　黒部宇奈月キャニオンルートの開業（令和7年以降予定）——「黒部峡谷」と「立山黒部アルペンルート」を結ぶ新ルート「黒部宇奈月キャニオンルート」を一般開放。

### 主な文化施設

　①富山県美術館。②立山博物館。③中央植物園。④立山カルデラ砂防博物館。⑤水墨美術館。⑥利賀芸術公園。⑦高志の国文学館。

### ユニークな条例

　①富山県水源地域保全条例——水源地域の保全に関し，基本理念および県民等の責務を定め，水源地域の保全に関する施策を総合的に推進。

　②立山におけるバスの排出ガスの規制に関する条例——立山の自然環境への負荷の軽減を図るためバスの運行に規制を行い，立山の自然環境および景観の保全ならびに適切な利用を推進。

### ユニークな組織・部署

　①成長戦略室——成長戦略を策定し，官民連携やウェルビーイング，カーボンニュートラル等の取組みを推進。②デジタル化推進室——地域や企業，行政のデジタル化と生産性向上を推進。③ワンチームとやま推進室——県と市町村の連携を深化させ，地方創生や地域振興に係る施策を推進。

### 人事データ

**■配属**

　上級総合行政は，本庁の各部署に配属されるケースが多い。技術職は出先機関へ配属になるケースが多い。

**■異動**

　異動サイクルは4～5年程度。職員の挑戦意欲の向上と組織の活性化を図るため，一般職員を対象に特定業務について庁内公募制を導入している。

**■昇任**

　職制の基本ラインは，主事（技師）→主任→係長→課長補佐→課長→次長→部長。一般的には30代前半で主任に昇任し，その後の勤務成績に応じて係長登用される。

**■令和6年度試験募集職種**

　[上級] 総合行政，総合行政（デジタル），警察事務，心理，社会福祉，環境，管理栄養士，工業研究，農業，林業，総合土木，建築，機械，電気

# 石川県

| インターンシップ | 募集：6月上旬 |
| --- | --- |
| | 実施：8月下旬 |

## DATA BOX

〒920-8580　金沢市鞍月1-1
☎076-225-1111（代表）
◆人口　1,104,587人（令和6年3月1日）
◆面積　4,186.20k㎡（令和6年）
◆市町村数　11市8町（令和6年4月1日）
◆令和6年度一般会計当初予算額　1兆1,101億円
◆1人当たり県民所得　2,270千円（令和2年度）
◆職員数　4,672人（令和6年4月1日）
◆県のシンボル　クロユリ（花），アテ（木），イヌワシ（鳥）

URL https://www.pref.ishikawa.lg.jp/

### 基本施策・長期計画

「石川の新たな価値の創造」「県民が健やかに安心して暮らせる社会の構築」の2つの視点に立って，「幸福度日本一に向けた石川の未来の創造」という基本目標の下，住みやすく，働きやすい，活力あふれる石川県の実現に取り組んでいる。

### 主要プロジェクト

①新たな時代を捉えて飛躍・成長する産業づくり
②収益力の高い農林水産業と次世代につなぐ農山漁村づくり
③個性と魅力にあふれる交流盛んな地域づくり
④石川の未来を拓く人づくり
⑤温もりのある社会づくり
⑥安全・安心かつ持続可能な地域づくり
⑦デジタル活用の推進
⑧カーボンニュートラルの推進

### 恒例になっているイベント

①百万石まつり──百万石の城下町金沢の基礎を築いた前田利家の入城を記念して行われる。絢爛な百万石パレードは見もの（6月）。
②「加賀の國」広域観光イベント──霊峰白山の麓に広がる6市町が連携し，伝統工芸や各地の温泉郷，山海の幸など，白山の多くの恵みを受ける「加賀の國」全域でさまざまなイベントを実施している（通年）。

### 主な文化施設

①輪島漆芸美術館。②能登島ガラス美術館。③歴史博物館。④白山ろく民俗資料館。⑤伝統産業工芸館。⑥能楽堂。⑦のとじま臨海公園。⑧美術館。⑨のと海洋ふれあいセンター。⑩ふれあい昆虫館。⑪いしかわ動物園。⑫音楽堂。⑬国立工芸館。（※令和6年能登半島地震のため一部休業中の施設あり）

### ユニークな条例

石川県の特色ある農林水産物を創り育てるブランド化の推進に関する条例──県産農林水産物のブランド化に関し，基本理念やブランド化に関する施策の基本となる事項を定め，本県における農林水産業の持続的な発展や地域経済の活性化はもとより，県民の誇りの醸成にも寄与することを目的とする。

### ユニークな組織・部署

能登半島地震復旧・復興推進部──能登半島地震からの創造的復興および被災者の生活再建を図るための庁内の司令塔。
トキ共生推進室──トキ放鳥およびトキと人がともに暮らしやすい良好な自然環境の再生に向けた取組みを実施。

### 今後の行政課題

①能登半島地震からの復旧・復興
②石川県成長戦略の実現

## 人事データ

### ■配属

新規採用者は，本庁各部局もしくは出先機関へ配属される。

### ■異動

新規採用者は3年を目途に異動を行い，その後はおおむね4年サイクルで異動を行っている。

### ■昇任

昇任試験ではなく人事考課による選考を行っている。上級行政の場合，係長クラスには30代半ばでなるのが一般的である。

### ■令和6年度試験募集職種

［大学卒程度］行政，心理，精神保健福祉士，福祉，農学（農業・畜産），林学，水産，総合土木，建築，造園，機械，電気，総合化学，保健師，管理栄養士，少年警察補導員，警察化学

# 福井県

| インターンシップ | 募集：6月上旬 |
| --- | --- |
| | 実施：8月中旬～9月上旬 |

## DATA BOX

〒910-8580　福井市大手3-17-1
☎0776-21-1111（代表）
◆人口　740,232人（令和6年4月1日推計）
◆面積　4,190.54km²（令和6年1月1日）
◆市町村数　9市8町（令和6年4月1日）
◆令和6年度一般会計当初予算額　5,047億円
◆1人当たり県民所得　3,264千円（令和3年度）
◆職員数（知事部局）　3,039人（令和6年4月1日）
◆県のシンボル　スイセン（花），マツ（木），ツグミ（鳥），越前がに（魚）

地味にすごい，福井
"JIMI NI SUGOI" FUKUI

ふくいSDGs

福井県版SDGs
公式ロゴマーク：ジュナナ

## URL https://www.pref.fukui.lg.jp/

### 基本施策・長期計画

杉本知事が掲げる「徹底現場主義」の下，職員一人一人が県民主役の県政実現に向けて考え，積極的に新しいことにチャレンジできるよう，若手職員中心のプロジェクトチームを結成し，福井県職員としての行動規範「福井県職員クレド」を策定。若手の力を発揮し，福井をもっとおもしろくするアイデアを生み出している。

### 主要プロジェクト

①インバウンド受入環境整備事業——北陸新幹線福井・敦賀開業効果の拡大のため，商業・サービス事業者に対して，免税店やキャッシュレス決済の整備等にかかる費用を支援することにより，外国人観光客の消費拡大や利便性向上を図る。

②子だくさんふくいプロジェクト——日本一幸福な子育て県「ふく育県」の拡大に向け，第2子以降の保育料等の無償化や，第2子以降を在宅で育児する世帯への在宅育児応援手当の支給等により，子育ての経済的負担を軽減する。

③県都まちなかにおけるイノベーション創出推進事業——新幹線駅周辺における県内企業や首都圏企業の活動拠点となる施設の整備を支援するとともに，施設内で県の企業支援チームやクリエイター等が協働し，成長や新しい価値づくりに取り組む県内企業を支援する。

### ユニークな組織・部署

①「インバウンド推進室」の設置——インバウンド対策の体制強化として「インバウンド推進室」を設置するとともに，国際経験が豊富な若手職員による「インバウンドチーム」を設置し，幅広い方面から海外情報を収集して，海外誘客の拡大

に向けた施策を企画・実行。

②若手職員のチャレンジ応援～ディレクター職の拡充～——課長相当職の「ディレクター」に，30代から40代の若手職員を抜擢。「チャレンジ応援ディレクター」「SDGsディレクター」「人財発掘ディレクター」など，6名のディレクターが，組織の枠を超えて活躍している。

チャレンジ応援ディレクターの活動の様子

③女性活躍課——女性活躍を徹底応援し，職場，家庭，地域など，あらゆる場面で男女ともに，個性と能力を存分に発揮できる社会づくりを推進するため，女性活躍課に「企業応援グループ」と「共同参画グループ」を新設。また，部局横断の「ふくい女性活躍推進チーム」を引き続き設置。

### 今後の行政課題

知事への政策提案や主要プロジェクト等へのチャレンジ制度（庁内公募），庁内FA（フリーエージェント）制度，若手グループリーダーの積極登用，課長相当の業務を行う「ディレクター」への抜擢など，若手職員の自主性と意欲を高める仕組みづくりを積極的に進めている。また，フリーアドレスの拡大，徹底したペーパーレス，年次休暇の月1日以上の取得や男性職員の育児休業3か月以上推奨など，さらに働きやすい福井県庁を推進し，行政サービスの向上を図っていく。

## 人事データ

### ■配属
新規採用者は，本庁または県税事務所，健康福祉センター，土木事務所などの出先機関に配属される。

### ■異動
入庁後10年程度は，幅広く職場を経験できるよう，本庁と出先機関を3年ごとに異動。その後は，3～5年程度のサイクルで異動する。

### ■昇任
32歳で主査，おおむね35歳で企画主査，それから5年程度で課長補佐級に昇任する。

### ■令和6年度試験募集職種
[Ⅰ種] 行政，福祉・心理，電気，土木（総合），建築，化学，農学，林学，水産，機械・金属，警察行政，情報処理（警察），心理（警察），化学（警察），物理（警察）

# 滋賀県

| インターンシップ | 募集：4月～6月 |
|---|---|
| | 実施：8月～9月 |

## DATA BOX

〒520-8577　大津市京町4-1-1
☎077-528-3153
◆人口　1,400,910人（令和6年4月1日）
◆面積　4,017.38k㎡（令和4年10月1日）
◆市町村数　13市6町（令和6年4月1日）
◆令和6年度一般会計当初予算額　6,145億円
◆1人当たり県民所得　3,161千円（令和3年度）
◆職員数（知事部局）　3,463人（令和6年4月1日）
◆県のシンボル　シャクナゲ（花），モミジ（木），カイツブリ（鳥）

滋賀県イメージキャラクター
キャッフィー

滋賀県職員採用
ポータルサイト
https://www.pref.
shiga.lg.jp/
kensei/jinji/saiyou/

## URL https://www.pref.shiga.lg.jp/

滋賀県庁では，「琵琶湖とくらしを守る。三方よしで笑顔を広げる。豊かな未来をともにつくる。」を"滋賀県職員の志（パーパス）"として定め，これを"原点"に日々県民の皆様のために働いています。

この志に共感いただき，琵琶湖とともにある滋賀を愛し，滋賀の豊かな未来を切り拓いていきたいと考える，熱意のある方の受験をお待ちしています。

### 基本施策・長期計画

「変わる滋賀　続く幸せ」の基本理念の下，みんなの力を合わせ，滋賀の未来をつくっていくための将来ビジョンである滋賀県基本構想（計画期間2019年～2030年）を平成31年（2019年）3月に策定した。

自分らしい未来を描くことができる生き方と，その土台として，SDGsの特徴でもある，経済，社会，環境の三側面のバランスの取れた持続可能な滋賀をめざしている。

### 政策の方向性

①人：自分らしい未来を描ける生き方（からだとこころの健康と柔軟で多様なライフコースの実現）。

②経済：未来を拓く　新たな価値を生み出す産業（新たな成長産業の創出と多様な人材の育成・確保）。

③社会：未来を支える　多様な社会基盤（社会インフラの整備と多様な人々の参加による地域社会づくり）。

④環境：未来につなげる　豊かな自然の恵み（琵琶湖の保全再生・活用と持続可能な社会の担い手育成）。

### ユニークな条例

ビワイチ推進条例——自転車観光に特化した全国初の条例。「琵琶湖一周」の略称である「ビワイチ」の魅力を国内外に発信し，琵琶湖岸のみならず県内各地への周遊を促進することにより，観光の振興および地域の活性化につなげる。

### 今後の行政課題

未来につなぐ　みんなでつくる「健康しが2.0」をめざして，5つの柱と2つの集中的な取組みにより，世界と滋賀の未来を見据えた新たな一歩を踏み出す。

**施策の柱**

1.子ども・子ども・子ども
2.ひとづくり
3.安全・安心の社会基盤と健康づくり
4.持続可能な社会・経済づくり
5.自然環境や生物多様性の保全・再生

**集中的な取組み**

1.県北部地域の振興
2.「大阪・関西万博」や「わたSHIGA輝く国スポ・障スポ」開催への着実な取組みの推進とレガシーの創出

### 人事データ

**■配属・異動**
幅広い職務経験・機会を通じた若手職員の育ちの支援
　若手職員が"やるべきこと・やらなければならないこと（Must）"に取り組みつつ，"できること（Can）"を増やし，将来に向けて"成し遂げたいこと（Will）"が描けるよう職員の意欲や能力を高める視点を大切にした人事配置が行われる。

**●事務職**
　採用からおおむね3か所目までは，2～3年程度を目安にジョブローテーションを行い，異なる職務や部局，本庁・地方機関相互，省庁や府県，市町派遣等を経験できるよう配属される。

**●技術職**
　職種に求められる専門性や現場経験等を培うことに重点を置きつつ，幅広い視野や柔軟な発想力等を兼ね備えることができるよう，その職種の特性を活かせるよう配属される。
　専門の職員を育成する必要のある部門では，本人の希望も考慮し，比較的長期の勤務になることもある。

**■昇任**
　昇任は勤務実績などを考慮し，学歴，性別に関係なく能力主義により行われる。

**■令和6年度試験募集職種**
［上級］行政（専門試験型），行政（アピール試験型），警察事務，環境行政，社会福祉，化学，農業，林業，水産，建築，電気（電気工学），機械，総合土木

# 京都府

| インターンシップ | 募集：4月上旬～5月上旬 |
| | 実施：8月上旬～9月中旬 |

## DATA BOX

〒602-8570　京都市上京区下立売通新町西入薮ノ内町

☎075-451-8111（代表）

◆人口　2,522,835人〔令和6年4月1日〕

◆面積　4,612.21k㎡〔令和6年1月1日〕

◆市町村数　15市10町1村〔令和6年4月1日〕

◆令和6年度一般会計当初予算額　9,950億円

◆1人当たり府民所得　2,745千円〔令和2年度〕

◆職員数（一般行政部門）　4,512人〔令和5年4月1日〕

◆府のシンボル　しだれ桜（花），北山杉（木），オオミズナギドリ（鳥）

URL https://www.pref.kyoto.jp/recruit

## 総合計画

（策定および改定の背景）

2019年に府政運営の羅針盤である「京都府総合計画」を策定。しかし，2020年以降，新型コロナウイルス感染症の拡大や国際情勢の大きな変化により社会経済情勢の不安定化が進むとともに，少子高齢化や人口減少といった従来からの構造的な課題もより深刻化するなど，まさに歴史的ともいえる社会の大きな転換点を迎えた。

このような状況の中，府民の皆様が，安心して，豊かに暮らし，将来に向かって夢を抱いていただくためには，新たな府政の方向性や取組みをお示しする必要があると考え，2022年12月，計画期間満了を待たず1年前倒しで「京都府総合計画」を改定した。

府民と共に
**京都府総合計画**
あたたかい京都づくり

（計画の方向性）

改定した総合計画では，「安心」「温もり」「ゆめ実現」の3つの視点に基づき，本府がめざす施策の方向性を「8つのビジョンと基盤整備」としてまとめるとともに，府域の均衡ある発展を図るため，府全域で連携して相互に施策効果を高めていく取組みの方向性を「8つの広域連携プロジェクト」としてまとめ，誰もが未来に夢や希望が持てる「あたたかい京都づくり」を進める。

## ユニークな条例

子育て環境日本一・京都の実現に向けた取組の推進に関する条例——子育て環境日本一・京都に関する基本理念を定め，社会を構成する各主体の責務・役割を明らかにするとともに，各主体が一体となった取組みにより，社会全体でこどもを育て，子育てに伴う喜びや苦労，負担を分かち合う，子育て環境日本一・京都の実現に向けた取組みを進める。

## ユニークな組織・部署

①文化政策室——京都移転した文化庁とも連携し，文化の力で世界に貢献する京都の実現に向けた施策を展開。

②こども・子育て総合支援室——子育て環境日本一・京都のさらなる推進に向け，結婚から妊娠・出産，子育てまでの各段階に応じた切れ目のない支援等を総合的かつ戦略的に取り組む。

③万博・地域交流課——2025年大阪・関西万博に向け，機運醸成や展示準備等，オール京都体制による万博開催に向けた取組みを推進。

## 人事データ

**■配属**

新規採用職員は，本庁をはじめ，広域振興局など第一線の地域機関にも配属している。

**■異動**

計画的にいろいろな業務を幅広く経験させる，視野の広い人材を育成するとの考え方に基づき，1所属5年程度を目途に異動している。

**■昇任**

主な役職は主事→主任→副主査→主査→課長補佐→主幹→課長→部長となっており，一類の早い者で経験8年程度で主任に，さらに主任経験2年程度で副主査に昇任する。なお，昇任試験は実施していない。

**■令和6年度試験募集職種（予定）**

［一類］行政A，行政B，行政A（10月），福祉，電気・電子・情報工学（知事），電気・電子・情報工学（警察），機械，総合土木，建築，化学，農業，畜産，林業，水産，環境，薬剤師I，獣医師　［その他］二類事務・二類事務（北部地域勤務），農業・林業・土木・建築，学校事務A・B，学校事務（社会人経験者等），学校事務（北部地域勤務），学校図書館司書，学校施設管理A・B，警察事務A・Bなど

# 大阪府

| インターンシップ | 募集：5月下旬〜6月上旬 |
|---|---|
| | 実施：8月上旬〜9月中旬 |

※令和6年度の予定（詳細は府HPを参照）

## DATA BOX

〒540-8570　大阪市中央区大手前2-1-22
☎06-6941-0351（代表）
◆**人口**　8,761,190人（令和6年4月1日）
◆**面積**　1,905.34㎢（令和6年1月1日）
◆**市町村数**　33市9町1村（令和6年4月1日）
◆**令和6年度一般会計当初予算額**　3兆1,972億円
◆**1人当たり府民所得**　3,055千円（令和元年度）
◆**職員数（知事部局）**　7,590人（令和5年4月1日）
◆**府のシンボル**　ウメ，サクラソウ（花），イチョウ（木），モズ（鳥）

URL https://www.pref.osaka.lg.jp/

## 基本施策

大阪府では，ポストコロナに向けて策定した「大阪の再生・成長に向けた新戦略」に基づき，「健康・医療関連産業のリーディング産業化」「スタートアップ，イノベーションの創出」「国際金融都市の実現に向けた挑戦」等の取組みを推進し，2025年大阪・関西万博の成功，SDGsの達成，さらには世界に存在感を発揮する「副首都・大阪」の実現をめざしている。

2024年度は，開催まで1年に迫った大阪・関西万博の成功に向けた総仕上げを行うとともに，ポスト万博に向け，大阪を次なるステージに飛躍させる，そのチャレンジを進める年。

世界の英知を結集した新技術やサービスで，人々を惹きつけ，魅力あふれる万博が開催できるよう，その準備に最大限の力を尽くす。併せて，万博後も見据え，成長軌道をさらに高みに引き上げられるよう，大阪ならではの取組みを加速させる。中之島Qrossのオープンや，うめきた2期の先行まちびらきを弾みに，ベイエリアや新大阪など，拠点エリアのまちづくりを推進するとともに，成長エンジンとして期待されるライフサイエンスやカーボンニュートラルなど，大阪・関西の強みをさらに磨き上げる。また，世界中から人や投資を呼び込むため，世界最高水準の成長型IRを核とした国際観光拠点の形成や，国際金融都市OSAKAの実現に向けた取組みを加速させる。

さらに，子どもたちが自らの可能性を追求できるよう，大阪から，教育の完全無償化の実現に大きく踏み出すなど，次代を担う人づくりを進めていく。加えて，府民の暮らしや事業活動を下支えし，誰もが安心して暮らすことのできる環境づくりのため，長引く物価高騰への対策や，府民のいのち・健康を守る取組みの充実，自然災害などの危機事象への対応力強化に取り組む。

## 恒例になっているイベント

○大阪・光の饗宴——水都大阪のシンボルである中之島と大阪のメインストリート御堂筋を光で彩る冬の風物詩。

○大阪マラソン——国内最大級の市民マラソンとして2011年から開催。大阪城周辺を発着点に大阪を代表する観光名所を駆け抜ける大規模なスポーツイベント。

## 求める人材

将来，行政のスペシャリストとなりうる「多様な価値観を尊重し，改革マインドを持ってチャレンジする自律型の人財」を求めている。

## ユニークな条例

大阪府金融系外国企業等の集積の促進及び国際競争力の強化に係る事業計画の認定並びに法人の府民税及び事業税の課税の特例に関する条例——金融系外国企業等の集積の促進を通じ府内の経済活性化を図るため，府税の軽減措置を定めるもの。

## 人事データ

### ■配属
主に知事部局や教育庁等の本庁または出先機関（府税事務所等）勤務となり，試験職種に応じた業務に従事する。

### ■異動
早期に多様な行政経験を積み，幅広い視野と専門領域を併せ持つ職員を育成するため，行政職は配属後原則として2年（合格した試験区分によって異動年限は若干異なる）で，本庁に配属された者と出先機関に配属された者を交替させ，その後は原則として4年をサイクルとした異動パターンとなる。また，自律的なキャリア形成をサポートするさまざまな制度を導入している。

### ■昇任
行政職の主査級への昇任は考査制度をとっており，考査実施年度末現在29歳以上で，在職2年以上の者が受験できる。なお，一部の科目については，29歳を待たずに受験できる「早期受験制度」を導入している。その後も能力主義の原則により，課長補佐級→課長級→次長級→部長級に昇任する。

### ■令和6年度試験募集職種
[競争試験職種] 行政，警察行政，土木（「造園分野」を含む），建築，機械，電気，環境（「水産分野」を含む），農学，農業工学，林学
[選考職種] 心理，社会福祉，薬学，獣医師，保健師　ほか

### ■試験制度
多様な人材がチャレンジできるよう，平成23年度から一部試験区分において択一式試験を廃止し，人物重視の試験制度に変更している。

# 兵庫県

| インターンシップ | 募集：6月上旬 |
| --- | --- |
| | 実施：8月下旬 |

## DATA BOX

〒650-8567　神戸市中央区下山手通5-10-1
☎078-341-7711（代表）
◆人口　5,344,834人（令和6年4月1日）
◆面積　8,400.94㎢（令和6年4月1日）
◆市町村数　29市12町（令和6年4月1日）
◆令和6年度一般会計当初予算額　2兆3,390億円
◆1人当たり県民所得　2,997千円（令和3年度）
◆職員数（知事部局）　5,979人（令和6年4月1日）
◆県のシンボル　ノジギク（花），クスノキ（木），コウノトリ（鳥）

URL https://web.pref.hyogo.lg.jp/

兵庫県マスコット
はばタン

兵庫県職員採用PR動画公開中
https://web.pref.hyogo.lg.jp/ji01/pc01_000000033.html

### 基本施策・長期計画

次の世代が生きる30年先の2050年頃の兵庫のめざす姿を描いた「ひょうごビジョン2050」を2022年3月に策定し，県政の羅針盤として運用している。

### 主要プロジェクト

「個」の可能性を拡げることにより，地域の持続可能性を高め，「躍動する兵庫」の実現に向け施策を展開。

特に，「若者・Z世代応援パッケージ」へ重点を置き，幅広い分野で若い世代を直接応援する施策を展開し，若者の県内定着と兵庫の成長・発展につなげる。

#### Ⅰ 若者・Z世代が輝く兵庫

・「学びやすい兵庫」の実現
・「子どもを産み育てやすい兵庫」の実現
・「住みやすい兵庫」の実現
・「働きやすい兵庫」の実現

#### Ⅱ 活躍の場が広がる兵庫

・2025大阪・関西万博に向けた取組みの加速
・スポーツ・芸術文化の振興
・産業競争力の強化
・高規格道路ネットワークの整備

#### Ⅲ 安全安心に包まれる兵庫

・高齢者の安全安心対策
・1人1人が尊重される社会づくり
・医療の充実
・防災・減災対策の推進

#### Ⅳ 県政改革の推進

・新しい働き方改革の推進

### 恒例になっているイベント

ひょうご安全の日のつどい（1/17）——阪神・淡路大震災の経験と教訓を忘れることなく，安全・安心な社会づくりに向けて歩む決意を発信する。

### 求める人材

「兵庫県人材マネジメント方針」の「HYOGO's WAY」に掲げる5つの価値観（県民本位，ダイバーシティ&インクルージョン，リ・チャレンジ，ネットワーク，成長）に沿って行動できる人材を求めている。

### 人事データ

#### ■配属

新規採用職員のうち，総合事務職は主に本庁に配属。技術職は主に地方機関ならびに各県民局・県民センターの健康福祉事務所，農林（水産）振興事務所，土木事務所などに配属。

#### ■異動

異動は3〜4年程度のサイクル。総合事務職は，本庁と地方機関の両方を経験するため，最初に本庁に配属された場合は2年で地方機関へ異動する。年1回勤務地や職務についての希望を申告する制度がある。また，庁内公募で選考された職員が，希望する役職や所属に異動することでキャリア形成の実現に役立てる「キャリアチャレンジプログラム」や，特定分野に軸足を置いてキャリア選択し，スペシャリストとして育成する「スペシャリスト育成プログラム」を導入している。

#### ■昇任

本庁の場合，主事→副主任→主任→主査→班長→副課長→課長→次長→部長の順に昇任する。昇任は，人事評価をはじめ実績や意欲などの総合評価により決定される。

#### ■令和6年度試験募集職種

［大卒程度］総合事務，警察事務，教育事務，児童福祉司，心理判定員，農学（畜産系含む），林学，水産，環境科学，総合土木，建築，機械，電気，小中学校事務　［資格免許職］保健師，薬剤師，栄養士，臨床検査技師，診療放射線技師，精神保健福祉相談員，医療福祉相談員，理学療法士，作業療法士，言語聴覚士，臨床工学技士　［選考］獣医師，産業技術，職業訓練指導員，海技　ほか

#### ■試験制度

児童福祉司，心理判定員および資格免許職は59歳まで受験可能。技術職は春・秋の年2回試験を実施する。

# 奈良県

| インターン<br>シップ | 募集：6月 |
| | 実施：8～9月 |

## DATA BOX

〒630-8501　奈良市登大路町30
☎0742-22-1101（代表）
◆人口　1,288,599人（令和6年4月1日）
◆面積　3,690.94㎢（令和5年1月1日）
◆市町村数　12市15町12村（令和6年4月1日）
◆令和6年度一般会計当初予算額　5,440億円
◆1人当たり県民所得　2,501千円（令和2年度）
◆職員数（知事部局）　3,321人（令和6年4月1日）
◆県のシンボル　スギ（木），奈良八重桜（花），こまどり（鳥），きんぎょ・あゆ・あまご（魚）

URL https://www.pref.nara.jp/

### 基本施策・長期計画

　奈良県は，誰もが名前を知る世界的に有名な観光地である。3つの世界遺産があり，自然豊かで景観もすばらしく，訪れる人々の心を和ませる魅力が詰まっている。また，住環境としても，大阪や京都まで電車で30～40分という利便性のため，ベッドタウンとしても大いに発展してきた。

　このすばらしい奈良県をより一層発展させるため，子育て支援や教育，医療，福祉を充実させるとともに，奈良県の魅力である観光産業の発展，京阪神の工業地帯に近いという利便性を活かした企業誘致など，奈良県の持つ限りない可能性を最大限に引き出し，誇りある奈良県にするための政策を積極的に推し進めていく。「住むのも良し　働くのも良し　訪れるのも良し」といわれる奈良県にしていく。

　「令和6年度奈良県政策集」には，奈良県の発展のために取り組む主な施策を盛り込んだ。奈良県の持つ限りない可能性を最大限に引き出し，誇りある奈良県を創るため，これらの施策を着実に実行していく。

### 主要プロジェクト

　「3つの責任」に基づいて，施策を展開しています。

#### 1．県民や事業者の安心と暮らしへの責任

　◎県民の命と財産を守るための防災力の強化。◎消防学校の移転整備。◎発達障害児（者）の支援。◎西和医療センターの移転整備。

#### 2．奈良県の子ども，若者の未来への責任

　◎こども・子育て施策の推進。◎高校授業料の無償化。◎こどもたちを支える学校現場の改革支援。◎県立高校トイレ環境改善。

#### 3．豊かで活力ある奈良県を創る責任

　◎脱炭素・水素社会の実現。◎新しい産業政策のパッケージ。◎奈良スタートアップ・プログラム。◎大和平野中央の県有地の活用。◎観光政策の新機軸。◎県産農産物等の輸出に関する取組み。◎国スポ・全スポ奈良大会準備の推進。◎南部東部地域の振興。

#### 4．3つの責任をしっかり果たすために

　◎リニア中央新幹線「奈良市附近駅」の早期確定等。◎道路整備の加速化。◎ならの道　リフレッシュ　プロジェクト。◎大阪・関西万博を契機とした産業と観光の振興。◎県庁の働き方・職場環境の抜本的改革，採用改革。◎組織のあり方の大胆な見直し。

### 恒例になっているイベント

　①若草山焼き（1月第4土曜日）。②東大寺修二会（お水取り〈3/1～14〉）。③ムジークフェストなら（5/1～12/31）。④なら燈花会（8/5～14）。⑤正倉院展（10月下旬～11月上旬）。⑥春日若宮おん祭（12/15～18）。⑦奈良マラソン（12/7，8）。⑧なら瑠璃絵（2月中旬）。

### 人事データ

#### ■配属
　採用前に面接を行い，本人の希望などを考慮して配属先を決定する。

#### ■異動
　3年を基準に，最初に本庁に配属された者は出先機関に，出先機関に配属された者は，本庁に異動するのが原則。その後は年1回提出する自己申告書を参考に，3～5年サイクルで配置転換を行う。若いうちに異なった部局の本庁と出先機関の両方を経験させ，広い視野とバランス感覚を持った人材を養成する方針である。

#### ■昇任
　職制の基本ラインは，主事（技師）→主任主事（主任技師）→主査→係長→課長補佐→課長→次長→部長。昇任年齢は，事務系の場合，主査が32歳，係長が40歳代前半，課長補佐級が40歳代後半というのが平均的なところである。

#### ■令和6年度試験募集職種
[Ⅰ種] 総合職（行政，総合土木，建築，農学，林学，造園，総合電機），資格職（薬剤師），警察行政職　[社会人経験者] 総合職（行政，総合土木，建築，総合電機）　[選考] 獣医師など

# ⑨ 和歌山県

| インターン シップ | 募集：6月〜7月 実施：8月〜10月 |
| --- | --- |

### DATA BOX

〒640-8585　和歌山市小松原通1-1
☎073-432-4111（代表）
◆人口　884,627人（令和6年4月1日）
◆面積　4,724.69㎢（令和6年1月1日）
◆市町村数　9市20町1村（令和6年4月1日）
◆令和6年度一般会計当初予算額　6,280億円
◆1人当たり県民所得　3,084千円（令和3年度）
◆職員数（知事部局）　3,733人（令和6年4月1日）
◆県のシンボル　ウメ（花），ウバメガシ（木），メジロ（鳥），マグロ（魚）

和歌山県
マスコットキャラクター
「きいちゃん」

**URL https://www.pref.wakayama.lg.jp/**

### 基本施策・長期計画

　本格的な人口減少社会の到来や相次ぐ大規模自然災害の発生，情報通信技術等の急速な進歩などの時代の流れに取り残されることなく，状況の変化に適切かつ迅速に対応していくため，平成29年度から10年間の和歌山県の道しるべとなる長期総合計画に基づき『「世界とつながる　愛着ある元気な和歌山」〜県民みんなが楽しく暮らすために〜』を実現するための取組みを推進。

### 主要プロジェクト

**『希望をもって生き生きと暮らせる和歌山に』**

　「ウェルビーイング」な和歌山県の実現に向け，既存事業を見直すとともに，5つの重点施策に対して予算を重点的に配分。

　①共働き・共育て・こどもまんなか社会の実現——小・中学校等の給食費無償化や，妊産婦の遠方分娩医療施設へのアクセス支援など，こどもを生み育てやすい環境を整備。また，こども食堂や放課後等こども教室への支援など，こどもの居場所づくりを推進。

　②成長産業の創出——専門家による伴走支援等により産業DXを推進するとともに，成長分野として期待されるICT企業やサービス産業の誘致を推進。また，県有施設への再生エネルギーの導入促進や森林クレジットの認証などに取り組むことにより，脱炭素先進県をめざす。

　③農林水産業，観光産業をはじめとする地域産業の強化——農林水産業におけるスマート機械の導入支援や林道等の基盤整備を進めるとともに，担い手を確保するための取組みを強化。また，世界遺産登録20周年を契機とした「聖地リゾート！和歌山」のブランディングの推進や空港の利用促進，

クルーズ客船の誘致活動などに取り組むとともに，外国人材の受入体制等を整備。

　④人口減少下におけるまちづくり——地域の課題解決に向け，県内7つの振興局がそれぞれの地域に合った独自の事業を実施するとともに，二地域居住の推進など関係人口の拡大に向けた取組みを実施。また，警察業務のDXを推進し，複雑化する治安課題に対処。

　⑤安全・安心で心豊かに暮らせる社会づくり——避難所におけるトイレトレーラーや防災コンテナの導入，被災者への県独自の支援制度の創設など，被災者の生活支援策を強化。また，引き続き不登校等への総合対策を行うとともに，新興感染症対応力の強化など，福祉・医療を充実。

### ユニークな組織・部署

　共生社会推進部——「人権尊重の社会づくり」と「こどもまんなか社会の実現」を推進するため，新たな部を設立。企画部から人権局を移管するとともに，こども家庭局を新たに設け，福祉保健部から子ども未来課，環境生活部から青少年・男女共同参画課の業務を集約し，新たに3つの課（こども未来課，こども支援課，多様な生き方支援課）に再編。こども，青少年を対象とした施策から，ひとり親家庭支援やジェンダー平等の推進まで，一元的に取り組んでいる。

### 人事データ

**■配属**

　新規採用職員のうち，一般行政職は主に本庁に，技術職は本庁または出先機関等の両方に配属される。

**■異動**

　採用時に本庁に配属された者は2年程度で出先機関等の勤務となり，出先機関に配属された者は3〜4年で本庁勤務となる。その後，平均4年サイクルで各課を異動する。

**■昇任**

　職制ラインは主事→主査（係長級）→主任（課長補佐級スタッフ）→班長（課長補佐級ライン）→副課長（課長級）→課長→局長→部長。昇任はすべて選考方式。

**■令和6年度試験募集職種**

　[Ⅰ種] 一般行政職，学校事務職，警察事務職，情報職，土木職，農業工学職，建築職，電気職，機械職，化学職，農学職，林学職，水産職，法医鑑識職，社会福祉士，心理職員，精神保健福祉士，薬剤師，保健師，栄養士

# ㏒ 鳥取県

| インター | 募集：6月頃 |
|---|---|
| シップ | 実施：8月〜9月（予定） |

## DATA BOX

〒680-8570　鳥取市東町1-220
☎0857-26-7111（代表）
◆人口　532,907人（令和6年4月1日）
◆面積　3,507.03㎢（令和6年1月1日）
◆市町村数　4市14町1村（令和6年4月1日）
◆令和6年度一般会計当初予算額　3,605億円
◆1人当たり県民所得　2,507千円（令和3年度）
◆職員数（知事部局）　2,968人（令和6年4月1日）
◆県のシンボル　二十世紀ナシ（花），ダイセンキャラボク（木），オシドリ（鳥），ヒラメ（魚）

URL https://www.pref.tottori.lg.jp/

### 基本施策・長期計画

鳥取県では，これまで全国に先駆けた地方創生施策を積極的に展開し，高水準の移住者数や出生率の確保・維持などの大きな成果が現れている。しかし，東京一極集中や少子高齢化に伴う人口減少傾向が続くことから，人手不足や後継者の確保，地域コミュニティの維持等，さまざまな課題に立ち向かい，持続可能な未来につなげていくため，コロナ後の社会変容も踏まえた新たな地方創生総合戦略「輝く鳥取創造総合戦略」を令和6年3月に策定。デジタル技術の活用や多様な主体をつなぐパートナーシップの力をさらに磨き上げ，さらなる地方創生の進化に向け，取り組んでいる。

### 主要プロジェクト

人口減少や物価高騰など地域が直面する経済・社会等の困難を突破し，地域の活力を再生するため，プロジェクトチームを設け，「輝くふるさと鳥取」に向けたチャレンジを展開している。職員人材育成や若手職員の主体的な発想を活かした施策提案などにも積極的に取り組み，課題解決を図っていく。

### 恒例になっているイベント

①しゃんしゃん祭（8月）——鳥取市民約4,000人がたくさんの鈴を付けたきらびやかな傘を使い，連ごとにそろいの衣装で踊る様は華麗。②米子がいな祭り（8月）——がいなは大きいという意味の米子弁。万燈の競演は壮観。③皆生トライアスロン（7月）——日本初のトライアスロン開催地。

### 今後予定されているイベント

①第11回全国高校生 手話パフォーマンス甲子園（9月22日）。②ねんりんピック（名称：第36回全国健康福祉祭とっとり大会，会期：10月19日〜22日）。

### 主な文化施設

①とりぎん文化会館（鳥取市）——梨花ホールは2,000席。②米子コンベンションセンター（ビッグシップ）（米子市）——多目的ホールを中心に各種会議などを開催できる。③とっとり花回廊（南部町）——敷地面積およそ50ha，日本最大級のフラワーパーク。

### ユニークな条例

鳥取県手話言語条例——手話を言語として認め，手話に関する取組みを率先して進めるため，全国に先駆けて制定。

### ユニークな組織・部署

とっとり未来創造タスクフォース——若手職員のみで構成する知事直轄の常設組織。人口減少対策等の喫緊の課題に対して若者目線での政策立案や提言に取り組む。

鳥取県立ハローワーク——県内4か所に設置し，産業振興，子育て支援，移住促進などの施策と一体的に職業紹介，産業人材の確保に取り組む。

### 今後の行政課題

コロナ禍からの再興に向けて，社会・経済の元気を取り戻し，安心を作っていくため，移住定住や子育て政策などを深化させる。

## 人事データ

### ■配属

新規採用者は，採用職務に応じて本庁または地方機関に配属されている。

### ■異動

本庁と地方機関との人事交流を積極的に進めており，およそ3年程度のサイクルで異動となる。

### ■昇任

ラインは主事→係長→課長補佐→課長となる。昇任試験はなく，能力主義に基づく選考で行っている。

### ■令和6年度試験募集職種

［大学卒業程度］事務（一般コース，総合分野コース，キャリア総合コース），社会福祉（福祉コース，心理コース），薬剤師（公衆衛生コース），総合化学（環境衛生コース，食品衛生コース），保健師，看護師，農業，林業，土木，獣医師，畜産，建築，電気，機械，管理栄養士，警察行政

# 島根県

| インターンシップ | 募集：5月上旬〜6月下旬 |
| --- | --- |
| | 実施：8月〜9月 |

## DATA BOX

〒690-8501　松江市殿町1
☎0852-22-5111（代表）
◆人口　643,316人（令和6年4月1日）
◆面積　6,707.81㎢（令和5年10月1日）
◆市町村数　8市10町1村（令和6年4月1日）
◆令和6年度一般会計当初予算額　4,617億円
◆1人当たり県民所得　2,909千円（令和3年度）
◆職員数（知事部局）　3,454人（令和6年4月1日）
◆県のシンボル　ボタン（花），クロマツ（木），ハクチョウ（鳥），トビウオ（魚）

島根県公式
YouTubeチャンネル
「しまねっこCH」

URL https://shimane-kensyoku.com/

## 基本施策

　若者や次代を担う子どもたちが増えることで活気にあふれ，県民一人一人が愛着と誇りを持って幸せに暮らし続けられる島根をめざし，「人口減少に打ち勝ち，笑顔で暮らせる島根」を将来像とする島根創生計画を令和2年3月に策定。

　その実現に向けた政策を推進するため，島根県では，「時代の変化に素早く対応して機敏に行動する活動的な組織」「自由闊達な議論が内部でできる風通しのよい組織」をめざしており，若手職員提案制度の活用などにより，若手職員の清新なアイディアを尊重し，「笑顔あふれる　しまね暮らし」に向けて取り組む。

人口減少に打ち勝ち，*笑顔*で暮らせる島根をつくる

# 島根＊創生
## SHIMANE SOUSEI

## 重点プロジェクト

島根創生計画において基本目標として掲げる，
・魅力ある農林水産業，ものづくりやIT産業，観光や地域資源を活かした産業の振興。
・結婚・出産・子育ての希望をかなえるための支援。
・中山間地域・離島の暮らしの確保や地域の強みを活かした圏域の発展。
・若者や女性活躍，UIターン者や関係人口など新しい人の流れによる島根を創る人づくり。
等の施策を着実に実施。

## 主な文化施設

　①島根県立美術館——県外不出の葛飾北斎コレクションを多く所蔵。宍道湖の美しい夕日が臨めることから3〜9月は閉館時間を日没後30分に設定。

　②古代出雲歴史博物館——島根の特色ある歴史と文化を伝える数多くの国宝や古代出雲大社本殿の模型などを展示。

　③三瓶自然館サヒメル——化石や動物のはく製，天文台，令和4年度にリニューアルしたプラネタリウムにより島根の自然の魅力を発信。

## 職員に求める姿勢

　島根創生計画の目標達成に向け，職員一人一人が最大限に力を発揮し，組織力を高めていくために，3つの基本姿勢を掲げている。

　①「人口減少に打ち勝ち，笑顔で暮らせる島根をつくる」ために，島根に愛着と誇りを持ち，誠実に取り組むこと。②県を知り，人を知り，島根の未来を具体的に考え，今考える一番いいことを実行すること。③組織を支える一員であることを自覚し，相手を認め，自分を伸ばし，チームの力が高まるよう取り組むこと。

島根県観光キャラクター
「しまねっこ」

## 人事データ

**■配属・異動**
　本庁または石見・隠岐地区など県内各地の地方機関に配属される。自己申告書で勤務地や職務内容などの希望を聞き，おおむね3年のサイクルで異動。

**■昇任**
　基本的な職制ラインは主事→主任主事→主任→係長→課長補佐→課長→次長→部長。昇任は勤務成績等をもとに選考方式による。

**■令和6年度試験募集職種**
　[大学卒業程度] 行政A・B，化学，心理，児童福祉，保健師A・B，食品衛生，管理栄養士，農学（農業・畜産）A・B，林業A・B，水産，総合土木A・B，建築，機械，電気A・B，埋蔵文化財保護，警察事務，少年補導，警察化学 [資格免許職] 臨床検査技師，診療放射線技師 [選考] 獣医師，薬剤師，文化財研究員，学芸員，ヘリコプター操縦士，原子力，職業訓練指導員

 岡山県

| インターンシップ | 募集：6月～7月予定 |
| --- | --- |
| | 実施：8月～9月予定 |

## DATA BOX

〒700-8570　岡山市北区内山下2-4-6
☎086-226-7217（総務部人事課）
◆人口　1,835,099人（令和6年4月1日）
◆面積　7,114.60㎢（令和5年10月1日）
◆市町村数　15市10町2村（令和6年4月1日）
◆令和6年度一般会計当初予算額　7,505億円
◆1人当たり県民所得　2,665千円（令和2年度）
◆職員数（知事部局）　3,740人（令和6年4月1日）
◆県のシンボル　モモの花（花），アカマツ（木），キジ（鳥）

岡山県マスコット「うらっち」

岡山県マスコット「ももっち」

### URL https://www.pref.okayama.jp/

### 基本施策・長期計画

　県政の羅針盤である「第3次晴れの国おかやま生き活きプラン」（行動計画期間：2021年度～2024年度）では，すべての県民が明るい笑顔で暮らす「生き活き岡山」の実現を基本目標とし，その達成に向けて「教育県岡山の復活」「地域を支える産業の振興」「安全で豊かさが実感できる地域の創造」という3つの重点戦略を掲げている。

### 主要プロジェクト

　①教育県岡山の復活──学ぶ力育成（英検IBAを活用した授業改善等），徳育・体育推進（不登校児童生徒「心の居場所」支援等），グローバル人材育成（夢に向かって世界に羽ばたけ！　高校生応援事業等）。②地域を支える産業の振興──企業誘致・投資促進（産業団地開発支援等），企業の「稼ぐ力」強化（首都圏等販路開拓・販売力強化等），観光振興（大阪・関西万博を契機とした周遊促進等），もうかる農林水産業加速化（くだもの王国おかやま晴苺プロジェクト等），働く人応援（若者と企業リーダーとの交流事業等）。③安心で豊かさが実感できる地域の創造──保健・医療・福祉充実（新興感染症に対する医療体制支援等），結婚・妊娠・出産応援（男性育児休業取得促進，結婚応援パスポート事業等），子育て支援充実（保育人材確保等），防災対策強化（盛土災害防止対策等），暮らしの安全推進（健全育成推進専門員による非行防止教室開催等），持続可能な中山間地域等形成（地域公共交通ネットワーク活性化等），快適な環境保全（海ごみクリーンアップ事業等），生きがい・元気づくり支援（国民スポーツ大会冬季大会開催事業等），情報発信力強化（晴れの国イメージアップ推進等）。

### 恒例になっているイベント

　①西大寺会陽（裸祭り）（2月第3土曜日）。②勝山のお雛まつり（3月上旬）。③津山さくらまつり（3月下旬～4月上旬）。④吉備路れんげまつり（4/29）。⑤ハートランド倉敷（5月上旬）。⑥岡山後楽園幻想庭園（5月上旬，8月，11月）。⑦おかやま桃太郎まつり（8月上旬）。⑧備前焼まつり（10月中旬土日）。⑨おかやま県民文化祭（9～11月）。⑩おかやまマラソン（11月）。

### 今後予定されているイベント

　森の芸術祭　晴れの国・岡山（令和6年）。国民スポーツ大会冬季国体（令和7年）。

### ユニークな組織・部署

　マーケティング推進室──地域産業資源等を活用しての新商品・新技術開発や新分野進出，また，力強い経済成長を続けるアジアでの販路開拓や海外進出など，県内企業の事業展開を効果的に支援するとともに，多くの集客が見込める首都圏に対して，県の認知度向上やイメージアップを図り，県産品等の販路開拓やブランド力向上の取組みを行っている。

### 今後の行政課題

　「生き活き岡山」の実現に向け，市町村等とも連携しながら，待ったなしの課題である少子化対策に重点的に取り組むとともに，脱炭素化やデジタル化など社会のニーズを的確に捉え，生き活きプランに掲げる施策を着実に推進する必要がある。

### 人事データ

**■配属**
　本庁や県民局などの出先事務所の各部門に配属となる。

**■異動**
　事務系は一般的には本庁や出先事務所を2～3年のサイクルで異動する。技術系の場合も職種によりいろいろなパターンがあるが，事務系の場合とおおむね同様のサイクルで異動する。

**■昇任**
　基本的な職制は，主事（技師）→主任→主幹→副参事→課長で，昇任は総合的な人物評価による。

**■令和6年度試験募集職種（主なもの）**
［岡山県職員A］行政，環境，衛生，農業，土木，農業土木，畜産，林業，建築，電気　［その他］警察行政職員

# 広島県

| インターン シップ | 募集：6月 |
|---|---|
| | 実施：8月〜9月 |

## DATA BOX

〒730-8511　広島市中区基町10-52
☎082-228-2111（代表）
◆人口　2,722,352人（令和6年4月1日）
◆面積　8,478.94㎢（令和6年1月1日）
◆市町村数　14市9町（令和6年4月1日）
◆令和6年度一般会計当初予算額　1兆957億円
◆1人当たり県民所得　3,179千円（令和3年度）
◆職員数（一般行政関係職）　4,585人（令和5年4月1日）
◆県のシンボル　モミジ（花），モミジ（木），アビ（鳥），カキ（魚）

URL https://www.pref.hiroshima.lg.jp/

### 基本施策・長期計画

「安心▷誇り▷挑戦　ひろしまビジョン」（令和2年10月策定）

**（基本理念）** 将来にわたって，「広島に生まれ，育ち，住み，働いて良かった」と心から思える広島県の実現

**（めざす姿）** 県民一人一人が，「安心」の土台と「誇り」により，夢や希望に「挑戦」しています　〜仕事も暮らしも。里もまちも。それぞれの欲張りなライフスタイルの実現〜

### 主要プロジェクト

「安心▷誇り▷挑戦ひろしまビジョン」に掲げる取組みを加速させることで，広島発で賃金と物価の好循環を起こし，経済の正のスパイラルを創出していく。

①長引く物価高騰への対応——足元の影響緩和に向けた支援，将来を見据えた構造的な課題の解消に取り組む事業者等への支援。②人口減少への対応——「県民の希望出生率」の実現に向け，戦略的なプロモーション等による男性の家事・育児参画の促進，若年世代が仕事・結婚・子育てなど自らが希望する人生設計を考える機会の提供。「社会動態の均衡」に向け，若年層の転出要因の分析と分析結果を踏まえた社会減対策の再構築，人口流出を防ぐダム機能の役割を担う広島市や福山市への高次都市機能の集積等の促進。③人手不足への対応——スマート農業の実装や介護施設におけるロボットの導入などの省人化・省力化投資および建設技術者の確保や職場環境整備などの人材確保の取組みへの支援。④県内企業等の生産性向上——DXや人材を投資の対象と捉えて事業価値を高める「人的資本経営」の推進，スタートアップ企業の活性化に向けた支援。⑤社会的基盤の強化——多様でインクルーシブ（包括的）な社会の実現に向け

た環境整備，広島県がめざしている医療の未来の中核をなす，高度医療・人材育成拠点である新病院の整備。⑥「ひろしまブランド」の価値をさらに高めるための取組み——多様で美味しい広島の「食」の魅力や価値を創り伝える「おいしい広島プロジェクト」の実施，何度も訪れてもらえるリピータブルな観光地づくりなどに取り組んでいく。

### ユニークな組織・部署

直面する喫緊の社会課題の解消に向けて，「若者減少・人手不足対策プロジェクト・チーム」を設置し，若者減少や人手不足問題に対し，各部局で行っている施策に横串を通し，総合的な対応を図る。持続可能な地域公共交通の実現に向け，「公共交通政策課」を新設し，「広島県地域公共交通ビジョン」に基づく中長期的な交通施策をスタート。企業が人材に対して積極的に投資を行う「人的資本経営」の導入促進を図るため，「人的資本経営促進課」を新設し，人への投資に関する施策を総合的に展開。

### 採用担当者からのメッセージ

県では，失敗を恐れず果敢にチャレンジできる人材，一緒に新たな広島県づくりを推進していく人材を求めています。

### 人事データ

■**配属**
新規採用者については，採用前にやってみたい仕事の分野を全員から聞いており，これを参考に配属先が決定される。行政職は，本庁と地方機関に配属先が分かれる。技術職は職種によって異なるが，地方機関が中心となる。

■**異動**
最初の部署から3年を目安に他部署へ異動。その後は，3〜5年サイクルで異動することが多いが，毎年全職員から職務の内容や勤務地に対する異動の希望を調査しており，これを尊重して異動を行っている。

■**昇任**
職制ラインは，主事（技師）→主任→主査→参事→課長→部長（担当部長）→局長となっている。

■**令和6年度試験募集職種（主なもの）**
[大学卒業程度] 行政（一般，SPIアピール方式），小中学校事務，警察行政，防災，情報，心理，衛生（衛生一般，薬学），農業，林業，畜産一般，水産，工業（機械，電気，化学，食品），総合土木，建築　[選考] 獣医師，保健師，社会福祉，看護　[社会人経験者] 行政，情報，心理，水産，総合土木

# 山口県

| インターン シップ | 募集：5月〜6月上旬 |
|---|---|
| | 実施：8月〜9月 |

## DATA BOX

〒753-8501　山口市滝町1-1

☎083-922-3111（代表）

◆人口　1,284,626人（令和6年4月1日）

◆面積　6,112.60㎢（令和6年1月1日）

◆市町村数　13市6町（令和6年4月1日）

◆令和6年度一般会計当初予算額　7,440億円

◆1人当たり県民所得　2,960千円（令和3年度）

◆職員数（知事部局）　3,571人（令和6年4月1日）

◆県のシンボル　ナツミカン(花)，アカマツ(木)，ナベヅル(鳥)，フク(ふぐ)(魚)，ホンシュウジカ(獣)

URL https://www.pref.yamaguchi.lg.jp/

山口県PR本部長 ちょるる

### 基本施策・長期計画

令和4年12月に策定した，県政運営の指針「やまぐち未来維新プラン」に基づき，県民誰もが，山口ならではの豊かさと幸福を感じながら，未来に希望を持って暮らせる「安心で希望と活力に満ちた山口県」を実現していく。

### 主要プロジェクト

「やまぐち未来維新プラン」では，活力の源となる産業力を大きく伸ばす「産業維新」，人やモノの流れを創出・拡大する「大交流維新」，県民誰もが豊かさと幸せを感じながら，いつまでも安心して暮らし続けられる基盤を築く「生活維新」の「3つの維新」に挑戦していくこととしている。この「3つの維新」の挑戦に当たっては，「安心・安全」「デジタル」「グリーン」「ヒューマン」の「4つの視点」を踏まえ，これまでの取組みを進化させていく。「産業維新」では，新たな価値を創造する産業DXや，未来へ挑戦するグリーン成長，「大交流維新」では，交流拡大による活力創出や，新たな観光県やまぐちの創造，「生活維新」では，結婚，妊娠・出産，子育て応援，新たな時代の人づくりなど，20の「維新プロジェクト」を設定し，重点的に政策を進めている。また，維新プロジェクトごとに，めざしていく具体的な成果目標として，115の「成果指標」を設定し，プランの確実な推進を図っている。

### ユニークな組織・部署

①山口きらら博記念公園交流拠点化推進室——山口きらら博記念公園を拠点とした県民の活力の創出・発信を図るため，幅広い世代が集い，山口の豊かさや住み良さを実感できる「交流拠点」，県外の人に山口の魅力を感じて訪れてもらう「集客拠点」となるよう，交流拠点施設としての整備や年間を通じたさまざまな分野のイベントの開催に取り組む。②やまぐちワークスタイルシフト推進室——多様化する行政ニーズに的確に対応し，新たな行政サービスの創出につなげるとともに，職員自身が仕事にやりがいを持ち，充実した生活を送ることができるよう，デジタル技術を活用した新たな働き方改革「やまぐちワークスタイルシフト」を推進し，業務の効率化や多様な働き方が見込める提案の募集や共通ルールの策定等に取り組む。

### 今後の行政課題

これまでの施策展開により，目標を上回る企業誘致件数や，移住者数の増加など，さまざまな成果を挙げてきたが，県政の最重要課題である人口減少を克服するために，さらに取組みを強化していく。少子化の流れを変えるとともに，女性を中心とする若者の県外流出を食い止めるため，最大のターゲットとなる若者・女性のニーズに沿った施策をスピード感を持って進めていく。また，少子化対策の一環として，県庁自らが，長期の男性育休の取得に率先して取り組み，市町等と一丸となって，「男性育休が当たり前」になる社会を実現していく。さらに，人口減少が進行し，限られた人的資源で県民の期待に応えていくため，デジタル技術を最大限活用し，業務の効率化・高度化や県民目線に立った行政サービスの創出に積極的に取り組み，その成果を市町や民間企業等に展開していく。

### 人事データ

**■配属**

新規採用者は，本庁のほか県税事務所，健康福祉センター，土木建築事務所などの出先機関に幅広く配属されている。

**■異動**

最初の部署で2〜3年を経過後，本庁へ配属されていた者は出先機関へ，出先機関に配属されていた者は本庁へ異動が基本である。その後は，原則として3年サイクルで異動を重ねていく。

**■昇任**

職制は，主任主事（主任技師）→主任→主査→課長→部次長→部長。大卒程度の場合，おおむね入庁9年目で主任主事に。その後，本人の勤務成績等により昇任。

**■令和6年度試験募集職種**

[大学卒業程度] 行政，警察行政，社会福祉（一般，心理），土木，建築，農業，農業土木，林業，畜産，水産，機械，電気，化学，衛生薬学，衛生監視，保健師，管理栄養士　[職務経験者] 行政，社会福祉，土木，農業土木，林業，機械，電気，保健師

# 徳島県

| インターンシップ | 募集：6月～7月頃 |
| --- | --- |
| | 実施：8月～9月（予定） |

## DATA BOX

〒770-8570　徳島市万代町1-1
☎088-621-2500（代表）
◆人口　693,084人（令和6年1月1日）
◆面積　4,146.99㎢（令和6年1月1日）
◆市町村数　8市15町1村（令和6年4月1日）
◆令和6年度一般会計当初（骨格）予算額　5,002億円
◆1人当たり県民所得　3,013千円（令和2年度）
◆職員数（一般行政部門）　3,153人（令和6年4月1日）
◆県のシンボル　スダチ（花），ヤマモモ（木），シラサギ（鳥），藍色（色）

URL https://www.pref.tokushima.lg.jp/saiyou/

## 徳島県の求める人材

本県をはじめとした地方では，少子高齢化や若者の流出，それに伴う労働力不足など，静かなる有事が進行しており，今まさに「地方創生戦国時代」の真っただ中にあるといえます。

このような厳しい環境に臆することなく，すばらしい徳島を未来に引き継いでいくため，「県民目線」と「現場主義」で「未来志向の挑戦」ができる人材を求めています。

「ずっと居りたい」「いつも帰りたい」「みんな行きたい」と感じていただける徳島をめざし，いっしょに徳島の未来をつくりましょう！

## 主要プロジェクト

〈令和6年度の主な施策〉①「危機管理体制の充実」——県の初動対応力強化に向けた災害対策本部の拡張や，南海トラフ巨大地震等対策の推進等。②「『こどもまんなか社会』の実現」——こどもの医療費（入院・通院）の助成対象の18歳までの拡充，所得制限・入院自己負担の撤廃等。③「地域経済をけん引する企業の成長と新産業の創生」——蓄電池産業の集積および人材育成に向けた「徳島バッテリーバレイ構想」の策定等。④「観光立県の推進」——国際線の充実に向けた航空会社への運航支援や，国内外への戦略的な観光誘客プロモーションの実施等。

## 恒例になっているイベント

①徳島市阿波おどり（8月中旬）。②秋の阿波おどり（11月頃）。③うだつをいける（1～2月）。④ビッグひな祭り（2月下旬～4月上旬）。⑤とくしまマラソン（3月下旬）。⑥はな・はる・フェスタ（4月中旬）。⑦農村舞台公演（4～11月）。⑧吉野川フェスティバル（7月下旬）。

## 主な文化施設

①あすたむらんど徳島。②文化の森総合公園。③阿波おどり会館。④渦の道。⑤藍住町歴史館・藍の館。⑥うみがめ博物館カレッタ。⑦大塚国際美術館。⑧阿波十郎兵衛屋敷。⑨阿波和紙伝統産業会館。⑩徳島城博物館。

## ユニークな組織・部署

①「知事戦略公室」——知事直轄組織として，縦割りの徹底排除により，部局の枠組みを越えた県政の総合調整やプロジェクト推進などを担う。②「観光政策課交流創造室」——本県のにぎわいコンテンツの充実や観光誘客，国際航空路線誘致など，一体的な魅力度向上を推進する。③「労働雇用政策課移住交流室」——商工業，農林水産業，福祉などの分野の垣根を越えた「労働雇用施策」と「地域振興・移住交流施策」の一体的な取組みを展開する。

## 今後の行政課題

人口減少，労働力不足など山積する課題を克服し，全国の自治体がしのぎを削る「地方創生戦国時代」を勝ち抜き，「未来に引き継げる徳島」を実現するため，「県民主役」「県民目線」「現場主義」の下，「安心度」「魅力度」そして「透明度」を徹底的に高め，徳島県民の力や徳島県の魅力を最大化していく。

## 人事データ

### ■配属

事務職の新規採用者は，約2分の1が政策企画部門を中心とした職場に，約2分の1が現場に近い職場に配属。

### ■異動

異動は3～4年サイクルが基本で，最初に政策企画部門を中心とした職場に配属された者は現場に近い職場に，現場に近い職場に配属された者は政策企画部門を中心とした職場へというケースが多い。

### ■昇任

職制ラインは主事→主任主事→主任→係長→課長補佐→副課長→課長→副部長→部長。選考制で，早い人で32～33歳で主任，38～39歳で係長。

### ■令和6年度試験募集職種

[大学卒業程度] 行政事務，学校事務，警察事務，病院事務，電気，電気（設備），機械，建築，総合土木，農業，農業（畜産），林業，水産，薬剤師，管理栄養士，心理，保健師，化学，福祉，少年補導職員，司書　[職務経験者] 行政事務，行政事務（DX），建築，総合土木，林業，保健師，福祉

# 香川県

| インターン | 募集：5月下旬～6月下旬 |
|---|---|
| シップ | 実施：8月 |

## DATA BOX

〒760-8570　高松市番町4-1-10
☎087-831-1111（代表）
◆人口　919,512人（令和6年4月1日）
◆面積　1,876.91㎢（令和4年10月1日）
◆市町村数　8市9町（令和6年4月1日）
◆令和6年度一般会計当初予算額　4,866億円
◆1人当たり県民所得　2,766千円（令和2年度）
◆職員数　2,882人（令和6年4月1日）
◆県のシンボル　オリーブ（花），オリーブ（木），ホトトギス（鳥），シカ（獣），ハマチ（魚）

香川県
うどん県

URL https://www.pref.kagawa.lg.jp/

### 基本施策・長期計画

県総合計画の基本目標「人生100年時代のフロンティア県」の実現に向け，安全・安心で住みたくなる香川をつくる「県民100万人計画」，活力に満ち挑戦できる香川をつくる「デジタル田園都市100計画」，多くの人が行き交い，訪れたくなる香川をつくる「にぎわい100 計画」の3つを基本方針とし，各分野の施策を着実に推進していく。

### 主要プロジェクト

①「県民100万人計画」——「少子化対策局面打開パッケージ」：経済負担の軽減，子育て拠点の充実，みんなで子育ての3本柱で少子化の局面打開を図る。「健康寿命の延伸に向けた健康づくり」：「人生100年時代のフロンティア県」の実現に向けて健康長寿を実現する。「災害に強い県土づくり」：大規模災害に備え，ハード・ソフト両面の対策で，県民の安全・安心な暮らしを守る。「教員を支える体制等の充実」：多様化・複雑化している教育課題等に対応するため，教育現場の体制を充実させる。

②「デジタル田園都市100計画」——「せとうち企業誘致100プラン」：物流拠点施設（賃借型），大規模データセンターの助成制度を創設し，積極的な企業誘致を進める。「スタートアップへの支援」：機運醸成から拠点確保，伴走型支援，成長加速化まで，一気通貫の支援を行う。「担い手確保・人手不足への対応」：あらゆる世代・人材の担い手の確保，産業や暮らしを支える人材確保の取組みを強化する。「脱炭素社会に向けた地球温暖化対策」：スマートハウス・断熱改修の支援を充実させるとともに，LED化や太陽光発電導入により脱炭素社会をめざす。

③「にぎわい100計画」——「瀬戸内海国立公園指定90周年記念事業」：世界の宝石，瀬戸内海の美しさ・魅力・文化を活かして地域の発展を図る。「大阪・関西万博を契機とした地域活性化」：世界的イベント「2025年大阪・関西万博」に向けて，情報発信と交流拡大を強化する。「サンポート高松地区における魅力的な都市空間づくり」：県立アリーナの開館，サンポート高松地区・高松中心市街地の一大プロムナード化を進める。

### 恒例になっているイベント

①瀬戸内国際芸術祭——瀬戸内海の島々を舞台に自然や文化に溶け込んだアート作品を体感できる。3年に1度開催。②香川丸亀国際ハーフマラソン——世界第一線で活躍するトップランナーが毎回多数参加。③さぬき映画祭——話題の映画の上映，シナリオコンクールなど。

### ユニークな条例

「みどり豊かでうるおいのある県土づくり条例」「ふるさと香川の水環境をみんなで守り育てる条例」「子育て県かがわ少子化対策推進条例」「文化芸術の振興による心豊かで活力あふれる香川づくり条例」「香川県自転車の安全利用に関する条例」等。

### 人事データ

#### ■配属

知事部局では，事務系はまず本庁または大規模出先機関に配属される。技術系は職種に応じた出先機関に配属される場合が多い。

#### ■異動

異動サイクルは，能力育成期（主事，主任主事の期間）は原則として3年。能力拡充期（主任の期間）は4年以上。職務・勤務場所などの希望も踏まえ，本庁と出先の交流を活発に行っている。

#### ■昇任

職制ラインは事務の場合，主事→主任主事→主任→副主幹→課長補佐→副課長→課長→次長→部長。経験年数や，職務遂行能力，適性などによる選考を行い，上位の職へ昇任する。

#### ■令和6年度試験募集職種

[大学卒業程度] 一般行政事務，学校事務，警察行政事務，社会福祉，心理，電気，電子，機械，化学，農芸化学，森林科学，農業，畜産，農業土木，水産，建築，土木，薬学，管理栄養士 [短大卒業程度] 臨床検査，土木 [選考] 職務経験者型，獣医師，保健師，職業訓練指導員，学芸員

# 愛媛県

**インターンシップ**
（期間：3日～5日）
募集：6月下旬
実施：8月以降
※1Dayの職場体験・見学会も夏以降に実施予定

## DATA BOX

〒790-8570　松山市一番町4-4-2
☎089-941-2111（代表）
◆人口　1,285,214人（令和6年3月1日）
◆面積　5,675.92㎢（令和5年10月1日）
◆市町村数　11市9町（令和5年6月1日）
◆令和6年度一般会計当初予算額　7,283億円
◆1人当たり県民所得　2,670千円（令和3年度）
◆職員数（知事部局）　3,861人（令和6年4月1日）
◆県のシンボル　ミカンの花（花），マツ（木），コマドリ（鳥），マダイ（魚）

まじめみきゃん

**URL https://www.pref.ehime.jp/**

## 総合計画

　愛媛県総合計画「未来につなぐ　えひめチャレンジプラン」を令和5年6月に策定。若者をはじめ，県民誰もが自らの希望を実現でき，安全・安心で豊かな人生を送れる持続可能な「愛顔（えがお）あふれる愛媛県」の実現に向け，「人」「経済」「暮らし」の3つの分野において今後4年間の方向性を示し，県民とともにめざすべき愛媛の将来像の実現に"チャレンジ"している。

## 主要な政策

　【人口減少対策】自然減・社会減の双方に歯止めをかけるため，出生数の向上や県外流出の抑制，移住の拡大という3つの観点から，産学官等と連携したオール愛媛体制で積極的に推進。【防災・減災対策】被災したかんきつ園地の再編復旧の推進など平成30年の西日本豪雨災害からの復興，河川の堤防整備や防災士の養成などハード・ソフト両面からの防災・減災対策推進のほか，南海トラフ地震等に備えた危機管理体制の強化，原子力発電所の安全・防災対策の強化など。【地域経済の活性化】国内市場の縮小を見据えた海外展開，新事業の創出やかんきつをはじめとする第一次産業などの産業振興に加え，全国に先駆けて，行政に民間ビジネス感覚を取り入れた営業本部を設け，生産者や事業者の営業活動の補助エンジンとして稼働。【デジタル技術の活用】新たな価値を生み出し，地域課題の解決手段として活用するため，行政・暮らし・産業のDXの推進と，これらを支えるデジタル人材の育成・確保の促進。

## 今後予定されているイベント

　①日本スポーツマスターズ2025。②第76回全国植樹祭（2026年開催）。

## 主な文化施設

　①愛媛県総合科学博物館・愛媛県歴史文化博物館・愛媛県美術館。②愛媛県生涯学習センター。③愛媛県武道館。

## ユニークな条例

　愛媛県自転車の安全な利用の促進に関する条例――県，県民，自転車利用者等の責務，自転車損害保険等への加入義務，県の施策の基本事項等を定め，自転車の安全な利用を促進する。

## ユニークな組織・部署

　①「人材マネジメント室」――職員のやる気と能力の向上に向け，「働き甲斐や働きやすさを両立した職場づくり」を推進。②「愛のくに　えひめ営業本部」――農林水産物などの愛媛県の優れた食品や県内企業の高い技術力に裏付けられた製品の販路拡大を推進。③「環境・ゼロカーボン推進課」――環境教育の推進，地球環境保全対策などの環境施策を推進。④「食ブランドマーケティング課」――農産物のPRや地産地消・食育などを推進。

## 人事データ

### ■配属

　行政事務職については，採用時は半数程度に分けて，本庁と地方機関等に配属している。技術系の職員は，地方機関等からスタートして現場の経験を積むことが多い。

### ■異動

　行政事務職は採用3年後に，初任地が本庁の職員は地方機関等へ，地方機関等の職員は本庁へ異動になる。その後の異動は3～4年のサイクルとし，若いうちはなるべく幅広い業務を経験。技術系については，職場が限定されるため，ケースバイケースで，サイクルも一様ではない。

### ■昇任

　事務系の場合，主事→主任→係長→主幹→課長→局長→部長という職制で，昇任年齢は主任がおおよそ30～31歳，早い人で係長には36歳，主幹には46歳くらい。意欲・能力のある職員の積極的な登用を図るため，課長については昇任試験を実施。

### ■令和6年度試験募集職種

　[上級] 行政事務，行政事務（アピール型），学校事務，警察事務，総合土木，総合土木（アピール型），建築，建築（アピール型），農業，畜産，林業，水産，電気・電子，化学，薬剤師，福祉，心理，保健師，保健師（警察），管理栄養士，鑑識（化学）　[資格免許職] 保育士　[民間企業等経験者] 行政事務，行政事務（エリア枠），総合土木，農業，林業，福祉，心理，保健師　[選考職] 公務員経験者，獣医師，一級建築士，学芸員，海技士（機関），公衆衛生医師等

# 高知県

| インターン | 募集：6月〜7月 |
| シップ | 実施：8月〜9月 |

## DATA BOX

〒780-8570　高知市丸ノ内1-2-20
☎088-823-1111（代表）
◆人口　659,592人（令和6年4月1日）
◆面積　7,102.28k㎡（令和6年1月）
◆市町村数　11市17町6村（令和6年4月1日）
◆令和6年度一般会計当初予算額　4,656億円
◆1人当たり県民所得　2,653千円（令和3年度）
◆職員数（知事部局）　3,418人（令和6年4月1日）
◆県のシンボル　ヤマモモ（花），ヤナセスギ（木），ヤイロチョウ（鳥），カツオ（魚）

高知県は、ひとつの大家族やき。

高知家

URL https://www.pref.kochi.lg.jp/

### 基本施策・長期計画

　全国より先行している人口減少や高齢化に加え，南海トラフ地震対策など，今後，日本全国が抱えていくであろうさまざまな課題に真っ先に直面している。こうした状況から脱却するため，令和6年3月に「高知県元気な未来創造戦略」を策定。4，5年後までに若年人口の減少傾向に歯止めをかけ，おおむね10年後には現在の水準まで回復させることをめざす。

### 主要プロジェクト

　【高知県元気な未来創造戦略】県政の最重要課題である人口減少の克服に向け，「若者の定着・増加」「婚姻数の増加」「出生数の増加」の3つの観点から施策を抜本強化。

〈政策1：魅力ある仕事をつくり，若者の定着につなげる〉

　県内企業の賃上げの環境整備や，男性の育児休業の取得促進といったワークライフバランスの推進の取組みをさらに強化。併せて，これまで男性中心の職場とされてきた第一次産業や建設業などの分野でもデジタル技術を活用することなどによって，女性の進出を後押しする取組みを抜本的に強化することで「若者の定着・増加」をめざす。

〈政策2：結婚の希望をかなえる〉

　特に出会いの機会の少ない中山間地域を意識し，移住施策や地域のイベントと連携した多様な出会いの機会を創出する。また，「こうち出会いサポートセンター」において，民間企業と連携し，出会いから成婚まで寄り添った支援を強化するとともに，東部，西部へのサテライト機能の構築を図るなど出会いの機会の大幅な拡充，結婚支援の取組みを強化することで「婚姻数の増加」をめざす。

〈政策3：こどもを産み，育てたい希望をかなえる〉

　不妊治療への支援のあり方の検討や産後ケアの利用拡大を図ることに加え，安心して子育てできる環境づくりとして，子育て経験者による敷居の低い相談体制の整備や地域ボランティアの参画などによる住民参加型の子育て支援の充実を図り，子育ての不安感の解消を図る。さらに，子育て家庭を対象としたサービスや施設整備を行う企業および仕事と家庭の両立支援を実施する企業を拡大し，社会全体で子育て家庭を応援する仕組みの構築と機運醸成を図ることで「出生数の増加」をめざす。

### 恒例になっているイベント

　①よさこい祭り（8/9〜12）――よさこい発祥の地で，踊り子隊が鳴子両手にまちを練り歩く。②高知県観光キャンペーン「どっぷり高知旅」――「極上の田舎，高知。」をコンセプトに，地域の人々との交流や暮らしを体験しながら高知の食文化や自然，歴史をじっくり深く堪能できる観光プランなどを紹介中。③高知龍馬マラソン（2/16）――幕末の英雄，坂本龍馬が大きな志を持って眺めた太平洋を望むコースを舞台に行うフルマラソン。

### 人事データ

**■配属・異動**

　行政（事務）職の職員は，採用後2〜3年で異動し，本庁と出先機関の両方を経験するのが基本である。その後の異動は，4年程度のサイクルで行われ，民間団体や国，他の地方公共団体への派遣については，公募制を採用している。

**■昇任**

　職制のラインは，主事→主査→主幹→チーフ・班長→課長補佐→課長。主査には26〜27歳，主幹には31〜32歳というのが平均的な昇任年齢である。

**■令和6年度試験募集職種**

[大学卒業程度試験（受験年齢上限29歳）] 事務職種，土木，建築，農業，林業，水産，化学，農芸化学，電気，機械，社会福祉（児童福祉）　[大学卒業程度試験（チャレンジ型）] 行政，土木，農業，林業，病院事務　[社会人経験者採用試験（受験年齢上限59歳）] 行政，行政（デジタル）・土木・林業・電気（UIJターン枠）　[就職氷河期世代等を対象とした採用試験] 行政　[障害者を対象とした採用選考試験] 行政，教育事務　[その他選考試験] 獣医師，薬剤師，看護師，保健師，児童自立支援専門員，一級建築士，保育士，精神保健福祉士，職業訓練指導員（電気工事科）

# 福岡県

インターン
シップ
募集：①6〜7月頃，②11〜1月頃
実施：①7〜9月頃，②2〜3月頃

## DATA BOX

〒812-8577　福岡市博多区東公園7-7
☎092-651-1111（代表）
◆人口　5,106,912人（令和5年10月1日）
◆面積　4,987.66㎢（令和6年1月1日）
◆市町村数　29市29町2村（令和6年4月1日）
◆令和6年度一般会計当初予算額　2兆1,321億円
◆1人当たり県民所得　2,733千円（令和3年度）
◆職員数（知事部局）　7,549人（令和6年4月1日）
◆県のシンボル　ウメ（花），ツツジ（木），ウグイス（鳥）

URL https://www.pref.fukuoka.lg.jp/

## 基本施策・長期計画

令和4年度から5年間の県政運営の指針となる「福岡県総合計画」では，「誰もが安心して，たくさんの笑顔で暮らせる福岡県」をめざし，「世界を視野に，未来を見据えて成長し，発展する」「誰もが住み慣れたところで働き，長く元気に暮らし，子どもを安心して産み育てることができる」など，4つの基本方向を柱に30の取組みを推進。

## 主要プロジェクト

「次代を担う『人財』の育成」：学校教育の充実，未来へはばたく青少年の応援，グローバル社会で活躍する青少年の育成，産業人材の育成など。

「世界から選ばれる福岡県の実現」：生活と産業の発展を支える社会基盤の整備，グリーンデバイス開発・生産拠点化の推進，国内外からの戦略的企業誘致，企業等の海外展開支援，海外からの誘客促進など。

「成長産業の創出」：バイオ，宇宙，ブロックチェーンなど新たな成長産業の創出，水素エネルギー産業，風力発電産業の振興など。

「ワンヘルスの推進」：人獣共通感染症対策，薬剤耐性菌対策，環境保護，ワンヘルス実践の基盤整備など。

## 主な文化施設

①アクロス福岡。②大濠公園能楽堂。③九州歴史資料館。④あまぎ水の文化村。⑤九州芸文館。⑥ももち文化センター。⑦福岡県立美術館。⑧九州国立博物館。⑨福岡県青少年科学館。

## ユニークな組織・部署

ワンヘルス総合推進課──人と動物の健康と環境の健全性を一つの健康と捉え，一体的に守っていく「ワンヘルス」の実践に関する施策を総合的に推進するため設置。ワンヘルスフェスタの実施を通したワンヘルスの理念の普及啓発やワンヘルスセンターの整備，世界トップクラスの研究者を招いた国際フォーラムの開催等の取組みを通じて「人と動物の健康及び健全な環境が調和した社会」をめざす。

## 今後の行政課題

県民の命と健康，生活を守ることを第一に，「1000億円の人づくり」「県内GDP20兆円への挑戦」「安全・安心で活力ある社会づくり」の3つの柱の下，各種施策を実行する。特にサステナブルとイノベーションをキーワードに，少子高齢化，人口減少，人手不足，賃金と物価の好循環の実現など，先送りできない社会課題に立ち向かう。

そして，さまざまなリスクから県民の現在と将来を守るサステナブル社会を実現すると同時に，デジタルや先端技術，そして何より「人」が生み出すイノベーションの力で，労働生産性を向上させ，新たな価値の創出を図り，福岡県の成長・発展の歩みを加速させる。

## 人事データ

### ■配属・異動

新規採用者は本庁，出先機関のいずれにも配属される可能性があり，知事部局の事務職の場合，人材育成を図るため，採用後10年以内は異動年限を3年とし，本庁および出先機関の両方を経験することを基本として職員の配置を行っている。また，この間に，中央官庁，海外，市町村，大学院，企業等へ派遣されることもある。技術職も中央官庁や市町村への派遣を行っている。

### ■昇任

職制は主事→主任主事→係長級→課長補佐級→課長級→次長級→部長級。27歳で主任，36〜37歳で主査（係長級），40〜41歳で係長，43〜44歳で課長補佐級が早いケース。

### ■令和6年度試験募集職種

［Ⅰ類］行政，教育行政，警察行政，児童福祉，土木，建築，機械，電気，化学，農業，農業土木，林業，畜産，水産，薬剤師，栄養士
［Ⅱ類］行政，教育行政，農業
［職務経験者］行政，行政（DX），児童福祉，心理判定員
［選考］獣医師，心理判定員，児童自立支援専門員，保育士，保健師，看護師，研究職員，職業指導員

#  佐賀県

| インターンシップ | 募集：6月〜7月 |
|---|---|
| | 実施：8月〜9月 |

## DATA BOX

〒840-8570　佐賀市城内1-1-59
☎0952-25-7011（人事課直通）
- ◆人口　794,385人（令和5年10月1日）
- ◆面積　2,440.67km²（令和4年10月1日）
- ◆市町村数　10市10町（令和6年4月1日）
- ◆令和6年度一般会計当初予算額　5,205億円
- ◆1人当たり県民所得　2,575千円（令和2年度）
- ◆職員数（知事部局）　3,256人（令和5年4月1日）
- ◆県のシンボル　クスの花（花），クスの木（木），カササギ（鳥）

## URL https://www.pref.saga.lg.jp/

### 基本施策・長期計画

　佐賀県では，「人を大切に，世界に誇れる佐賀づくり」を基本理念に，「－佐賀県施策方針2023－」を策定し，
　「守ろう！」先どる危機管理　安全・安心のまち
　「支えよう！」支え合い，寄り添う　やさしい地域
　「育もう！」かかわりあう子育て　笑顔あふれる未来
　「交わろう！」動き出す　人とモノをつなぐネットワーク
　「挑もう！」新たな価値を生み　挑戦を続ける産業
　「創ろう！」スポーツ新時代の創出　佐賀らしい文化の創造
　「輝こう！」いきいきと自発の地域づくり　唯一無二の地
　「志そう！」志を胸に　骨太な人材の育成
の8つを佐賀県のめざす将来像として政策の柱に置き，政策を推進している。さらに，政策の推進に当たっては，みんなが自然に支え合い，心地良く過ごせるやさしさのカタチを広めていく「さがすたいる」，人のくらし，まち・地域を心地良くし，豊かなものにする「さがデザイン」の2つの視点を入れて，取り組んでいる。また，国際社会全体の目標である「持続可能な開発目標（SDGs）」を意識しながら取り組んでいく。

### 今後予定されているイベント

　第78回国民スポーツ大会・第23回全国障害者スポーツ大会佐賀大会「SAGA2024国スポ・全障スポ」（令和6年10月）——令和6年の大会から，国民体育大会は国民スポーツ大会へ名称変更し，今回が第1回目の大会となる。「新しい大会へ。すべての人に，スポーツのチカラを。」をスローガンに，国民スポーツ大会では約45種目，全国障害者スポーツ大会では，約15種目の競技を行う。

### 主な文化施設

①県立博物館。②県立美術館。③県立九州陶磁文化館。④県立名護屋城博物館。⑤県立佐賀城本丸歴史館。⑥県立宇宙科学館。

### 今後の行政課題

「－佐賀県施策方針2023－」に沿った施策の推進。

| 現場 | ミッション | プロセス |
|---|---|---|
| 現場の人の想いが実現され，人が現場で輝いていること | 本来の目的を忘れることなく，なんのためにやっているのかという目的意識を常に持って行動すること | 政策や事業を決定していく場合，県民の声を聴き，そして県民と議論を重ねることで信頼関係をつくること |

### 人事データ

#### ■配属・異動

①育成型ジョブローテーション

　採用されてから12年間はできるだけ，複数の部の間や本庁と現地機関の間で異動したり，質や種類の異なる業務に就くことにより，自分自身の能力開発や新たな適性の発見に努めていただく。

②キャリア開発

　次の制度を設けている。

【プロポーザル】やってみたい仕事や実現したいアイデアなどを提案して，相手先の所属長に受け入れられた場合，その部署への配置換えが実現する「プロポーザル異動制度」がある。

【ポストチャレンジ】後輩の育成や組織メンバーの能力開発により注力したい人は，「ポストチャレンジ」をすることで優先的に係長へ登用されることができる。

【エキスパート】特定分野の知識・経験を深めたい人は，一定の時期に「エキスパート」（専任職）を選択してキャリア形成することができるという，複線型の人事制度をとり入れている。

#### ■昇任

　職制ラインは主事・技師→主査→係長→副課長→課長→副部長→部長。係長級にあたる主査には在職7年程度で昇任するのが一般的。その後は，能力・実績に応じて昇任していくこととなる。

#### ■令和6年度試験募集職種

[大学卒業程度] 行政，教育行政，警察行政，心理，電気，機械，土木，建築，化学，農政，畜産，農業土木，林業，水産，保健師，社会福祉　[特別枠] 行政，教育行政，土木，農政　[スポーツ特別枠] 行政，教育行政　[民間企業等職務経験者] 行政，教育行政，土木，農政　[短期大学卒業程度] 生活指導員

 # 長崎県

| インターンシップ | 募集：5月頃 |
|---|---|
| | 実施：8月頃 |

## DATA BOX

〒850-8570　長崎市尾上町3-1

☎095-824-1111（代表）

◆人口　1,260,748人（令和6年3月1日）

◆面積　4,130.98km²（令和6年1月1日）

◆市町村数　13市8町（令和6年4月1日）

◆令和6年度一般会計当初予算額　7,348億円

◆1人当たり県民所得　2,571千円（令和3年度）

◆職員数（知事部局）　4,042人（令和5年4月1日）

◆県のシンボル　雲仙ツツジ（花），ヒノキ（木），オシドリ（鳥）

### URL https://www.pref.nagasaki.jp/

### 基本施策・長期計画

　長崎県では，令和3年度から5年間を計画期間とする「長崎県総合計画 チェンジ＆チャレンジ2025」を策定。「人・産業・地域を結び，新たな時代を生き抜く力強い長崎県づくり」を基本理念に，3つの柱を掲げ，それを具現化する10の戦略と47の施策や7つの政策横断プロジェクトに取り組んでいる。

### 3つの柱

■地域で活躍する人材を育て，未来を切り拓く

戦略1　若者の県内定着，地域で活躍する人材の育成を図る

戦略2　移住対策の充実，関係人口の幅広い活用を推進する

戦略3　長崎県の未来を創る子ども，郷土を愛する人を育てる

戦略4　みんなで支えあう地域を創る

■力強い産業を育て，魅力あるしごとを生み出す

戦略1　新しい時代に対応した力強い産業を育てる

戦略2　交流人口を拡大し，海外の活力を取り込む

戦略3　環境変化に対応し，一次産業を活性化する

■夢や希望のあるまち，持続可能な地域を創る

戦略1　人口減少に対応できる持続可能な地域を創る

戦略2　地域の特徴や資源を活かし，夢や希望の持てるまちを創る

戦略3　安全安心で快適な地域を創る

### 政策横断プロジェクト

ながさき　しまの創生プロジェクト

アジア・国際戦略

新幹線開業効果拡大プロジェクト

健康長寿日本一プロジェクト

スマート社会実現プロジェクト

人材確保・定着プロジェクト

災害から命を守るプロジェクト

### ながさきピース文化祭2025

（第40回国民文化祭，第25回全国障害者芸術・文化祭）

　令和7年9月14日から11月30日まで，全国規模の文化の祭典「ながさきピース文化祭2025」が開催される。県内各地で全国大会や地域の特色を活かしたイベントを計画しており，「文化をみんなに」をキャッチフレーズに，おもてなしの心で来県される皆様をお迎えし，長崎県らしい文化の魅力を発信していく。

　文化祭開催による文化芸術を通した平和や国際交流の意義の発信や未来へのまちづくり，障害に対する理解を深める「心のバリアフリー」の推進などを基本方針としている。

### 人事データ

#### ■配属

　一般事務系は，本庁各課および地方機関に配属している。技術系や資格免許職は，本庁各課や振興局，試験研究機関などで専門知識を活かした仕事に就く。

#### ■異動

　最初に配属された部署で3年程度経過後異動し，本庁や地方機関（離島を含む）の勤務を経験する。その後の異動サイクルは3〜5年。

#### ■昇任

　職制ラインは，主事→主任主事→係長→課長補佐→課長→次長→部長。主任主事（係長級）が29歳くらい，早い人でその後6〜7年で係長，課長補佐は42歳くらいからとなる。

#### ■令和6年度試験募集職種

［大学卒業程度（一般方式）］行政A，交通局事務A，教育事務A，警察事務A，水産A，農業A，畜産A，林業A，農業土木A，土木A，建築A，環境科学A，栄養士A，社会福祉A

［大学卒業程度（SPI方式）］行政B，教育事務B，農業B，農業土木B，建築B

［民間企業等職務経験者（U・Iターン型）］行政，水産，農業，土木，建築

［短大卒業程度］保育士

# 熊本県

| インターンシップ | 募集：5月〜6月 |
|---|---|
| | 実施：8月〜9月 |

## DATA BOX

〒862-8570　熊本市中央区水前寺6-18-1
☎096-383-1111（代表）
◆人口　1,702,858人（令和6年3月1日）
◆面積　7,409.45k㎡（令和元年10月1日）
◆市町村数　14市23町8村（令和5年4月1日）
◆令和6年度一般会計当初予算額　7,707億円（骨格予算として編成）
◆1人当たり県民所得　2,498千円（令和2年度）
◆職員数（知事部局）　4,184人（令和6年4月1日）
◆県のシンボル　リンドウ（花），クスノキ（木），ヒバリ（鳥），クルマエビ（魚）

熊本県職員採用ガイドURL https://www.pref.kumamoto.jp/hp/saiyou-navi/

### 基本施策・長期計画

令和3年3月に，県政運営の取組みの方向性を示す「新しいくまもと創造に向けた基本方針」を策定。その後の世界的半導体製造大手TSMCの本県への進出等，熊本県政の良き流れを継続しつつ，新知事の下で，県政のさらなる発展に向けて新たな時代を県民とともに創っていくために，県民参加型の議論を重ね，県政運営の新たな方向性を示す基本方針等を策定していく。

### 主要プロジェクト

2つの災害からの創造的復興に向けた施策，こどもまんなか施策，豊かな食文化を活かした農林畜水産業施策，熊本経済のイノベーションに向けた施策，持続可能な暮らしと地域の実現，医療介護の充実に向けた施策，移住定住の推進など，将来の熊本のさらなる発展につなげていく。

### 主な文化施設

①県立美術館——古代から現代美術まで数々の作品を収蔵・展示する総合美術館。
②伝統工芸館——熊本の伝統工芸品を展示・即売するほか，貸展示室・工房等を備えた多目的施設。
③県立劇場——全国有数の音響設備を備えた文化振興拠点。劇場内外で積極的な活動を展開し，文化の裾野を拡大。
④装飾古墳館——全国最多の数を誇る装飾古墳をメイン展示に，体験学習もできる参加型の博物館。

### ユニークな組織・部署

①くまモングループ——熊本県営業部長兼しあわせ部長であるくまモンの共有空間を世界中に拡大する施策を推進し，くまモンおよび熊本県のPRを実施。
②文化企画・世界遺産推進課——文化団体等を支援し文化振興を行うとともに，県内3か所の世界文化遺産の保全・周知や阿蘇の世界文化遺産登録推進に取り組む。
③流通アグリビジネス課——県産農林水産物を大都市圏に売り込むフェア・商談会の企画運営のほか，企業の農業参入や地産地消等による食料安全保障の推進に取り組む。
④企業立地課（半導体立地支援室）——世界的半導体製造大手「TSMC」の熊本県進出に伴い，工場の立上げに必要な支援や，さらなる半導体関連企業の誘致等に取り組む。
⑤空港アクセス鉄道整備推進課——熊本市中心部と阿蘇くまもと空港間のアクセス改善のため，JR豊肥本線が分岐する鉄道新線の敷設に取り組む。

### 求められる人材

皿を割ることを恐れず，前例のない取組みにも果敢に挑戦する方を求めている。創造的復興や，こどもまんなか施策など，さまざまな施策に前向きに取り組むことができるあなた，県民一丸となった「チームくまもと」の一員として新しい熊本づくりに取り組んでいきましょう。

### 人事データ

■配属
新規採用者は本庁または出先機関（地域振興局等）に配属される。技術職については，それぞれの専門的知識を活かした部署に配属される。
■異動
基本的には3〜4年のサイクルで，本人の適性に応じて異動。
■昇任
主事・技師→主任主事・主任技師→係長（参事）→課長補佐（主幹）→課長（審議員）→次長（首席審議員）→部長（総括審議員）が基本的なラインである。係長級は早い人で入庁10年，課長補佐級は係長級経験6年となっている。
■令和6年度試験募集職種
［大学卒業程度］行政，警察行政，教育行政，心理判定員，総合土木，建築，機械，電気，化学，農学，林学，畜産，水産　［免許資格職（前期）］社会福祉，保健師　［民間企業等経験者対象（上期）］行政，総合土木，農学，林学　［選考］獣医師，薬剤師 等

# 大分県

| 短期インターンシップ | 【夏季】募集：5〜6月 実施：7〜9月 |
| --- | --- |
| | 【秋季】募集：8月 実施：9〜11月 |
| | 【冬季】募集：10月 実施：12〜1月 |

## DATA BOX

〒870-8501　大分市大手町3-1-1
☎097-536-1111（代表）
◆人口　1,097,919人（令和5年7月1日）
◆面積　6,340.70k㎡（令和5年1月1日）
◆市町村数　14市3町1村（令和6年4月1日）
◆令和6年度一般会計当初予算額　6,898億800万円
◆1人当たり県民所得　2,604千円（令和2年度）
◆職員数（一般行政）　3,861人（令和5年4月1日）
◆県のシンボル　ブンゴウメ（花・木），メジロ（鳥）

URL https://oita-recruit.com

 日本一の
おんせん県おおいた♨
味力も満載

## 基本施策・長期計画

　誰もが安心して元気に活躍できる大分県，知恵と努力が報われ未来を創造できる大分県の実現に向け，人口減少対策の強化や産業の振興を進めるとともに，未来へつなげる投資を促進する。

## 主要プロジェクト

◇「ホーバークラフト」による地域活性
　大分空港のアクセスを改善し，空港利用者の利便性を向上させるため，国内唯一となるホーバークラフトを導入する。ホーバークラフトの希少性や魅力を活かすとともに，新たに整備した「ホーバーターミナルおおいた（通称ホボッタ）」を活用した大分空港とその周辺地域の活性化に取り組む。
◇DX（デジタルトランスフォーメーション）の推進
　笑顔あふれる大分県をつくるため，データとデジタル技術を積極的に活用し，たとえば防災分野ではクラウドを活用したシステムで県内全市町村・自衛隊等の関係機関等との情報共有を一元化する。また，収集した情報を県民ニーズをもとに，防災分野や福祉分野などあらゆる分野の施策に活かすとともに，行政サービスや制度などを変革するDXの推進を図っていく。

## 今後予定されているイベント

　第43回全国豊かな海づくり大会〜おんせん県おおいた大会〜

## ユニークな組織・部署

①こども未来課——「子育て満足度日本一」の実現に向け，出会いから結婚，妊娠，出産，育児の切れ目ない支援を推進。
　②先端技術挑戦課——地域課題の解決や新産業創出のため，遠隔操作ロボット「アバター」や次世代モビリティ，AIや宇宙港など，さまざまな先端技術分野に挑戦。
　③電子自治体推進課——デジタル行財政改革を強力に推進するとともに，市町村の電子申請やアナログ規制の見直し等を支援。

## 今後の行政課題

　本格的な人口減少社会を迎える中，地方創生は，地方に人をつくり人を育て，仕事をつくり仕事を呼び，人と仕事の好循環で地域を活性化しようとするものである。また，地域間競争でもあることから，県民とともに「地方創生は大分県から」という気概を持って果敢に取り組んでいく必要がある。さらに，世界的な要請であるカーボンニュートラルについても，大分コンビナートの脱炭素化に向けた挑戦に，連携して取り組んでいく。

## 人事データ

### ■配属（知事部局の場合）
　新規採用職員については，人材育成の観点から，できるだけ早い時期に本庁と地方機関の両方の業務を経験するよう勤務換えを行っている。また，男女を問わず，頑張っている職員にチャンスが平等に与えられる人事配置など，男女共同参画の推進を積極的に展開している。

### ■異動（知事部局の場合）
　適材適所の観点から，おおむね3〜4年での異動が目安となっている（新規採用職員は2〜3年）。

### ■昇任・昇格（知事部局の場合）
　早いケースでは，29歳で主任，34歳で係長級（主査・主任研究員）など，能力・意欲・実績をより重視した人材の登用を行っている。

### ■令和6年度試験募集職種
［上級］行政，行政（一般・社会人経験者），行政（ICT・社会人経験者），教育事務，警察事務，心理，司書，建築，化学，農業，農業（社会人経験者），畜産，畜産（社会人経験者），林業，水産，総合土木，総合土木（社会人経験者），機械，電気
［医療免許資格職Ⅰ］管理栄養士，保健師
［中級］総合土木
［医療免許資格職Ⅱ］診療放射線技師，臨床検査技師

# 宮崎県

| インターン シップ | 募集：6月 |
|---|---|
| | 実施：8月 |

## DATA BOX

〒880-8501　宮崎市橘通東2-10-1
☎0985-26-7009（総務部人事課）
◆人口　1,039,198人（令和6年1月1日）
◆面積　7,735.33㎢（令和6年1月1日）
◆市町村数　9市14町3村（令和6年4月1日）
◆令和6年度一般会計当初予算額　6,598億円
◆1人当たり県民所得　2,409千円（令和3年度）
◆職員数（知事部局）　3,822人（令和6年4月1日）
◆県のシンボル　ハマユウ（花），フェニックス，ヤマザクラ，オビスギ（木），
　　　　　　　　コシジロヤマドリ（鳥）

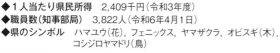

URL https://www.pref.miyazaki.lg.jp/

### 基本施策・長期計画

　人口減少の進行やデジタル化，脱炭素化の加速など，変化の大きい時代にあっても，県民誰もが楽しさや幸せを実感できる安心と希望あふれる未来の実現をめざし，2040年を展望した県総合計画を推進している。同計画では，持続可能性やデジタル，人材力等をキーワードとして今後の方向性を整理するとともに，令和5年～8年の4年間の実行計画となるアクションプランを策定し，着実な事業展開を図っていくこととしている。

### 主要プロジェクト

　アクションプランにおける5つの重点推進プログラム（①コロナ禍・物価高騰等からの宮崎再生，②希望ある未来への飛躍に向けた基盤づくり，③「みやざき」の未来を創る人材の育成・活躍，④社会減ゼロへの挑戦，⑤力強い産業の創出・地域経済の活性化）に加え，「3つの日本一挑戦プロジェクト」に重点的に取り組んでいる。

### 恒例になっているイベント

　①宮崎国際音楽祭（5月）。②日向ひょっとこ夏祭り（8月）。③宮崎神宮大祭（10月）。④西都古墳まつり（11月）。⑤高千穂の夜神楽（11月～2月）。⑥プロスポーツキャンプ。

### 主な文化施設

　①総合文化公園──県立図書館，メディキット県民文化センター（県立芸術劇場），県民広場，県立美術館。②県総合博物館。③西都原考古博物館。④サンマリンスタジアム宮崎。

### ユニークな組織・部署

　①宮崎国スポ・障スポ局──2027年開催の国民スポーツ大会・全国障害者スポーツ大会の開催・準備を一体的に推進。
　②スポーツランド推進課──スポーツキャンプや大会の誘致活動に加え，各種団体・施設との調整などを実施。

### ユニークな条例

　神話のふるさと宮崎観光おもてなし推進条例──本県の観光振興に関する県・市町村や県民，事業者・団体等の役割を明らかにし，県を挙げておもてなし環境の整備を進める。

### 今後の行政課題

　まずは，コロナ禍や物価高騰等の影響から回復し，県民生活や経済の安定化を図る「宮崎再生」を着実に進めるとともに，次なる成長活力の創出に向けて，人口減少や国際情勢の変化に対応したデジタル化・脱炭素化などの取組みを進める。
　また，本県の強みを活かし，県勢のさらなる飛躍につなげるため，「子ども・若者」「グリーン成長」「スポーツ観光」の各分野で，「3つの日本一挑戦プロジェクト」を掲げており，日本一生み育てやすい県づくりや，再造林率日本一，プロスポーツキャンプ日本一などの高い目標の達成に向けて，関連施策を積極的に展開していく必要がある。

## 人事データ

### ■配属

　新規採用職員は，本庁のほか，県税・総務事務所や土木事務所などの出先機関にも配属。本庁へ配属された者は2年後に，出先へ配属された者は3年後に違った分野の仕事や他の勤務地に異動する。また，一般行政職の一部は，教育行政職として教育委員会や学校を中心に異動する。

### ■異動

　原則として3年サイクルで各部署を異動するが，本庁と出先間の異動はケースバイケースになる。

### ■昇任

　一般行政は，採用後8年程度を経過した30～31歳で主任主事。その後34～35歳で係長級に昇任するというのが一般的。

### ■令和6年度試験募集職種

［大学卒業程度］一般行政，一般行政特別枠，警察行政，心理，社会福祉，電気，機械，土木，土木特別枠，建築，化学，農業，農業土木，農業土木特別枠，畜産，畜産特別枠，林業，林業特別枠，水産，管理栄養士　［その他］保健師，薬剤師，獣医師　［社会人対象］一般行政（社会人），土木（社会人），農業土木（社会人），林業（社会人），畜産（社会人）

# 鹿児島県

| | |
|---|---|
| キャリア | 募集：6月〜7月 |
| 実習 | 実施：8月 |

## DATA BOX

〒890-8577　鹿児島市鴨池新町10-1
☎099-286-2111（代表）
◆人口　1,536,943人（令和6年4月1日）
◆面積　9,186.20k㎡（令和6年1月1日）
◆市町村数　19市20町4村（令和6年4月1日）
◆令和6年度一般会計当初予算額　8,405億円
◆1人当たり県民所得　2,605千円（令和3年度）
◆職員数（知事部局）　約5,000人（令和6年4月1日）
◆県のシンボル　ミヤマキリシマ（花），クスノキ，カイコウズ（木），ルリカケス（鳥）

URL https://www.pref.kagoshima.jp/

## 基本施策・長期計画

「誰もが安心して暮らし，活躍できる鹿児島」をめざし，時代の潮流にも的確に対応し，将来にわたってすべての県民が生き生きと活躍し，安心して心豊かに暮らし続けられる鹿児島の実現に取り組む。

## 主要プロジェクト

〈誰もが安心して暮らし，活躍できる鹿児島〉

①「稼ぐ力」の向上。②地域産業の振興を支える人材の確保・育成，移住・交流の促進。③結婚，妊娠・出産，子育ての希望がかなう社会の実現。④デジタルテクノロジーを活用した県民の暮らしの質の向上。⑤脱炭素社会の実現と豊かな自然との共生。⑥多様で魅力ある奄美・離島の振興。

## 主な文化施設

①歴史・美術センター黎明館。②県立博物館。③県立埋蔵文化財センター。④宝山ホール（文化センター）。⑤フラワーパークかごしま。⑥霧島国際音楽ホール（みやまコンセール）。⑦屋久島環境文化村センター。⑧霧島アートの森。⑨かごしま県民交流センター。⑩奄美パーク。⑪上野原縄文の森。

## ユニークな条例

①かごしま本格焼酎の産業振興と焼酎文化でおもてなし県民条例。②観光立県かごしま県民条例。③かごしま食と農の県民条例。④鹿児島県県民の日を定める条例。

## ユニークな組織・部署

①子ども政策局。②外国人材政策推進課。③くらし共生協働課。④家畜防疫対策課。⑤畜産振興課。⑥感染症対策課。⑦鹿児島・佐賀エールプロジェクト推進室。⑧行政経営推進室。⑨デジタル推進課。⑩PR観光課。⑪奄美世界自然遺産室。⑫高齢者生き生き推進課。⑬販路拡大・輸出促進課。⑭産業人材確保・移住促進課。⑮エネルギー対策課。⑯かごしまの食輸出・ブランド戦略室。⑰本港区まちづくり推進室。⑱スポーツコンベンションセンター整備課。

## 今後の行政課題

鹿児島の基幹産業である農林水産業，観光関連産業や地域の中小企業等の「稼ぐ力」の向上に資する施策等を積極的に推進する。

また，地域資源を磨き上げ，その良さを県内外に発信するとともに，若者にとって魅力的な仕事や暮らしやすい地域をつくり，若者等の県内定着と大都市圏からのUIターンをさらに促進する。

SDGsの理念を踏まえ，デジタル化，脱炭素化，ジェンダー平等，イノベーションの促進等の各般の施策を推進する。

## 人事データ

### ■配属

事務系は，本庁各課をはじめ，地域振興局などの出先機関に配属される。技術系の場合は，各試験職種の専門性を踏まえ，本庁各課，地域振興局，各種試験研究機関などに配属される。

### ■異動

異動は，本人の希望なども尊重しながら，幅広く業務を経験できるよう，3〜4年サイクルで行っている。その他海外研修や海外勤務もある。

### ■昇任

主事（技師）→主査（技術主査）→係長→課長補佐（技術補佐）→課長→次長→部長というラインになっている。大学卒業程度の行政職の場合，入庁後約10年で主査，20年前後で係長というのが標準である。

### ■令和6年度試験募集職種

[大学卒業程度] 行政，行政（先行実施枠），警察事務，心理，福祉，農業，畜産，農業土木，林業，水産，土木，土木（先行実施枠），建築，建築（先行実施枠），電気，化学Ⅰ，化学Ⅱ，栄養士，保健師　[短大卒業程度] 一般事務，教育事務，土木　[民間企業等職務経験者] 行政，農業，畜産，農業土木，林業，水産，土木，建築，保健師　[選考] 獣医師，薬剤師，航海士，通信士，設備技師，職業指導技師，原子力技術職員，工業技師

# 沖縄県

| インターンシップ | 募集：6月 実施：8月〜9月 |
|---|---|

## DATA BOX

〒900-8570　那覇市泉崎1-2-2
☎098-866-2333（総合案内）
◆人口　1,462,046人（令和6年4月1日）
◆面積　2,282.16㎢（令和5年1月）
◆市町村数　11市11町19村（令和6年4月1日）
◆令和6年度一般会計当初予算額　8,421億円
◆1人当たり県民所得　2,258千円（令和3年度）
◆職員数（知事部局）　4,174人（令和6年4月1日）
◆県のシンボル　デイゴ（花），リュウキュウマツ（木），ノグチゲラ（鳥），オオゴマダラ（蝶）

沖縄県職員採用案内

URL https://www.pref.okinawa.jp/

### 基本施策・長期計画

変化する社会情勢や県民ニーズを的確に捉えながら，自立的発展と住民の豊かさを実感できる社会の実現を目標とする「新・沖縄21世紀ビジョン基本計画」の取組みを加速させ，誇りある豊かな沖縄の未来につなげていく。

また，長期におよんだ新型コロナウイルス感染症の影響から持ち直しの動きが見られるものの，物価高騰による影響が懸念されている県民生活や経済活動，少子化・子どもの貧困問題など昨今の社会課題を踏まえ，「自立型経済の構築」「子ども・若者・女性支援施策のさらなる充実」「辺野古新基地建設反対・米軍基地問題」の3つを県政の重要課題と位置づけ，各種施策を展開していく。

### 重点テーマ

①強くしなやかな自立型経済の構築。②安全・安心に暮らせる沖縄へ。③恒久平和の願いと希望の未来の発信。④「こどもまんなか社会」の実現に向けた沖縄の未来への投資と支援。⑤沖縄らしい自然と歴史，伝統，文化の継承・発展。

### 恒例になっているイベント

①全日本トライアスロン宮古島大会（宮古島市／4月）。②那覇・糸満ハーリー（那覇市・糸満市／5月）。③第2回沖縄空手少年少女世界大会（県内各地／8月）。④エイサー（県内各地／8〜9月）。⑤八月踊り（多良間村／9月），那覇大綱挽，首里城祭（那覇市／10月），とぅばらーま大会（石垣市／10月）。⑥ツール・ド・おきなわ（本島北部／11月）。⑦NAHAマラソン（那覇市ほか／12月）。⑧さくら祭り（県内各地／1月）。⑨プロ野球春季キャンプ（県内各地／2月）。※詳しくは沖縄観光情報webサイト「おきなわ物語」で。（https://www.okinawastory.jp/）

### 主な文化施設

①万国津梁館。②沖縄コンベンションセンター。③沖縄県立博物館・美術館。④沖縄県平和祈念資料館。⑤沖縄県公文書館。⑥沖縄県立武道館。⑦国立劇場おきなわ。⑧美ら海水族館。⑨沖縄空手会館。⑩おきなわ工芸の杜。

### ユニークな組織・部署

①地域包括ケア推進課——地域包括ケアシステムの構築に向けた取組みを強化し，在宅医療の拡充，医療と介護の連携等をより一層推進する。②グローバルマーケット戦略課——物流政策の推進や県産品の国内外の販路拡大，県内事業者等の海外展開の促進やおきなわブランドの強化など，国内・海外市場向け取組みの一体化等により，稼ぐ力の強化を推進する。③沿道景観推進室——世界水準の観光地にふさわしい良好な沿道景観のため，魅力ある道路緑化および離島地域の無電柱化促進などの取組みを強化する。④首里城復興課——首里城復興基本計画の推進や首里城周辺施設整備，彫刻等野外制作物・室内装飾品の復元等，その復元のみならず，首里城に象徴される歴史・文化の復興について，国や関係機関と連携して取り組む。

### 人事データ

**■配属・異動**

採用後は，できるだけ早い時期に本庁と出先機関の両方を経験させ，職務経験を通して公務員としての基本的な職務遂行能力を修得させる。また，新規採用職員を対象に「フレッシュマントレーナー」を配置している。

異動サイクルは3年が原則。特に採用からおおむね10年目までを「キャリア形成期」として位置づけ，異なる分野の業務を経験できる人事配置を行う。この間に，希望する職員を対象に，中央省庁や民間企業，海外研修に派遣することもある。

**■昇任**

一般的な職制ラインは，主事（技師）→主任→主査（主任技師）→班長（主幹）→課長→統括監→部長。大卒の場合，おおむね入庁3年で主任，10年前後で主査級に。その後は，本人の能力や意欲，実績を重視した人材の登用を行う。

**■令和6年度試験募集職種**

[上級] 行政，心理，社会福祉，電気，機械，土木，建築，化学，農業，農業土木，農芸化学，畜産，林業，水産，病院事務，警察事務 など

# 札幌市

| インターンシップ | 募集：7月上旬 |
| --- | --- |
| | 実施：8月下旬 |

## DATA BOX

〒060-8611　札幌市中央区北1条西2丁目
☎011-211-2111（代表）
◆人口　1,965,305人（令和6年4月1日）
◆面積　1,121.26㎢（令和6年1月1日）
◆区の数　10区
◆令和6年度一般会計当初予算額　1兆2,417億円
◆1人当たり市民所得（分配）　2,703千円（令和2年度）
◆職員数（市長部局）　7,773人（令和6年4月1日）
◆市のシンボル　スズラン（花），ライラック（木），カッコウ（鳥）

URL https://www.city.sapporo.jp/

### 基本施策・長期計画

　2022年に市制100周年を迎え，次の新たな100年の礎となる今後10年間のまちづくりの計画として，「第2次札幌市まちづくり戦略ビジョン」を策定した。

　「第2次札幌市まちづくり戦略ビジョン」では，『「ひと」「ゆき」「みどり」の織りなす輝きが，豊かな暮らしと新たな価値を創る，持続可能な世界都市・さっぽろ』をめざすべき都市像として掲げている。

### 主要プロジェクト

　「第2次札幌市まちづくり戦略ビジョン」では，めざすべき都市像の実現に向けて以下の5つの分野横断プロジェクトを掲げており，「第2次札幌市まちづくり戦略ビジョン・アクションプラン2023」において，これらに関係が深い事業を関連づけることにより施策を実施していく。

　①ユニバーサル（共生）プロジェクト——障壁（バリア）を取り除くとともに，すべての人の利便性の向上に向けた取組みの推進。

　②ウェルネス（健康）プロジェクト——生涯を通じた健康づくりや社会参加の場の充実に向けた取組みの推進。

　③スマート（快適・先端）プロジェクト1——スマートシティの推進と人材育成・産業競争力の強化。

　④スマート（快適・先端）プロジェクト2——ゼロカーボンの推進と冬季の生活を維持し，雪を積極的に利活用する取組みの推進。

　⑤人口減少緩和プロジェクト——結婚や出産を望む市民の希望を実現するとともに，住み続けたくなる取組みの推進。

### イベント

　①さっぽろライラックまつり（5月中旬〜下旬）——ライラックの開花時期に大通公園，川下公園で各種行事を開催。②YOSAKOIソーラン祭り（6月上旬〜中旬）——高知県のよさこい祭りと北海道のソーラン節がミックスして生まれた祭り。③パシフィック・ミュージック・フェスティバル札幌（7月上旬〜下旬）——レナード・バーンスタインの提唱で創設された国際教育音楽祭。④サッポロ・シティ・ジャズ（7月中旬〜12月上旬）——国内最大規模のジャズフェスティバル。⑤さっぽろ夏まつり（7月下旬〜8月中旬）——「福祉協賛さっぽろ大通ビアガーデン」や「北海盆踊り」などで市民・観光客一体でにぎわう。⑥さっぽろオータムフェスト（9月上旬〜下旬）——北海道・札幌の食をメインテーマとして秋の実りを楽しむ。⑦さっぽろホワイトイルミネーション（11月下旬〜3月中旬）——大通公園などが電球で飾られたイルミネーションで輝く。⑧さっぽろ雪まつり（2月上旬〜中旬）——200万人以上の来場者数を誇る，冬の一大イベント。

### 今後の行政課題と取組み

　多様化・複雑化する市民ニーズや行政課題等を限られた経営資源の中で解決していくため，行政サービスの高度化や不断の行政改革の推進，多様な主体による連携・協働の推進，職員力と組織力の向上等に取り組んでいく。

## 人事データ

### ■配属・異動

　新規採用者は，本人の希望も参考に，本庁部門か直接市民と接する区役所等に配属され，その後は本人の適性や意向等を考慮し，さまざまな部門の職場へ異動となる。

### ■昇任

　係長→課長→部長→局長という職制で，係長職候補者試験がある。受験資格は，大卒が入庁7年半，短大卒は9年半で得られる。

### ■令和6年度試験募集職種

[大学の部] 一般事務（行政コース，福祉コース），学校事務，一般技術（土木，建築，電気，機械，衛生，造園），消防吏員
[資格・免許職] 保健師，保育士，栄養士　[社会人経験者の部] 一般事務（行政コース，福祉コース），一般技術（土木，建築，電気，機械，衛生，造園），保健師，保育士　[短大の部] 一般事務，学校事務，一般技術（土木，電気，機械），消防吏員

# 仙台市

| インターン シップ | 募集：------ 実施：------ |

## DATA BOX

〒980-8671　仙台市青葉区国分町3-7-1
☎022-261-1111（代表）
◆人口　1,092,708人（令和6年4月1日）
◆面積　786.35㎢（令和5年10月）
◆区の数　5区
◆令和6年度一般会計当初予算額　6,480億円
◆1人当たり市民所得　3,073千円（令和3年度）
◆職員数　14,915人（令和6年4月1日）
◆市のシンボル　ハギ（花），ケヤキ（木），カッコウ（鳥），スズムシ（虫）

URL https://www.city.sendai.jp/

### 基本施策・長期計画

連綿と受け継がれてきた「杜の都」のまちづくりを基盤として，世界からも選ばれるまちをめざし，まちづくりの理念に「挑戦を続ける，新たな杜の都へ～"The Greenest City" SENDAI～」を掲げ，協働によるまちづくりを積み重ね，これまで培ってきた仙台の都市個性である「環境」「共生」「学び」「活力」を見つめ直し，それぞれを深化させた都市をめざすための「仙台市基本計画」を令和3年3月に策定。

### 主要プロジェクト

①仙台・東北を舞台としたイノベーションの創出――本格稼働する次世代放射光施設「ナノテラス」や産学官連携の仕組みを活用した産業振興，「仙台スタートアップスタジオ」におけるワンストップ支援等に取り組む。②「Full Digitalの市役所」推進――書かない・待たない窓口の実現や業務のデジタルシフトによる効率化・適正化等を推進し，市民の多様なニーズに合わせた行政サービスを提供する。③ダイバーシティ推進――国籍や年齢，性別，障害の有無等にかかわらず，誰もが活躍できるまちをめざした各種環境整備等を進める。④脱炭素都市づくり等推進――「脱炭素先行地域」の取組みを加速化するとともに，企業・大学等との連携による資源循環の取組み等を推進する。⑤子育てが楽しいまち・仙台――男性育休の取得促進や母子保健の充実，仙台こども財団による職場環境づくり支援等に取り組む。

### 恒例になっているイベント

①仙台七夕まつり（8月上旬）――700年あまりの伝統を持つ行事。②定禅寺ストリートジャズフェスティバル（9月上旬）――全国のバンドがセッションを繰り広げる。③SENDAI光のページェント（12月）――定禅寺通のケヤキ並木に無数のイルミネーションが輝く。

### 市役所本庁舎の整備事業

「市民とともに，まちとともに新たな時代に向けてチャレンジする市庁舎～市民の豊かな暮らしと安心のために～」をコンセプトに，令和10年度の供用開始に向け，新本庁舎の整備事業を進めている。

（新本庁舎のイメージ図）

### 今後の行政課題

少子高齢化や人口減少が加速する中，将来にわたって都市活力を維持するためにも，社会全体で子ども・子育てを支える体制の確立や，人や投資を呼び込むことによる地域経済の活性化，ダイバーシティの視点を活かした誰もが自分らしく輝ける環境の確立など，働く，学ぶ，暮らすなどさまざまな場面で国内外から選ばれるまちづくりを進めていく。また，新たなデジタル技術も積極的に活用しながら業務プロセスの再構築を行い，効率的で利便性の高い行政サービスの提供に努めていく。

### 人事データ

**■配属**
事務系の場合，最初の配属は本庁が約5割，区役所等が約5割。区役所等は福祉関係が中心だが，本庁の場合は幅広くいろいろな部署に配属する。

**■異動**
異動サイクルは3～5年。人材育成の観点から，本庁での企画や調整業務と，区役所等での市民対応業務の両方の経験を積ませるようにしている。

**■昇任**
役職ラインは，主事・技師→主任・総括主任→主査・係長→主幹・課長→部長・参事→局次長→局長となっている。事務系，土木系，建築系，機械・電気系，衛生・化学系の場合，平成12年度から係長職昇任試験を実施している。

**■令和6年度試験募集職種**
[大学卒程度] 事務，福祉，衛生，土木，建築，機械，電気，化学，造園　[短大卒程度] 学校事務　[社会人経験者] 事務，情報，土木，建築，機械，電気　[その他] 獣医師，心理，保健師，消防士，保育士，栄養士

 さいたま市

| キャリア教育 | 募集：5月中旬 |
| プログラム | 実施：8月 |

## DATA BOX

〒330-9588　さいたま市浦和区常盤6-4-4
☎048-829-1111（代表）
◆人口　1,346,412人（令和6年4月1日）
◆面積　217.43㎢（令和6年1月1日）
◆区の数　10区
◆令和6年度一般会計当初予算額　7,120億円
◆1人当たり市民所得　3,486千円（令和2年度）
◆職員数（市長部局）　7,296人（令和6年4月1日）
◆市のシンボル　ケヤキ（木），サクラソウ（花），サクラ（花木）

さいたま市PRキャラクター

URL https://www.city.saitama.lg.jp/

### 基本施策・長期計画

　総合振興計画基本計画では，目標年次を令和12年度としており，21世紀半ばを見据えて市がめざすべき将来都市像として「上質な生活都市」と「東日本の中枢都市」を定めている。この計画に沿って，豊かな自然環境と充実した都市機能の融合や豊富なスポーツ資源などの強みを活かし，誰もが「住みやすい」「住み続けたい」と感じることができる都市の実現をめざしていく。

### 主要プロジェクト

　総合振興計画の重点戦略に沿って，①先進技術で豊かな自然と共存する環境未来都市の創造――ゼロカーボンシティ実現に向けたエネルギーの地産地消や再生可能エネルギーの導入拡大を推進。②一人一人が“健幸”を実感できるスマートウエルネスシティの創造――データを活用した保健指導や健康相談を実施。③笑顔あふれる日本一のスポーツ先進都市の創造――持続可能なスポーツ環境の提供に向けて，次世代型スポーツ施設の整備を推進。④子どもたちの未来を拓く日本一の教育都市の創造――個別最適な学びに向けた教育データ可視化システムの導入。⑤ヒト・モノ・情報を呼び込み，東日本の未来を創る対流拠点都市の創造――大宮駅グランドセントラルステーション化構想の推進。⑥子どもから高齢者まで，あらゆる世代が輝けるまちづくり――放課後児童クラブと放課後子ども教室の一体型事業のモデル実施。⑦激動する新時代に「未来技術」で躍動する地域産業づくり――中小企業の生産性・付加価値向上を通じた成長促進支援。⑧災害に強く，市民とともにつくる安全・安心なまちづくり――データを活用し，効率的に事故等の予防活動を実施。⑨環境に配慮したサステナブルで快適な暮らしの実現――シェア型マルチモビリティの社会実装。⑩絆（きずな）で支え合い，誰もが自分らしく暮らせるまちづくり――DXによる自治会活動支援策として，電子回覧板事業の拡大。

### ユニークな施設

　①大宮盆栽美術館――盆栽の聖地として名高い大宮盆栽村に近接して開館した，盆栽専門の美術館。②岩槻人形博物館――人形のまち岩槻に人形文化の拠点施設として令和2年2月22日に開館した，日本初の公立の人形専門博物館。

### ユニークな条例

　さいたま市スポーツ振興まちづくり条例――さいたま市固有のスポーツ資源を活用し，教育・文化・環境・経済・福祉・都市計画等の広範な分野との連携を図ることにより，生涯スポーツの振興および総合的なまちづくりを推進し，健康で活力ある「スポーツのまち さいたま」の実現をめざしている。

### 今後の行政課題

　今後本格的に迎える人口減少・少子高齢社会に対応し，将来にわたり持続可能な都市として発展していくため，豊かな自然環境と充実した都市機能を最大限に活かした都市づくりを進める。

### 人事データ

**■配属**
　新規採用職員のうち事務職の場合は，直接市民と接する区役所等か本庁へ配属される。技術職の場合は，職種に応じた出先機関か本庁へ配属される。

**■異動**
　異動のサイクルは3年から5年で，本人の適性・能力・自己申告などに応じて本庁と区役所等で職務を行う。

**■昇任**
　採用後，本人の勤務状況，昇任試験等により主事→主任→主査→係長→課長補佐→課長→次長→部長→局長と昇任していく。

**■令和6年度試験募集職種**
［大学卒業程度］行政事務A・B・C，福祉，学校事務，技術職（土木，建築等），消防，消防（救急救命士），心理，精神保健福祉士
［免許資格職］保健師，保育士等　［社会人経験者］行政事務，技術職（土木，建築等）　［職務経験者］福祉，心理，保育士
※詳細はhttps://www.city.saitama.lg.jp/006/001/001/001/index.html

# 千葉市

| インターンシップ | 募集：5月上旬～5月下旬 |
| --- | --- |
| | 実施：7月上旬～9月上旬 |

## DATA BOX

〒260-8722　千葉市中央区千葉港1-1

☎043-245-4894（代表）

◆人口　981,909人（令和6年4月1日）

◆面積　271.76㎢（令和6年1月1日）

◆区の数　6区

◆令和6年度一般会計当初予算額　5,094億円

◆1人当たり市民所得　3,046千円（令和2年度）

◆職員数　12,182人（令和5年4月1日）

◆市のシンボル　オオガハス（花），ケヤキ（木），コアジサシ（鳥）

千葉開府
Road to
**900**
since 1126

X（旧Twitter）もやっています!!
X.com
@ChibaCitySaiyou

URL https://www.city.chiba.jp/

### 基本施策・長期計画

　市政運営の指針である「千葉市基本構想」において，「人間尊重・市民生活優先」を基本理念とし，「人とまち　いきいきと幸せに輝く都市」を基本目標として掲げている。この基本目標等を実現し，千葉市の未来を豊かなものとするため，計画期間を令和5年度～14年度とする千葉市基本計画では，千葉市の持つ特性を改めて整理するとともに，2040年を展望した重要な社会変化を踏まえたまちづくりの方向性を示し，100年先を見据えた「千葉市ならでは」のまちづくりに取り組んでいる。

### 主要プロジェクト

　①環境・自然（脱炭素先行地域事業の促進，千葉公園の再整備，オオガハスの魅力発信，河川を活用したまちづくり）。②安全・安心（災害情報の発信強化，犯罪被害者等への支援，消防防災ヘリコプターの更新）。③健康・福祉（フレイル改善，口腔保健支援センターの設置，eスポーツの活用による高齢者の生きがいづくり，女性のこころの健康対策）。④子ども・教育（新児童相談所等の整備，男性の子育て支援，不登校対策，教職員の働き方改革）。⑤地域社会（多様な性への理解促進，千城台公民館・若葉図書館再整備，だれもが一緒に遊べる広場づくり）。⑥文化芸術・スポーツ（美術館所蔵作品のデジタル化，パラスポーツの推進，プロスポーツのホームタウン推進）。⑦都市・交通（千葉開府900年に向けた取組み，生活交通バス路線維持支援，スマートシティの推進，花見川団地の活性化）。⑧地域経済（中小企業のリスキリング促進，MICE推進〈X Games開催〉，スマート農業の推進，インバウンドの推進）。

### 今後の行政課題

　①脱炭素化の推進をはじめとしたSDGsの達成。②人口減少・少子超高齢社会への対応。③災害や感染症等リスクへの対応。④周辺都市との広域連携の推進など。

### 千葉市職員募集情報

　職員募集情報に特化したホームページを開設している。採用試験情報や説明会開催情報のほか，市長や先輩職員からのメッセージ動画や職員募集に関するQ＆Aなどを掲載している。

URL
https://www.city.chiba.jp/go/boshu

### 人事データ

**■配属**

　新規採用職員は，本人の希望や適性などを考慮し，事務職は主に市民と接する機会の多い本庁事業部門や区役所等へ，技術職や専門職はそれぞれの専門分野に関連した部署に配属される。

**■異動**

　採用後一定期間は，ジョブローテーション期間としておおむね3～4年ごとに人事異動を行い，性質の異なる業務を経験することで，職員が自らの能力や適性を見いだし，伸ばしていけるよう図っている。また，希望する業務に挑戦することができる人材公募制度がある。

**■研修**

　新規採用職員が安心して職務に取り組むことができるよう，採用後4年間を千葉市職員としての基礎を築く重点育成期間と位置づけ，集中的に研修を実施している。また，他自治体・民間企業等への派遣研修や，採用後1年間，職場の先輩職員がマンツーマンでメンター（指導担当者）となり，メンターを中心に，職場全体で新規採用職員を指導・育成するメンター制度などもある。

**■昇任**

　昇任は，勤務成績等をもとに行っている。意欲ある職員の登用を目的とした上位職への人材公募制度もある。育児等で短時間勤務をしている女性職員の登用も積極的に行っている。

**■ワーク・ライフ・マネジメント**

　すべての職員が，仕事と家庭生活のどちらかを選択するような考え方ではなく，仕事と家庭生活を共に充実させ，職員自身もさらに成長できる職場づくりを推進している。

**■令和6年度試験募集職種**

　［上級］事務（行政A，行政B，福祉，児童福祉，情報），技術（土木，建築，電気，機械，化学，造園，農業），消防士（行政，建築，電気，化学，救急救命士）〈資格免許職〉獣医師，薬剤師，保健師，心理士A，心理士B　［中級］学校事務　等

# 横浜市

キャリア教育
プログラム
（職場受入）

募集：6月上旬〜6月中旬
実施：8月上旬〜9月下旬

## DATA BOX

〒231-0005　横浜市中区本町6-50-10

☎045-671-2121（代表）

◆人口　3,767,635人（令和6年4月1日）

◆面積　438.01㎢（令和6年4月1日）

◆区の数　18区

◆令和6年度一般会計当初予算額　1兆9,156億円

◆1人当たり市民所得　3,347千円（令和3年度）

◆職員数（教職員を含む）　40,237人（令和6年4月）

◆市のシンボル　バラ（花）

URL https://www.city.yokohama.lg.jp/
city-info/saiyo-jinji/saiyo/

### 基本計画

令和4年度に横浜市の市政運営の方向性を示す「横浜市中期計画2022〜2025」を策定。計画の中で，2040年頃の横浜のありたい姿「共にめざす都市像」を「明日をひらく都市 OPEN×PIONEER 2040 YOKOHAMA」として掲げた。そして，その実現に向けて，基本戦略「子育てしたいまち 次世代を共に育むまち ヨコハマ」を掲げ，10年程度の中期的な方向性・姿勢を明確にしたうえで，9つの戦略を定めるとともに，戦略を踏まえて計画期間の4年間に重点的に取り組む38の政策を取りまとめた。さらに，政策を進めるに当たっての土台となる行政運営と財政運営の取組みや大都市制度・DXの取組みを取りまとめた。

### 恒例になっているイベント

第8回横浜トリエンナーレ（令和6年3月15日〜6月9日）——3年に一度，横浜で開催される現代アートの国際展。

### 主な文化施設

①横浜美術館。②横浜みなとみらいホール。③横浜能楽堂。④横浜にぎわい座。⑤横浜開港資料館。⑥横浜市歴史博物館。

### ユニークな組織・部署

GREEN × EXPO 2027の開催準備や機運醸成，脱炭素社会の早期実現をめざす「脱炭素・GREEN×EXPO 推進局」や，データに基づく市政運営を戦略的に進める「政策経営局」，デジタル化による市民サービスの利便性向上に向け，全庁横断的に取り組む「デジタル統括本部」，スポーツ・文化・観光MICE施策を一体的に推進する「にぎわいスポーツ文化局」がある。

その他，都市デザイン・地域交通施策（エリアモビリティ），再開発等，まちづくりを総合的・計画的に推進する都市整備局や国際都市横浜としてグローバルな課題解決に貢献するために指定都市で初めて設置された国際局，港町として港湾整備・客船誘致・港湾物流等に取り組む港湾局がある。

### 今後の行政課題

本市も，人口減少局面を迎え，生産年齢人口の減少等がさらに進むと想定される。これに伴い，社会のあらゆる分野での担い手不足による，地域コミュニティや市内経済の活力低下，市税収入の減少等の課題が見込まれ，脱炭素などの地球温暖化対策，社会のデジタル化など，今日的な課題の解決も求められる。持続可能であることはもちろん，平和や人権の尊重を市政運営の基調としながら，日本・世界をけん引する都市として挑戦をし続けることができるように，中期計画を推進する。

### 人事データ

■配属・異動

新採用職員は，市民目線の感覚を育むため，原則として入庁後早い段階で区役所や局の出先事務所など市民サービスや事業の最前線を経験できる職場に配属。その後も全職員が毎年異動に対する意向を調書に記入して上司と面談し，人材育成や能力開発等の観点から異動を実施。

■昇任

意欲や能力，実績に基づいて適正に実施。特に係長への昇任は若手職員の昇任意欲に応えるための昇任試験を実施し，責任職にふさわしい人材を登用する。早い人は29歳で係長に昇任。その後，課長補佐→課長→部長→区・局長と昇任。

■令和6年度採用試験募集職種

[大学卒程度等（春実施枠含む）] 事務，社会福祉，心理，デジタル，土木，建築，機械，電気，農業，造園，環境，衛生監視員，保健師，消防，消防（救急救命士），学校事務

※詳細は，https://www.city.yokohama.lg.jp/city-info/saiyo-jinji/saiyo/

# 川崎市

| インターンシップ | 募集：5月下旬以降 実施：8月～9月 |
|---|---|

## DATA BOX

〒210-8577　川崎市川崎区宮本町1
☎044-200-2111（代表）
◆**人口**　1,550,991人（令和6年5月1日）
◆**面積**　144.35㎢（令和5年3月31日）
◆**区の数**　7区
◆**令和6年度一般会計当初予算額**　8,712億円
◆**1人当たり市民所得**　3,531千円（令和2年度）
◆**職員数（市長事務部局）**　7,454人（令和6年5月1日）
◆**市のシンボル**　ツツジ（花），ツバキ（木）

URL https://www.city.kawasaki.jp/

### 基本施策・長期計画

「成長と成熟の調和による持続可能な最幸のまち　かわさき」をめざし，令和4年3月に「川崎市総合計画第3期実施計画」を策定。めざす都市像の実現に向けて，子育て支援や教育施策等の充実を図るなどの「安心のふるさとづくり」と，今後成長が見込まれる分野の産業振興やまちの利便性をさらに高めるなどの「力強い産業都市づくり」を進めている。

### 主要プロジェクト

基本政策1：「生命を守り生き生きと暮らすことができるまちづくり」──地域防災力向上など災害対策の推進，地域包括ケアシステムの構築に向けた取組み。

基本政策2：「子どもを安心して育てることのできるふるさとづくり」──待機児童対策など子育て環境の整備，新川崎地区の人口増加に対応した小学校新設。

基本政策3：「市民生活を豊かにする環境づくり」──「地球温暖化対策推進基本計画」に基づく脱炭素社会の実現に向けた取組みの推進，緑豊かな公園緑地の整備。

基本政策4：「活力と魅力あふれる力強い都市づくり」──魅力ある都市拠点の整備，臨海部における国際戦略拠点の形成，戦略的なシティプロモーションの推進，かわさきパラムーブメントの推進。

基本政策5：「誰もが生きがいを持てる市民自治の地域づくり」──「これからのコミュニティ施策の基本的考え方」に基づく市民創発による取組みの推進。

### 特色ある条例

川崎市自治基本条例──自治の基本理念と基本原則を確認し，市民等の役割，行政運営，区のあり方，基本原則に基づく制度等を定めることにより，市民自治確立を目的とする。

### 今後の行政課題

人口が150万人を突破し，しばらくは人口増加が見込まれる川崎市においても，今後の急速な少子高齢化と人口減少への転換は避けられない見込みである。こうした社会状況の変化を踏まえ，将来にわたる持続的な発展に向けたチャレンジを続け，SDGsの達成に向けて取り組むなど，持続可能な行財政基盤を構築しながら，自助・互助・共助・公助のバランスの取れた地域運営を進めることが必要となっている。

川崎市の気になる話題，旬な情報はこちら！
シティプロモーション公式 X
@kawasaki_pr

### 人事データ

**■配属**

新規採用者は，本庁・区役所（事業所）を問わずさまざまな部署に配属される。

**■人材育成・研修**

入庁から3年目までは，「公務員としての基礎固め」をコンセプトに，人材育成の取組みの重点取組期間と位置づけ，各研修を実施している。そのほか，階層に応じた研修や，より幅広い知識，視野，専門的能力を身につけることを目的とした，民間企業等への派遣研修を実施している。

**■異動**

30歳になるまでは能力や適性を発見するために，ほぼ3年サイクルで異動，異なる職務や職場を経験することになっている。その後は，培った能力や適性を重視した異動を行っている。

**■昇任**

職員→主任→係長→課長補佐→課長→部長→局長の順で昇任する。主任昇任については令和5年度から新しい試験制度を導入したことによって，29歳以上の人が受験でき，より意欲と実力のある人が早く昇任できるようになっている。試験内容は筆記考査，面接等からなる。

**■令和6年度試験募集職種**

[大学卒程度] 行政事務，社会福祉，心理，学校事務，土木，電気，機械，造園，建築，化学，消防士，薬剤師，獣医師，保健師
[その他] 保育士，栄養士，臨床検査技師，学校栄養職

# 相模原市

| インターン<br>シップ | 募集：6月上旬 |
|---|---|
| | 実施：8月 |

## DATA BOX

〒252-5277　相模原市中央区中央2丁目11-15

☎042-754-1111（代表）

相模原市マスコットキャラクター
さがみん

◆**人口**　723,785人（令和6年3月1日）

◆**面積**　328.91㎢

◆**区の数**　3区

◆**令和6年度一般会計当初予算額**　3,415億円

◆**1人当たり市民所得**　3,411千円（令和4年度）

◆**職員数（定数）**　7,830人（教職員含む）（令和6年4月1日）

◆**市のシンボル**　けやき（木），あじさい（花），ひばり（鳥），みどり（色）

URL https://www.city.sagamihara.kanagawa.jp/

### 基本施策・長期計画

　令和2年4月に「未来へつなぐ　さがみはらプラン〜相模原市総合計画」をスタートさせた。

　「潤いと活力に満ち 笑顔と希望があふれるまち さがみはら」を将来像として掲げ，「夢と希望を持って成長できるまち」「笑顔で健やかに暮らせるまち」「安全で安心な暮らしやすいまち」「活力と交流が新たな価値や魅力を創造するまち」「人と自然が共生するまち」「多様な主体との連携・協働により持続的に発展するまち」の6つのめざすまちの姿を定めている。

### 主な取組み

　①リニア駅周辺のまちづくり——リニア駅の設置に伴う土地利用の転換に向けた，土地区画整理事業をはじめとした基盤整備の推進。②脱炭素型まちづくり推進事業——2050年の二酸化炭素排出量実質ゼロをめざした，再生可能エネルギーの利用促進や省エネルギー活動の推進。③ホームタウンチーム等連携・支援事業——市ゆかりのスポーツチーム，トップアスリートを通じた市民の一体感や誇りの醸成。④身近な移動手段の確保——グリーンスローモビリティの実証運行などによる持続可能で利便性の高い交通サービスの確保。⑤子育て広場事業——地域の子育て広場の設置などにより，子育ての不安や子育て家庭の孤立を防ぐ。⑥子育て応援公園——子育て世代に魅力的で安全・安心に遊べる空間を提供する「子育て応援公園」の整備。⑦学生・新卒未就職者等就労支援事業——若者市内就労促進や市内企業における人材不足の解消。⑧有害鳥獣駆除等対策事業——緑区の中山間地域における農作物や生活被害の防止および対策。

### 特色ある条例

　さがみはらみんなのシビックプライド条例——まちへの「誇り」「愛着」「共感」を持ち，まちのために自らかかわっていこうとする気持ち「シビックプライド」を高めることを目的とした条例。シビックプライドの向上によって，住民どうしのコミュニケーションなどが活発になり，地域コミュニティが活性化され，住民の「住み続けたい」という気持ちを醸成する。

### 今後の行政課題

　人口減少や少子高齢化が進行する中においても将来にわたり市民が安全で安心して暮らせる社会を実現するため，少子化対策，雇用促進対策，中山間地域対策の分野を横断的に連携させて取り組むこと。また，効率的で質の高い行政サービスを継続して提供できるよう，持続可能な行財政基盤を構築すること。

### 人事データ

#### ■配属

　採用後は，本人の意向，経験等を考慮し，行政職は税，福祉，まちづくり，教育などさまざまな分野に配属され，専門職はそれぞれの専門知識・技術に関連した分野に配属される。

#### ■異動

　能力開発期（採用からおおむね10年程度）は，3〜4年を目安にさまざまな分野を経験できる人事異動（ジョブローテーション）を行う。また，専門知識や意欲のある職員を庁内から公募する「庁内公募制度」がある。

#### ■人材育成・研修

　新採用職員には，入庁から半年間，配属先の先輩職員が「職場指導員」としてマン・ツー・マンで担当業務や公務員として必要な基礎的知識等を丁寧に指導している。また，職員一人一人の成長や主体的なキャリア形成を支援するため，新採用職員研修などの階層別の研修や外部への派遣研修などを行うことで，長期的・計画的な人材育成に取り組んでいる。

#### ■昇任

　勤務成績や経験などを考慮し選考または競争試験により行われる。

#### ■令和6年度試験募集職種

[大学卒業程度] 行政，行政（就職氷河期），社会福祉，心理，土木，建築，電気，化学，学校事務，消防

[免許資格職] 保健師，獣医師，薬剤師，保育士

# 新潟市

| インターン | 募集：6月中旬〜7月上旬 |
|---|---|
| シップ | 実施：8月〜9月 |

## DATA BOX

〒951-8550　新潟市中央区学校町通一番町602-1
☎025-228-1000（代表）
◆人口　764,193人（令和6年3月31日）
◆面積　726.19㎢（令和6年1月1日）
◆区の数　8区
◆令和6年度一般会計当初予算額　4,185億円
◆1人当たり市民所得　2,882千円（令和2年度）
◆職員数（市長部局以外も含む）　10,891人（令和5年4月1日）
◆市のシンボル　チューリップ（花），柳（木），ハクチョウ（鳥）

**新潟市職員採用情報サイト**
URL https://www.city.niigata.lg.jp/saiyou/index.html

SDGs未来都市 新潟市

URL https://www.city.niigata.lg.jp/

### 基本施策・長期計画

人口減少時代においても将来世代まで心豊かに暮らし続けられる新潟市を築くため，人口減少・少子高齢化への対策とSDGs達成への貢献を念頭に「新潟市総合計画2030」（計画期間：2023〜2030年度）を策定している。

【まちづくりの理念】みんなで新潟市の強みを活かし，人口減少時代に躍進する，『活力あふれるまちづくり』『持続可能なまちづくり』を進めます。

【めざす都市像】田園の恵みを感じながら　心豊かに暮らせる日本海拠点都市

総合計画では，めざす都市像の実現に向けて分野横断的かつ重点的に推進する施策として「10の重点戦略」を掲げている。

総合計画の詳細と紹介動画はこちら

### 主要プロジェクト

総合計画で掲げた都市像の実現に向けて，令和6年度における取組みの柱として「3つの力点」を掲げている。

①【安心・安全】令和6年能登半島地震を踏まえ，被災者の速やかな生活再建を支援し，防災・減災対策を進める。また，市民生活を支える機能の維持・向上を図るため，救急業務のICT化を推進する。

②【活力・交流】都心エリア「にいがた2km」ではさらなる再開発や企業誘致を推進する。また，「佐渡島の金山」の世界遺産登録への期待が高まる中，約60年ぶりの新潟駅リニューアルの好機を活かして，みなとまち文化や豊かな食など，新潟ならではのコンテンツを活かした誘客を進める。

③【子育て・教育】産婦健康診査にかかる費用の助成など，妊娠・出産・子育てにかかる負担軽減策を拡充し，切れ目のないきめ細かな支援を行う。また，1人1台端末を活用した教育DXの推進など，子どもたちが健やかに成長し，これからの社会をたくましく生き抜く力を育む教育を推進する。

### 今後の取組みの方向性

全国の自治体と同様，新潟市も人口減少対策が重要課題であることから，「人口減少を和らげること」と「人口減少社会に適応すること」の2点に取り組んでいく。

総合計画の「10の重点戦略」を中心に各分野の政策・施策を一体的に推進し，若者が集まるまちをつくり子育ての希望をかなえることで，人口減少を和らげる。併せて人口減少は働き手の減少などさまざまな経済的・社会的影響をもたらすことから，将来想定される変化・課題を見据えて，デジタル化を推進するなど人口減少社会に適応したまちづくりを進める。

人口減少時代においても持続的に発展し躍進する新潟市を築くことで，本州日本海側唯一の政令指定都市として，そして県都として，引き続き新潟地域の発展をリードしていく。

### 人事データ

**■配属・異動**
新規採用職員のうち一般行政職は，区役所や本庁各課へ配属。技術職・免許資格職は，それぞれの専門知識や技術に関係した職場に配属。その後は本人の適性，能力，希望などに応じて，3〜5年のサイクルで異動となる。特に一般行政職では，人材育成のため若いうちに幅広い仕事を経験するよう配慮している。

**■昇任**
主事・技師→副主査→主査→係長→課長補佐→課長→部長の順に昇任する。昇任は勤務成績などを考慮して行われている。

**■令和6年度試験募集職種**
[大学卒業程度] 一般行政A・B，社会福祉，土木，土木（水道），建築，電気，電気（水道），機械，機械（水道），化学，化学（水道），農業，学芸員（美術），学芸員（歴史），心理，水道事務，消防士A・B　[高校卒業程度] 一般事務，土木，土木（水道），電気（水道），機械（水道），消防士，水道事務
[免許資格職] 薬剤師（行政），保健師，獣医師，保育士A・B
※詳細は https://www.city.niigata.lg.jp/shisei/soshiki/saiyo/shokuinsaiyo/syokuinsaiyoannai/index.html

# 静岡市

| インターン<br>シップ | 募集：6月上旬<br>実施：8月～2月 |
| --- | --- |

## DATA BOX

〒420-8602　静岡市葵区追手町5-1
☎054-254-2111（代表）
◆**人口**　675,610人（令和6年3月末）
◆**面積**　1,411.93㎢（令和6年1月1日）
◆**区の数**　3区
◆**令和6年度一般会計当初予算額**　3,534.6億円
◆**1人当たり市民所得**　3,285千円（令和2年度）
◆**職員数（市長部局）**　4,113人（令和6年4月1日）
◆**市のシンボル**　タチアオイ（花），ハナミズキ（木），カワセミ（鳥）

URL https://www.city.shizuoka.lg.jp/

### 基本施策・長期計画

静岡市は，令和5年度から8年間の市政運営の指針となる「第4次静岡市総合計画」を策定し，まちづくりの目標として「『世界に輝く静岡』の実現」を掲げている。静岡市に暮らす市民一人一人が，輝いて，自分らしい人生を謳歌できるまちであること（「市民（ひと）が輝く」）と，静岡市が擁する地域資源を磨き，輝かせ，世界から注目され，人々が集まるまちであること（「都市（まち）が輝く」）の2つの要件を兼ね備えたまちを「世界に輝く静岡」として定義し，静岡市独自の強みを活かして，一定の経済力を有しながら，経済，社会，環境が調和した，世界の中で存在感を示す都市をめざしている。

### 主要プロジェクト

静岡市がこれまで推進してきた「5大構想」（第3次静岡市総合計画）の取組みを継承し，進化させて，分野横断的かつ重点的に取り組む政策を「5大重点政策」として定め，これらを「世界に輝く静岡」を実現するための推進力（エンジン）として位置づけ，取り組んでいく。
①子どもの育ちと長寿を支えるまちの推進
②アートとスポーツがあふれるまちの推進
③城下町の歴史文化を守り抜くまちの推進
④港町の海洋文化を磨き上げるまちの推進
⑤オクシズの森林文化を育てるまちの推進

### 恒例になっているイベント

①静岡まつり（4月上旬）——大御所花見行列，市民総踊りによる「夜桜乱舞」が見どころ。

②シズオカ×カンヌウィーク（5月中旬）——カンヌ映画祭と同時期に開催される映画フェスティバル。
③清水みなと祭り（8月上旬）——「港かっぽれ総踊り」，海上花火大会などイベントが盛りだくさん。
④大道芸ワールドカップin静岡（11月上旬）——200万人の来場者が訪れる秋の一大イベント。

### ユニークな条例

静岡市めざせ茶どころ日本一条例。

### ユニークな組織・部署

まちは劇場推進課——文化・クリエイティブ活動への支援などを通じて，わくわく，ドキドキの笑顔あふれるまちにするための施策を推進する部署。

### 今後の行政課題

1　子育て支援・教育の充実と健康長寿の推進
2　地域の文化力の向上
3　地域経済の活性化
4　災害対応力の強化

### 人事データ

**■配属・異動**
新規採用者は事務職の場合，本庁か直接市民と接する区役所等のいずれかに配属。技術職は，専門技術に関連した部署に配属。採用後は，おおむね10年間で3部署を経験するように異動。
**■昇任**
主事（技師）→主任主事（主任技師）→主査→係長・副主幹→課長補佐・主幹→課長・参事→参与→局次長・部長→局長と昇任。係長・副主幹は，昇任選考に合格することで昇任。
**■令和6年度試験募集職種**
［大学卒程度］事務（創造力枠，学芸員，デジタルを含む），福祉（行政），心理，技術（土木，建築，電気，機械，化学，農業，林業），小中学校事務，消防士
［免許資格職］獣医師，薬剤師（行政），保健師，栄養士，精神，こども園調理栄養士，保育教諭

# 浜松市

| インターンシップ | 募集：6月 |
|---|---|
| | 実施：8月～9月（冬も予定） |

## DATA BOX

〒430-8652　浜松市中央区元城町103-2
☎053-457-2111（代表）
◆人口　786,792人（令和6年4月1日）
◆面積　1,558.11㎢（令和6年4月1日）
◆区の数　3区
◆令和6年度一般会計当初予算額　3,963億円
◆職員数（市長部局）　3,360人（令和6年4月1日）
◆市のシンボル　ミカン（花），マツ（木），ウグイス（鳥）

出世大名　家康くん
出世法師　直虎ちゃん
©浜松市

URL https://www.city.hamamatsu.shizuoka.jp

### 基本施策・長期計画

平成27年度にスタートした「浜松市総合計画基本構想（浜松市未来ビジョン）」では，都市の将来像に「市民協働で築く『未来へかがやく創造都市・浜松』」を掲げ，30年後の理想の姿「1ダースの未来」を描いた。30年後の理想の姿の実現に向け，バックキャスティング方式により，行政が行うべきこと，市民ができることを考え，総合的な政策を定めた第1次推進プラン（期間：平成27年度から令和6年度）を策定し，取組みを進めている。

### 主要プロジェクト

①産業経済——地域中小企業の稼ぐ力の強化，ICT企業の誘致，UIJターン就職の促進，高度外国人材の定着促進，中心市街地のにぎわい創出，戦略的な観光客誘致，カーボンクレジットの創出など。②子育て・教育——「こども家庭センター」による包括的な相談支援，子ども医療費無償化の拡大，放課後児童会の拡充，不登校児童生徒への支援，学校施設の計画的な整備など。③安全・安心・快適——災害に強い道路ネットワーク機能を強化，流域治水の取組み，AI等を活用した災害情報収集と迅速な発信，交通事故削減対策など。④環境・エネルギー——ごみの減量・資源化の推進，脱炭素のまちづくりなど。⑤健康・福祉——健康寿命の延伸，包括的支援体制の強化，プレコンセプションケアの推進，中山間地域医療体制の確保など。⑥文化・生涯学習——「音楽の都・浜松」の世界への発信，ビーチ・マリンスポーツの推進，新野球場の建設促進，道の駅設置の検討など。⑦地方自治・都市経営——次期基本計画の策定，中期財政計画の策定，デジタル・スマートシティの推進，移住・定住の促進，「浜松学」のあり方の検討など。

### 恒例になっているイベント

①姫様道中（4月第1土・日曜）——姫街道で行われる姫様行列。②浜松まつり（5/3～5）——大凧による凧揚げ合戦と御殿屋台の引き回し。③バイクのふるさと浜松（10月中旬）——バイク発祥の地での多彩なイベント。④ハママツ・ジャズ・ウィーク（10月下旬）——市内がジャズに染まる日本有数のジャズイベント。⑤浜松シティマラソン（2月中旬）——上級ランナーからビギナーまで楽しめる大会。⑥浜名湖サイクルツーリング（3月）——浜名湖を一周するツーリングイベント。⑦浜名湖花フェスタ（3～6月）——花の名所や観光に関する52施設が一体となった大型イベント。

### ユニークな組織・部署

ウエルネス推進事業本部——2020年に浜松ウエルネスプロジェクトを立ち上げて，"市民が病気を未然に予防し，いつまでも健康で幸せに暮らすことができる都市（予防・健幸都市）"を実現するため，官民が一体となり，さまざまな事業を展開している。

### 基本的な方針

人口減少局面を転換するため，あらゆる施策を総動員し，総合力で取り組むとともに，市民や地域，企業の皆さんにも存分に力を発揮していただき，オール浜松で「元気なまち・浜松」を実現していく。

### 人事データ

**■配属・異動**
おおむね採用後10年までに市民と直接接する部署を含め，3課を経験するように異動。技術・専門職は，関連領域を中心に異動。

**■昇任**
主任→区の課長補佐／副主幹・副技監→課長補佐／主幹・技監→区の課長／専門監→課長／副参事→次長／副区長／参事→部長／区長／参与。勤務成績と経験等を考慮し，能力実証主義に基づく選考により行われている。考課の過程において考課者が職員に対して行う指導・助言を重視して，人材育成の推進を図る。

**■令和6年度試験募集職種**
【第Ⅰ類行政職員】事務（行政A・B，学校事務，社会福祉士），技術（土木，建築，電気，機械，化学，造園），免許職（薬剤師，獣医師，保健師）【第Ⅰ類消防職員】消防士【第Ⅱ類行政職員】免許資格職（幼稚園教諭・保育士，看護師）【第Ⅲ類行政職員】事務（行政，学校事務）技術（土木，建築，電気，機械）【第Ⅲ類消防職員】消防士，救急救命士【第Ⅴ類行政職員】事務（行政）等

# 名古屋市

| インターン | 募集：5月下旬～6月中旬 |
|---|---|
| シップ等 | 実施：8月～12月 |

## DATA BOX

〒460-8508　名古屋市中区三の丸3-1-1
☎052-961-1111（代表）
◆人口　2,322,143人（令和6年4月1日）
◆面積　326.46㎢（令和6年4月1日）
◆区の数　16区
◆令和6年度一般会計当初予算額　1兆4,853億円
◆1人当たり市民所得　3,945千円（令和3年度）
◆職員数（市長部局）　11,753人（令和6年4月1日）
◆市のシンボル　ユリ（花），クスノキ（木）

名古屋市公式マスコットキャラクター
はち丸&かなえっち

URL https://www.city.nagoya.jp/

### 基本施策・長期計画

本市の指導理念である「名古屋市基本構想」の下，めざす都市像や取り組む施策等を明示した「名古屋市総合計画2023」を令和元年9月に策定した。

現在，次期総合計画の策定作業を進めている。

### 主要プロジェクト

名古屋市はSDGs未来都市として，経済・社会・環境が調和した持続可能で強靭な都市の構築に向けて，以下の取組みを進めている。

①スタートアップの支援——グローバル拠点都市として，グローバル展開をめざすスタートアップを支援する「GLOW TECH　NAGOYA」など，イノベーションの創出やスタートアップの育成を行っている。

②リニア開業を見据えたまちづくり——名古屋駅のスーパーターミナル化や栄地区・金山地区などの拠点性の向上，拠点間ネットワークの強化，最先端モビリティ都市の実現に向けた取組みを行っている。

③脱炭素社会の実現——燃料電池自動車・バスの導入等による水素エネルギーの利活用を進めるとともに，太陽光発電など再生可能エネルギーの導入拡大を進めている。

④DXの推進——行政手続のオンライン化や，市政の各分野の施策・事業におけるデジタル化を進めている。

### ピックアップ組織・部署

防災危機管理局危機対策課——防災訓練の企画，防災情報システムの整備，災害対策本部の運営など本市の危機管理の総括および危機発生時の対応に係る総合調整を担う組織。また，東日本大震災の被災地である岩手県陸前高田市を支援するため，職員派遣を続けているほか，令和6年能登半島地震の被災地へ避難所運営の支援などを行っている。

### 今後の行政課題

本市は，今後本格化する人口減少や少子化・高齢化の進行に伴う人口構造の変化，世界的に加速するデジタル化やグリーン化への対応など，多様化・複雑化するさまざまな課題への対応が求められている。これに対応するためには，コスト削減のみならず，民間の創意工夫やイノベーションを活かした課題解決の重要性が増しており，公民連携を推進する必要がある。また，2026年のアジア・アジアパラ競技大会の開催や，その先のリニア中央新幹線の開業という機会を活かして持続可能な成長につなげていく必要がある。

### 人事データ

#### ■配属

採用前に面談を実施し，本人の意向や適性を踏まえ，本庁や直接市民と接する機会の多い区役所等に配属される。

#### ■異動

幅広い知識や経験を得ることができるよう，数年単位でジョブローテーションを行う。また，新規事業などの実施に当たり庁内から適任者を募る「庁内公募制度」や，職員自らがやりたい業務や自身の能力をアピールし，異動成立をめざすことができる「立候補型異動希望申告制度」などを設けている。

#### ■昇任

職制は6段階（係員級→主任級→課長補佐級→課長級→部長級→局長級）に分かれている。係員級として一定年数が経過し，主任昇任選考に合格すると主任になれる。また，課長補佐昇任選考を実施しており，第1類採用試験の場合，原則係員級の6年目から受験することができ，合格後，主任級を含めた数年の待機期間を経て，課長補佐になれる。

#### ■令和6年度試験募集職種

[第1類] 事務（行政，行政〈教養型〉，行政〈プレゼン型〉，情報，社会福祉，心理），技術（土木，土木〈プレゼン型〉，建築，建築〈プレゼン型〉，機械，機械〈プレゼン型〉，電気，電気〈プレゼン型〉，応用化学，造園），研究（応用化学），学校事務，消防
[免許資格職] 衛生，獣医，保育Ⅰ，保育Ⅱ，管理栄養，司書
[職務経験者] 事務（行政，社会福祉），技術（土木，機械，建築，電気），学校事務，保育Ⅰ
【採用関係のX（旧：Twitter）アカウント】
@nagoyashi_saiyo（名古屋市人事委員会）

# 京都市

URL https://saiyou.city.kyoto.lg.jp

## 基本施策・長期計画

令和3年度から5年間の都市経営の基本となる「はばたけ未来へ！京プラン2025（京都市基本計画）」を策定。この基本計画は，「生活者を基点に参加と協働で未来を切り拓く」という都市経営の理念の下，「環境共生と脱炭素のまち」「環境と社会に貢献する産業を育てるまち」「日本の心が感じられる国際都市」「学びのまち」「支え合い自治が息づくまち」「真のワーク・ライフ・バランスを実現するまち」という6つの「京都の未来像」を実現するため，8の「重点戦略」と「行政経営の大綱」を掲げている。

## 重点戦略

①多様な文化を創造・発信する「世界の文化首都・京都戦略」。②都市環境と価値観の転換を図る「脱炭素・自然共生・循環型まちづくり戦略」。③京都ならではのはぐくみ文化が広がる「担い手成長支援戦略」。④人生100年時代に対応する「地域力・福祉力を高めて支え合うまちづくり戦略」。⑤いのちとくらしを守り，都市の活力を支える「強靭なインフラ整備戦略」。⑥歩いて楽しい持続可能な都市を構築する「土地・空間利用と都市機能配置戦略」。⑦京都の文化・知恵を活かした「社会・経済価値創造戦略」。⑧市民生活の豊かさと文化の継承・創造につなげる「観光の京都モデル構築・発信戦略」。

## 恒例になっているイベント

①京の七夕。②伝統産業の日。③京都マラソン。

## 主な文化施設

〈市立〉①京都市京セラ美術館。②動物園。③ロームシアター京都。④京都コンサートホール。⑤みやこめっせ（京都市勧業館）。⑥歴史資料館。⑦考古資料館。⑧京都国際マンガミュージアム。⑨元離宮二条城。

## ユニークな条例

①京都市清酒の普及の促進に関する条例──京都市の伝統産業である清酒による乾杯の習慣を広め，清酒の普及を通した日本文化への理解の促進に取り組む。

②しまつのこころ条例──紙ごみをはじめ，リサイクルできるものの分別の義務化や，なるべくごみを出さないライフスタイルの実践など，廃棄物のより一層の減量等に取り組む。

③2050京からCO$_2$ゼロ条例──令和32年までにCO$_2$排出量正味ゼロと生活の質の向上および持続可能な経済の発展とが同時に達成される脱炭素社会の実現をめざす。

## ユニークな組織・部署

①観光MICE推進室──観光資源の保護・整備，観光振興対策，MICEの誘致・受入れ，京の食文化の振興等。

②地球温暖化対策室──地球温暖化対策の推進。

③クリエイティブ産業振興室──伝統産業（工芸・染織）の振興，産業デザイン，コンテンツ産業振興等。

## 今後の行政課題

①人口減少にしなやかに対応する都市のレジリエンスの向上
②緩和策と適応策を両輪とした脱炭素型のまちづくり
③誰一人取り残さない多文化共生社会の実現
④持続可能な行財政の確立

## 人事データ

■配属・異動
採用後の数年間で分野の異なる職場に配属することを原則としており，その後はおおむね3～5年のサイクルで異動。本人の意欲や適性，能力などに応じた人事配置を行っている。

■昇任
大卒の場合，最短で入庁7年目から（一部の試験は25歳から）係長能力認定試験の受験が可能となり，合格すると主任に昇格。主任になると，2～3年で係長級になるのが最も早いケース。

■令和6年度試験募集職種
［上級］一般事務職（行政，福祉），一般技術職（土木，建築，電気，機械，化学，造園，畜水産〈畜産〉，農業，農林整備，環境），消防職（A・B）
［免許・資格職等］薬剤師，獣医師，保健師，保育士，心理職員

# 大阪市

インターン　募集：------
シップ　　　実施：------

## DATA BOX

〒530-8201　大阪市北区中之島1-3-20
☎06-6208-8181（代表）
◆人口　2,777,328人（令和6年4月1日　推計人口）
◆面積　225.34㎢（令和6年1月1日）
◆区の数　24区
◆令和6年度一般会計当初予算額　2兆167億円
◆1人当たり市民所得　3,736千円（令和2年度）
◆職員数　35,665人（令和6年4月1日）
◆市のシンボル　サクラ，パンジー（花）

URL https://www.city.osaka.lg.jp/

## 基本施策

　一人一人が多様な幸せ（ウェルビーイング）を実感でき，誰もが安心していつまでも住み続けたいと思う「にぎやかで活気あふれるまち大阪」の実現をめざしている。
　そのために，日本一の子育て・教育サービスや，活力ある地域社会を実現することに加え，万博の成功と府市一体による成長戦略の取組みにより，大阪の成長・発展を確たるものとするとともに，東西二極の一極として，首都機能のバックアップ等を担う「副首都・大阪」の実現をめざしている。

## 主要プロジェクト

　「市政運営の基本方針」で掲げた方向性に基づき，「にぎやかで活気あふれるまち大阪」の実現に向け，市民サービスの拡充を追求していくほか，府市一体による大阪の成長・発展に向け取り組んでいる。
　「子育て・教育の無償化」に最優先で取り組み，0～2歳児の保育無償化をめざすとともに，習い事・塾代助成にかかる所得制限を撤廃する。併せて，すべての子どもが自分の可能性を追求できるよう，安全・安心な教育を推進することに加え，ヤングケアラーの支援や児童虐待防止体制のより一層の強化，妊娠から出産，子育てまでの切れ目のない伴走型支援の取組みなど，子育て・教育環境の充実を図っている。
　また，認知症施策の推進をはじめ，ひとり暮らし高齢者や重度障がい者など，真に支援を必要とする人のための取組みを充実するほか，健康寿命の延伸など，暮らしを守る福祉等の向上や，区長の責任と権限の下，地域の実情に即した各区の特色ある施策を展開している。

　さらに，DXの推進により，便利で快適な行政サービスのスピーディーな提供に取り組む。
　次に，万博の成功に向けて，（公社）2025年日本国際博覧会協会と連携して開催準備を進めるとともに，夢洲における成長型IR（統合型リゾート）の開業に向けた取組みやスーパーシティ構想の推進，国際金融都市の実現に向けた取組み，大阪の都市魅力創造など，経済成長に向けた戦略を推進している。
　また，キタ，ミナミに，ニシ，ヒガシを加えたさまざまなエリアでの拠点形成や，関西経済をけん引するための広域的な観点に立った都市インフラの充実，AI・ビッグデータ等を活用した公共施設の機能維持・向上，大規模災害に備えた防災力の強化を進めている。

## 今後の行政課題

　2040年問題といわれる生産年齢人口の絶対的不足に伴い，今後，社会環境が急速に変化していく中で，新たな行政課題が発生することが想定される。
　そのため，「新・市政改革プラン」に基づき，「未来へつなぐ市政改革」として誰もが安心していつまでも住み続けたいと思う「にぎやかで活気あふれるまち大阪」の実現をめざし，市政改革を推進していく。

## 人事データ

**■配属・異動**
　新規採用者の配属については，大きく分けて区役所と本局となる（本局においては，局の方針によって出先機関に配属されることもある）。また，採用後10年までの期間に原則として区役所と本局の双方の職場を経験する。
**■昇任**
　新規採用者は係員→係長→課長代理→課長→部長→局長と昇任していく。昇任はすべて選考制で，係長級には大卒で早くて経験10年程度，課長代理には早くて係長経験7年程度である。
**■令和6年度試験募集職種**
［大学卒程度］事務・技術（都市建設（主に土木），建築，機械，電気・電子，情報，化学，造園），社会福祉，消防吏員など

# 堺市

| インターン シップ | 募集：5月 |
|---|---|
| | 実施：8月 |

## DATA BOX

〒590-0078　堺市堺区南瓦町3-1

☎072-233-1101（大代表）

◆人口　808,404人（令和6年4月1日現在）

◆面積　149.83㎢

◆区の数　7区

◆令和6年度一般会計当初予算額　4,675億円

◆職員数　5,454人（令和6年4月1日現在）

◆市のシンボル　ハナショウブ（花），柳（木），ツツジ（花木），モズ（鳥）

**堺市職員採用案内**
URL https://www.city.sakai.lg.jp/shisei/jinji/shokuinsaiyo/saiyoannai/index.html

**X（旧Twitter）**
@sakai_saiyo

**Instagram**
https://www.instagram.com/sakai_saiyo/

URL https://www.city.sakai.lg.jp/

## 基本施策・長期計画

本市では，2021年3月に，市政運営の大方針である「堺市基本計画2025」を策定した。10年後の2030年度を見据えながら，社会変化に的確に対応し，将来にわたって持続可能な都市経営を推進するため，今後5年間に本市として取り組むべき方向性を示している。

また，2021年2月に，「堺市SDGs未来都市計画（2021～2023）」を策定した。本市は，国連で採択された持続可能な開発目標であるSDGsの達成に向けて優れた取組みを推進する都市として，2018年6月に，国から「SDGs未来都市」に選定されている。SDGsの達成を見据えた持続可能な都市経営を推進するため，SDGsの目標年次である2030年のあるべき姿や各ゴール，ターゲットに対する主な取組みなどを示している。

## ユニークな組織・部署

①百舌鳥・古市古墳群の世界遺産の登録を受け，その保存管理や情報発信を行う「世界遺産課」。

②堺が誇る自転車の歴史文化の発信や，自転車を利用しやすい環境を推進する「サイクルシティ推進部」。

## 今後の行政運営

「堺市基本計画2025」に掲げる変化を恐れず，挑戦・創造し続ける本市の都市像「未来を創るイノベーティブ都市」に基づき，以下の重点戦略を推進する。

### ・堺の特色ある歴史文化〜 Legacy 〜

堺の類稀な歴史文化資源に磨きをかけ，後世にその価値を引き継ぎ，歴史や文化芸術，国際交流を通じて，都市のブランド力の向上を図り，新たな誘客や交流を生み出す。

### ・人生100年時代の健康・福祉〜 Well-being 〜

すべての人がいくつになっても，心身ともに健康で，輝きながら暮らし続け，充実した生活を送ることができるよう，健康・福祉の充実を図る。

### ・将来に希望が持てる子育て・教育〜 Children's future 〜

子どもの「今」が大切にされ，将来に希望を持って健やかに育ち，未来にはばたけるよう，子どもを安心して生み育て，より良い教育を受けられる環境をつくる。

### ・人や企業を惹きつける都市魅力〜 Attractive 〜

人や企業を惹きつける魅力を創出し，イノベーションを次々と生み出すことで，持続的で発展的な地域の活性化につなげる。

### ・強くしなやかな都市基盤〜 Resilient 〜

安全・安心な市民生活や社会経済活動の基盤として，犯罪のない，防災・減災力の高い強靱な都市や世界に発信できる環境先進都市を実現する。

## 人事データ

### ■配属

新規採用者については，本人の希望・特性等を考慮したうえで，市民生活に直結した業務はもとより，多様なキャリア形成を図ることができるよう，幅広い分野に配属する。

### ■異動

新規採用者については，人材育成の観点からも，一部の専門職を除き管理部門，窓口部門，事業部門などの職務を経験するジョブローテーションを念頭に人事異動を行う。

### ■昇任

職制ラインは係員→係長級→課長補佐級→課長級→部長級→局長級となっている。昇任は勤務成績などを考慮した能力主義に基づき行う。また，係長級への昇任については，年齢27歳以上かつ在職2年以上の職員を対象として昇任試験を実施している（対象外の職種あり）。

### ■令和6年度試験募集職種

[大学卒程度] 事務，土木（農学・造園を含む），建築，機械，電気，化学，消防吏員，消防吏員（航海・機関）[その他] 社会福祉，心理，保健師，保育教諭，学芸員〈考古学〉，学芸員〈歴史〉，建築（建築史），薬剤師，獣医師，司書，精神保健福祉士，管理栄養士，障害者対象選考（事務，学校事務），学校事務（一般）[社会人Ⅰ] 事務，土木（農学・造園を含む），建築，設備 [社会人Ⅱ] 事務，土木（農学・造園を含む），建築，設備 [社会人] 社会福祉

 # 神戸市

| インターンシップ | 募集：6月中 |
|---|---|
| | 実施：8月中の5日間 |

## DATA BOX

〒650-8570　神戸市中央区加納町6-5-1
☎0570-083330（神戸市総合コールセンター）
◆人口　1,492,953人（令和6年4月1日）
◆面積　557.05㎢（令和5年4月1日）
◆区の数　9区
◆令和6年度一般会計当初予算額　9,056億円
◆職員数（市長部局）　9,130人（令和5年4月1日）
◆市のシンボル　アジサイ（花），サザンカ（木）

URL https://saiyou.city.kobe.lg.jp/

### 基本施策・長期計画

「市民のくらしと安全を守る」「人間らしい温かい街を創る」「持続可能な神戸を創る」「活気と魅力あふれる神戸を創る」「新しい国際都市神戸を創る」「DXの活用による参画を進める」の6つの重点施策を柱に掲げ，積極果敢に展開していく。

### 主要プロジェクト

○バランスの取れたまちづくり（都心・三宮再整備，郊外拠点駅のリノベーション）。○SDGs貢献都市　神戸（街の再生，都市と農村との交流，持続可能な地域循環型社会の実現）。○もっと子育てしやすい街へ（子どもの成長に応じた切れ目のない支援，教育の充実）。○新しい国際都市　神戸を創る（神戸空港の国際化，ウォーターフロントの再整備）。

### 恒例になっているイベント

①神戸まつり（5月）。②神戸ルミナリエ（12月）。③神戸マラソン（11月）。④神戸ジャズストリート（10月）。

### 主な文化施設

①市立博物館・神戸海洋博物館。②青少年科学館・水の科学博物館。③神戸ファッション美術館・小磯記念美術館・神戸ゆかりの美術館・神戸文学館。④王子動物園・神戸須磨シーワールド・須磨離宮公園。⑤こども本の森 神戸。

### ユニークな条例

①神戸市民のくらしをまもる条例。②神戸市民の福祉をまもる条例。③神戸市都市景観条例。④協働・参画3条例。⑤神戸市認知症の人にやさしいまちづくり条例。⑥神戸市いのししからの危害の防止に関する条例。⑦市情報通信技術を活用した行政の推進等に関する条例。

### ユニークな組織・部署

①地域協働局──地域活動の新たな担い手の発掘・育成を含む，多様な主体の参画・連携を深化させる。②新産業創造課──起業・創業および新産業の創出・支援（スタートアップ関連施策）。③SDGs推進課──SDGsに立脚した新たな政策の企画・立案・実施。

### 今後の行政課題

東京一極集中や地域社会の希薄化，物価高騰や自然災害の増加など，多くの政策課題に直面している。本市は，SDGs（持続可能性）の視点に基づく施策の展開，果敢な成長戦略による持続可能な自治体経営，国際都市としてさらなる高みへ「海と山が育むグローバル貢献都市」の実現を確かなものにしていく。

## 人事データ

### ■配属・異動

在籍3～5年を人事異動サイクルの基本として，出先・区役所─本庁間の人事異動を積極的に行っている。おおむね採用10年目以内に出先機関・区役所および本庁などでさまざまな職務を経験できるようにする。

### ■昇任

職制ラインは係員→係長→課長→部長→局長となっている。係長への昇任の時期は，最短で大学卒で採用後9年目（大学院卒は7年目），高専・短大卒で12年目である。社会人区分の採用者は，職務経験年数に応じ，昇任時期が早くなる場合がある。

### ■令和6年度試験募集職種

［大学卒【基礎的能力・専門試験方式】］
総合事務，交通事務，消防（総合・自然科学）

［大学卒【適性検査方式】］
総合事務，福祉，土木，総合設備（電気・機械），農業，造園/森林，総合科学（化学・生物・環境・獣医・畜産・水産・生命科学・薬学），水道技術（土木・電気・機械），交通技術（電気・機械）

［大学卒通年枠A～C］
総合事務，福祉，土木，建築，総合設備（電気・機械），農業，造園/森林，総合科学（化学・生物・環境・獣医・畜産・水産・生命科学・薬学）

［デザイン・クリエイティブ枠］総合事務

［高専・短大卒］総合事務，土木，建築，総合設備（電気・機械），水道技術（土木・電気・機械）

［その他］保健師，心理判定員，児童自立専門員，学芸員等

# 岡山市

| インターンシップ | 募集：6月初旬〜中旬 実施：8月〜9月 |
|---|---|

## DATA BOX

〒700-8544　岡山市北区大供1-1-1

☎086-803-1000（代表）

◆人口　696,280人（令和6年3月31日現在）

◆面積　789.95㎢（令和6年3月31日現在）

◆区の数　4区

◆令和6年度一般会計当初予算額　3,856億円

◆1人当たり市民所得　3,090千円（令和2年度）

◆職員数（市長部局）　3,597人（令和6年4月1日）

◆市のシンボル　キク（花），クロガネモチ（木），サルスベリ（花木），タンチョウ（鳥）

URL https://www.city.okayama.jp/

### 基本施策

　岡山市は，多様で豊かな自然に恵まれ，交通の結節点に位置しており，医療・福祉・教育等の分野をはじめとした都市機能の集積など，高いポテンシャルを有している。こうした特性を活かし，住みやすさに一層の磨きをかけるとともに，圏域の発展をけん引する政令指定都市として，新たな都市の魅力の創造・発信など，活力と躍動感あふれる都市づくりを進め，「未来へ躍動する　桃太郎のまち岡山」の実現をめざす。

### 主要プロジェクト

◆中四国をリードし，活力と創造性あふれる「経済・交流都市」
- 歩いて楽しいまちなかの回遊性向上とにぎわいづくり。
- 「歴史を伝える城，集う城」岡山城活用事業，歴史遺産等を活用した観光誘客事業。
- 岡山駅前広場への路面電車乗り入れ整備事業，路面電車のネットワーク化。
- 路線バスの維持・拡充。
- 中小企業支援，スタートアップ支援，企業立地推進。
- 地域の未来づくり推進事業。

◆誰もがあこがれる充実の「子育て・教育都市」
- 放課後児童健全育成事業，子育て環境の施設整備推進事業，保育士確保対策。
- 子ども医療費助成事業。
- GIGAスクール構想におけるICT活用事業。

◆全国に誇る，傑出した安心を築く「健康福祉・環境都市」
- アプリを活用した健康的な生活習慣推進事業。
- 下水道・河川等による浸水対策事業。
- 地球温暖化対策（プラスチック資源の分別回収・リサイ

ル，食品ロス削減推進事業など）。

◆都市経営
- DXの推進（行政サービス，産業・教育・防災等への活用）。

### 恒例になっているイベント

　①西大寺会陽（2月第3土曜日）。②岡山さくらカーニバル（3月下旬〜4月上旬）。③おかやま桃太郎まつり（夏：8月，秋：10月上旬，冬：12月頃）。④岡山城・烏城灯源郷／岡山後楽園・幻想庭園（春：4月下旬〜5月上旬，夏：8/1〜8/31，秋：11月中旬〜下旬）。⑤おかやまアーツフェスティバル（9月〜11月）。

### ユニークな組織・部署

　①SDGs・ESD推進課——SDGsの達成に向けた取組みおよびESD活動を推進することで持続可能なまちづくりを実現。②創業支援・雇用推進課——スタートアップに関する各種企画，創業支援の推進による地域経済の活性化。

### 今後の行政課題

・人口減少問題と少子高齢化への対応。

・地域社会のDX，市民サービスの向上，行政事務の効率化。

・子育て・教育ニーズの拡大，若者や女性など市民の力の発揮。

・安全・安心に対する市民意識の高まり。

・岡山市らしさの発揮と発信。

### 人事データ

**■配属・異動**

　新規採用者は，事務職の場合，基本的には直接市民と接する機会の多い税務，福祉部門等に配属され，技術職の場合，区役所などの土木，建築などの現場に配属され，実務を身につける。若手職員の異動は，原則として3〜4年を目安に行っている。また，職員意向調査により本人の希望を勘案しながら，本庁と出先，管理部門と事業部門との交流を行い，さまざまな仕事を経験していくことになる。

**■昇任**

　主事級→主任級→副主査級→係長級→課長補佐級→課長級→部長級→局長級の順に勤務成績等により昇任する。主任級への昇任の目安は30代前半くらい。

**■令和6年度試験募集職種**

[大学卒業程度] 事務特別枠，事務一般枠A，事務一般枠B，デジタル，社会福祉，土木・農業土木・造園，建築，機械，電気，化学，農芸化学・水産・畜産，消防士　[短大・高校卒業程度] 事務，土木，建築，機械，電気，消防士　[免許資格職など] 獣医師，心理判定員，精神保健福祉士，保健師，管理栄養士，保育幼児教育，理学療法士，学校事務

# 広島市

| インターン<br>シップ | 募集：6月上旬～6月中旬 |
|---|---|
| | 実施：原則8月～9月 |

### DATA BOX

〒730-8586　広島市中区国泰寺町1-6-34
☎082-245-2111（代表）
◆人口　1,175,327人（令和6年3月31日）
◆面積　906.69㎢（令和5年10月1日）
◆区の数　8区
◆令和6年度一般会計当初予算額　6,846億円
◆1人当たり市民所得　3,151千円（令和2年度）
◆職員数（市長部局）　6,371人（令和6年4月1日）
◆市のシンボル　キョウチクトウ（花），クスノキ（木）

**広島市職員採用情報サイト**
URL https://www.city.hiroshima.lg.jp/site/employment/

## URL https://www.city.hiroshima.lg.jp/

### 基本施策

　広島市は，人類史上最初の被爆都市を「恒久の平和を誠実に実現しようとする理想の象徴」である「平和記念都市」として建設することを目的とした広島平和記念都市建設法（昭和24年（1949年）制定）をもとにまちづくりを進めており，昭和45年（1970年）からは，最高目標となるめざすべき都市像に「国際平和文化都市」を一貫して掲げている。

　「国際平和文化都市」とは，すべての市民が多様性を尊重するとともに，ともに助け合いながら生き生きと暮らし，誰もが豊かな文化環境の下で平和への思いを共有し，人間らしい生活を送ることのできる都市のことであり，この実現に向けて，「世界に輝く平和のまち」「国際的に開かれた活力あるまち」「文化が息づき豊かな人間性を育むまち」の3つの柱のもとに，各種施策に取り組んでいる。

### 主要プロジェクト

　紙屋町・八丁堀地区の活性化，中央公園全体のリニューアル，広島駅南口広場の再整備，アストラムラインの延伸，持続可能な地域公共交通ネットワークの再構築，商工センター地区の活性化の推進，広島城の魅力向上，地域コミュニティの活性化の推進，中山間地・島しょ部の振興，高齢者いきいき活動ポイント事業の推進，平和首長会議の加盟都市拡大，平和教育の推進，平和文化の振興など。

### 今後の行政運営

　今後の行政運営に当たっては，現下の人口減少，少子化・高齢化に伴い発生することが予想されるさまざまな課題に打ち勝ち，地域社会が元気であり続けるための新たな枠組みを構築していくことが重要となっている。

　このため，近隣市町を含めた圏域経済の活性化と圏域内人口200万人超の維持をめざす「200万人広島都市圏構想」を掲げ，地域資源を活用して圏域経済の循環を促進することや，本市が持つ高次都市機能を圏域で共有すること等により，圏域全体の持続的な発展に向けた取組みを進めていく。

　また，まちの持続的な発展のためには，地域コミュニティの活性化が欠かせない。「自分たちのまちは自分たちで創り，守る」という考え方の下，主体的にまちづくりを進める地域コミュニティを行政が支えていくことが重要である。

　こうしたまちづくりを，広く対話を重ね，ビジョンを策定し，実行する「対話・ビジョン・実行」の姿勢で進めていく。

　さらに，「全体最適」を追求するという発想に立って，ヒト・モノ・カネ・情報といった限られた経営資源を有効活用しながら，より質の高い行政サービスを提供していく。

### 恒例になっているイベント

　①ひろしまフラワーフェスティバル（5/3～5）——広島と世界を結ぶ花まつりとして昭和52（1977）年から開催されている。パレード，音楽会等種々の催物が盛大に繰り広げられる。②ひろしまドリミネーション（11/17～1/3）——「おとぎの国」をテーマに冬のにぎわいを創出するため，平成14(2002)年から開催。

### 人事データ

**■配属・異動**
　新規採用者は，本人の適性や意向を踏まえて配属。事務職では，最初の配属で6割程度が区役所で福祉や税務などの業務を担っており，おおむね2～3年後に本庁もしくは区役所のほかの課に異動し，入庁10年の間に双方を経験する。人事異動のローテーションはおおむね3～5年で，毎年，職務や勤務地などの希望等の意向を調査している。また，一定年齢以上になれば，特定分野の専門性が高いスペシャリストをめざすキャリアコースを選択することができる。

**■昇任**
　職制ラインは，係長（主査，主任技師）→ 課長補佐（主幹，専門員）→ 課長（担当課長）→ 部長（担当部長）→ 局長（担当局長）。昇任試験はなく，すべて選考方式による。

**■令和6年度試験募集職種**
　[Ⅰ種] 行政事務（SPI枠／一般枠），社会福祉，心理，土木，建築，電気，機械，化学，農芸化学，造園，農林業，水産，薬剤師，獣医師，保健師，消防，保育士など

#  北九州市

| インターンシップ | 募集：5月～6月上旬 |
|---|---|
| | 実施：7月下旬～年度末 |

## DATA BOX

〒803-8501　北九州市小倉北区城内1-1
☎093-582-2203（人事課）
◆**人口**　916,241人（令和5年10月1日）
◆**面積**　492.50㎢（令和5年10月1日）
◆**区の数**　7区
◆**令和6年度一般会計当初予算額（案）**　6,279億円
◆**1人当たり市民所得**　2,575千円（令和2年度）
◆**職員数**　7,106人（令和6年4月1日）
◆**市のシンボル**　ヒマワリ，ツツジ（花），イチイガシ（木）

URL https://city-kitakyushu-saiyo.jp/

### 基本施策・長期計画

令和6年3月，北九州市では，これからの北九州市の進むべき方向性を示した新たなビジョンを策定した。北九州市は，これまでに直面してきた公害などの社会課題を，人と人との「つながり」や「情熱」，ものづくりの「技術」といった都市の特性（DNA）によって克服し，日本や世界に先駆けて，環境保全と経済発展の両立を図るなどの「一歩先の価値観」を体現してきた。こうした北九州市のこれまでの歩みなどから，新たなビジョンではめざす都市像を「つながりと情熱と技術で『一歩先の価値観』を体現するグローバル挑戦都市・北九州市」とした。

この新たなビジョンのもと，誰もが，自分の「一歩先の価値観」を体現でき，自信や誇り，居場所を持ち，自分らしく力を発揮して輝くことができるまちを実現していく。

### 重点施策・主な事業

①空港の機能を最大限活かす——エアポートバスの増便などによる空港アクセス強化，国内貨物定期便の集貨支援などによる次世代物流の構築や空港機能強化に向けた事業を実施。②若者・子どもを応援する——若者のチャレンジなどに基づくプロジェクトへの支援，第2子以降の保育料無償化，子どもの預かりや送迎体制の強化，学校給食の魅力向上などに向けた事業を実施。③企業の付加価値向上を支援する——ロボット・DX推進センターを中心とした新ビジネス創出などに向けた支援強化や市内スタートアップの成長加速化を支援するプログラムの創出などの事業を実施。④街ににぎわいと楽しさを生む——エンターテインメントを活用したプロモーションや，新たな観光コンテンツの磨き上げによる国内外から

の観光客の誘致促進，ナイトタイムエコノミーの創出などの事業を実施。⑤街の老朽化等へ対応する——市有建築物における老朽化対策や，商店街等における火災防止と安心して買い物できるまちづくりの支援事業を実施。

### 今後予定されているイベント

①令和6年6月「バレーボールネーションズリーグ2024」。
②令和6年11月「WTT FINALS FUKUOKA 2024」など。

### ユニークな組織・部署

○北九州フィルム・コミッション——市のイメージアップを目的に，映画やドラマの撮影（ロケ）の誘致，支援を行う。支援を行った作品は500本以上に及び，「映画の街・北九州」の発信に取り組んでいる。

### 今後の行政課題

北九州市は，少子高齢化や20代をはじめとする若い世代の市外転出の影響などから，人口減少が続いている。北九州市を明るく，勢いのあるまちにするためには，この人口の流出を食い止めることが喫緊かつ大きな課題である。

この課題の解決に向けて，官と民が一体となったチームによる行財政改革や，トップセールスにより企業や投資を呼び込んでいくなど，市民の皆さんと未来志向の対話を通じて，「挑戦する市政」をめざしていく。

## 人事データ

■**配属・異動**
おおむね3～5年のサイクルで人事異動を行う。新規採用職員は入職10年程度の間に本庁や区役所等でさまざまな業務に従事し，市職員に必要な基本的能力を養う。

■**昇任（上級行政職の場合）**
係員→主任→主査→係長→課長→部長→局長の順に，能力・勤務実績に応じて昇任。主査・係長への昇任については昇任試験を実施し，主査・係長ともに最短で28歳で昇任可能。職員が高いモチベーションを持って上位のポストにチャレンジできる仕組みとなっている。

■**令和6年度試験募集職種**
[上級]【先行枠】行政，土木，【通常枠】行政，デジタル，社会福祉，心理，土木，建築，電気，機械，農学，環境，衛生，消防士，【秋季枠】行政，土木
[その他]獣医師，保健師，保育士，学校事務職員

# 福岡市

| インターン<br>シップ | 募集：5月～6月 |
|---|---|
| | 実施：8月～9月, 2月～3月 |

### DATA BOX

〒810-8620　福岡市中央区天神1-8-1
☎092-711-4111（代表）
◆人口　1,645,863人（令和6年4月1日現在 推計人口）
◆面積　343.47㎢（令和6年4月1日）
◆区の数　7区
◆令和6年度一般会計当初予算額　1兆825億円
◆1人当たり市民所得　2,985千円（令和2年度）
◆職員数　17,057人（令和6年5月1日）
◆市のシンボル　サザンカ, フヨウ（花）, クスノキ, クロガネモチ（木）,
　　　　　　　　ホオジロ, ユリカモメ（鳥）

福岡市職員採用案内
URL https://www.
city.fukuoka.lg.jp/
jinji-iinkai/ninyo/
shisei/saiyou.html

### 基本施策・長期計画

平成24年12月に策定した第9次福岡市基本計画では, 基本構想に掲げる都市像の実現に向けた都市経営の基本戦略として, ①「生活の質の向上と都市の成長の好循環を創り出す」, ②「福岡都市圏全体として発展し, 広域的な役割を担う」の2つを掲げている。現基本計画の期間は平成25年度から令和6年度まで。令和7年度からは新たな基本計画（第10次）の運用を開始予定。

### 主要プロジェクト

①見守り, 支え合う, 共創の地域づくり。
②次代を担う子ども, グローバル人材の育成。
③都市活力を生み出す観光・MICE, 都心部機能強化の推進。
④新しい価値の創造にチャレンジするスタートアップ都市づくり。

### 恒例になっているイベント

①博多どんたく港まつり。②博多祇園山笠。③アジアンパーティ（The Creators・福岡アジア文化賞など）。④福岡マラソン。

### 主な文化施設

①福岡市美術館。②福岡アジア美術館。③福岡市博物館。④福岡市総合図書館。⑤海洋生態科学館マリンワールド海の中道。⑥みずほPayPayドーム福岡。⑦福岡市民会館。⑧博多座。⑨鴻臚館跡展示館。⑩福岡市赤煉瓦文化館。⑪福岡市動植物園。⑫福岡市科学館。

### ユニークな組織・部署

福祉局ユマニチュード推進課——福岡市は, 認知症になっても, 住み慣れた地域で安心して自分らしく暮らせるまち「認知症フレンドリーシティ」をめざしており, 優しさを伝えるケア技法である「ユマニチュード」の普及に取り組んでいる。ユマニチュードの市民認知度のさらなる向上をめざし, さまざまな媒体を活用した広報を展開するとともに, 日本ユマニチュード学会・福岡総会を共催するなど, 福岡市独自の取組みを国内外へ発信する。

### 今後の行政課題

市民一人一人が, それぞれの幸せを感じることができる社会を実現していくために, 多様な価値観や社会の変化をしなやかに市政に取り入れ, スピード感をもってチャレンジしていく。

### 人事データ

■配属
市民との接触の多い部署をまず経験させるのが基本方針で, 区役所等に多く配属している。

■異動
採用後おおむね10年間で区役所や本庁等異なった職場を3か所以上経験させる方針。その後は3～5年で異動するのが一般的。また, 国や自治体のほか, 海外への派遣も実施している。

■昇任
1級→2級→主任→総括主任→係長→課長→部長→局長が職制ライン。昇任は選考で行われ, 26歳で主任, 30歳で総括主任, 32歳で係長というのが, 現時点では最も早いケースとなっている。

■令和6年度試験募集職種（予定含む）
［上級］行政事務（行政〈一般〉, 行政〈特別枠〉, 福祉, 心理）, 行政技術（土木, 建築, 電気, 機械, 造園, 衛生管理 等）
［中級］行政事務, 学校事務
［その他］消防吏員, 獣医師, 保健師, 保育士, 運輸業務従事者（地下鉄職員）

 熊本市

| インターン シップ | 募集：未定 実施：未定 |
|---|---|

### DATA BOX

〒860-8601　熊本市中央区手取本町1-1
☎096-328-2111（代表）
◆人口　735,675人（令和6年4月1日現在推計人口）（熊本市統計情報）
◆面積　390.32km²
◆区の数　5区
◆令和6年度一般会計当初予算額　4,014億円
◆1人当たり市民所得　2,980千円（令和3年度）
◆職員数　6,400人（令和6年4月1日）
◆市のシンボル　イチョウ（木），肥後ツバキ（花），シジュウカラ（鳥）

熊本市イメージ
キャラクター
「ひごまる」

URL https://www.city.kumamoto.jp/

### 基本施策・長期計画

市政運営の基本指針である「熊本市第8次総合計画」に基づき，「市民」と「地域」，そして「行政」が，それぞれが果たすべき責任や役割を担いつつ，互いに支え合う成熟した地域社会を基盤としたまちづくりに取り組むことで，市民が住み続けたい，だれもが住んでみたくなる，訪れたくなるまち，「上質な生活都市」の実現をめざす。

### 主要プロジェクト

めざすまちの姿「上質な生活都市」を実現するために必要な取組みを分野横断的な8つの「ビジョン」として体系化し，取組みを進めている。

ビジョン1　こどもが輝き，若者が希望を抱くまち
ビジョン2　市民に愛され，世界に選ばれる，持続的な発展を実現するまち
ビジョン3　市民生活を守る強くしなやかなまち
ビジョン4　だれもが自分らしくいきいきと生活できるまち
ビジョン5　豊かな環境を未来につなぐまち
ビジョン6　すべての市民がより良い暮らしを営むまち
ビジョン7　安全で良好な都市基盤が整備されたまち
ビジョン8　市民に信頼される市役所

### 恒例になっているイベント

①火の国まつり（8月上旬）――夏の風物詩。「おてもやん総おどり」では，代表的な民謡「おてもやん」や軽快なリズムの「サンバおてもやん」に合わせて中心市街地を踊り歩く。
②江津湖花火大会（8月下旬）――市民の憩いの場である江津湖を舞台に，約1万発の花火が夜空と湖面を彩る。会場周辺は多くの露店でにぎわう。
③熊本城マラソン（2月中旬）――県内外約1万4千人のランナーが集う一大スポーツイベント。中心市街地や豊かな自然，歴史的な街並みを駆け抜ける。

### 今後の行政課題

全国的な傾向と同様，人口減少が進行しており，これに伴う人口構造の変化によるさまざまな経済的・社会的影響が想定されている。このため，人口減少への対応を最重要課題として位置づけ，多方面からさまざまな対策を講じていく。

### 人事データ

**■配属・異動**

事務職の新規採用者は，市民サービスの第一線に比較的多く配属され，新卒者の場合30代半ばまでにおおむね4〜5部門経験する。技術職等は各専門技術を活かす部門に配属され，おおむね3部門を経験する。また，自己申告等を勘案し，本庁・出先，管理部門・事業部門へ配置換えを行い，若いうちに多様な職場を経験させている。

**■昇任**

事務職では，主事→主任主事→主査級→主幹級→課長級→部長級→局長級となる。主査級・課長級へは，昇任試験（看護師など一部職種は試験対象外）を実施し，早い人は32歳で主査級に昇進できる。

**■令和6年度試験募集職種**

［大学卒業程度］事務職，学校事務職，社会福祉職，心理相談員，技術職（土木，建築，機械，電気，化学，農業，造園），保健師，文化財専門職，消防職，獣医師，薬剤師，助産師，学芸員（天文学）［短期大学卒業程度］保育士，看護師，理学療法士，給食栄養士　［社会人経験者等対象］事務職，事務職（情報），技術職（土木，機械，電気，建築），動物専門職，文化財専門職

# 特別区

〔特別区位置図〕

## ▶特別区とは
東京都にある23の特別区は，都区制度改革により平成12年4月から「基礎的な地方公共団体」となった，市町村と同レベルの地方自治体である。

## ▶特別区の職員の採用は
職員の採用については，特別区人事委員会（〒102-0072　千代田区飯田橋3-5-1　☎03-5210-9787）が一括して実施している。受験者は，申込時に第三希望までを選ぶことができる（ただし，江戸川区は同区希望者のみを採用している）。合格すると採用候補者名簿に高点順に登録され，区は，独自に面接，身体検査等を行い，採用予定者を決定する。

## ▶配属・異動・昇任
配属先は採用になった区内であり，原則的に転居を伴うような異動はない。昇任については，共通の職制ラインをとっており，係員→主任→係長級→課長補佐級。主任への昇任については昇任選考があり，Ⅰ類採用の場合，早い人は入庁5年目に受験することができる。

---

# 千代田区

インターンシップ
募集：==========
実施：==========

## DATA BOX
〒102-8688 千代田区九段南1-2-1 ☎03-3264-2111
◆人口　68,856人（令和6年4月1日現在）
◆面積　11.66km²
◆令和6年度予算　695億円
◆職員数　1,238人（うち女性は612人）
◆区の木，花，鳥　まつ，さくら，はくちょう

URL https://www.city.chiyoda.lg.jp/

### 基本施策・長期計画
令和5年3月に「千代田区第4次基本構想」を策定。「伝統と未来が調和し，躍進するまち～彩りあふれる，希望の都心～」をめざすべき将来像とし，多彩な魅力あふれるまち，千代田区に住み，働き，学び，集うすべての人々が活躍し，住み続けられるまちの実現に向けた施策を展開している。

### 主要プロジェクト
○都心の資源を活用した子育て・教育環境の充実。○ライフステージに応じた子育て支援。○スタートアップ企業をはじめとする産業コミュニティ形成。○デジタル技術を活用した災害時の帰宅困難者対策。

### 恒例になっているイベント
○さくらまつり（3～4月）。○岩本町・東神田ファミリーバザール（5～6月）。○神田祭（隔年5月）。○山王祭（隔年6月）。○みたままつり（7月）。○神田カレーグランプリ（11月）。○ちよだ猫まつり（2月）。

### 採用動向・配属先
令和6年4月のⅠ類採用は，事務40人，福祉1人，心理1人，土木2人，建築3人，電気1人，衛生監視2人。配属先は特に限定せず，本人の希望や適性などを考慮して決定する。

---

# 中央区

インターンシップ
募集：==========
実施：==========

## DATA BOX
〒104-8404 中央区築地1-1-1 ☎03-3543-0211
◆人口　181,845人（令和6年4月1日現在）
◆面積　10.12km²
◆令和6年度予算　1,615億円
◆職員数　1,711人（うち女性は972人）
◆区の木，花　ヤナギ，ツツジ（サツキを含む）

URL https://www.city.chuo.lg.jp/

「中央区採用情報サイト」
https://www.city.chuo.lg.jp/saiyo/index.html

### 基本施策・長期計画
「輝く未来へ橋をかける――人が集まる粋なまち」の実現に向け，人口増加に伴う行政需要への対応を進め，住み・働き・集うすべての人々が幸せを実感し誇りを持てる都心「中央区」をつくる。

### 主要プロジェクト
○災害に強く安全・安心なまちづくり。○地域コミュニティの活性化。○経済の活気とにぎわい向上の取組み。○子どもの健やかな成長と豊かな学びあふれるまちづくり。○脱炭素社会の実現をめざす取組み。

### 主な文化施設
①歌舞伎座。②明治座。③新橋演舞場。④浜離宮恩賜庭園。⑤名橋「日本橋」。⑥観世能楽堂。⑦アーティゾン美術館。

### 恒例になっているイベント
①大江戸まつり盆おどり大会（8月）。②中央区観光商業まつり（10～11月）。③区民スポーツの日（10月）。④子どもフェスティバル（10月）。⑤中央区まるごとミュージアム（11月）。⑥中央区雪まつり（2月）。

### 採用動向・配属先
Ⅰ類事務の令和6年4月採用は41人。配属先は特に限定していない。

港 区

インターンシップ
募集：6月頃
実施：8月〜9月

## DATA BOX

〒105-8511 港区芝公園1-5-25 ☎03-3578-2111
◆人口　267,250人（令和6年4月1日現在）
◆面積　20.37km²
◆令和6年度一般会計予算　1,845億9,000万円
◆職員数　2,296人（うち女性は1,241人）
◆区の木，花　ハナミズキ，バラ，アジサイ

URL https://www.city.
minato.tokyo.jp/

### 基本施策・長期計画

基本構想で掲げた「やすらぎある世界都心・MINATO」の実現をめざし，分野別計画「かがやくまち」「にぎわうまち」「はぐくむまち」の推進を図る。「区民本位」の区政運営を推進し，「誰もが住みやすく，地域に愛着と誇りを持てるまち・港区」の実現に取り組んでいる。

### 主要プロジェクト

○働き盛り世代の健康づくりのため，40歳から始まる特定検診の前に，30歳から毎年受診できる30健診（さんまる健診）の実施。○特定不妊治療にかかる公的医療保険適用外の治療の費用を所得制限なく助成。○行政手続きのオンライン化やキャッシュレス化による「港区版DX」の加速。○商店街の一層の発展のため，区内共通電子商品券アプリの利便性の向上による消費喚起を行うほか，空調設備等の設置補助など，ニーズをとらえた支援の実施。

### 採用動向・配属先

令和6年4月のI類採用は，事務58人，土木5人，造園4人，建築3人，福祉8人，保健師8人，衛生監視2人，学芸研究1人。区民と直接接する部署を中心に，意欲や適性を考慮して配属される。

---

新宿区

インターンシップ
募集：-------
実施：-------

## DATA BOX

〒160-8484 新宿区歌舞伎町1-4-1 ☎03-3209-1111
◆人口　349,318人（令和6年4月1日現在）
◆面積　18.22km²
◆令和6年度予算　1,845億円
◆職員数　2,858人（うち女性は1,535人）
◆区の木，花　ケヤキ，ツツジ

新宿シンちゃん

URL https://www.city.
shinjuku.lg.jp/

### 基本施策・長期計画・プロジェクト

基本構想に掲げる「『新宿力』で創造する，やすらぎとにぎわいのまち」の実現に向け，区では，平成30年度から10年間を期間とする総合計画を策定している。総合計画では，5つの基本政策（①暮らしやすさ1番の新宿，②新宿の高度防災都市化と安全安心の強化，③にぎわい都市・新宿の創造，④健全な区財政の確立，⑤好感度1番の区役所）を掲げ，施策の方向性を示している。この計画を基本とし，誰もが住みたい，住み続けたいと思える，持続的に発展する新しい新宿のまちを創造していく。

### 恒例になっているイベント

①大新宿区まつり。②新宿フィールドミュージアム。③新宿シティハーフマラソン。

### 採用動向・配属先

令和6年4月のI類採用は，事務56人，福祉6人，土木4人，造園1人，建築3人，機械1人，電気1人，保健師3人である。事務系については採用後おおむね10年間で3つの職場に配属。

---

文京区

インターンシップ
募集：========
実施：========

## DATA BOX

〒112-8555 文京区春日1-16-21 ☎03-3812-7111
◆人口　232,790人（令和6年4月1日現在）
◆面積　11.29km²
◆令和6年度予算　1,275億2800万円
◆職員数　2,223人（うち女性は1,389人）
◆区の木，花　イチョウ，ツツジ

URL https://www.city.
bunkyo.lg.jp

### 基本施策・長期計画・プロジェクト

「文の京（ふみのみやこ）」総合戦略では，基本構想として3つの理念と文京区の将来都市像を示している。①みんなが主役のまち，②「文の京」らしさのあふれるまち，③だれもがいきいきと暮らせるまちの3つの理念の下，文京区の将来都市像「歴史と文化と緑に育まれた，みんなが主役のまち『文の京』」の実現に向け，課題解決型の区政運営に取り組んでいる。

### 主な文化施設

①響きの森文京公会堂。②森鷗外記念館。③スポーツセンター。④文京総合体育館。⑤六義園。⑥小石川植物園。⑦小石川後楽園。

### 恒例になっているイベント

①梅まつり（2〜3月）。②さくらまつり（3〜4月）。③つつじまつり（4〜5月）。④あじさいまつり（6月）。⑤文京朝顔・ほおずき市（7月）。⑥根津・千駄木下町まつり（10月）。⑦菊まつり（11月）。

### 採用動向・配属先

令和6年4月のI類採用実績は，事務59人，福祉11人，衛生監視2人，心理3人，児童指導5人，土木5人，建築4人，機械1人，電気1人，保健師5人。本庁各課および出先職場に配属される。

# 台東区

インターンシップ
募集：＝＝＝＝＝＝＝＝
実施：＝＝＝＝＝＝＝＝

## DATA BOX

〒110-8615 台東区東上野4-5-6 ☎03-5246-1111
◆人口　213,486人（令和6年4月1日現在）
◆面積　10.11km²
◆令和6年度予算　1,232億円
◆職員数　1,974人（うち女性は1,052人）
◆区の木，花　サクラ，アサガオ

URL https://www.city.taito.lg.jp/

### 基本施策・長期計画・プロジェクト
「台東区基本構想」では，区のめざす姿である将来像として，「世界に輝く　ひと　まち　たいとう」を掲げ，子育て環境のさらなる充実や，高齢者への生活支援サービス推進，大規模災害に備えた防災対策などの課題に取り組んでいる。

### 主な文化施設
①東京国立博物館。②国立西洋美術館。③国立科学博物館。④東京都美術館。⑤上野動物園。⑥朝倉彫塑館。⑦下町風俗資料館（休館中）。⑧一葉記念館。⑨旧東京音楽学校奏楽堂。⑩書道博物館。

### 恒例になっているイベント
①うえの桜まつり（3～4月）。②三社祭（5月）。③浅草流鏑馬（4月）。④隅田川花火大会（7月）。⑤浅草サンバカーニバル（9月）。⑥谷中菊まつり（10月）。⑦西の市（11月）。⑧一葉祭（11月）。⑨羽子板市（12月）。※イベントの実施時期は変更となる可能性あり。

### 採用動向・配属先
令和6年4月採用は80人。事務，福祉，一般技術，医療技術，技能系。本庁等，各分野に広く配属。

---

# 墨田区

インターンシップ
募集：5月頃
実施：8月頃

## DATA BOX

〒130-8640 墨田区吾妻橋1-23-20 ☎03-5608-1111
◆人口　285,784人（令和6年4月1日現在）
◆面積　13.77km²
◆令和6年度予算　約1,373億円
◆職員数　1,835人（うち女性は912人）
◆区の木，花　サクラ，ツツジ

URL https://www.city.sumida.lg.jp/

### 基本施策・長期計画・プロジェクト
基本構想に描かれた「～水と歴史のハーモニー～　人が輝くいきいきすみだ」という基本理念の下に，区民と区との協治・協働によって，魅力や活力あふれる「すみだ」を実現するため，各種施策を積極的に展開している。

### 主要プロジェクト
○すみだ保健子育て総合センターの開設（令和6年11月開館予定）。○大学のあるまちづくり。○「こどもまんなか　すみだ」の推進。○廃プラスチックの分別収集・再資源化の本格実施。○押上・とうきょうスカイツリー駅周辺まちづくりの推進。○隅田川公園の再整備。○総合的芸術祭の開催準備。

### 恒例になっているイベント
①墨堤さくらまつり（3月下旬～4月上旬）。②隅田川花火大会（7月）。③すみだまつり・こどもまつり（10月）。④国技館5,000人の第九コンサート（2月）。

### 採用動向・配属先
令和6年4月I類採用実績　事務43人，保健師4人，建築3人，土木造園2人，衛生監視1人，機械1人，福祉1人。本庁各課および出先職場に配属。

---

# 江東区

インターンシップ
募集：随時
実施：随時

## DATA BOX

〒135-8383 江東区東陽4-11-28 ☎03-3647-9111
◆人口　539,439人（令和6年4月1日現在）
◆面積　42.99km²
◆令和6年度予算　2,543億円
◆職員数　2,709人（うち女性は1,452人）
◆区の木，花　クロマツ，サザンカ

KOTO City in TOKYO
スポーツと人情が熱いまち 江東区

URL https://www.city.koto.lg.jp/

### 基本施策・長期計画・プロジェクト
基本構想に定める区の将来像「みんなでつくる伝統，未来　水彩都市・江東」実現に向け，長期計画を策定し，行政評価および社会状況の変化等に基づき，主要事業の見直しや新たな事業の展開等を図りながら推進している。

### 主な文化施設
①深川江戸資料館。②東京都現代美術館。③日本科学未来館。④東京ビッグサイト。⑤有明GYM-EX（有明展示場）。⑥ティアラこうとう。⑦清澄庭園。

### 恒例になっているイベント
①お江戸深川さくらまつり（3月下旬～4月上旬）。②亀戸天神藤まつり（4月）。③江東こどもまつり（5月）。④江東花火大会（8月）。⑤深川八幡祭り（8月）。⑥江東区民まつり（8～10月）。⑦江東シーサイドマラソン（11月）。

### 採用動向・配属先
令和6年4月のI類・III類・経験者等の採用は事務・福祉系・技術系・技能系合わせて160人。配属先は限定せず，幅広い部門に配属している。

## 品川区

インターンシップ
募集：==========
実施：==========

### DATA BOX

〒140-8715 品川区広町2-1-36 ☎03-3777-1111
- ◆人口 410,210人（令和6年4月1日現在）
- ◆面積 22.85㎢
- ◆令和6年度予算 2,037億円
- ◆職員数 2,852人（うち女性は1,575人）
- ◆区の木，花，鳥 シイノキ，カエデ，サツキ，ユリカモメ

URL https://www.city.shinagawa.tokyo.jp/

### 基本施策・長期計画

「誰もが生きがいを感じ，自分らしく暮らしていける品川」の実現に向け，未来につなぐ4つの視点（①超長寿社会に対応する視点，②多文化・多様な生き方を尊重する視点，③強靱で魅力あるまちを未来につなぐ視点，④先端技術を活用して課題解決と発展を図る視点）を持ち，「地域」「人」「安全」の3つの政策分野により施策を展開。

### 主要プロジェクト

区民の幸福（しあわせ）のための政策を推進。○携帯トイレを全区民へ無償配布。○品川区立児童相談所の開設（令和6年10月）。○区立学校学用品を全額無償化。○介護職員等へ区独自の助成を創設（介護を担う人材の確保・定着へ向けた支援）。

### 主な文化施設

①しながわ水族館。②文化センター（五反田・東品川・荏原・旗の台・南大井）。③品川歴史館。④エコル戸越。⑤きゅりあん。⑥スクエア荏原。

### 採用動向・配属先

令和6年4月採用のⅠ類は101人，Ⅱ類は40人。配属先は，本庁・地域センター・保健センター・保育園など広範囲に及ぶ。

---

## 目黒区

インターンシップ
募集：==========
実施：==========

### DATA BOX

〒153-8573 目黒区上目黒2-19-15 ☎03-3715-1111
- ◆人口 280,126人（令和6年4月1日現在）
- ◆面積 14.67㎢
- ◆令和6年度予算 1,882億円
- ◆職員数 2,061人（うち女性は1,174人）
- ◆区の木，花 シイ，ハギ

URL https://www.city.meguro.tokyo.jp/

X（旧Twitter）
@meguro_saiyou

### 基本施策・長期計画・プロジェクト

「さくら咲き 心地よいまち ずっと めぐろ」の実現に向けて，「DXの推進」「自然災害や健康危機への対応力の強化」「子どもを育む環境の充実」「地域の賑わいや活力の向上」「福祉の充実と健康づくりの推進」等を重要課題とし，誰にとっても，いつでも，いつまでも「心地よい」と感じることができるまちをめざしている。

### 主な文化施設

①めぐろ区民キャンパス。②目黒区美術館。③めぐろ歴史資料館。④目黒天空庭園。⑤目黒寄生虫館（私立）。

### 恒例になっているイベント

①中目黒桜まつり（4月）。②目黒リバーサイドフェスティバル（7月）。③平和祈念のつどい（8月）。④目黒区民まつり（10月）。

### 採用動向・配属先

Ⅰ類事務の令和6年4月採用は45人。配属先は本庁，庁外施設など特定せず，本人の希望や，適性などを考慮して決定している。

---

## 大田区

インターンシップ
募集：==========
実施：==========

### DATA BOX

〒144-8621 大田区蒲田5-13-14 ☎03-5744-1111
- ◆人口 736,652人（令和6年4月1日現在）
- ◆面積 61.86㎢
- ◆令和6年度予算 3,412億円
- ◆職員数 4,242人（うち女性は2,235人）
- ◆区の木，花 クスノキ，ウメ

URL https://www.city.ota.tokyo.jp/

### 基本構想の実現に向けた取組みの推進

令和6年3月に策定した基本構想で将来像「心やすらぎ 未来へはばたく 笑顔のまち 大田区」を掲げた。こどもに特化した目標や，環境と産業の両立をめざす目標などを新たに定め，その実現に向けた施策を展開する。

### 主な文化施設

①大田区民プラザ。②大田区民ホール・アプリコ。③大田文化の森。④郷土博物館。⑤大森 海苔のふるさと館。⑥熊谷恒子記念館。⑦龍子記念館。⑧山王草堂記念館。⑨尾﨑士郎記念館。⑩勝海舟記念館。

### 恒例になっているイベント

①大田区平和都市宣言記念事業「花火の祭典」（8月）。②OTAふれあいフェスタ（11月）。③大田区文化祭（開催月は変動）。④おおたスポーツ健康フェスタ（7月）。⑤区民スポーツまつり（10月）。

### 採用動向・配属先

Ⅰ類の令和6年度採用は122人。採用後おおむね10年間で分野の異なる3職場に配属。この期間は，主として基礎的な職務知識の習得や職務遂行能力を育成するための計画的配置を行う。

# 世田谷区

インターンシップ
募集：==========
実施：==========

## DATA BOX

〒154-8504 世田谷区世田谷4-21-27 ☎03-5432-1111
◆人口　920,596人（令和6年4月1日現在）
◆面積　58.05㎢
◆令和6年度予算　3,716億円（一般会計）
◆職員数　5,546人（うち女性は2,929人）
◆区の木，花　ケヤキ，サギソウ

URL https://www.city.
setagaya.lg.jp/

### 基本施策・長期計画・プロジェクト

令和6年度にスタートした新たな基本計画では「持続可能な未来を確保し，あらゆる世代が安心して住み続けられる世田谷をともにつくる」をめざし，次の6つを重点政策として位置づけた。①子ども・若者が笑顔で過ごせる環境の整備，②新たな学校教育と生涯を通じた学びの充実，③多様な人が出会い，支え合い，活動できるコミュニティの醸成，④誰もが取り残されることなく生き生きと暮らせるための支援の強化，⑤自然との共生と脱炭素社会の構築，⑥安全で魅力的な街づくりと産業連関による新たな価値の創出。新たなビジョンの下，新庁舎の建設も進む世田谷区は新しく生まれ変わる。

### 恒例になっているイベント

①世田谷ボロ市（12/15～16，1/15～16）。②せたがや梅まつり（2月～3月頃）。③せたがやふるさと区民まつり（8月）。④世田谷区たまがわ花火大会（10月）。⑤世田谷246ハーフマラソン（11月）。

### 採用動向・配属先

Ⅰ類の令和6年4月採用は，事務114人，土木造園12人，建築5人，福祉10人，保健師4人。配属先は限定せず，幅広い分野へ配属している。

---

# 渋谷区

インターンシップ
募集：==========
実施：==========

## DATA BOX

〒150-8010 渋谷区宇田川町1-1 ☎03-3463-1211
◆人口　231,499人（令和6年4月1日現在）
◆面積　15.11㎢
◆令和6年度予算　1,223億1,900万円（一般会計）
◆職員数　2,070人（うち女性は1,094人）
◆区の木，花　ケヤキ，ハナショウブ

URL https://www.city.
shibuya.tokyo.jp/

### 基本施策・長期計画

渋谷駅周辺施設などの整備を進めながら，都市の防災機能や国際競争力の強化をめざし，渋谷区の未来像を「ちがいを　ちからに変える街。渋谷区」とする新たな基本構想を策定。渋谷に暮らす，すべての人が安全・安心して住み続けられるまちづくりをめざす。

### 主要プロジェクト

①区内の店舗で利用できる渋谷区独自のデジタル地域通貨「ハチペイ」の運用を令和4年度から継続。
②あらゆる世代が集う親睦・交流を深められる施設として千駄ヶ谷区民複合施設を整備（令和6年4月開設）。
③未来の学校に向けた新しい教育の取組みとして，令和6年度から区立小中学校全校で探究「シブヤ未来科」を開始。

### 採用動向・配属先

令和6年度のⅠ類採用は，事務66人，土木造園5人，建築2人，保健師3人，保育士（Ⅱ類）31人，衛生監視4人。配属先は特定せず，本人の希望や適性を考慮のうえ，幅広い部門へ配属している。

---

# 中野区

インターンシップ
募集：5月下旬～6月中旬
実施：8月中旬～下旬

## DATA BOX

〒164-8501 中野区中野4-11-19 ☎03-3389-1111
◆人口　338,800人（令和6年4月1日現在）
◆面積　15.59㎢
◆令和6年度予算　2,004億円（一般会計）
◆職員数　2,202人（うち女性は1,073人）
◆区の木，花　シイ，ツツジ

URL https://www.city.
tokyo-nakano.lg.jp/

### 基本施策・長期計画・プロジェクト

中野区基本構想では，「つながる　はじまる　なかの」と題して，10年後にめざすまちの姿を明らかにしている。これらを実現するために，「子育て先進区」「地域包括ケア」「持続可能なまち」の3つの重点プロジェクトを設定し，取組みを進めている。
オフィスや公園，大学等の教育機関や商業施設からなる「中野四季の都市（まち）」のオープンに続き，中野駅周辺や西武新宿線沿線のまちづくりが進行中。また，令和6年5月に新区役所庁舎へ移転。未来に向けまちの姿が大きく変わり続けている。

### 恒例になっているイベント

①花と緑の祭典（5月中旬・10月中旬開催予定）。②中野にぎわいフェスタ（11月中旬開催予定）。③なかの東北絆まつり（10月下旬開催予定）。

### 採用動向・配属先

令和6年度採用は140人。事務，土木造園（造園），機械，電気，福祉，保育士，衛生監視，歯科衛生士，清掃，看護師等。本人の特性や意向を踏まえ，幅広い分野へ配置している。

# 杉並区

インターンシップ
募集：==========
実施：==========

## DATA BOX

〒166-8570 杉並区阿佐谷南1-15-1 ☎03-3312-2111
◆人口　574,841人（令和6年4月1日現在）
◆面積　34.06㎢
◆令和6年度予算　2,228億9,200万円
◆職員数　3,583人（うち女性は2,088人）（令和6年4月1日）
◆区の木，花　スギ，サザンカ，アケボノスギ

なみすけ
URL https://www.city.
suginami.tokyo.jp/

### 基本施策・プロジェクト

杉並区は"みどり豊かな　住まいのみやこ"を10年後のまちの姿としてスローガンに掲げ，「防災・防犯」「福祉・地域共生」など8つの分野ごとに描いた将来像の実現に向け取組みを進めている。さらに，区民の声をより一層区政に反映するべく，区民参加型予算の実施や，区長と区民がさまざまな行政課題をテーマに直接意見交換を行う「聴（き）っくオフ・ミーティング」をはじめ，2050年までに温室効果ガス排出量を実質ゼロにする「2050年ゼロカーボンシティ」の実現をめざして「杉並区気候区民会議」を開催するなど，区民との対話を大切にしたまちづくりを進めている。

### 主な文化施設

①杉並公会堂。②座・高円寺。③荻外荘。④大田黒公園 など。

### 恒例になっているイベント

①阿佐谷七夕まつり（8月）。②東京高円寺阿波おどり（8月）など。

### 採用動向・配属先

令和6年4月のⅠ類採用は，事務80人，社会教育1人，土木造園4人，建築2人，福祉3人，心理3人，衛生監視1人，保健師16人。事務職は採用後おおむね10年間で，異動ローテーションを組み，配属。

---

# 豊島区

インターンシップ
募集：4月下旬～5月中旬
実施：8月～9月

## DATA BOX

〒171-8422 豊島区南池袋2-45-1 ☎03-3981-1111
◆人口　292,339人（令和6年4月1日現在）
◆面積　13.01㎢
◆令和6年度予算　1,529億円
◆職員数　2,094人（うち女性は1,212人）
◆区の木，花　ソメイヨシノ，ツツジ

としまななまる
URL https://www.city.
toshima.lg.jp/

### 基本施策・長期計画・プロジェクト

①大事なものを大切に未来につなげる，②声を受け止め声をつなげる，③人・地域・企業がつながり今日を超える，の「3つのつながる」を基本としながら，豊島区にかかわるすべての「ひと」が主役のまちを実現するため，「8つのまちづくり」を展開します。これらのまちづくりの土台として，SDGsの理念である「誰一人取り残さない」施策を展開し，持続可能なまちの実現をめざします。

### 主な文化施設

①Hareza池袋。②トキワ荘マンガミュージアム。③イケ・サンパーク。④東京芸術劇場。⑤GLOBAL RING。⑥トキワ荘通り昭和レトロ館。

### 恒例になっているイベント

①東京大塚阿波おどり（8月）。②ふくろ祭り（9・10月）。③東京よさこい（10月）。④ファーマーズ・マーケット。

### 採用動向・配属先

令和6年のⅠ類採用は，事務58人，土木造園（土木）4人，土木造園（造園）2人，建築3人，福祉6人，心理1人，衛生監視4人，保健師5人，栄養士3人，学芸研究1人。

---

# 北 区

インターンシップ
募集：6月中旬
実施：8月～9月

## DATA BOX

〒114-8508 北区王子本町1-15-22 ☎03-3908-1111
◆人口　358,516人（令和6年4月1日現在）
◆面積　20.61㎢
◆令和6年度予算　1,813億6,700万円
◆職員数　2,875人（うち女性は1,623人）
◆区の木，花　サクラ，ツツジ

URL https://www.city.
kita.tokyo.jp/

### 基本施策・長期計画・プロジェクト

「ともにつくる　だれもが住みよい　彩り豊かな躍動するまち　北区」を将来像とし，今後の区政において特に重視すべき課題として，「区民サービスNo.1の行財政改革」をはじめとした7つのテーマを設定し，総合的な施策を推進している（北区基本計画より）。

### 主な文化施設

①北とぴあ。②中央図書館（赤レンガ図書館）。③飛鳥山三つの博物館。④旧古河庭園。⑤田端文士村記念館。⑥赤羽体育館。

### 恒例になっているイベント

①浮間さくら草祭り（4月）。②名探偵★浅見光彦の住む街ミステリーウォーク（5月）。③北区伝統工芸展（9月）。④ふるさと北区区民まつり（10月）。⑤北とぴあ国際音楽祭（11～12月頃）。

### 採用動向・配属先

令和6年4月のⅠ類採用は事務73人，福祉5人，心理1人，土木造園2人，建築4人，衛生監視3人，保健師8人。採用後おおむね10年間で3か所の職務を経験させる育成ローテーションを実施し，窓口・事業・管理部門等に幅広く配属している。

# 荒川区

インターンシップ
募集：5月頃
実施：8月

## DATA BOX

〒116-8501 荒川区荒川2-2-3 ☎03-3802-3111
◆人口　219,813人〔令和6年4月1日現在〕
◆面積　10.16㎢
◆令和6年度予算　1,219億円
◆職員数　1,686人〔うち女性は900人〕
◆区の木，花　サクラ，ツツジ

荒川区
シンボルキャラクター
あら坊

URL https://www.city.
arakawa.tokyo.jp/
携帯サイト
https://www.city.
arakawa.tokyo.jp/
keitai/index.html

### 基本施策・長期計画・プロジェクト

「区政は区民を幸せにするシステムである」というドメインを掲げ，区民の幸せの実現をめざして，積極的に施策を展開。令和4年度には「荒川区豊かな心を育む読書のまちづくり条例」を制定し，区を挙げて読書活動を推進。若者のあらゆる相談を電話・LINE等で受け付け，適切な支援機関につなぐ若者相談「わっか」等を実施。令和6年度には障がい児等への療育支援や家族の相談・援助等を行う「児童発達支援センター」の開設を予定。区職員の人材育成制度の一つとして，公務員として要求される広い視野と高度な専門知識の習得を目的に，区の組織内大学である「荒川区職員ビジネスカレッジ」を設置。

### 恒例になっているイベント

①川の手荒川まつり。②あらかわバラの市。③あらかわの伝統技術展。④荒川リバーサイドマラソン。

### 採用動向・配属先

Ⅰ類事務の令和6年4月採用は42人。配属先は限定しておらず，区民サービス部門を中心に配属。変化や区民のニーズを敏感に捉える感覚，柔軟で創造的な発想を持った人材の育成に力を注ぐ。

# 板橋区

インターンシップ
募集：大学を経由
実施：8月下旬

## DATA BOX

〒173-8501 板橋区板橋2-66-1 ☎03-3964-1111
◆人口　574,768人〔令和6年4月1日現在〕
◆面積　32.22㎢
◆令和6年度予算　2,530億円
◆職員数　3,822人〔うち女性は2,058人〕
◆区の木，花　ケヤキ，ニリンソウ

りんりんちゃん

URL https://www.city.
itabashi.tokyo.jp/

### 基本施策・長期計画

「未来をはぐくむ緑と文化のかがやくまち"板橋"」を将来像（「あるべき姿」）として定めた板橋区基本構想を策定。将来像を政策分野別に具現化した「9つのまちづくりビジョン」を掲げ，誰もが愛着と誇りを共感できるまちをめざす。「SDGs戦略」「DX戦略」「ブランド戦略」の3つを柱とする重点戦略のバージョンアップにチャレンジし，「東京で一番住みたくなるまち」の新たなステージをめざしている。

### 恒例になっているイベント

①板橋Cityマラソン（3月）。②こどもわくわくフェスタ（5月）。③いたばし花火大会（8月）。④板橋区民まつり（10月）。⑤板橋農業まつり（11月）。

### 採用動向・配属先

令和6年4月のⅠ類採用は，事務（一般事務）98人，事務（ICT）5人，福祉31人，心理5人，土木造園10人，建築6人，機械1人，衛生監視1人，学芸研究1人。Ⅱ類採用は，福祉54人，栄養士1人，看護師1人。配属先は，本人の希望・適性を考慮し，決定する。

# 練馬区

インターンシップ
募集：5月頃※
実施：8月～9月頃

※大学を通じてのみ

## DATA BOX

〒176-8501 練馬区豊玉北6-12-1 ☎03-3993-1111
◆人口　743,428人〔令和6年4月1日現在〕
◆面積　48.08㎢
◆令和6年度予算　3,231億円
◆職員数　4,380人〔うち女性は2,353人〕
◆区の木，花　コブシ，ツツジ

©2011練馬区ねり丸

URL https://www.city.
nerima.tokyo.jp/

### 基本施策・長期計画・プロジェクト

おおむね10年後から30年後の練馬区の将来像を示す「グランドデザイン構想」を平成30年に策定し，区民の皆様と共有。そして令和6年3月，構想の実現に向け，みどり，文化，スポーツ，都市インフラなど区民生活をより豊かにする「第3次みどりの風吹くまちビジョン」を策定した。練馬区は人口が74万人を超え，今もなお増え続けている。まだまだ発展の余地がある可能性の豊かなまちである。

### 主な文化施設

①練馬文化センター。②大泉学園ゆめりあホール。③練馬区立美術館。④石神井公園ふるさと文化館。⑤少年自然の家（区外）。

### 恒例になっているイベント

①照姫まつり（4月）。②練馬こどもまつり（5月）。③練馬まつり（10月）。④練馬区伝統工芸展（10月）。⑤練馬大根引っこ抜き競技大会（12月）。⑥練馬こぶしハーフマラソン（3月）。

### 採用動向・配属先

Ⅰ類事務の令和6年4月採用は58人。配属先は，本人の希望や適性を考慮して決定する。

# 足立区

**インターンシップ**
募集：4月〜5月頃※
実施：7月下旬〜9月上旬頃
※大学を通してのみ

## DATA BOX

〒120-8510 足立区中央本町1-17-1 ☎03-3880-5111
◆人口　694,725人（令和6年4月1日現在）
◆面積　53.25㎢
◆令和6年度予算　3,300億円
◆職員数　3,631人（うち女性は1,663人）（令和6年4月）
◆区の木, 花　サクラ, チューリップ

URL https://www.city.adachl.tokyo.jp/
Facebookアドレス
https://www.facebook.com/adachi.city

### 基本施策・長期計画
基本構想のキーワードは「協創」。「ひと」「くらし」「まち」「行財政」の4つの視点から基本的方向性を整理し, 目標とする足立区の将来像「協創力でつくる 活力にあふれ 進化し続ける ひと・まち 足立」の実現をめざす。

### 主要プロジェクト
①足立区では「おいしい給食」の取組みを進めている。できたてを提供する各校調理方式で, 天然だし・薄味を基本としている。健康を保つために必要な味覚や知識の実践力を, 給食を通じて育みつつ, 残菜率も大きく減少。メディアでも広く取り上げられている。②区内7つのエリアを対象に, まちの魅力を引き出す区独自の手法「エリアデザイン」を展開し, 大学や大学病院の誘致, 鉄道の高架化などを実現。「安心」と「活力」をキーワードに, さまざまなプロジェクトが同時進行中であり, 若手職員の活躍の場は限りなく広がっている。

### 採用動向・配属先
令和6年4月採用事務職I類は93人。一人一人の適性・経歴等を考慮し, 幅広い分野に配属。前例踏襲を良しとしない柔軟な発想と行動力を持ち, 69万区民を守り抜くという強い意志のある人材を求める。

---

# 葛飾区

**インターンシップ**
募集：6月
実施：8月

## DATA BOX

〒124-8555 葛飾区立石5-13-1 ☎03-3695-1111
◆人口　467,922人（令和6年4月1日現在）
◆面積　34.80㎢
◆令和6年度予算　2,398億円（一般会計）
◆職員数　3,170人（うち女性は1,688人）
◆区の木, 花　シダレヤナギ, ハナショウブ

URL https://www.city.katsushika.lg.jp/
Facebookアカウント
https://www.facebook.com/katsushika.city

### 基本施策・長期計画・プロジェクト
「夢と誇りあるふるさと葛飾の実現」と「区民との協働による, いつまでも幸せに暮らせるまちづくり」を基本方針に掲げ, にぎわいに満ちた平和で住みよいまち, 多様な可能性が開花する地域社会, SDGsがめざす経済・社会・環境のすべての面における発展をめざしている。

### 恒例になっているイベント
①葛飾菖蒲まつり（6月）。②かつしか環境・緑化フェア（6月）。③葛飾納涼花火大会（7月）。④葛飾区産業フェア（10月）。⑤寅さんサミット（10月）。⑥かつしかフードフェスタ（11月）。⑦キャプテン翼CUPかつしか（1月）。⑧かつしかふれあいRUNフェスタ（3月）。

### 採用動向・配属先
I類事務の令和6年4月採用は102人。配属先は新規採用者ローテーションにより異なる性質の職場を2か所, 若い時期に経験させている。若手職員の育成に力を入れ, 研修を計画的, 集中的に行っている。また, 「活きいきワークライフ推進計画」を策定し, 男女を問わずすべての職員が活きいきと活躍できる環境づくりに取り組んでいる。

---

# 江戸川区

**インターンシップ**
募集：6月（大学を経由）
実施：8月以降

## DATA BOX

〒132-8501 江戸川区中央1-4-1 ☎03-3652-1151
◆人口　690,476人（令和6年4月1日現在）
◆面積　49.09㎢
◆令和6年度予算　3,263億円（一般会計）
◆職員数　3,647人（うち女性は1,884人）（令和6年4月）
◆区の木, 花　クスノキ, ツツジ

URL https://www.city.edogawa.tokyo.jp/

### 基本施策・長期計画・プロジェクト
「ともに生きるまち（共生社会）」をめざすまちの姿とし, 令和3年度には「ともに生きるまちを目指す条例」を制定。また, 令和4年度には中長期計画に代わる"未来のビジョン"として「2100年の江戸川区（共生社会ビジョン）」および「2030年の江戸川区（SDGsビジョン）」を策定し, 「だれもが安心して自分らしく暮らせるまち」をめざす。

### 主な文化施設
①タワーホール船堀。②総合文化センター。③中央図書館。④篠崎文化プラザ。⑤水辺のスポーツガーデン。⑥子ども未来館。⑦一之江名主屋敷。⑧角野栄子児童文学館。

### 恒例になっているイベント
①花火大会（8月）。②区民まつり（10月）など。

### 採用動向・配属先
令和6年4月のI類採用は, 事務54人, 土木7人, 建築4人, 電気2人, 福祉8人, 心理2人, 衛生監視1人, 保健師12人。申込時に江戸川区のみを希望し合格した人を採用。いくつかの職域を経験させ, 視野の広いバランス感覚を持った職員の育成をめざす。

---

# PART

# 3

# スペシャリストの
# 仕事ガイド

公務員には独自の研修を積み，
専門的な業務に携わるスペシャリストたちも数多くいる。
また，司法・立法機関で働く公務員もいる。
どのようにして採用されるのか？
専門技能を身につけるための研修は？
具体的な仕事内容は？
異動・昇任はどうなっているの？
気になる仕事の知りたい部分を多角的に紹介しよう。

●インターンシップについて●
　募集・実施時期について，現時点の見込みを掲載しています。
　最新の情報は各自で受験先のホームページで確認してください。
●採用試験欄について●
　令和6年度試験の情報（受験案内）に基づいています（受験案内の表示は「2024年度」もしくは「令和6年度」）。受験資格，試験内容については概要をまとめてありますので，詳しくは実際の受験案内を参照してください。

# 皇宮護衛官

皇室守護を専門に行う警察組織。
誇りと使命感にあふれる
責任ある仕事。

| インターン | 募集：－－－－－－ |
|---|---|
| シップ | 実施：－－－－－－ |

## 少数精鋭の警察組織

皇宮警察本部は，天皇陛下をはじめ皇室の方々の「護衛」と皇居，赤坂御用地，御用邸などの「警備」を専門に行う警察組織である。

明治19年（1886年），当時の宮内省主殿寮に「皇宮警察署」が設置されたことに始まり，組織的な変遷を経て，昭和29年（1954年），現在の警察法施行に伴い，警察庁の附属機関となり，現在に至っている。

皇宮警察本部では，皇宮護衛官，警察庁事務官および警察庁技官，約940人が勤務している。組織体制は，警備部，護衛部，警務部門，護衛署，皇宮警察学校によって構成されている。

皇宮警察本部の主な任務は，「護衛」と「警備」の2つである。

「護衛」は，天皇陛下をはじめ皇室の方々の御身辺の安全を確保するためその直近で活動し，国内外を問わず任務に当たっている。

「警備」は，皇居，赤坂御用地，御用邸などにおける事件・事故の未然防止と管轄区域の安全と秩序を維持することを目的とする。1都1府4県（栃木県，東京都，神奈川県，静岡県，京都府，奈良県）に，皇宮護衛官を配置して警備に当たっている。

## 警戒を徹底し皇居，御所等を護る警備部・護衛署

皇居や赤坂御用地等を訪れる人や車両の確認，パトロールカーによる警ら活動などにより，警戒警備に当たっている。都道府県警察でいう警察署に当たる護衛署を中心に，交替制の勤務で，警備に隙が生じないように24時間365日皇室の安全を確保している。

宮殿などで国家的行事等が行われる際には，儀容を整えて警備に当たる儀仗の勤務があり，日頃から皇居正門で警備に当たっている。

また，皇宮警察本部の管轄区域内には，重要な建物が多くあり，これらを火災から守ることも重要な任務の一つである。万が一火災が発生した場合には，迅速な消火活動を行うために，管轄内に警防車（一般的な消防車）が配置され，日頃から消防訓練に励んでいる。

## 皇室の方々を護る護衛部

天皇陛下はじめ皇室の方々の直近で護衛に当たるのが，護衛部に配属されている側衛官（護衛を専門に行う皇宮護衛官）である。皇室の方々がお出かけになる際は，必ず側衛官が同行してその御身辺の安全を確保する。皇室の方々が車両で移動される場合には，側衛官が同乗するほか，白バイに乗って車両の直近で護衛に当たることもある。

側衛官の仕事は，皇室の方々の護衛だけにとどまらない。国賓が皇居を訪れる際にはその護衛のため，側車（サイドカー）で乗車車両直近の護衛に当たる。また，外国の特命全権大使（公使）の信任状捧呈式の際には，大公使の護衛も行い，馬車が使用される場合は騎馬で，自動車が使用される場合は側車で護衛に当たっている。

側衛官は，さまざまな場面で瞬時の対応が求められる。武道や各種訓練により，気力，体力の鍛錬に努めるだけでなく護衛に必要な騎馬，スキー，水泳等の特殊な技能の訓練にも励んでいる。

## 組織を支える警務部門

「護衛」「警備」のほか，皇宮警察本部には都道府県警察と同様に，現場をサポートする警務部門がある。

人事・採用・監察・会計・教養・福利厚生などを担当する警務部門で

 人事担当者から

「皇宮警察では，白バイ，側車，騎馬，警察犬，音楽隊等，他の仕事では経験できないさまざまな分野にチャレンジすることができます。初めから特別な技能を持っている人ばかりではなく，皇宮護衛官として勤務する中で多くのスキルを身につけていきます。
また，国家的な行事や歴史的行事に多く携わり，歴史の変革の中心で仕事ができることも大きな魅力の一つです。皇室守護の崇高な任務を果たすため，情熱とやる気ある皆さんをお待ちしています」　（皇宮警察本部警務課人事第二係）

は，皇宮警察の職務が円滑に進むように，各所属との連携を保ちながら日々の業務を進めている。

警務課には，音楽隊が編制されており，園遊会などの皇室行事やさまざまな式典で演奏を行っている。また，各地の演奏会に参加し皇室と国民を結ぶ音の架け橋として，広報活動を担っている。

## 配属・異動・昇任

皇宮護衛官は護衛・警備のプロフェッショナルだが，採用当初から豊富な知識や高い技能を有しているわけではなく，教養・訓練や研修制度を通じて習得していく。

採用後は全員が皇宮警察学校に入校して職務に必要な知識・技能（初任教養）を学ぶ。皇宮警察学校を卒業すると，護衛署に配属され，警備の任務に就いて実務能力を磨く。

その後の異動は，本人の希望や能力・適性を考慮し，配属先が決定される。

また，警察庁・他都府県警察などへの出向・派遣等の機会もある。

実務経験を積み，昇任試験を突破することで，学歴や性別に関係なく上位階級へとキャリアアップすることができる。

## 皇宮警察学校での教養・訓練

皇宮警察学校では，大卒者は6か月間，それ以外の者は10か月間の初任教養を受けた後，護衛署に配属され，約3か月間の職場実習を受ける。その後，再度皇宮警察学校に入校して，大卒者は2か月間，それ以外の者は3か月間の教養を受ける。

初任教養では，憲法や警察法，刑事訴訟法をはじめとする法学や警察実務に関する教養のほか，柔道・剣道，逮捕術，拳銃操法などの訓練を行っている。これに加えて和歌，書道，華道，茶道，詩吟などの情操教育や英会話も行っている。

新人護衛官は，皇宮警察学校での訓練を通じて，厳しい勤務に負けない体力と気力を身につけるとともにチームワークを培っていく。入校期間中は学生寮で生活を送る。最初のうちは慣れない集団生活に戸惑うこともあるが「皇室守護」という共通の目的に向け生活する中で，同期生との強い絆が生まれ，その絆は，護衛官人生の大きな支えとなる。

皇宮警察学校卒業後も，専門的な知識・技能を習得するため，語学，騎馬，白バイ，鑑識，情報管理等の研修が行われている。

---

## 📁 皇宮護衛官採用試験（大卒程度試験）

以下は令和6年度試験の情報に基づくデータです。

### 受験資格
①H6.4.2〜H15.4.1生の者
②H15.4.2以降生で，R7年3月までに大学・短大・高専を卒業（見込）の者
※身体要件あり（身長，体重，色覚，視力，四肢の運動機能について）

### 試験日程
受 付 期 間…2月22日〜3月25日（インターネット）
第一次試験日…5月26日（日）
第二次試験日…7月9日〜17日（土・日曜，祝日を除く）
最終合格発表…8月13日

### 試験内容　○付き数字は出題数を表す
＜一次試験＞
基礎能力試験（択一式）…1時間50分，30問
　知能分野…24問（文章理解⑩，判断推理⑦，数的推理④，資料解釈③）
　知識分野…6問（自然・人文・社会に関する時事⑤，情報①）
課題論文試験…3時間，2題
　時事的な問題に関するもの…1題
　具体的な事例課題により，皇宮護衛官として必要な判断力・思考力を
　　問うもの…1題
＜二次試験＞
人物試験
※人物試験の参考とするため，性格検査を行う
身体検査，身体測定，体力検査

### 初任給
269,520円（東京都特別区内勤務の場合）

### 問合せ先
皇宮警察本部警務課人事第二係
☎03-3217-1516（採用直通ダイヤル）
URL　https://www.npa.go.jp/kougu/index.html

### 過去3年間の実施結果

| 年度 | 申込者数 | 一次受験者数 | 一次合格者数 | 最終合格者数 |
|---|---|---|---|---|
| R 3 | 989 | 548 | 200 | 56 |
| R 4 | 857 | 410 | 83 | 23 |
| R 5 | 856 | 383 | 221 | 59 |

# 法務省専門職員（人間科学）

人間科学の知識を使って，
「人」の心に寄り添う仕事。

| インターン シップ | 一部実施 HPで確認。 |
|---|---|

## 人の円滑な社会復帰を支えるスペシャリスト

法務省は，日常生活における基本的なルールを定めるとともに，罪を犯した者の処罰とその社会復帰の援助，自然人や法人の権利実現を助ける登記・公証制度の運用，人権擁護活動，外国人の出入国管理といった私たちが生活していくうえで欠かせないさまざまな分野で人と直接向き合って業務を行っている。

その中でも，特に「人」とのかかわり合いが深く，「人」の可能性を信じ，立ち直りをサポートする業務に携わっているのが「矯正」および「更生保護」の分野の職員であり，①少年鑑別所における鑑別対象者の鑑別および少年院や刑事施設（刑務所，少年刑務所および拘置所）における被収容者の資質の調査に関する業務に従事することを職務とする官職，②主に少年院や少年鑑別所で矯正教育や観護処遇を行うことを職務とする官職，③保護観察その他更生保護に関する業務に従事することを職務とする官職の3つの官職がある。

いずれも人間科学に係る知見を活用しつつ，犯罪・非行をした人の円滑な社会復帰に取り組む業務であり，深い人間理解が必要とされる。求められる専門性やそれを判断するための試験科目に，相応の共通部分があることから，採用については，「法務省専門職員（人間科学）採用試験」という専門職試験を実施し，【矯正心理専門職】，【法務教官】，【保護観察官】の3区分が設けられている。

## 📁 法務省専門職員（人間科学）採用試験

以下は令和6年度試験の情報に基づくデータです。

### 受験資格

①試験が行われる年の4月1日現在で，21歳以上30歳未満の者
②21歳未満の者で，試験年度の3月までに，大学（法務教官区分，保護観察官区分は，短期大学，高等専門学校または職業能力開発短期大学校等を含む）を卒業または卒業する見込みの者
※ただし，矯正心理専門職区分，法務教官区分においては，裸眼視力が1眼でも0.6に満たない者（ただし両眼で矯正視力が1.0以上の者は差し支えない）は不合格になる。法務教官には社会人区分もあり。

### 試験日程

受付期間…2月22日〜3月25日（インターネット）
第一次試験日…5月26日（日）
第二次試験日…7月1日〜4日
最終合格発表…8月13日

### 令和5年度の実施結果 （Aは男子，Bは女子）

| 試験区分 | 申込者数 | 一次 受験者数 | 一次 合格者数 | 最終 合格者数 |
|---|---|---|---|---|
| 矯正心理専門職A | 112 | 92 | 85 | 51 |
| 矯正心理専門職B | 288 | 212 | 141 | 78 |
| 法務教官A | 782 | 510 | 290 | 169 |
| 法務教官B | 367 | 239 | 181 | 91 |
| 法務教官A（社会人） | 96 | 45 | 38 | 20 |
| 法務教官B（社会人） | 24 | 11 | 10 | 3 |
| 保護観察官 | 321 | 211 | 107 | 60 |

### 試験内容　○付き数字は出題数を表す

<基礎能力試験>　択一式…1時間50分，30問
知能分野…24問（文章理解⑩，判断推理⑦，数的推理④，資料解釈③）
知識分野…6問（自然・人文・社会に関する時事，情報）
<専門試験>
【矯正心理専門職区分】
択一式…2時間20分，60問中20問（心理学に関連する領域）は必須，残りの40問（心理学⑩，教育学⑩，福祉⑩，社会学⑩）から20問を選択解答
記述式…1時間45分，心理学に関連する領域1題
【法務教官区分，保護観察官区分】
択一式…2時間20分，40問（心理学⑩，教育学⑩，福祉⑩，社会学⑩）
記述式…1時間45分，4題（心理学に関連する領域，教育学に関連する領域，福祉に関連する領域，社会学に関連する領域）中1題選択解答
<人物試験>　個別面接

### 初任給

矯正心理専門職・法務教官：267,480円／保護観察官：235,440円（東京都特別区内勤務の場合）

### 問合せ先

人事院各地方事務局（所），法務省各矯正管区（矯正心理専門職・法務教官），法務省各地方更生保護委員会（保護観察官）

# 矯正心理専門職

心理学の知識を活かし，非行の原因の分析や改善指導に携わる専門職。

## 心理学を専攻した専門職である法務技官

　矯正心理専門職とは，主に法務省矯正局所管の少年鑑別所や刑事施設，少年院などに勤務し，心理学の専門的な知識・技術等を活かし，非行少年等について，その原因を分析し，処遇指針を提示したり，刑事施設や少年院の処遇プログラムの実施などに携わったりする専門職員（法務技官〈心理〉）である。

　少年鑑別所は，主として家庭裁判所から観護措置決定によって送致された少年を収容するとともに，その心身の状態を調査・診断し，非行の原因を解明して処遇方針を立てるための施設である。法務技官（心理）の主な役割は，面接や各種の心理検査を行い，知能や性格等の資質上の特徴，非行に至った原因，今後どうすれば立ち直れるかといった処遇上の指針などを明らかにすることである。その結果は，「鑑別結果通知書」として家庭裁判所に提出され，家庭裁判所の審判や，少年院・保護観察所等での指導や援助に活用される。このほか，個人や学校の教員などの相談に応じて，地域社会における非行および犯罪の防止に向けたさまざまな活動を行っている。

　また，刑事施設での法務技官（心理）の主な役割は，処遇調査であり，受刑者の処遇に必要な基礎資料を作成することである。面接や心理検査等を通じて，受刑者の心身の状況等を調査し，再犯防止に必要な処遇上の目標，実施すべき矯正処遇の内容等を設定する。このほか，「薬物依存離脱指導」「性犯罪再犯防止指導」など，受刑者に対する各種の指導プログラムの実施を通して，再犯防止に向け，直接的な働きかけを行うこともある。また，受刑者に対して，カウンセリング等を実施することも，重要な業務の一つである。

　少年鑑別所や刑事施設，少年院で，法務技官（心理）が，面接や心理検査を行う相手は，他の心理臨床の現場とは異なり，心理の専門家の援助を受けることについて，必ずしも意欲的であるとは限らない。社会や他者に対して，不信感や反発心を抱いている人もいれば，自分の考えや気持ちをうまく伝えることが苦手な人もいることから，それぞれの個性を踏まえ，柔軟に面接等を進めていく必要がある。法務技官（心理）に求められる専門性は，一人の対象者を前に，科学的で冷静な視点と人間的な温かい視点とを同時に持ち続けることである。面接では，対象者に寄り添い，その話にじっくりと耳を傾けつつも，対象者が，これまでの生活のしかたや他者との関係性をしっかり見つめ，再出発を図ることができるよう，あえて疑問を投げかけたり，示唆を与えたりするようなこともある。対象者を理解しようとする努力を続ける中で，ほんの少しでも対象者の心に近づけたように感じる瞬間や対象者が立ち直りに向け歩み出そうとしていると感じたときは，何事にも代え難い喜びがある。

　このように，矯正施設で勤務する法務技官（心理）には，他の心理臨床の職種とは異なる高い専門性が要求されるため，採用後，一定の期間は，先輩に当たる法務技官（心理）による一対一のスーパービジョンを受けながら，実務に当たる体制をとっている。

### 【配属・異動・昇任】

　採用後は主に少年鑑別所の鑑別部門に配属されるが，刑事施設や少年院に勤務し，矯正処遇に専門性を活かす道もある。異動は原則として採用施設を所管する矯正管区管内の施設間で行われる。昇任に関しては能力主義による人事管理を行っており，採用後おおむね5年目に専門官に昇任し，その後は，統括専門官（課長相当），首席専門官，施設長等への昇任の道も開かれている。

### 【研修】

　採用1年目に初任者を対象とする研修，その後一定期間の実務経験を経て，さらに専門性を育成するための研修を受講する。また，競争試験によって幹部職員となるための高等科研修や各種専門研修，さらに海外・国内留学制度も設けられている。

---

 ## 人事担当者から

　「再犯・再非行防止対策は，政府全体で取り組む重要な課題の一つです。非行や犯罪に至った要因を的確にとらえ，再犯・再非行防止に有効な処遇の方針を，処遇を行う機関に提示することなど，非行・犯罪臨床の最前線で実務に当たる矯正心理専門職の役割は，今後，一層，重要性を増していくものと思います。人とかかわることが好きで，心理学を通じて社会の役に立ちたいと考える人にとっては，打ってつけの仕事といえます」　（法務省矯正局総務課人事企画係）

# 法務教官

非行のあった少年に対し，矯正教育や観護処遇を行う「人を導く」専門職。

## 少年たちを見守る温かいまなざし

主に法務省矯正局所管の少年院や少年鑑別所に勤務し，非行のある少年に対して専門的な教育（矯正教育）を実施したり，観護処遇を行うほか，刑事施設に勤務し，受刑者に対して専門的な指導（改善指導・教科指導）を行う専門職員である。

少年院は，家庭裁判所の審判により保護処分として少年院送致の決定を受けた少年を収容し，学校や職場への適応力を増進させて心身ともに健全な少年として社会復帰させる専門的な矯正教育を実施する施設である。少年の特性や心身の発達程度を考慮しながら，各人の歩みに合わせた教育計画を立て，指導に当たっている。

教育活動の主なものとしては，集団指導・個別指導を組み合わせて健全なものの見方や考え方，行動のしかたを指導する生活指導，社会生活に必要な基礎学力を付与する教科指導，勤労意欲の喚起，職業生活に必要な知識・技能の習得をめざす職業指導等がある。

一方，少年鑑別所は，主として，家庭裁判所の審判を前に，観護措置決定によって送致された少年を，最長で8週間収容し，その鑑別（専門的な調査や診断）を行う施設である。そこでの職務は，少年の身柄を保護し，心情の安定を図るとともに，医学・心理学・社会学・教育学等の専門的知識や技術を用いて，少年の問題性や改善の可能性を探ることであり，そのための面接，行動観察等を実施する。なお，そこで得られた情報等をもとに作成された鑑別結果は，家庭裁判所の審判や，少年院，保護観察所での指導・支援に活用されている。また，刑事施設での職務は，受刑者に対し，性犯罪や薬物依存などにかかわる問題性に働き掛ける指導を実施する。

## 「人を導く」ことの喜び

複雑な問題を抱え，自ら傷つき苦しむ少年等に対し，専門家として，また一人の人間として，真正面から向き合っていくことが，法務教官に求められる姿勢であり，それが指導の第一歩となる。「人を導く」ことは厳しく困難な仕事だが，それだけ自分に返ってくる充実感も大きい。

すべての少年等が立ち直り，二度と非行や犯罪に走らないことが，この仕事に携わる者全員の抱く理想だが，思うようにならない現実を前にして，挫折感や無力感にとらわれることも少なくない。こうした挫折感を乗り越えていける明るさとバイタリティも，必要な資質の一つといえるだろう。

子ども・若者は，次世代を担うかけがえのない存在であり，その健やかな成長発達・育成が国の重要な課題となっている。そのような中で，非行のある少年等の再出発の手助けをする法務教官の役割は，今後ますます重要になっていくだろう。

### 【配属・異動・昇任】

採用後は，主に少年院の教育・支援部門または少年鑑別所の鑑別部門に配属される。また，刑事施設に勤務し，矯正処遇に専門性を活かす道もある。異動は，原則として採用施設を所管する矯正管区管内の施設間で行われる。昇任に関しては能力主義による人事管理を行っており，採用後おおむね5年目に専門官に昇任し，その後は，統括専門官（課長相当），首席専門官，施設長等への昇任の道も開かれている。

### 【研修】

採用1年目に初任者を対象とする研修，その後一定期間の実務経験を経て，さらに専門性を育成するための研修を受講する。また，競争試験によって幹部職員となるための高等科研修，教育方法等に関する各種専門研修，さらに海外・国内留学制度なども設けられている。

 人事担当者から

「法務教官には，非行を犯した少年に対する教育のスペシャリストとして，専門的知識や技能が求められます。また，法務教官の専門性は，刑事施設の矯正処遇にも活かされており，その役割は今後一層，重要性を増していくものと思います。人を好きであること，自分の労苦をいとわず人のために尽くす気持ち，そうした熱い心と行動力を持った方にやりがいのある職場です」

（法務省矯正局総務課人事企画係）

# 保護観察官

社会内での働きかけによって,
再犯・再非行を防ぎ
改善更生を助ける専門職。

## 社会の中で人の立ち直りを支える

　更生保護は，犯罪をした人や非行のある少年を社会内で適切に処遇することにより，改善更生を助け，再犯・再非行を防ぐことを目的とするものである。日本の刑事司法制度において，警察，検察，裁判，矯正と並び，その最終段階を担うものであり，地域社会の中で実施されることから，更生保護における処遇は「社会内処遇」と呼ばれている。

　保護観察官は，法務省保護局所管の地方更生保護委員会や保護観察所に勤務し，心理学，教育学，福祉，社会学その他の更生保護に関する専門的知識に基づき，犯罪をした人や非行のある少年の自立更生や社会復帰を支援する社会内処遇の専門家である。

　地方更生保護委員会は，受刑者の仮釈放や少年院在院者の仮退院等の審理をする機関で全国に8庁が設置されている。地方更生保護委員会に勤務する保護観察官は，受刑者や少年院在院者と面接するなどして，仮釈放等の審理のために必要な調査などに従事する。

　一方，保護観察所は，更生保護の第一線の実施機関として，全国に50庁が設置されている。保護観察所に勤務する保護観察官は，家庭裁判所で保護観察処分を受けた少年や仮釈放者などに対する保護観察を実施するほか，矯正施設出所後の住居や就業先等の生活環境の調整，犯罪予防活動などに従事する。

　保護観察官の多岐にわたる仕事の中で，保護観察中の人との面接は重要な意味を持つ業務である。保護観察所に出頭を指示したり，自宅を訪問する形で，保護観察中の人やその家族等と面接を重ね，お互いの信頼関係の構築に努めるとともに，生活実態を把握しながら指導と援助を繰り返し，ともに問題解決への道を探す。また，社会内処遇の専門家である保護観察官にとって，保護司などの民間ボランティアや，ハローワーク，福祉事務所といった関係諸機関と連携して処遇に当たることも，重要な業務の一つである。

　近年では，覚醒剤事犯者や性犯罪者等を対象として，認知行動療法に基づいた専門的処遇プログラムを実施している。また，さまざまな生きづらさを抱える起訴猶予者や満期釈放者に対する社会復帰対策，犯罪被害者に対する支援など，業務の幅が一層広がるとともに，これまで以上に高い専門性が求められるようになっている。

### 【配属・異動・昇任】

　採用後，保護観察所または地方更生保護委員会に配属となり，一般的な行政事務に一定期間従事し，経験を積んだ後，保護観察官に任命される。その後は，実務経験や勤務成績に応じ，統括保護観察官や首席保護観察官，保護観察所長などへと昇任する。またこの間，法務本省や法務総合研究所，法務省の他組織（矯正施設，検察庁など）などで勤務することもある。異動は，原則として採用された地方更生保護委員会およびその管内の保護観察所間で行われ，昇任に応じて異動の地域が広くなる。

### 【研修】

　保護観察官に任命されてから定められた研修等を修了するまでの期間を，保護観察官として必要な基礎的能力を身につけるための「育成期間」と位置づけ，その期間中に，「保護観察官中等科研修」および「保護観察官専修科研修」に参加するほか，所属庁において保護観察官としての業務に従事しながら，統括保護観察官等の指導官から実務指導を受ける。

 人事担当者から

「社会内処遇の専門家として，人と地域社会をつなげること。それが保護観察官の役割です。さまざまな人との出会いから学び，向上していくことのできる方，人の可能性を信じることができる方，そして，『誰一人取り残さない社会』の実現に向けて真摯に取り組むことのできる方にぜひ受験してほしいと思います」
（法務省保護局総務課人事係）

# 財務専門官

国と地域をつなぐ財政・金融の
プロフェッショナルとして,
財務局,財務省および
金融庁等で活躍する。

| インターン | 募集：------ |
|---|---|
| シップ | 実施：------ |

## 地域経済を支える財務局

財務局は,財務省の総合出先機関として位置づけられており,税の賦課徴収以外の財務省の業務を地域において実行するとともに,金融庁からも事務委任を受けている。組織としては,全国に10か所の局・支局があるほか,40か所の財務事務所や13か所の出張所があり,約4,700人の職員が,地域経済を支える多様な業務を実施している。

### 国有財産の活用

財務局が管理する国有財産は,身近な場所で活用されている。観光地として有名な松島や兼六園,都市部の憩いの場として活用されている日比谷公園や大阪城公園などはその代表例である。

また,最近では,都市部に所在する開発に適した大規模な国有地を地方公共団体等と連携し,地域のまちづくりに活用する取組みも行っており,広島駅新幹線口周辺の二葉の里

地区の開発では,関係機関と協議会を設置,「まちづくり基本計画」等の策定に積極的に参画したほか,まちづくりに配慮した新しい入札手法を活用するなど,新しい広島の陸の玄関口にふさわしい業務・商業・居住・医療など多様な都市機能を集積したまちづくりの実現に取り組んだ。

さらに,平成23年3月に発生した東日本大震災の被災者に国家公務員宿舎を提供したほか,国有地を仮設住宅用地や被災車両置場として利用できるよう,各自治体に対して無償で貸し付けている。

### 予算執行調査

財務省は予算編成の段階で各省庁の要求を査定しているが,財務局は,予算のさらなる効率化に向けた取組みの一つとして,事業の現場に赴き,実際に予算が効率的かつ効果的に執行されているかといった観点から,予算執行調査を実施している。そして,国の予算の使い方が非効率である事業については,翌年の

予算編成において事業の縮小や廃止などの形で調査結果が反映されることとなる。

### 財政投融資資金の活用

財政投融資とは,政策的な必要性があるものの,民間では対応が困難な長期・固定・低利の資金供給等の実施を可能とするための投融資活動（資金の融資,出資）である。財務局では,地方自治体が地域に必要な学校,病院などの施設を整備するための資金を貸し付けている。貸付後においても,現地ヒアリング等を行い,貸し手の立場から,貸付先の財務状況等の把握に努めている。

### 地域金融機関の検査・監督

全国には,合計で500を超える地域金融機関が活動している。財務局では,これらの地域金融機関を住民の方々が安心して利用してもらえるよう,また地域で経済活動をする企業に円滑に資金供給がなされるよう地域金融機関の検査・監督を行っている。

具体的には,監督部門等で分析した既存の経営情報等に基づき,個々の金融機関のリスクの所在等について事前情報分析を行ったうえで,必要と認められる検証項目について,検査部門による立入検査等により検証。これを監督部門と共有することでオンサイト（検査）・オフサイト（監督）を効率的に組み合わせたモニタリングを実施している。

## 幅広い業務が魅力

このほかにも財務局では,貸金業者や電子マネーをはじめとしたプリペイドカードを発行している業者などの検査・監督や,投資詐欺等の金融犯罪防止に向けて警察当局等と連携した取組みを行っている。また,証券取引等の公正性・透明性を確保

 人事担当者から

「財務専門官は,財政や金融など幅広い分野でプロフェッショナルとして活躍することが期待されています。さまざまな分野に関心を持ち,主体的に考え,自ら行動することができる意欲と情熱あふれる人にぜひ受験してほしいですね」
（財務省大臣官房地方課試験係）

するため，相場操縦やインサイダー取引といった金融商品取引法等に違反する行為について，証券取引等監視委員会と連携し，課徴金調査や強制調査，検察への告発を行っている。さらに全国各県にネットワークがあるという強みを活かして，地域の経済情勢をタイムリーに把握し，財務本省に報告して，経済財政施策の企画立案に役立てるとともに，調査結果を地域にフィードバックしている。

　財務局の最大の魅力。それは財政・金融のプロフェッショナルをめざしながら，これら多様な業務から自分の適性やスタイルに合った仕事を見つけられる点にあるのかもしれない。

　なお，ここ数年は女性の活躍の場が年々広がってきており，採用の割合も多くなってきている（令和6年4月の財務専門官採用者のうち女性の採用割合は4割超）。また，男女で業務内容に差はなく，仕事と家庭を両立する環境も整備されている。

【配属・異動・昇任】
　採用後は，まずは採用された財務局またはその財務局管内の財務事務所等に配属され，金融機関の検査・監督や国有財産に関する業務等に従事する。その後は，採用局管内の各業務を原則として2～3年のサイクルで異動するほか，財務省および金融庁への出向等も経験しながら，財政や金融に関する専門的な知識を習得する。

　昇任は採用後8～9年目で係長というのが目安。努力次第で部長や財務事務所長等へ昇任することができる。

【研修】
　研修は，財務省の研修所（東京都

北区）で実施する中央研修，各財務局で実施する地方研修，自学自習の通信研修の3つから構成されており，職員のキャリアパスに応じた研修体系を構築している。

　財務局に新規に採用された職員は，採用直後の4月から財務省の研修所等において，基礎研修を受講する。この研修では，財務省職員としての基礎知識，ビジネスマナーに関する講義のほか，各業務において必要となる専門的かつ実務的な講義を実施している。

　このほか，海外研修や国内外の大学院に派遣する制度など，研修体系は非常に充実している。

---

## 📁 財務専門官採用試験

以下は令和6年度試験の情報に基づくデータです。

### 受験資格
①H6.4.2～H15.4.1生の者
②H15.4.2以降生で，R7年3月までに大学・短大・高専を卒業（見込）の者

### 試験日程
受付期間…2月22日～3月25日（インターネット）
第一次試験日…5月26日（日）
第二次試験日…7月1日～4日
最終合格発表…8月13日

### 試験内容　○付き数字は出題数を表す
<一次試験>
基礎能力試験（択一式）…1時間50分，30問
　知能分野…24問（文章理解⑩，判断推理⑦，数的推理④，資料解釈③）
　知識分野…6問（自然・人文・社会に関する時事，情報⑥）
専門試験（択一式）…2時間20分，40問
　必須問題…2科目28問（憲法・行政法，経済学・財政学・経済事情）
　選択問題…8科目（各6問）中2科目12問（民法・商法，統計学，政治学・社会学，会計学〈簿記を含む〉，経営学，英語，情報数学，情報工学）
専門試験（記述式）…1時間20分，1題
　憲法，民法，経済学，財政学，会計学から1科目選択
<二次試験>
人物試験　※人物試験の参考とするため，性格検査を行う

### 初任給
235,440円（東京都特別区内勤務の場合）

### 問合せ先
財務省大臣官房地方課試験係
☎03-3581-4111（内線2775）
URL　https://lfb.mof.go.jp/recruit/saiyou.html

### 過去3年間の実施結果

| 年度 | 申込者数 | 一次受験者数 | 一次合格者数 | 最終合格者数 |
|---|---|---|---|---|
| R 3 | 2,503 | 1,449 | 966 | 597 |
| R 4 | 2,501 | 1,382 | 1,077 | 632 |
| R 5 | 2,986 | 1,583 | 996 | 560 |

# *Specialist*

# 国税専門官

日本の未来を
税のスペシャリストが
支え続ける。

| インターン | 募集：------ |
| シップ | 実施：------ |

## 申告納税制度を支える重要な業務内容

国の財政の根幹となる租税収入。申告納税制度を基本とする我が国において、納税者の自発的な納税義務の履行を適正かつ円滑に実現することが、国税庁に課された大きな使命である。

約5万6,000人の職員を擁し、全国12の国税局（沖縄については国税事務所）と524の税務署で構成される国税庁では、こうした強い使命感に支えられた多くの国税専門官が、高度な専門的知識を駆使し、税務行政の最前線で日夜、奮闘を続けている。

一口に国税専門官というが、これは主に国税調査官、国税徴収官、国税査察官の3つの職名の総称である。

**国税調査官**は、納税義務者である個人や法人等を対象に、適正な申告が行われているかどうかの調査・検査を行うとともに、申告に関する指導などを行う。

**国税徴収官**は、定められた納期限までに納付されない税金の督促や滞納処分を行うとともに、納税に関する指導などを行う。

**国税査察官**は、裁判官から許可状を得て、悪質な脱税の疑いがある者に対して捜索・差押えの強制調査を行い、不正が発見され次第、刑事罰を求めるため検察官に告発する。

このほかにも国税の業務には、酒類の製造・販売に必要な免許申請に関する相談や審査を行う酒類行政の仕事、国税庁の特別の機関として、国税に関する法律に基づく処分についての審査請求に対する裁決を行う国税不服審判所の審査担当の仕事等がある。

## 時代の変化に柔軟に対応

税のスペシャリストである国税専門官には、法律・経済・会計等の高度な専門的知識が求められることはいうまでもない。特に資本金1億円以上の大企業を調査対象とする国税局調査部の場合、経理・会計のプロ集団を相手にしての仕事となるだけに、税務に関するより深い知識が必要となる。

また、経済の国際化に伴って、複雑な海外取引のシステムを利用した脱税や租税回避も増えており、国税庁では、国税庁内や国税局内に専門部署を設けるとともに、主要な税務署にも国際税務専門官を配置し、積極的な対応を行っている。同時に、国際科等の研修制度を通して、国際税務担当者の人材育成にも力を注いでおり、外国語のできる人の申込みも大いに歓迎している。

年々、巧妙化する脱税の手口に対して、厳然たる態度で対処し、適正・公平な課税を実現していくためには、採用後もしっかりとした目的意識を持って、自らを高める努力を怠ることはできない。その反面、やればやるだけの成果が返ってくることが、この仕事の最大の魅力。特に綿密な調査に基づいて、相手の不正を見抜いたときに得られるものは大きく、まさに映画やテレビドラマさながらの充実感や達成感を味わうことができる。

経済や社会状況等、時代の変化に柔軟に対応しながら、我が国の税務行政を守る「砦（とりで）」として活躍する国税専門官。「国の財政基盤を支えている」という強い使命感と、不正を許さない正義感は、いつの時代にも変わることはない。

## 理工・デジタル系出身者を広く募集

経済社会のICT化が進む中、税務の分野においても納税者がICTを利

## 人事担当者から

「国税専門官には、経済や社会と密接に関係した税務行政を執行し、この国の税を多方面から支え、人々の暮らしを守るという大きな使命があります。常に変化する社会・経済情勢に対応する必要があり、法律、経済、会計等の専門知識以外にも、語学やICT・デジタルに関する知識が必要になる場面も増えています。使命感を胸に挑戦を続ける税のスペシャリストとして、国税専門官に挑戦していただける方をお待ちしています」

（国税庁長官官房人事課試験係）

用して税務手続等が行えるよう，国税庁においても，税務行政のデジタル・トランスフォーメーションの取組みが進められている。国税庁においては，このような取組みをより一層推進するため，令和5年度に理工・デジタル系出身者向けの国税専門B（理工・デジタル系）を創設した。これからの国税組織では，これまで以上に理工・デジタル系出身者の活躍が期待される。

【配属・異動・昇任】

採用後は，約3か月間の専門官基礎研修を受けた後，各国税局（沖縄については国税事務所）管内の税務署に配属される。その後すぐに，約1か月間の専攻税法研修を受講し，さらに一定の実務経験等を経て，国税専門官（国税調査官，国税徴収官など）に任用される。

税務署や国税局等で国税専門官としての勤務を経て，将来的には努力次第で税務署長や国税局の部・課長等の幹部へ昇進することができる。

【研修】

国税専門官採用試験で採用された職員は，税務職員として必要な知識と技能等の基礎的事項を修得するため，約3か月の専門官基礎研修，約1か月間の専攻税法研修を受講する。

その後，各地の税務署における実務経験（2年間）を経て，約7か月の専科研修を受け，国税専門官として必要なより高度な専門的知識・技能を修得する。

また，その後も，試験や選考によっては，審理・訟務の知識を学ぶ専攻科，国際課税の知識を学ぶ国際科，データ活用に必要な高度な知識を学ぶデータ活用研修なども用意されている。

ほかにも，各国税局・税務署単位

での職場研修が随時行われており，研修体系は充実している（研修期間および内容については，今後変更される場合がある）。

## 📁 国税専門官採用試験

以下は令和6年度試験の情報に基づくデータです。

### 受験資格
①H6.4.2〜H15.4.1生の者
②H15.4.2以降生で，R7年3月までに大学を卒業（見込）の者

### 試験日程
受 付 期 間…2月22日〜3月25日（インターネット）
第一次試験日…5月26日（日）
第二次試験日…6月24日〜7月5日
最終合格発表…8月13日

### 試験内容　○付き数字は出題数を表す
国税専門官採用試験には，国税専門A（法文系）と国税専門B（理工・デジタル系）の2区分がある。

<一次試験>
○基礎能力試験（択一式）…1時間50分，30問　※[A]・[B]共通
　　知能分野…30問（文章理解⑩，判断推理⑦，数的推理④，資料解釈③）
　　知識分野…6問（自然・人文・社会に関する時事，情報⑥）
○専門試験（択一式）…2時間20分，40問
　　[A] 必須問題…16問（民法・商法⑧，会計学〈簿記を含む〉⑧）
　　　　選択問題…7科目42問中4科目24問（憲法・行政法⑥，経済学⑥，財政学⑥，経営学⑥，政治学・社会学・社会事情⑥，英語⑥，商業英語⑥）
　　[B] 必須問題…16問（基礎数学⑫，民法・商法②，会計学②）
　　　　選択問題…42問中24問（情報数学・情報工学⑩，統計学⑥，物理⑧，化学⑥，経済学⑥，英語⑥）
○専門試験（記述式）…1時間20分，1題
　　[A]憲法，民法，経済学，会計学，社会学から1科目選択
　　[B]科学技術に関連する領域
<二次試験>
○人物試験
　※人物試験の参考とするため，性格検査を行う
○身体検査

### 初任給
269,640円（東京都特別区内勤務の場合）

### 問合せ先
人事院各地方事務局（所），各国税局・国税事務所
URL　https://www.nta.go.jp/

### 過去3年間の実施結果

| 年度 | 申込者数 | 一次受験者数 | 一次合格者数 | 最終合格者数 | 採用者数 |
|------|---------|-----------|-----------|-----------|---------|
| R 3 | 13,163 | 9,733 | 7,415 | 4,193 | 1,353 |
| R 4 | 14,867 | 11,098 | 7,283 | 4,106 | 1,198 |
| R 5 | 14,093 | 9,818 | 5,729 | 3,274 | 945 |

# 食品衛生監視員

カロリーベースで約6割を輸入食品に
依存している我が国。
検疫所の食品衛生監視員は，
水際の第一線で輸入食品を監視。

| インターン シップ | 募集：—————— 実施：—————— |
|---|---|

## 検疫所における幅広い業務

厚生労働省検疫所における食品衛生監視員の主な業務は，①輸入食品監視業務，②検査業務，③検疫衛生業務で，そのすべてが人の健康を守るための，とても大切な仕事。

検疫所（本所，支所等）に採用された食品衛生監視員が従事するこれらの業務について簡単に説明する。

### ①輸入食品監視業務

日本は食品の輸入大国であり，カロリーベースで約6割を輸入食品に依存している。このため輸入食品の安全確保は，国民にとって大きな関心事項であり，非常に重要である。検疫所では，輸入食品の監視業務を第一線で行っている。

食品等を営業目的で輸入する際には，厚生労働大臣に届け出なければならず，この届出書を北海道から沖縄まで全国32か所に配置されている輸入食品届出窓口設置検疫所で受け付けている。

食品衛生監視員は，届出書の記載事項をチェックし，輸入しようとされる食品が食品衛生法に適合しているか，必要な検査が行われているか等を審査する。具体的には，届出書の内容から，使用してはいけない添加物が使用されていないか，法律に定める規格や基準を遵守して製造されているか等の審査を行い，必要であれば輸入業者に対する指導も行う。

また，多種多様な輸入食品の衛生状況を幅広く監視するために，各年度ごとに定める「輸入食品監視指導計画」に基づき，検査のためのサンプリングも行っている。食品衛生監視員は港湾区域や，保管倉庫で輸入届出された食品の確認や，サンプリングを行うために，貨物の開梱や検体の運搬などを行うことから，体力も必要となる。

### ②検査(試験分析)業務

検疫所では，輸入食品のモニタリング検査等に係る試験分析や検疫衛生業務に係る検査を，高度な検査機器を配備した横浜，神戸両検疫所に設置された輸入食品・検疫検査センターおよび6検疫所の検査課で実施している。

検査（試験分析）業務は，大きく微生物検査と理化学検査に分類される。理化学検査では，有機溶媒などの薬品を扱う場合がある。

モニタリング検査については，年間計画に基づき，残留農薬，残留動物用医薬品，添加物，病原微生物，有毒有害物質等の検査を実施している。これらの検査を実施するため，輸入食品・検疫検査センターでは，ガスクロマトグラフ質量分析計や高速液体クロマトグラフ質量分析計，リアルタイムPCRなどの検査機器を備えている。

また，検疫所では，海外からの研修生の受入れ，海外への講師派遣による技術協力も実施している。

### ③検疫衛生業務

検疫所は全国に13か所の本所と14か所の支所があり，そのほか84か所の出張所がある。これらのすべての検疫所で検疫衛生業務を行っている。

国内に常在しない感染症（いわゆる検疫感染症およびその他，国民の健康上重大な影響を及ぼす感染症）の病原体が海外から侵入することを水際で防止するため，海外から来航する船舶，航空機およびその乗組員，乗客に対して検疫を行うとともに，必要に応じて病原体の検査を行い，患者を発見した場合には，隔離，停留および消毒等の防疫措置を講じる。

また，エボラ出血熱，中東呼吸器症候群（MERS）など感染の疑いのある入国者を発見するため，サーモグラフィーによる体温測定や，必要に応じてPCR装置による遺伝子検査等を行う。さらに，感染症を媒介

## 👤 人事担当者 から

「輸入食品が増加する状況の中で，国民の『食の安全』を確保することが検疫所の業務であり，そこで働く食品衛生監視員に課せられた使命です。輸入食品監視のスペシャリストとしての専門的知識も大切ですが，輸入業者と接する機会も多いことから，コミュニケーション能力や協調性が必要であり，とっさの場合の的確な判断能力も求められます。国民の『食の安全』は自分が守るという熱い心を持った方の受験をお待ちしています」 　　　　　（人事係）

するねずみ族や蚊族等の生息状況調査や病原体保有検査も実施している。また，検疫所では，動物からヒトに感染する動物由来感染症の侵入を防止するため，動物の輸入届出に係る審査等を行っている。

【配属・異動・昇任】

検疫所は，北海道から沖縄まで全国に設置されていることから，異動も全国規模となっており，おおむね約2年から3年ごとに異動がある。

また，厚生労働本省や地方厚生局などの部署にも，検疫所から出向して勤務することがある。

厚生労働本省では，健康・生活衛生局食品監視安全課輸入食品安全対策室を中心に，食品衛生監視員としての専門知識を活かした業務を行っている。

全国7か所にある地方厚生局の食品衛生課では，HACCPに基づく衛生管理手法の導入が求められている，米国，EU等に食肉等や水産食品を輸出する施設に対する査察・指導を行っている。また，輸入食品の検査を行う登録検査機関が登録基準を満たし，適正な検査を行っていることの確認業務も重要な業務である。

このほか，食品衛生監視員の専門知識が必要な行政各機関に配属される場合もある。

昇任については，輸入食品監視業務，検査業務，検疫衛生業務等の一定の実務経験を経て，努力次第で，検疫所の課長等へ昇任することができる。

【研修】

採用後は，検疫所業務の基礎的な知識を付与するとともに，国民全体の奉仕者としての国家公務員の使命と心構えを習得させることを目的とした初任者研修を実施し，食品衛生

法に関する知識の習得を目的とした食品衛生監視員特別プログラムを実施している。

その後も係員級，係長級など，それぞれの職務内容や段階に応じたさまざまな研修を行っている。

## 📂 食品衛生監視員採用試験

以下は令和6年度試験の情報に基づくデータです。

### 受験資格
①H6.4.2～H15.4.1生で，(1)大学において薬学，畜産学，水産学または農芸化学の課程を修めて卒業した者およびR7年3月までに当該課程を修めて卒業する見込みの者，(2)都道府県知事の登録を受けた食品衛生監視員の養成施設(H27.4.1前に厚生労働大臣の登録を受けた食品衛生監視員の養成施設を含む)において所定の課程を修了した者およびR7年3月までに当該課程を修了する見込みの者
②H15.4.2以降生で，(1)①の(1)に掲げる者，(2)都道府県知事の登録を受けた食品衛生監視員の養成施設(H27.4.1前に厚生労働大臣の登録を受けた食品衛生監視員の養成施設を含む)において所定の課程を修了した者またはR7年3月までに当該課程を修了する見込みの者であって，大学を卒業した者およびR7年3月までに大学を卒業する見込みの者

### 試験日程
受付期間…2月22日～3月25日(インターネット)
第一次試験日…5月26日(日)
第二次試験日…7月9日～17日
最終合格発表…8月13日

### 試験内容　○付き数字は出題数を表す
<一次試験>
基礎能力試験(択一式)…1時間50分，30問
　知能分野…24問(文章理解⑩，判断推理⑦，数的推理④，資料解釈③)
　知識分野…6問(自然・人文・社会に関する時事，情報⑥)
専門試験(記述式)…1時間40分，3題
　分析化学①または食品化学①のいずれか1題
　微生物学①または毒性学①のいずれか1題
　公衆衛生学①または食品衛生学①のいずれか1題
<二次試験>
人物試験　※人物試験の参考とするため，性格検査を行う

### 初任給
236,160円(東京都特別区内勤務の場合)

### 問合せ先
厚生労働省健康・生活衛生局感染症対策部企画・検疫課検疫所管理室人事・給与係
〒100-8916　東京都千代田区霞が関1-2-2
☎03-5253-1111(内線 2466)

### 過去3年間の実施結果

| 年度 | 申込者数 | 一次受験者数 | 一次合格者数 | 最終合格者数 |
|---|---|---|---|---|
| R 3 | 377 | 245 | 148 | 91 |
| R 4 | 402 | 274 | 168 | 104 |
| R 5 | 420 | 267 | 145 | 93 |

# 労働基準監督官

労働者の働く環境を守るため，
労働基準行政の第一線で活躍する労働基準監督官。
その仕事内容は変化に富んでいる。

| インターンシップ | 各都道府県労働局において実施 |
| --- | --- |

## 労働条件の確保と向上をめざして

労働基準監督官は，全国約5,500万人の労働者が安心して働ける職場環境を実現するために，労働条件の確保・向上や労働者の安全・健康の確保を図り，また，不幸にして労働災害に遭われた方に対する労災補償などの業務に当たっている。その活躍の主な舞台となるのは，全国各地に設けられた労働基準監督署である。労働基準監督官は，労働基準行政の第一線の場で主に次のような業務を行っている。

### ①監督指導業務

定期的にあるいは労働者からの相談などを契機として，事業場や工場などに立ち入り，機械・設備や帳簿などを検査して関係労働者の労働条件について調査を行う。法違反が認められた場合には，事業主などに対しその是正を指導するほか，危険性の高い機械・設備などについてはその場で使用停止などを命ずる行政処分を行う。

### ②司法警察業務

法違反の是正について指導されたにもかかわらず是正しないなど重大または悪質な事案については，司法警察官として，刑事訴訟法に基づいて捜査を行い，検察庁に送検する。

### ③安全衛生業務

労働安全衛生法などに基づき，事業場における安全衛生管理体制を確立し，労働者の安全と健康を確保するための措置が講じられるよう，技術的な指導や，機械設備の設置に係る届出審査などを行う。

### ④労災補償業務

労働者災害補償保険法に基づき，労働者の，業務上の事由または通勤による負傷，疾病，障害，死亡などに対して，請求された個々の事案ごとに必要な調査を行い，保険給付を行う。

このほかにも，窓口で労働者や事業主からの相談を受けたり，事業主などを集めて，労働者の労働条件の確保・向上のための説明会を実施しているほか，労働基準関係法令に係る許認可の審査など，多様な業務を行っている。

ときには作業服とヘルメットを着用して工場や工事現場を巡り，ときには窓口で労働者の訴えに耳を傾ける。悪質な違反事件があれば，捜査に乗り出し，労働災害が起これば，現場に駆けつけて調査に当たる。そのような多岐にわたる業務を，労働基準監督官一人ひとりが，オールラウンドにこなしていかなければならないのだから，その毎日はまさに変化の連続である。

労働基準監督官は，一般の公務員に比べると庁外業務が多く，さまざまな産業に接することができる。その点，好奇心・探究心の強い人向きの仕事だといえるだろう。

## 知識とバランス感覚を武器に

広範囲にわたる仕事を行っていくためには，当然，それに伴う幅広い知識が必要となる。労働基準監督官には，労働法はもちろん，刑法，民法，商法，刑事訴訟法といった法律知識に加え，工学，建築，土木，化学などの技術系の知識も求められる。

法律や技術系の専門知識を大学で学んだ学生にとっては，その知識を存分に活かすことができる格好の職場といえる。ただし，任官後もより広い分野にわたって，日々勉強を続ける姿勢が必要であることはいうまでもない。

また，知識も大切だが，それ以上に大切なものが，バランスのとれた正義感，常に「人間」と対峙している意識を持つことだ。

労働基準監督官は，常に労働者と事業主の間に立ちながら，判断の基準となる法律に照らして冷静な目で判断することが求められる。悩みや苦労は数多いが，その反面，問題が無事解決したときに得られる充実感には，ほかに代えられないものがある。

前述したように，労働基準監督官には特別司法警察員としての強い権限が与えられており，厳正に職務を遂行できるよう，一般の国家公務員とは異

 **人事担当者から**

「労働基準監督官は，労働者が安心して快適に働くことができる職場が増えるよう，日々業務に当たっています。働き方改革を推進するために，労働者や事業主からよく話を聞き，会社に対して指導を行っていますが，職場環境が改善されたときには，とてもやりがいを感じることができます。全国5,500万人の労働者とその家族が，あなたの活躍を待っています」（厚生労働省試験・採用担当）

なる特別の身分保障がなされている。こうしたところにも、その使命と責任の重さが表れているといえるだろう。

厳しい仕事ではあるが、女性の受験者も多く、近年、採用者の約40%近くを女性が占めている。待遇面での男女差もなくやりがいのある職場である。

現在、社会全体で働き方改革を進める中で、長時間労働の是正はもとより、労働条件の確保と改善が重要な課題となっており、労働基準監督官が行う監督指導業務が重要な役割を担っている。

また、不幸にして会社が倒産し、賃金が支払われていない労働者に対して、会社に代わって未払賃金の立替払いを行うなどの労働者の救済も、重要な役割の一つである。さらに、労働災害により、今なお多くの人々が被災しており、労働災害を防止することも、労働基準監督官の重要な役割の一つである。

このようなことから、法定労働条件の履行確保を図り、労働者の安全と健康を確保する役割を担う、労働基準監督官のさらなる活躍が期待されている。

【配属・異動・昇任】

採用後は、採用された都道府県労働局管内の労働基準監督署に配属され、その後、都道府県労働局を含め各局の管内を中心に随時異動する。異動は約1～3年ごとである。また、本人の希望に応じて厚生労働本省で勤務する選択肢もある。将来は努力次第で、都道府県労働局長、労働基準監督署長などの労働基準行政機関の幹部に昇任することができる。

【研修】

採用後1年間、監督関係業務に係る基礎研修・実地訓練を受ける。この中には、独立行政法人労働政策研究・研修機構労働大学校での中央研修（合計約2か月、一部オンラインにより実施）が含まれる。

# 📁 労働基準監督官採用試験

以下は令和6年度試験の情報に基づくデータです。

## 受験資格
①H6.4.2～H15.4.1生の者
②H15.4.2以降生で、R7年3月までに大学を卒業（見込）の者

## 試験日程
受 付 期 間…2月22日～3月25日（インターネット）
第一次試験日…5月26日（日）
第二次試験日…7月9日～12日
最終合格発表…8月13日

## 試験内容　○付き数字は出題数を表す
　労働基準監督官採用試験には、法文系の労働基準監督Aと理工系の労働基準監督Bの2区分がある。なお、最終合格者発表後、全国の各都道府県労働局において面接を行い、各局ごとに採用者が決定される。
＜一次試験＞
基礎能力試験（択一式）…1時間50分、30問　※A・B共通
　知能分野…24問（文章理解⑩、判断推理⑦、数的推理④、資料解釈③）
　知識分野…6問（自然・人文・社会に関する時事、情報⑥）
専門試験（択一式）…2時間20分、40問
　[A] 必須問題…12問（労働法⑦、労働事情⑤）
　　選択問題…36問中28問選択（憲法・行政法・民法・刑法⑯、経済学・労働経済・社会保障・社会学⑳）
　[B] 必須問題…8問（労働事情⑧）
　　選択問題…38問中32問選択（工学に関する基礎㊳）
専門試験（記述式）…2時間、2題
　[A] 労働法、労働事情
　[B] 必須問題…1題（工業事情）
　　選択問題…3～5題中1題選択（工学に関する専門基礎）
＜二次試験＞
人物試験　※人物試験の参考とするため、性格検査を行う
身体検査（主として一般内科系検査）

## 初任給
237,480円（東京都特別区内勤務の場合）

## 問合せ先
厚生労働省労働基準局総務課人事係・監督課監督係
〒100-8916　東京都千代田区霞が関1-2-2
☎03-5253-1111（内線 5629・5581）
URL　https://www.mhlw.go.jp/general/saiyo/kantokukan.html

## 過去3年間の実施結果

| 試 験 区 分 | 年度 | 申込者数 | 一次受験者数 | 一次合格者数 | 最終合格者数 |
|---|---|---|---|---|---|
| 労働基準監督A（法文系） | R 3 | 2,224 | 1,217 | 1,050 | 336 |
| | R 4 | 2,254 | 1,216 | 1,077 | 319 |
| | R 5 | 2,432 | 1,146 | 968 | 298 |
| 労働基準監督B（理工系） | R 3 | 669 | 411 | 368 | 160 |
| | R 4 | 668 | 409 | 379 | 144 |
| | R 5 | 525 | 273 | 239 | 115 |

# 航空管制官

適切な指示と誘導によって,
航空機の安全な航行をサポート。
秩序ある空の交通を
支える陰の主役。

| インターン<br>シップ | 募集:------<br>実施:------ |
|---|---|

## 過密化する大空の交通整理

　航空産業の発展は目覚ましく,新型コロナウイルス感染症が世界的に広がる前は,訪日外国人の増加,LCC参入による需要増等により,輸送実績が増加していた。平成30年度は国内旅客が1億390万人,国際旅客が2,339万人となり,過去最高の輸送実績となった(「国土交通白書2020」より)。

　アフターコロナの時代においては,再びこうした増加が見込まれている。過密状態にある空で,しかも時速1,000km前後の高速で飛ぶ航空機がスムーズに航行できるのは,適切に誘導してくれる航空管制官がいるからであり,その意味で,航空管制官は空の安全を守る主役といえる。

　航行中の航空機にさまざまな形の援助をする業務全体を総称して「航空交通業務」と呼ぶが,その目的には次の5つが掲げられている。

　①航空機相互の衝突を防止すること。②飛行場走行区域内にある障害物と航空機の衝突を防止すること。③航空交通の秩序ある流れを維持,促進すること。④安全かつ効率的な飛行に有用な助言および情報を提供すること。⑤捜索・救難の援助を必要とする航空機について適当な機関に通知すること,そして必要な場合はその機関の援助をすること。

　以上の業務のうち,①,②および③の目的を達成するための業務を管制業務と呼び,④の目的を達成する業務を飛行情報業務,⑤の目的を達成する業務を警急業務と呼ぶ。ただし,これらはあくまで規則上の分類で,実際にはこれらの業務が同時に行われている。

　航空管制官の管制業務は,空港で行う管制業務と,航空交通管制部で行う管制業務とに分かれる。

　空港での業務は大きく分けて次の3つである。

### ㋐飛行場管制業務

　空港(飛行場)の管制塔において,離着陸する航空機や走行する車両等の動きを把握し,気象状況などあらゆる要素を判断しながら,離着陸の順序,時機,方法等を指示する業務。

### ㋑ターミナルレーダー管制業務(進入管制業務)

　着陸のために降下してくる航空機と,離陸して上昇する航空機とが錯綜する空港周辺空域(進入管制区)内を計器飛行方式により飛行する航空機に対し,レーダーを用いて進入,出発の順序,時機,経路,方式等の指示を行う。

### ㋒着陸誘導管制業務

　計器飛行方式により着陸する航空機に対し,レーダーを用いて,コースと高度を指示し,滑走路まで誘導する。

　一方,航空交通管制部の業務は,空港周辺空域を除く,福岡飛行情報区(FIR)を飛行するすべての計器飛行方式の航空機に対して行われる**航空路管制業務**である。

　飛行情報区(FIR)とは,各国の領空とは別にICAO(国際民間航空機関)によって定められた空域のこと。領空主権よりも,航空交通の円滑・安全な流れを考慮して設定されている。我が国は,福岡FIRを管轄し,東京・神戸・福岡の3つの航空交通管制部が担当している。

　航空交通管制部では,レーダーや無線による交信を通して,航空機の現在位置や高度を確認し,必要な指示を与える。また飛行前にパイロットから提出されたフライトプラン(飛行計画)をチェックし,クリアランス(管制承認)を出す仕事も行っている。

## 多くの人命を預かる重責

　たとえば航空交通管制部の航空管制官は,交替制勤務で24時間をカ

---

 **人事担当者から**

「航空管制官には,空の安全を守るという使命感・責任感と,仲間とともに業務を行ううえでの連帯意識や協調性が必要です。また,集中力と瞬時の決断力を要する職業だけに,緊張と緩和のバランス感覚が重要になってきます」
(国土交通省航空局交通管制部管制課)

バーしており，早朝勤務もあれば，夜勤もある。仕事のメインとなるのは，管制運用室でのレーダー画面による管制業務。画面上には，各航空機の現在位置はもちろん，機種，目的地，飛行高度等が表示される。

航空管制官は画面に表示された情報に加え，将来航空機がどの場所や高度になるか予測し，頭の中で組み立てることで，画面上に示された複数の航空機を，効率よく誘導している。ちなみに航空管制官の適性試験には，短期記憶能力や空間認識能力についての検査や航空管制シミュレーションによる検査が含まれている。

管制業務は，常時変化していく状況の中で，常に的確な指示を行うことが求められる。航空管制官は，航空交通の安全を守ること，効率を図ること，秩序を維持することの3つの柱を基本とした規程に従ったうえで，業務に当たることとなる。一つ一つの指示が安全に直結するだけに緊張感は大きく，それに耐えうる集中力が要求されると同時に，一点集中ではなく常に他の交通状況等も把握したうえで業務が実施できることも重要な適性の一つである。

また，3年に1回の英語能力試験や年1回の身体検査にパスしないと，以後の業務に就けなくなるため，自己管理や自己研鑽に努めることも重要となる。

【研修・配属・異動・昇任】

航空保安大学校で8か月間の基礎研修を終えた後，各地の管制機関に配属され，現場での訓練を重ねる。

航空管制官はさまざまな経験を積み重ねながら昇任していく。管制機関ごとに先任航空管制官（課長職相当）の下，基本的にはチームごとに次席航空管制官，主幹航空管制官，主任航空管制官が置かれている。

# 📁 航空管制官採用試験

以下は令和6年度試験の情報に基づくデータです。

## 受験資格
①H6.4.2〜H15.4.1生の者
②H15.4.2以降生で，R7年3月までに大学・短大・高専を卒業（見込）の者
※身体要件あり（視力，色覚，聴力等について）。その他航空管制業務遂行上支障のある方は不可

## 試験日程
**受 付 期 間**…2月22日〜3月25日（インターネット）
**第一次試験日**…5月26日（日）
**第二次試験日**…7月3日
**第三次試験日**…8月22日・23日
**最終合格発表**…10月2日

## 試験内容　○付き数字は出題数を表す
**＜一次試験＞**
基礎能力試験（択一式）…1時間50分，30問
　知能分野…24問（文章理解⑩，判断推理⑦，数的推理④，資料解釈③）
　知識分野…6問（自然・人文・社会に関する時事，情報⑥）
適性試験Ⅰ部（択一式）…45分，60問
　記憶についての検査…15問（示された図や記号，数値などを記憶するもの）
　空間関係についての検査…45問（空間的な方向や移動などの状態を判断するもの）
外国語試験（聞き取り）…約40分，10題
外国語試験（択一式）…2時間，30問
**＜二次試験＞**
外国語試験（面接），人物試験
※人物試験の参考とするため，性格検査を行う
**＜三次試験＞**
適性試験Ⅱ部…航空管制業務シミュレーションによる試験
身体検査，身体測定

## 初任給
207,972円程度（航空保安大学校における研修期間中）

## 問合せ先
人事院各地方事務局（所）および航空保安大学校 教務課（〒598-0047
大阪府泉佐野市りんくう往来南3-11 ☎072-458-3917）
URL　https://www.cab.mlit.go.jp/asc/index.html
航空管制官ホームページURL
https://www.mlit.go.jp/koku/atc/

## 過去3年間の実施結果

| 年度 | 申込者数 | 一次受験者数 | 一次合格者数 | 最終合格者数 |
|---|---|---|---|---|
| R 3 | 839 | 489 | 87 | 42 |
| R 4 | 808 | 428 | 163 | 85 |
| R 5 | 795 | 418 | 167 | 94 |

# 海上保安官

海洋国・日本の海を守る「海の警察官」であり「海の消防士」
複雑化・国際化する海上保安業務に対応するため、
陸海空の多様な業務に
携わるチャンスがある。

| インターン | 募集：------- |
|---|---|
| シップ | 実施：------- |

## 海上保安庁について

　我が国は北は北海道から南は沖縄まで、広大な領海や排他的経済水域等を有する世界屈指の海洋国家である。

　海上保安庁では、この広大な海の安全と治安の確保を図るため、犯罪捜査、海難救助、海洋環境の保全、自然災害への対応、海洋調査、海洋情報の管理・提供、船舶交通の安全確保など、日夜あらゆる現場で業務を遂行している。

　一方、近年、わが国周辺海域ではさまざまな変化が生じ、厳しい情勢が続いている。

　尖閣諸島周辺海域では、中国海警局に所属する船舶による領海への侵入が繰り返され、日本海の大和堆周辺海域では、外国漁船による違法操業が確認されている。

　このような中、海上保安庁では「海上保安能力強化に関する方針」に基づき、船艇・航空機の増強や新技術の活用、関係機関との連携・協力、人的基盤の強化などの取組みを推進することにより、海上保安能力を一層強化している。

　また、海上保安庁は、「自由で開かれたインド太平洋（FOIP）」の実現に向けて、法の支配に基づく自由で開かれた海洋秩序の維持・強化を図るとともに、各国海上保安機関に対する能力向上支援を行うほか、外国海上保安機関との連携・協力を推進している。

## 陸海空に多様な活躍の場

　海上保安官は、航海士や機関士、通信士といった船舶運航に携わる職種から、ヘリコプター・飛行機の飛行士、鑑識官や国際捜査官まで、多種多様な専門的な業務に携わる「海のスペシャリスト」だ。こうした現場任務

以外にも、本庁や各管区海上保安本部では、政策の企画立案や総合調整、広報や人事といった総務業務、経理補給業務、船舶・航空機の建造や装備に関する技術業務などを担っている。

　なかには、特殊な訓練を経て高度な専門技術を駆使する専門職もある。たとえば危険物積載船の火災など特殊な海難事故での人命救助や消火活動に当たる「特殊救難隊」だ。ほかにも、海上災害防止に携わる「機動防除隊」、海上の航行管制を行う「運用管制官」などもある。さらに、昭和63（1988）年結成の「海上保安庁音楽隊」も擁し、庁内での式典や国家行事、海関連のイベントでの演奏のほか、定期演奏会も開いている。

　また海上保安庁はその専門性を活かし、外交官として、各国大使館に出向したり、JICAの技術協力プロジェクトの一環で海上安全、海上法執行などの支援のため専門家として発展途上国に派遣されることもある。

## 採用試験

　海上保安庁の採用試験は、幹部海上保安官を養成する、高校卒業程度を対象とした海上保安大学校学生採用試験（海上保安大学校〈本科〉）、大学卒業程度を対象とした海上保安官採用試験（海上保安大学校〈初任科〉）、現場第一線の海上保安官を養成する海上保安学校学生採用試験（4月・10月入学）、有資格者を対象とした海上保安学校（門司分校）の採用試験がある。

　令和4年度から、海上保安大学校学生採用試験の学科試験の出題内容が物理・化学を削除、数学・英語の2科目に変更された。

　また、令和6年度秋に実施される

---

### 👤📋 人事担当者から

「海上保安庁では、海を舞台に日夜業務に励んでおります。厳しい自然環境に立ち向かわなければならないときもありますが、仲間と一緒に困難を乗り越えることができたときの喜びはひとしおです。また、業務内容は多岐にわたり、海のみならず、陸、空とそれぞれに活躍の場がありますので、必ずあなたに合った仕事に会うことができます。

　ぜひ、一緒に日本の海を守りませんか!?」

※詳細は海上保安庁採用ホームページをご確認ください。

海上保安学校学生採用試験から「船舶運航システム課程」は「一般課程（航海コース・機関コース・主計コース・航空整備コース・通信コース）」となる。

一般課程では、「整備コース」は「航空整備コース」に名称変更し、「通信コース」が新設（情報システム課程は廃止）され、教育期間が2年から1年に短縮される。

【配属・異動・昇任】

採用後は海上保安大学校または海上保安学校に入校して初任教育を受ける。

卒業後は本人の希望や能力・適性を考慮し配属先が決定され、海上保安大学校の本科・初任科、海上保安学校の一般（航空整備コース）・管制・海洋科学・航空の各課程は全国転勤、一般課程（航空整備コースを除く）は管区内転勤となる。

海上保安学校卒業者が幹部要員に昇進するには、所定の実務経験を積んだ後、選抜試験を受けて海上保安大学校特修科（1年または6か月）に進むことにより、幹部へ登用される道が開かれる。

【研修】

採用後は海上保安大学校【本科（4年9か月）、初任科（2年9か月）】または海上保安学校【一般課程（1年）、管制課程（2年）、航空課程（1年）、海洋科学課程（1年）】に入校する。

海上保安大学校では、「海上保安庁の幹部職員に必要な学術および技能を教授し心身の錬成を図るとともに、海事政策に対する調査研究をすること」を目的とし、幹部海上保安官として複雑化・国際化している海上保安業務に対応するために必要な高度な専門能力を身につけるとともに、航海、機関、情報通信の各専攻に分かれ海技免状を取得するために必要

な海事系の専門知識を習得する。

海上保安学校では、「海上保安業務に必要な学術と技能の習得、併せて心身の錬成を行い、実践に即応できる海上保安官の育成」を目的としている。

一定期間の勤務の後、本人の希望、適性および課程等によって、一定期間の研修を経て潜水士、特殊救難隊、機動救難士、国際取締官（ロシア語、韓国語、中国語の通訳業務等）、航空機の整備士・通信士などの道へ進むことができる。

---

## 📂 海上保安官採用試験

以下は令和6年度試験の情報に基づくデータです。

### 受験資格

試験年度の4月1日における年齢が30歳未満の者かつ
①大学を卒業した者
②試験年度3月までに大学卒業見込の者
※身体要件あり（身長、体重、視力、色覚、聴力、四肢の運動機能について）

### 試験日程

**受 付 期 間**…2月22日～3月25日（インターネット）
**第一次試験日**…5月26日（日）
**第二次試験日**…7月9日～17日
**最終合格発表**…8月13日

### 試験内容　○付き数字は出題数を表す

**＜一次試験＞**
基礎能力試験（択一式）…1時間50分、30問
　知能分野…24問（文章理解⑩、判断推理⑦、数的推理④、資料解釈③）
　知識分野…6問（自然・人文・社会に関する時事、情報⑥）
課題論文試験…3時間、2題
　時事的な問題に関するもの…1題
　具体的な事例課題により、海上保安官として必要な判断力・思考力を問うもの…1題
**＜二次試験＞**
人物試験
※人物試験の参考とするため、性格検査を行う
身体検査、身体測定、体力検査

### 初任給

196,200円

### 問合せ先

海上保安庁総務部教育訓練管理官付試験募集係
（☎03-3580-0936）
URL https://www.kaiho.mlit.go.jp/recruitment/

### 実施結果

| 年度 | 申込者数 | 一次受験者数 | 一次合格者数 | 最終合格者数 |
|---|---|---|---|---|
| R 3 | 698 | 347 | 123 | 64 |
| R 4 | 622 | 289 | 132 | 63 |
| R 5 | 529 | 237 | 138 | 82 |

# 外務省専門職員

目まぐるしく変化する国際情勢の中,
専門的かつ実践的な知識と経験をもとに,
「顔の見える外交」をめざす。

| インターン<br>シップ | 募集:3月下旬〜4月上旬 |
| --- | --- |
| | 実施:7月下旬〜9月 |

## 外交官は
## 毎日が真剣勝負

日本外交の最前線で実際に働く外務省職員は,次のようにさまざまな活動をしている。

安全保障や経済問題などにおいて,広範な分野にわたる各国との絶え間ない交渉・協議で,日本の国益,相手国との外交関係全体,国際的なルールとの整合性などさまざまな側面を注意深くチェックしながらギリギリの妥結点を模索する。ある地域や国で紛争やクーデターなどが発生した場合,刻一刻と変わる現地情勢や関係各国の動きなどに関する情報収集を行いつつ,日本政府としての対応方針を立案する。海外在住あるいは旅行中の日本国民が思いもかけない事件・事故に巻き込まれた場合に,その国の当局と協力しながら邦人の安否の確認や安全の確保に奔走する……。

一見華やかなイメージのある「外交官」という言葉とは裏腹に,実際の外務省職員の業務は,相手国政府要人との接触,さまざまな現地関係者や公開情報を通じての情報収集,各種会談のセッティング,日本の文化や政策などについてのPR,在留邦人や旅行者の保護など,実に内容が幅広く,かなりハードなものである。こうした活動を支えているのが,外務省専門職員である。

## 地域・分野の
## プロフェッショナル

外務省専門職員は,特定の国や地域の言語,社会,文化,歴史など,また条約,経済,経済協力,軍縮,広報文化などへの深い知見を活かし,拡大する外交業務を第一線で支えている。

特に海外情報の収集や外交折衝の対象国が増加する中,現地語や現地事情に精通し,特定の分野への深い知見を有する専門職員の果たす役割は大きい。興味のある国や地域があって,その国や地域との接点を持ちながら幅広い分野で活躍したいという人には,最適の職場だといえる。

省内には男女差や学閥は一切なく,開かれた雰囲気がある。実力重視の職場なので,男女問わず自らの力を思う存分発揮することができる。

国際関係が複雑化かつ多様化している今日,外交の仕事には,外国との厳しい交渉において説得力を持って自国の立場を主張し任務を遂行する責任感や,相手国の交渉担当者に一目置かせる人間的魅力,途上国の苛酷な環境下でも勤務できるたくましさなども求められる。重要な責務を担い,どんな困難に対してもチームワークを発揮しながら果敢に立ち向かっていけるような人材が必要とされているのである。

### 【配属・異動・昇任】

新規採用者には各自の研修言語が割り当てられる。入省後は,まずは全員本省に配属され,外務省研修所での2度の集中的な研修と合わせて,通年での語学研修を実施しつつ1年あまりの外務本省(国内)での勤務に就く。

その後,原則として研修言語を履修するのに適した国にある在外公館に外交官補または領事官補として配属になる。その場合,館務に従事することなくその国の大学等で研修言語について2〜3年間の在外研修を受け,研修修了後は,そのまま館務に就くか,あるいは研修言語を国語(または通用語)とする別の国にある在外公館に配属になる。

異動はおおむね2〜3年ごとで,5〜6年おきに本省勤務と在外公館勤務を交互に繰り返すことが多い。

 人事担当者から

「国際関係の緊密化に伴い,外交の世界で扱われる分野の細分化が進み,外交官にも深い専門知識が求められており,国ごと,分野ごとの事情に通じたプロフェッショナルの役割は,より重要性を増しています。明るく協調性があり,何事にも積極的で,かつ広い視野を持って柔軟な考え方ができる人こそわれわれが求める人材です。われこそはと思う人は,ぜひ挑戦してみてください」
(外務省採用担当)

昇任は，本省の場合，事務官→主査→課長補佐→首席事務官，上席専門官，地域調整官などが一般的な例である。在外勤務では三等書記官→二等書記官→一等書記官→参事官などが一般的なパターン。能力および勤務成績に応じて昇任し，優秀な者については，大使，総領事など幹部への道も開かれている。

【研修】

採用後は外務省研修所（神奈川県相模原市）で約1か月間，語学研修，各種講義等を中心とした前期研修がある。

5月から翌年3月までは，本省内の各課に配属されて実務に従事しながら週2回の中期研修（語学研修）が行われる。その後4月から6月までは再び研修所で，語学研修，各種講義などの後期研修が行われる。

そして，在外公館に配属され，現地の大学等において在外研修を受けることになる。在外研修の期間は研修言語に応じて2〜3年間となっている。

割り当てられる研修言語は年度によって異なるが，2024年度試験合格者の場合は，おおむね次の外国語から選ばれる。

●英語，フランス語，ロシア語，中国語，朝鮮語，アラビア語，ドイツ語，スペイン語，ポルトガル語，インドネシア語，トルコ語，ペルシャ語，ベトナム語，カンボジア語，ラオス語，ヒンディー語，イタリア語，ノルウェー語，ハンガリー語，ヘブライ語，フィリピノ語，スロベニア語

## 📂 外務省専門職員採用試験

以下は2024年度試験の情報に基づくデータです。

### 受験資格

①H6.4.2〜H15.4.1生の者
②H15.4.2以降生で，R7年3月までに大学・短大・高専を卒業（見込）の者

### 試験日程

受 付 期 間…3月22日〜4月5日
第一次試験日…6月1日（土）・2日（日）
第二次試験日…7月16日〜25日
最終合格発表…8月14日

### 試験内容　○付き数字は出題数を表す

＜一次試験＞
基礎能力試験（択一式）…1時間50分，30問
　知能分野…24問（文章理解⑩，判断推理⑦，数的推理④，資料解釈③）
　知識分野…6問（自然・人文・社会に関する時事⑤，情報①）
専門試験（記述式）…各科目2時間
　必須：国際法，選択：憲法または経済学（各科目3題中2題を選択）
外国語試験（記述式）…2時間，4題
　外国語文和訳2題および和文外国語訳2題
時事論文試験…1時間30分，1題
＜二次試験＞
人物試験，外国語試験（面接），身体検査
※人物試験の参考とするため，性格検査を行う

### 初任給

235,440円（東京都特別区内勤務の場合）

### 問合せ先

外務省大臣官房人事課採用班
（〒100-8919　東京都千代田区霞が関2-2-1　☎03-3580-3311　内線2131）
URL　https://www.mofa.go.jp/mofaj/

### 過去3年間の実施結果

| 年度 | 申込者数 | 一次受験者数 | 一次合格者数 | 最終合格者数 |
|---|---|---|---|---|
| 2021 | 368 | 248 | 100 | 52 |
| 2022 | 335 | 233 | 105 | 55 |
| 2023 | 273 | 195 | 105 | 60 |

# 防衛省専門職員

グローバルな視野に立ち，
日本をベースにしながら
高い語学力と国際感覚を活かして，
日本の安全保障を担う。

| ワーク ショップ | 募集：12月〜1月 実施：2月 |
| --- | --- |

## 新たな危機の 時代に対応する

　我が国を含む国際社会は，今，ロシアのウクライナ侵略が示すように，深刻な挑戦を受け，新たな危機に突入している。中国，北朝鮮，ロシアが軍事力を増強しつつ軍事活動を活発化する中，我が国はその最前線に位置しており，我が国の今後の安全保障・防衛政策のあり方が地域と国際社会の平和と安定に直結すると言っても過言ではない。

　また，戦い方も従来のそれとは様相が大きく変化しており，大規模なミサイル攻撃，情報戦を含むハイブリッド戦の展開，無人アセットを用いた非対称的な攻撃，核兵器による威嚇等を組み合わせた新しい戦い方が顕在化している。

　このような現在の我が国を取り巻く安全保障環境を踏まえ，防衛省は新たな戦略文書を策定した。今，我が国自身の防衛体制の強化だけでなく，同盟国・同志国等と緊密に協力・連携する必要が，より一層増している。

## 事務官等と自衛官が 協力して働く

　防衛省・自衛隊は安全保障政策のあり方に関する政策の企画・立案を行う本省内部部局，防衛装備品に係る行政を担う防衛装備庁，自衛隊の統合運用に関する業務を実施する統合幕僚監部，最前線で我が国を防衛する陸上・海上・航空自衛隊，防衛行政の地方拠点である地方防衛局，日本の政府機関としては最大の情報組織である情報本部など，さまざまな組織で構成されており，日本の安全保障に万全を期している。防衛省・自衛隊といえば制服姿の自衛官のイメージが強いが，実際には一般の公務員と同じようにスーツで勤務する事務官等の職員が，本省内部部局等（東京・市ヶ谷）や全国各地の部隊・機関等で行政事務などを行っている。

　約2万1,000人の事務官等と約25万人の自衛官が強い信頼感で結ばれ，両者が一体となって初めて行政組織と実力組織の両面の能力が発揮できるのであり，事務官等と自衛官が，互いの特性をいかんなく発揮しながら勤務している。このように事務官等は，防衛省にとってなくてはならない存在である。その中でも，防衛省専門職員は，グローバルな視野に立ち，高い語学力と国際感覚を活かして，日本の安全保障を担うため，本省内部部局をはじめ，省内の各機関においてさまざまな業務に従事している。

## 幅広い分野で 語学力を活かした活躍

　防衛省専門職員採用試験は，英語，ロシア語，中国語，朝鮮語，フランス語，アラビア語，ペルシャ語，インドネシア語の8つの試験区分で実施されている（年度によっては実施しない区分がある）。

　本省内部部局で勤務する場合は，日米防衛協力，同志国等との連携，国際平和協力活動，防衛装備・技術協力，防衛装備品の調達，在日米軍および関連地方自治体との折衝等の安全保障行政や高官通訳に従事する。

　情報本部で勤務する場合は，国際関係，地域情勢（政治・経済・外交・文化・民族問題・最新技術等），軍事情勢に関する情報収集・分析等に従事する。

　陸上・海上・航空の各自衛隊で勤務する場合は，主として自衛官等への語学教育，在日米軍等との調整，通訳・翻訳等に関する業務，海外資料の収集整理・翻訳業務等に従事する。

 人事担当者から

「現在の国際情勢を踏まえると，どの国も一国だけで自国の安全を守ることは難しくなっており，さまざまな分野において各国と協力することが必要になっています。そのような中で，語学力とグローバルな視野を活かして国内外のカウンタパートと円滑に調整し，日本ひいては世界の安全保障に貢献したいという想いを持っている方をお待ちしています！」

（防衛省大臣官房秘書課）

地方防衛局で勤務する場合は，在日米軍との折衝等に従事する。

現下の国際情勢を受け，近年，防衛省の活躍のフィールドはグローバルに著しく拡大・深化しており，高い語学力や国際感覚を必要とする国際業務が増大している。また，各機関の業務の例からもわかるとおり，専門職員は高い語学力だけでなく，安全保障に関する深い知識や行政能力も求められ，責任は重大であるが，そのぶん，非常にやりがいのある職務である。

**【配属・異動】**

最終合格後，本人の採用希望機関や勤務地等を考慮したうえで各採用予定機関との面談を経て，おおむね試験翌年の4月に各機関等に採用される。

異動については，機関ごとに異なるが，個人の能力向上および組織の活性化を図るため，おおむね2～3年のサイクルで異動が行われる。なお，すべての異動において転居を伴うわけでなく，同一勤務地内での異動や近傍の勤務地への異動もある。

また，防衛省内のみではなく他省庁への出向の機会もあるほか，海外勤務や長期・短期の海外出張もある。

**【昇任・研修】**

本人の能力に応じ，係員級→係長級→課長補佐級等と昇任していく。

防衛省では，充実した研修制度により個々の能力の向上を図っている。部外に委託して行う通訳研修・語学研修，国内外留学の機会や，役職に応じた研修も多数用意されている。

---

## 📁 防衛省専門職員採用試験

以下は2024年度試験の情報に基づくデータです。

### 受験資格

①H6.4.2～H15.4.1生の者
②H15.4.2以降生で，R7年3月までに大学・短大・高専を卒業（見込）の者

### 試験日程

受 付 期 間…4月1日～15日（インターネット）
第一次試験日…5月26日（日）
第二次試験日…7月8日～12日のうち指定する日
最終合格発表…7月29日

### 試験内容　○付き数字は出題数を表す

**＜一次試験＞**
基礎能力試験（択一式）…1時間50分，30問
　　知能分野…24問（文章理解⑩，判断推理⑦，数的推理④，資料解釈③）
　　知識分野…6問（自然・人文・社会に関する時事，情報⑥）
専門試験（記述式）…2時間，5題
　　※試験区分は英語，ロシア語，中国語，朝鮮語，フランス語（募集区分は年度により異なる）
論文試験…1時間
**＜二次試験＞**
口述試験　※口述試験の参考とするため，性格検査を行う
身体検査

### 初任給

235,440円（東京都特別区勤務の場合の一例）

### 問合せ先

防衛省 大臣官房秘書課 試験企画係
（〒162-8801 東京都新宿区市谷本村町5-1 ☎03-3268-3111）
および各地方防衛（支）局
URL　https://www.mod.go.jp/

### 2023年度防衛省専門職員採用試験実施結果

| 試 験 区 分 | 申込者数 | 一次受験者数 | 一次合格者数 | 最終合格者数 |
|---|---|---|---|---|
| 英語 | 242 | 171 | 123 | 98 |
| ロシア語 | 19 | 16 | 5 | 2 |
| 中国語 | 27 | 17 | 8 | 6 |
| 朝鮮語 | 21 | 17 | 9 | 9 |
| フランス語 | 9 | 6 | 5 | 5 |
| アラビア語 | 5 | 5 | 4 | 3 |
| 計 | 323 | 232 | 154 | 123 |

# 裁判所職員

司法の現在(いま)を支え,
よりよい司法の未来を創る仕事。

| ワーク ショップ | 詳細は裁判所ウェブサイトを ご確認ください。 |
|---|---|

## 裁判実務を支える スペシャリストたち

裁判所の仕事は,そこに持ち込まれる一つ一つの事件に真剣に向き合い,公正・中立な立場から紛争の解決に全力を注ぐこと。

日々,裁判所に持ち込まれる膨大な数の事件の背後には,それぞれの人間模様があり,一つとして同じものはない。

機械的に法を適用するのではなく,当事者の声に耳を傾け,ときには現場に赴き,可能な限り当事者が納得できる解決方法を模索する。それが司法権を担う裁判所の使命である。一見無機質に思える司法の世界だが,本当は熱い情熱を持った多くの職員たちによって支えられている。

裁判所が求めているのは,利用者の目線に立って,熱意を持って仕事に取り組み,ときに柔軟な発想力で困難を乗り越えることのできる人材である。

ここでは,裁判実務を支えるスペシャリストとして裁判所書記官,裁判所事務官,家庭裁判所調査官の3つの官職を紹介する。

裁判所 採用X

さいたん

# 裁判所書記官・裁判所事務官

**円滑な裁判運営を支え,よりよい司法サービスを提供する法律専門職**

## 専門的知識を活かして 裁判の円滑な進行に貢献

裁判所書記官は,法律の専門家として固有の権限を有する法律専門職であり,その事務は,期日の準備,法廷での立会と調書の作成,判決書の送達など,訴訟の開始から終了に至るあらゆる手続に及ぶ。

弁護士や検察官と打合せを行うなどして,裁判の円滑な進行を確保するのも重要な役割である。

特に,マスコミなどで大きく取り上げられるような事件では,傍聴券の交付や警備が必要になることもあり,必要な部署と連携しながら,臨機応変な対応が求められる。

また,社会の高齢化や景気の動向などによる時代のニーズに応えるため,後見手続や執行,破産手続など,法廷外でもその高い専門知識を活かして活躍している。

## 裁判所の窓口として

裁判所事務官は,裁判所書記官のもとで,各種の裁判事務に従事する。

具体的には,来庁者への手続の説明,法廷での当事者や証人の出頭確認,裁判関係書類の発送などを行う。

当事者や証人と直接接する機会が多く,複雑な手続をわかりやすく説明したり,緊張をほぐすためのコミュニケーション能力が必要になる場面も多い。

裁判所事務官として採用された後,裁判所職員総合研修所入所試験に合格すると,約1年から2年の研修を経て,裁判所書記官に任官できる。

裁判所書記官になると,職務の幅も広がるため,多くの裁判所事務官が任官をめざして頑張っている。

## 事務局でも活躍

裁判所事務官は,裁判部で活躍するほか,総務課,人事課,会計課などの事務局で司法行政事務に従事することがある。

事務局では,それぞれの職員が,司法の最前線である裁判部での経験を活かし,人的・物的な面で裁判部を支援することにより,よりよい司法サービスを提供するために日々奮闘している。

# 家庭裁判所調査官

家庭や非行の問題解決に導く行動科学分野のプロフェッショナル

## 家庭内の紛争解決や非行少年の立ち直りに向けて

　家庭裁判所は，夫婦や親族間の争いなどの家庭に関する問題を解決するほか，非行を起こした少年について処分を決定する。家庭裁判所で扱う事件は，法律的な解決を図るだけでなく，事件の背後にある人間関係や環境を考慮した解決が求められる。家庭裁判所調査官は，裁判所という法律の世界において，心理学，社会学，社会福祉学，教育学といった行動科学等の専門的な知識や技法を活用し，家庭内の紛争解決や非行少年の立ち直りに向けた調査活動を行う。裁判官や裁判所書記官等と協働して，適正・迅速な家庭裁判所の審理を支える。

　離婚や子どもを巡る争いなどの家庭問題（家事事件）を扱う家事係に配属された家庭裁判所調査官は，当事者や関係者等と面接し，事実の調査をしたり，調整を行ったりする。子どもと面接したり，家庭訪問をしたりして，子どもの考えや思いを聴取したり，子どもの心身の状況等を調査し，その結果を裁判官等に報告

するほか，両親にも伝え，子どもの福祉を優先した解決方法を提言することもある。一方，少年による非行（少年事件）を扱う少年係に配属された家庭裁判所調査官は，少年や保護者と面接したり，学校，児童相談所等の関係機関と調整を図ったりして，少年が非行に至った原因を分析し，少年の立ち直りに向けた解決策を探る。少年や保護者に対し，教育的な働きかけを行って，少年に家族や社会とのつながりを感じさせたり，社会的な視点から自分の非行を考えさせたりもする。

　どちらの係に配属されても，法律関連のほか，行動科学等の専門的な知識や技法が求められるが，いずれも，採用後の研修環境が充実しているため，積極的に学ぼうとする姿勢があれば，法律学や行動科学以外を専攻した人であっても職務に必要な知識を身につけられる環境が整っている。

## 事件の背後にある問題を見極める

　離婚，親権，離れて暮らす親と子どもの面会交流，児童虐待等に関する家事事件は，解決が困難なものも増えている。また，少年による重大事件が社会で大きな関心を集めるようになっている昨今，非行を起こした少年のみならず，保護者や家庭環境，複雑な環境を生み出している社会背景な

どに対しても，国民の関心が高まっている。法律的な枠組みの中にあって，行動科学という独自の専門性を活用し，事件の背後にある人間関係や環境を踏まえた問題解決をめざす家庭裁判所調査官の重要性はますます高くなっている。

## 事務局でも活躍

　家庭裁判所調査官は，総合職であり，事務局で司法行政事務に従事することもある。

　家庭裁判所調査官としての実務経験を活かしながら，裁判部を支える事務局において各種企画立案等の業務を行うなど，裁判所全体の運営にも参画している。

## 家庭裁判所調査官という仕事の魅力

　家庭裁判所調査官は，さまざまな悩みを抱える当事者と向き合い，その人生を大きく左右するような重要な局面に立ち会う。紛争や問題の渦中にある当事者から話を聴くためには，相手に真摯に向き合い，相手の話に耳を傾ける姿勢が重要である。そのうえで，事実関係を正確に把握し，解決や更生のために何が重要かを見極めることが家庭裁判所調査官の役割である。それゆえに，重要な職責を担っているが，家族にとってよりよい解決が図られたり，少年の変化や成長を感じられたときには，充実感ややりがいを強く感じられる仕事である。家庭裁判所調査官は，これら一つ一つの出会いの中で，自分自身も多くのことを学び，思案していく。仕事を通じて，社会に貢献するだけでなく，自分自身の成長を実感することができる。それも家庭裁判所調査官の仕事の魅力の一つである。

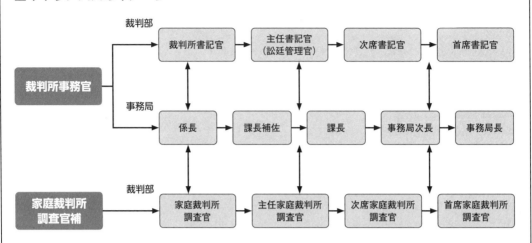

■キャリアパスのイメージ

採用試験の種類（総合職試験・一般職試験）にとらわれることなく，成績主義・能力主義に基づく人事管理が徹底されている。日々のOJTや研修等によりスキルアップを図ることができ，職員の意欲と能力に応じた多様なキャリアパスが開かれている。

昇進の具体的イメージは上のとおり。異動・昇進は裁判部と事務局相互間でも行われる。

**【配属・異動・昇任】**

総合職試験（裁判所事務官）または一般職試験（裁判所事務官）で採用されると，裁判所事務官として裁判事務や司法行政事務に従事することになる。

一定期間勤務した後，裁判所職員総合研修所入所試験に合格すると，約1年から2年の養成課程を履修し，その修了後に裁判所書記官に任命される。

勤務地は，採用を希望する勤務地を管轄する高等裁判所の管轄区域内であり，異動のローテーションはおおむね3年を目安に行われる。

採用された裁判所の所在する都道府県内の異動が一般的だが，上位ポストに昇進するにつれて県単位を異にした異動が行われることもある。

一方，総合職試験（家庭裁判所調査官補）で採用されると，家庭裁判所調査官補として約2年間の養成課程を履修し，その修了後に家庭裁判所調査官に任命される。

勤務地は，本人の希望や裁判所の欠員状況を踏まえ，全国の各家庭裁判所の中から決定される。

いずれの職種においても，勤務成績や本人の希望状況を踏まえ，最高裁判所での勤務を経験する場合もある。

**【研修】**

採用後は，採用庁や研修所で，職種やキャリアに応じた研修を受けることになる。

新採用職員に対する職務知識付与のための研修や基礎的な法学知識を付与するための研修など，その内容は多岐にわたるが，なかでも，埼玉県和光市に広大な敷地と専用設備を有する裁判所職員総合研修所で行われる裁判所書記官養成課程研修および家庭裁判所調査官養成課程研修は，1～2年という長い時間をかけ，専門職として必要な知識や技能を身につけられるよう，充実したカリキュラムが組まれている。

養成課程研修生は，全国から集まった仲間とともに，切磋琢磨しながら研修に励んでおり，裁判所書記官と家庭裁判所調査官という職種の垣根を超えた交流も行われている。

## 人事担当者から

「裁判所職員になるためには，大学で法律学や心理学を学んでいなければならないと思われがちですが，実際は，経済学部，文学部，教育学部，理学部等，さまざまな学部出身者が活躍しています。裁判所は，研修環境が非常に充実しており，全員が基礎から学べるところが特徴です。また，休暇が取りやすく，ワークライフバランスが実現できることも大きな魅力です。司法の世界に興味を持たれた方は，各地の裁判所で開催しているワークショップや説明会へ参加してみませんか」

（最高裁判所事務総局人事局総務課）

#  裁判所職員採用試験

以下は令和6年度試験の情報に基づくデータですが，試験内容については，令和7年度からの変更を反映しています(下線は該当箇所)。

## 【総合職(大卒程度区分)】※院卒者区分もあり。

### 受験資格
①H6.4.2～H15.4.1生の者
②H15.4.2以降生で，R7年3月までに大学を卒業(見込)の者

### 試験日程
受 付 期 間…3月15日～4月8日(インターネット)
第一次試験日…5月11日(土)
第二次試験日…6月8日(専門記述式試験・政策論文試験)
　　　　　　　【裁判所事務官】6月10日～21日(人物試験)
　　　　　　　【家庭裁判所調査官補】6月10日～24日(人物試験)
第三次試験日…【裁判所事務官】7月16日・17日
最終合格発表…【裁判所事務官】7月31日
　　　　　　　【家庭裁判所調査官補】7月11日

### 試験内容　○付き数字は出題数を表す
●裁判所事務官
＜一次試験＞
基礎能力試験(択一式)…2時間20分，30問
　　知能分野㉔，知識分野⑥
専門試験(択一式)…1時間30分，30問
　　必須問題…憲法⑩，民法⑩
　　選択問題…刑法⑩，経済理論⑩または行政法⑩
＜二次試験＞
専門試験(記述式)…1時間(憲法①)，2時間(民法①，刑法①)
政策論文試験(記述式)…1時間30分，1題
人物試験(個別面接)
＜三次試験＞
人物試験(集団討論，個別面接)

●家庭裁判所調査官補
＜一次試験＞
基礎能力試験(択一式)…2時間20分，30問
　　知能分野㉔，知識分野⑥
＜二次試験＞
専門試験(記述式)…2時間，15題中2題選択
　心理学③，教育学③，福祉③，社会学②，法律学(民法②，刑法②)
政策論文試験(記述式)…1時間30分，1題
人物試験Ⅰ，人物試験Ⅱ

## 【一般職(裁判所事務官，大卒程度区分)】

### 受験資格
①H6.4.2～H15.4.1生の者
②H15.4.2以降生で，R7年3月までに大学・短大・高専を卒業(見込)の者

### 試験日程
受 付 期 間…3月15日～4月8日(インターネット)
第一次試験日…5月11日(土)
第二次試験日…6月10日～7月8日(人物試験)
最終合格発表…7月31日

### 試験内容　○付き数字は出題数を表す
＜一次試験＞
基礎能力試験(択一式)…2時間20分，30問
　　知能分野㉔，知識分野⑥
専門試験(択一式)…1時間30分，30問
　　必須問題…憲法⑩，民法⑩
　　選択問題…刑法⑩，経済理論⑩または行政法⑩
＜二次試験＞
論文試験(小論文)…1時間，1題
人物試験(個別面接)

### 初任給
(東京都特別区内勤務の場合)
総合職　院卒者：268,920円，大卒程度：240,840円
一般職　大卒程度：235,440円

### 問合せ先
最高裁判所事務総局人事局総務課職員採用試験係
☎03-3264-5758(直通)

　総合職試験(裁判所事務官，院卒者区分・大卒程度区分)には特例制度があり，受験申込みに際して特例を希望し，同試験の各試験科目を有効に受験すると，同試験に加え，一般職試験(裁判所事務官，大卒程度区分)の受験者としても合否判定を受けることができる。

## 令和5年度の実施結果

※一般職は特例申込者を含む。

| 試験区分 | | | 申込者数 | 一次受験者数 | 一次合格者数 | 最終合格者数 |
|---|---|---|---|---|---|---|
| 総合職 | 裁判所事務官 | 院卒者区分 | 72 | 44 | 32 | 6 |
| | | 大卒程度区分 | 557 | 351 | 156 | 19 |
| | 家庭裁判所調査官補 | 院卒者区分 | 133 | 117 | 59 | 14 |
| | | 大卒程度区分 | 561 | 454 | 240 | 61 |
| 一般職(裁判所事務官) | | 大卒程度区分 | 11,469 | 8,575 | 5,292 | 2,351 |

# 衆議院事務局職員

国権の最高機関である衆議院において
国の最終意思決定に立ち会い
政治の最前線を支える仕事。

| インターンシップ | 募集：実施の予定 |
|---|---|
| | 実施：HPで要確認 |

## 国の最終意思決定過程を支える

衆議院事務局職員は，国権の最高機関の一翼を担う衆議院を補佐する，「国会で働く公務員」である。

衆議院は，国の予算や法律案の審議，国政に関する調査，請願の受理・審議等を通じて，日々この国の最終意思決定を行う。その意思決定の過程をさまざまな面から支えているのが衆議院事務局である。

時代の流れの真っただ中に身を置いて，国の方向を決める議論に立ち会うことができるのは，まさに国会職員ならではの魅力。配属先によっては入局1年目から本会議や委員会に携わる機会もあり，国会ならではの緊迫感を若手のうちから間近で感じることができる。

## 多彩な経験を活かしたさまざまな業務

衆議院事務局職員の職務は幅広いが，会議運営部門，調査部門，そしてその他の部門に大別できる。

会議運営部門には議事部と委員部が該当する。本会議および委員会において，議長や委員長を政治的に中立な立場から補佐し，会議が公正・円滑に実施されるようサポートしている。議事手続に関する事務や会議に関する資料作成のほか，各会派，各省庁など関係各方面との連絡調整など，会議運営全般に関する事務を行っている。

調査部門には調査局が該当する。調査局は，委員会活動や議員活動を内容面から支えている。その業務として，委員会活動に伴う調査（各委員会における議案などの審査や国政調査に資するもの）や議員からの依頼による調査（施策の実施状況や条文解釈などの説明，質疑のための資料作成など）などが挙げられる。

その他の部門としては，正副議長・事務総長を支える秘書課，議員外交や国際会議に係る事務を行う国際部，人事・会計・厚生など職員のサポートや，施設・設備の管理等，衆議院のライフラインを担う庶務部・管理部などといった部署がある。

立法活動を補佐する組織ではあるが，その業務の幅広さから，法学部以外の学部出身者も多い。文系理系を問わず，どのような人でも自分が活躍できる場を見つけることができる。さらに，人事異動によってさまざまな分野の業務を経験できることから，多種多様なキャリアプランを描くことができる。

## ワークライフバランスの充実

衆議院事務局職員が働くのは国会議事堂およびその周辺であるため，国家公務員でありながら，基本的に転勤がない。これは将来設計がしやすいという大きなメリットの一つである。

また，「国会」と聞くと連日深夜におよぶ残業をイメージする人も多いだろうが，年次休暇の年間平均取得日数14.0日（行政官庁〈本府省〉は13.0日）（令和4年）と，霞が関の各省庁と比べてもワークライフバランスが整っている。国会開会中はよく働き，閉会中はよく休む，といったメリハリのある働き方ができるのが衆議院事務局の魅力である。

---

### 👤 人事担当者から

「議会活動の担い手は，国会議員，秘書，政府等さまざまです。衆議院事務局職員は議会活動を陰で支える立場ですが，なくてはならない存在です。さまざまな担い手とコミュニケーションをとりながら連携し，責任感を持ってともに議会を支えてくれる方をお待ちしています」

（衆議院事務局庶務部人事課任用係）

女性職員比率36.0％（令和5年1月1日現在），女性の育児休業取得率100％（令和4年度）という数字が示すように，多くの女性が仕事を諦めることなく出産・育児を乗り越え，職場での活躍を続けている。男性の育児休業取得率も年々増加しており，男女ともに，家庭も仕事も大切にできる環境が整った職場であることが伺える。

**【配属・異動・昇任】**

若い職員にはさまざまな経験を積んでもらう必要があるので，入局後しばらくは数年のサイクルで異動があり，その後は適性や希望などを考慮して配属先が決定されている。

昇任は原則的に国家公務員総合職（大卒）・一般職（大卒）採用者に準じた昇任制をとっており，一般的なラインとしては，係員→係長→課長補佐→主幹→課長→副部長→部長。調査室の場合は，調査員→次席調査員→首席調査員→専門員（調査室長）。

**【研修】**

入局直後に，国会職員として必要な基礎知識を学ぶため，例年1週間程度の独自の初任研修が行われている。その後も係員，係長級など役職ごとに受講する階層別研修が実施されている。

ほかにも英語研修などを行い語学力充実にも努めている。また，海外大学院や国内大学院などへの長期留学，行政府各省庁や在外公館への出向など，職員の視野を広げるためのさまざまな機会を用意している。

---

# 📁 衆議院事務局職員採用試験

以下のデータは令和6年度試験の情報に基づいています。

## 受験資格

**●総合職(大卒程度)・一般職(大卒程度)共通**
①H6.4.2〜H15.4.1生の者
②H15.4.2以降生で，R7年3月までに大学を卒業(見込)の者

## 試験日程

| | 総合職(大卒程度) | 一般職(大卒程度) |
|---|---|---|
| 受 付 期 間 | 2月22日〜3月7日 | 4月3日〜17日 |
| 第一次試験日 | 3月23日(土) | 5月25日(土) |
| 第二次試験日 | 4月16日(論文)<br>4月16日〜22日(面接) | 6月8日 |
| 第三次試験日 | 5月20日 | 7月16日〜23日 |
| 最終合格発表 | 6月上旬 | 9月上旬 |

## 試験内容

**●総合職(大卒程度)試験**
&lt;一次試験&gt;　基礎能力試験(択一式)…2時間，40問
　　　　　　　専門試験(択一式)…1時間30分，30問
　　　　　　　　必須問題…6問(憲法)
　　　　　　　　選択問題…45問中24問(行政法，民法，刑法，労働法，経済理論，経済政策・経済事情，財政学，統計学，政治学・行政学，国際関係)
&lt;二次試験&gt;　論文試験…2時間，2題
　　　　　　　　必須問題…1題(憲法)
　　　　　　　　選択問題…4題中1題(行政法，民法，経済学，政治学)
　　　　　　　個別面接
&lt;三次試験&gt;　口述試験

**●一般職(大卒程度)試験**
&lt;一次試験&gt;　基礎能力試験(択一式)…2時間，40問
　　　　　　　専門試験(択一式)…1時間30分，30問
　　　　　　　　必須問題…6問(憲法)
　　　　　　　　選択問題…45問中24問(行政法，民法，刑法，労働法，経済理論，経済政策・経済事情，財政学，統計学，政治学・行政学，国際関係)
&lt;二次試験&gt;　論文試験…2時間，2題
　　　　　　　　必須問題…1題(憲法)
　　　　　　　　選択問題…4題中1題(行政法，民法，経済学，政治学)
&lt;三次試験&gt;　集団討論，個別面接

## 初任給

総合職(大卒程度)：240,840円(地域手当を含む)
一般職(大卒程度)：235,440円(地域手当を含む)

## 問合せ先

衆議院事務局庶務部人事課任用係(〒100-8960　東京都千代田区永田町1-7-1　☎03-3581-5111)　e-mail　jssaiyou@shugiinjk.go.jp
URL　https://www.shugiin.go.jp/

## 過去3年間の実施結果

| 試験区分 | 年度 | 申込者数 | 一次<br>受験者数 | 一次<br>合格者数 | 最終<br>合格者数 |
|---|---|---|---|---|---|
| 総合職<br>(大卒程度) | R 3 | 165 | 101 | 33 | 2 |
| | R 4 | 172 | 111 | 40 | 2 |
| | R 5 | 179 | 161 | 51 | 2 |
| 一般職<br>(大卒程度) | R 3 | 445 | 314 | 123 | 14 |
| | R 4 | 543 | 404 | 199 | 14 |
| | R 5 | 623 | 366 | 157 | 12 |

# 衆議院法制局職員

衆議院に置かれた,
議員の立法活動を補佐する組織。
議会制民主主義の一翼を担う,
やりがいのある仕事。

| インターン<br>シップ | 令和7年2月中下旬<br>実施予定 |
|---|---|

## 少数精鋭の法律専門家集団

「衆議院法制局」は,衆議院議員の立法活動を法制的側面から補佐する組織である。初めて耳にする人も少なくないかもしれないが,旧統一教会被害者救済法,AV出演被害防止・救済法,新型インフル特措法改正案の修正など,社会的に関心の高い問題の解決につながる法律や修正も,衆議院法制局が立案を担当したものである。また,昨今話題とされることも多い憲法改正についても,衆議院法制局は,その国会における論議を全面的に支えている。日本国憲法によって「国権の最高機関」「国の唯一の立法機関」とされた国会が十分にその機能を発揮することができるよう,日本国憲法の施行と同時に創設された組織である。

衆議院法制局は,衆議院議長によって任命される法制局長をトップとした職員定員88名という小さな組織である。そのうち60～70名程度の立案を担当する職員は,それぞれ,法務委員会,財務金融委員会,厚生労働委員会といった衆議院の委員会別に担当分野を分けた12の課のいずれかに配属され,1つの課は課長を含めて5～6名で構成されている。一省庁の所管する領域を5～6名で担当することになるのであるから,一人ひとりの責任が大きい反面,大変やりがいのある職場でもある。

衆議院法制局の職務は,①衆議院議員が提案者になる法律案(いわゆる議員立法)の立案を中心として,②法律案に対する修正案の立案,③その他一切の憲法問題・法律問題に関する調査・回答と,極めて広範にわたる。①の議員立法や②の修正案に関しては,国会審議の際の議員の答弁補佐,さらには,法制面に関する答弁を当局が行うこともある。衆議院法制局は,議員立法の立案補佐機関にとどまらない,衆議院の法律顧問ともいうべき存在となっている。

## 議員の「政策」を「法律」にする

衆議院法制局の職務の特徴としては,第一に,議員がめざす政策について,「法律案」というかたちを作り上げていくという点が挙げられる。議員からアドバイスを求められることもあるが,あくまで,政策決定権を持つ議員をサポートしていく仕事である。

第二に,所属政党を問わず,すべての国会議員を法制的側面からサポートするという点が挙げられる。同じテーマについて,複数の議員から依頼を受け,同時期に内容の異なる複数の法律案を立案することも珍しくない。政治的な対立を背景とした,まさに「政治の最前線」ともいうべき現場に身を置くことの緊張感を味わうことはしばしばである。

われわれ議院法制局のサポートが加わって,さまざまな議員の政策が「法律案」というかたちになり,これを巡って議会で議論が繰り広げられ,最終的には国のあり方が決まる——衆議院法制局は,議会制民主主義の一翼を担う組織といっても過言ではないのである。

### ①議員立法の立案・審査

議員立法の立案作業は,議員本人や政党の政策立案スタッフから立案の依頼が持ち込まれることにより始まる。この段階で立法措置の内容が細部まで固まっていることはまれであり,議院法制局は,依頼者の政策意図を最大限実現するために具体的にどのような方策が最も有効,適切であるか,依頼者が検討するための素材を提供する。この素材をもとに依頼者と打合せを重ね,法制度の内容を確定させたうえで,条文を作成し,議員の「想い(=政策)」を「かたち(=法律)」に仕上げていく。そ

 **人事担当者から**

「衆議院法制局の仕事は,国政のあらゆる分野にわたって,国会議員を補佐してその政策を法律の形に作り上げる,非常にクリエイティブなものです。法律の専門知識はもとより,柔軟な構想力やコミュニケーション能力,そして何よりも知的な探求心が求められます。小規模な組織だからこそ,自分に与えられた仕事の意味や成果がはっきり見えます。衆議院法制局は,一人ひとりのマンパワーを大切にする職場です。皆様にお会いできることを楽しみにしています」
(衆議院法制局採用担当)

の後も政党の会議や国会審議の場で，引き続き依頼者をサポートする。

議員立法の立案については，法律的な素養はもちろんのこと，ときには，新たな時代の要請に対応した議員の依頼に応えるため，これまでにない法システムを構想する力，展開力が求められることもある。そして，何よりも，議会を支える気概・情熱が必要である。

### ②修正案の立案・審査

議員や政党の政策は，国会で審議中の法律案に対し手直しを求める修正の提案というかたちで示されることもある。修正案の立案作業自体は基本的には「法律案」の場合と同様だが，法案採決の直前になって政党間で修正協議が調い，かなりの時間的な制約の下での作業となることも少なくない。修正案の立案については，迅速かつ的確な法律判断・情勢判断も求められる。

### ③憲法問題・法律問題についての照会に対する調査回答

衆議院法制局の職務は，法律案や修正案の作成といった条文化作業を伴うものばかりではない。議員本人や政党の政策立案スタッフからの憲法問題・法律問題についての照会に対する調査回答，委員会の命を受けて行う「法制に関する予備的調査」など，多岐にわたる。

### 【配属・異動・昇任】

入局後は，おおむね2～3年程度を目安に各課を異動し，さまざまな分野の法律に携わることになる。キャリアを通じてかかわることができる分野が行政官庁と比べて極めて広範囲にわたる点が，衆議院法制局の特色といえる。

昇任は，原則的に，一般職の国家公務員の総合職採用者に準じた取扱いとなっている。

なお，原則として，衆議院の施設で勤務することになるため，引越しを要する転勤はない。

### 【研修等】

在宅勤務を積極的に取り入れる中，ワークライフバランスと業務水準の維持の観点を両立させるため，初任研修や立案業務研修を実施して，必要な知識や技能の効果的な取得を図っている。また，海外・国内の大学院への留学制度，語学研修制度等も設けられており，能力向上の機会にも恵まれた職場である。

## 衆議院法制局職員採用総合職試験

以下のデータは令和6年度試験の情報に基づいています。

### 受験資格

①H6.4.2～H15.4.1生の者
②H15.4.2以降生で，次に掲げる者
　a．R7年3月までに大学を卒業(見込)の者
　b．衆議院法制局長がaに掲げる者と同等の資格があると認める者

### 試験日程

受 付 期 間…1月26日～2月26日
第一次試験日…3月10日(日)
第二次試験日…3月20日
第三次試験日…個別に指定した日
最終合格発表…5月上旬

### 試験内容

<一次試験>
基礎能力試験(多肢選択式)…2時間
　一般知能(文章理解，判断推理，数的推理，資料解釈)
　一般知識(社会，人文，自然)
専門試験(多肢選択式)…2時間
　憲法，行政法，民法，刑法，労働法，経済学・財政学
<二次試験>
論文試験…4時間，3題
　憲法1題，行政法1題，民法1題
面接試験
※面接試験の参考とするため，性格検査を行う
<三次試験>
口述試験
　憲法を中心とする法律問題
面接試験

### 初任給

249,640円(地域手当等を含む)

### 問合せ先

衆議院法制局法制企画調整部総務課(衆議院第二別館9階)
〒100-0014　東京都千代田区永田町1-7-1　☎03-3581-1570
e-mail　sk0008@shugiinjk.go.jp
URL　https://www.shugiin.go.jp/housei/

### 過去3年間の実施結果

| 年度 | 申込者数 | 一次受験者数 | 一次合格者数 | 最終合格者数 |
|---|---|---|---|---|
| R4 | 72 | 59 | 12 | 2 |
| R5 | 103 | 91 | 21 | 2 |
| R6 | 178 | 113 | 20 | 2 |

# 参議院事務局職員

本会議や委員会審議の適正な運営，
国政調査権に基づく調査の実施など，
政治の最前線で働き，
議会制民主主義を支える。

| 体験プログラム | 募集:6月中旬〜7月中旬<br>実施:8月上旬 |

## 国政の最前線で活躍

国会職員のうち，参議院の活動を支えているのが，参議院事務局職員である。その職務を大別すると，「会議運営」「調査」「総務」の三部門に分けられる。

### ①会議運営部門…[本会議，委員会という檜舞台で働く]

〈議事部〉

**議事課**…最終的な意思決定機関である本会議の運営を支えている。具体的には，本会議の日程，内容について，議院運営委員会理事会等における協議の結果を踏まえ，憲法，国会法，参議院規則等の法規にのっとった運営が図られるようサポートしていく。本会議の日程・内容が固まると，各会派事務局・登壇する議員本人・政府側等と連絡，調整を行い，本会議中は議長をサポートする。また，議会制度に関する研究調査・参議院改革に関する事務，議院運営関係諸法規の制定，改廃および解釈にかかわる事務に携わる。

**議案課**…議長に提出される議案（法律案，予算，決算等）はすべて議案課を通して処理される。議長を補佐して，議案を受理し，それを適切な委員会へ付託し，その後も，審議状況を逐一把握し，本会議上程等の準備をしておく。本会議で可決成立した法律は，内閣を経由して公布を奏上することになるが，これも担当する。

**請願課**…請願書の受理，委員会への付託，採択された請願の内閣への送付および意見書・陳情書の受理等の事務を担当する。

〈委員部〉

委員会の運営では「意見の調整」と「ルールの遵守」が重要な課題となるが，この両面で委員長を補佐するのが委員部の運営スタッフで，主任（課長補佐），サブ（係長），サード（係員）の3名で構成される。なかでも主任は，「委員会運営の責任者」として，日々運営の最前線で活躍している。委員会は政治の場であり，国政のあり方や法案についての各会派の考え方が異なるのと同様，委員会の運営についても各会派の意見が対立することがある。そのため，委員会の日程や審査方法などさまざまな事柄についての意見の調整が必要になる。委員部の主任は，委員長はもちろん各会派の理事・委員と1対1で接し，公正かつ円滑に運営が行われるよう十分な調整を図っていく。

各会派の合意が形成されると，それに基づいて委員部の担当者は，委員長の発言草案の作成，各会派事務局や関係省庁との連絡調整などを行い，委員会に臨むことになる。

### ②調査部門…[政策立案を支援する議会シンクタンク]

議員が国会で質疑を行うとき，法案修正の協議，議員提出法案の作成等を行うときは事前にさまざまな角度からの検討が必要となる。このような議員の政策立案活動に必要な情報を提供するとともに，政策についての選択肢を提示するのが調査部門の役割である。

**常任委員会調査室**…参議院の各常任委員会には，それぞれ調査室がある。調査員は各分野のエキスパートとして法案等の論点を洗い出し，その結果を法案参考資料として議員に提供している。また，議員からの依頼を受け，さまざまな政策分野の調査，政策提言の裏づけデータの提供等を行うほか，議員提出法案の補佐や法案の修正案，決議案の原案作成等に携わりながら委員会，本会議の議論を支えている。

**特別調査室**…長期的かつ総合的な調査を行うため，参議院独自の機関として「外交・安全保障に関する調査会」「国民生活・経済及び地方に関

 **人事担当者から**

「国会議員をはじめ，多くの方と接する仕事ですから，フットワークがよく，協調性があり，バランス感覚の優れた方がいいですね。また，スペシャリストと思われがちですが，視野が広く豊富な知識経験を持った方が望まれます。国会で審議される事項は多種多様ですから，専攻にとらわれずにさまざまな方に受験してほしいと思います」

(参議院事務局人事課任用係)

する調査会」「資源エネルギー・持続可能社会に関する調査会」の３つの調査会が設置されており，その調査を主に担当。特別調査室は，調査報告書による政策提言や調査会提出法案の補佐など，調査会活動を支えている。

**憲法審査会事務局**…日本国憲法の改正原案の審議等，国の根幹にかかわる議論を支える役割を担う。

### ③総務部門…[参議院機能の最大化を図る]

　参議院の機能を最大限に発揮するために，組織の総合的な調整，議員や議員秘書に関する事務，広報活動や情報システム，院の国際交流，国際会議へ出席する議員の随行，施設の管理など，多角的に院の活動をサポートしている。

### 【配属・異動・昇任】

　採用後は３〜４年おきに異動し，会議運営，調査，総務の各部門をひととおり経験。その後，各人の能力や適性に応じた部門に就く。一般的なラインは，係員→係長→課長補佐→主幹→課長→副部長→部長。調査室の場合は，調査員→次席調査員→首席調査員→調査室長。国会で働くため，原則として転勤はない。

### 【研修】

　採用後約２週間，国会職員として必要な基礎知識を身につける研修があり，その後は配属先ごとに各種の研修を受ける。１年目の夏と冬にフォローアップ研修等を実施する。英語研修や海外派遣研修，大学院派遣研修にも力を入れているほか，他省庁，民間機関等が主催する外部の研修にも参加が可能。

## 📁 参議院事務局職員採用試験

以下のデータは令和６年試験の情報に基づいています。

### 受験資格

①H6.4.2〜H15.4.1生の者
②H15.4.2以降生で，次に掲げる者
　a. 大学を卒業した者およびR7年3月までに大学を卒業（見込）の者
　b. 参議院事務局がaに掲げる者と同等の資格があると認める者

### 試験日程

受 付 期 間…2月5日〜26日
第一次試験日…3月9日（土）
第二次試験日…4月9日（専門試験）
　　　　　　　4月9日〜12日（人物試験）
第三次試験日…6月上旬以降
最終合格発表…7月5日以降

### 試験内容　○付き数字は出題数を表す

**＜一次試験＞**
基礎能力試験（多肢選択式）…２時間，30問
　社会科学②，人文科学②，自然科学①，情報①
　文章理解⑩，判断推理・数的推理・資料解釈⑭
専門試験（多肢選択式）…２時間30分，80問中40問を選択（問題単位）
　憲法⑤，行政法⑩，民法⑩，刑法⑤，労働法⑤，経済政策⑤，経済理論⑩，経済事情・経済史⑤，財政学⑩，統計学・計量経済学⑤，国際関係⑤，政治学・行政学⑤
**＜二次試験＞**
専門試験（論文式）…２時間，７題中２題を選択
　憲法①，行政法①，民法①，政治学①
　経済理論①，財政学①，経済政策①
集団面接　※人物試験の参考とするため，性格検査を行う
**＜三次試験＞**
個別面接

### 初任給

240,840円（地域手当を含む）

### 問合せ先

参議院事務局人事課任用係
（〒100-0014　東京都千代田区永田町1-11-16　参議院第二別館
☎03-3581-3111〈大代表〉）
e-mail　jinjika@sangiin-sk.go.jp
URL　https://www.sangiin.go.jp/japanese/annai/saiyou/index.html

### 過去3年間の実施結果

| 試験区分 | 年　度 | 申込者数 | 一次合格者数 | 最終合格者数 |
|---|---|---|---|---|
| 総合職 | R 3 | 304 | 115 | 12 |
| | R 4 | 368 | 107 | 13 |
| | R 5 | 427 | 106 | 15 |

# 参議院法制局職員

参議院において,
議員の立法活動を補佐する
立法の世界の
プロフェッショナル。

| 令和6年度参議院法制局 | 募集:7月8日まで |
|---|---|
| 法案作成実習プログラム | (大学等経由) |
| (旧インターンシップ) | 実施:9月2日〜6日 |
| | ※詳細はHPに掲載 |

## 参議院において, 法制面から議員の活動を支える

参議院法制局は, 参議院において, 法制面から議員の活動を支えるため, 参議院事務局とは別に置かれている機関。法律に関する高い専門性を駆使して, ①議員立法の立案, ②修正案の立案, ③法制に関する調査等の法制面のサービスを議員に提供している。

参議院法制局は, 法制局長のほか75人の職員で構成されている。組織としては, 職員の任免権を持つ法制局長以下, 法制次長の統括の下に, 議員立法の立案等を担当する基本法制監理部・第1部から第5部まで・法制主幹および総務課が設置されている。各部には2つの課が置かれ, 各課の担当する立案等の事務は, 常任委員会などの所管に対応して割り振られている。

### ①法律案の立案

国の唯一の立法機関である国会に法律案を提出できるのは, 各議院の議員と内閣であり, このうち各議院の議員が法律案を提出して行われる立法を議員立法と呼ぶ。議員立法には, 議員が一定数の賛成者を得て発議するものと, 委員会がその所管に属する事項に関し委員長を提出者として提出するものなどがある。

議員立法が可決・成立するまでの一連の流れにおいて参議院法制局が果たす役割は, ①議員からの立案依頼の受理, ②現行法制度および行政の対応等の調査・依頼の趣旨にかなう合理的な施策等の検討, ③議員への回答・代替案の提示, ④法律案要綱の作成(立法政策の確定), ⑤条文化作業, ⑥法律案の局内審査・決裁・議員への手交, ⑦党内の会議等における説明の補佐, ⑧法律案の発議後の国会審議における議員の答弁補佐・法制面に関する質疑に対する答弁などである。

参議院法制局は, 依頼議員の政策の形成から法律案の立案およびその国会審議に至るまでの立法過程全般において法制的な面からサポートを行うという, 参議院議員の立法活動において極めて重要な役割を果たしている。

法律案の立案に当たっては, 法的に困難ではないかと思われる依頼であっても, 依頼の真意を酌み取って, 法的に問題なく, かつ, 議員が満足できる形に再構成して提示することも, 議員の立法活動に対する補佐機関としての参議院法制局の重要な職務である。法的な合理性を確保しつついかに依頼の趣旨を実現させるかが, 法律の専門家としての参議院法制局職員の腕の見せどころである。これらの職務を全うするため, 参議院法制局職員には, 経済・社会の変化を的確にとらえながら, 法律の専門家としての力量を発揮することが求められる。

### ②修正案の立案

国会に提出された法律案が審議される場合, その法律案の一部に変更を加えようとすることがある。この場合, 議員は, その法律案に対して動議という形で修正案を提出することができる。修正案には, さまざまなものがあるが, 政治的に問題となっている法律案について政党間の協議に基づき修正を行う場合や, 法律案の内容の一部について独自の政策を表明する場合など, 法律案の実質的な手直しを行うものが多くある。参議院法制局は, 参議院議員からの依頼を受けて, 修正内容について検討したうえで, 修正案の案文化の作業・審査を行う。これは, 基本的には法律案を作成する場合と同じである。修正案の作成の場合には, 法律案審議の最終局面となって初めて内容が確定し, 採決までの限られた時間の中で修正案を用意しなければならないことも多い。また, 一つの法律案に対していくつもの修正案が提出されることや, 与野党が対立し緊迫した場面で修正案が提出され

 人事担当者から

「参議院法制局では, 参議院の立法活動の補佐を通じて, 特定の分野に限られず, 幅広く, 深く法律に携わることができます。議員の持つさまざまな問題意識や価値観に触れながら, 法律案の立案という専門的かつ創造的な仕事を通して, 自身の能力を発揮してみませんか」 (参議院法制局採用担当)

ることもある。このため，参議院法制局職員は，修正案の作成に当たっては，特に政治情勢や各会派の法律案に対する態度を見極めて迅速かつ的確に対応することが求められている。

### ③法制に関する調査

参議院議員からの依頼に応じて法制に関する調査・回答も行う。議員からの依頼には，現行法令の解釈の確認，政策などの法的問題点の検討，学説・判例の調査・分析，国内・国外法令の調査・整理，法律案審議の際の法的な助言などさまざまなものがあり，これらの依頼について，法律に関する高い専門性を駆使して調査・回答を行うところが参議院法制局の特色である。これらの調査の結果，核心を突いた質疑等により有益な答弁が得られることや，立法による解決が必要になるとして議員立法につながることもしばしばある。参議院法制局職員は，議員からのさまざまな依頼に対し迅速かつ的確に対応することができるよう，日頃から，法律の専門家として，所管分野の法制度を中心に法制全般に高い識見を有するとともに，広く社会経済情勢に目配りすることが求められている。

### 【配属・異動・昇任】

身分は，国会職員（特別職の国家公務員）となる。勤務地は，出向等により，一時的に勤務地を異にする場合があるが，東京都千代田区永田町にある参議院の施設で勤務することとなる。原則として，引越しを伴う転勤はない。待遇は，中央省庁の総合職採用の職員と同等である。

### 【研修】

採用直後の2週間程度，参議院法制局職員あるいは公務員としての基本的な事項についてガイダンスを受ける。その後は，OJTにより，各配属課において実際に立案作業等に携わる中で，職務の経験を積んでいくことになる。採用後3年間は，経験豊富な担当者の指導の下に，若手職員がグループになり年次に応じた役割を分担して模擬的に立案作業を行う「立案研修」（通常国会閉会後3週間程度）がある。

一定年次を経過すると，行政庁等に出向し，自らの識見を深める機会がある。

また，人事院主催の行政研修等があり役職等に応じた研修に参加できる。

これらのほか，国内の大学院等において研究に従事し，立案調査業務に資する専門的知識を習得するための制度も設けられている。

---

## 📁 参議院法制局職員採用試験

以下のデータは令和6年度試験の情報に基づいています。

### 受験資格
①H6.4.2〜H15.4.1生の者
②H15.4.2以降生で，次に掲げる者
　a. 大学を卒業した者およびR7.3までに大学を卒業見込の者
　b. 参議院法制局長がaに掲げる者と同等の資格があると認める者

### 試験日程
**受付期間**…2月5日〜3月11日
　　　　　　　詳しくは参議院法制局ホームページ参照。
**第1次試験日**…3月20日（水）
**第2次試験日**…【論文試験】3月29日
　　　　　　　　【政策課題討議試験・面接試験】4月27日
**第3次試験日**…5月上旬以降の指定する日
**最終合格発表**…郵便で通知

### 試験内容
**＜第1次試験＞**
基礎能力試験（択一式）…70分，30問
　知能分野（文章理解，判断推理，数的推理，資料解釈）
　知識分野（自然・人文・社会に関する時事，情報）
専門試験（択一式）…80分，40問
　憲法，行政法，民法，刑法
**＜第2次試験【論文試験】＞**
論文試験
　必須科目…80分，憲法
　選択科目…80分，行政法，民法のいずれか
**＜第2次試験【政策課題討議試験・面接試験】＞**
政策課題討議試験
面接試験　※面接試験の参考とするため，性格検査を行う
**＜第3次試験＞**
面接試験

### 初任給
249,640円（地域手当等を含む）

### 問合せ先
参議院法制局総務課
〒100-0014　東京都千代田区永田町1-11-16
参議院第二別館（南棟）5階　☎03-5521-7729
URL　https://houseikyoku.sangiin.go.jp

# 国立国会図書館職員

世界に誇る蔵書を守り，駆使する。
国会と国民の情報ニーズに応え，
幅広いサービスを提供する
英知の宝庫の番人。

| インターン<br>シップ | 募集：-------- |
| --- | --- |
| | 実施：-------- |

## 世界有数の<br>一大情報センターが職場

国立国会図書館は，昭和23年2月，米国議会図書館を範にとった「国立国会図書館法」に基づいて設立され，同年6月5日に開館した。法律の前文には，「真理がわれらを自由にするという確信に立つて，憲法の誓約する日本の民主化と世界平和とに寄与することを使命として」と，その設立の理念が高らかにうたわれている。

同館の母体となったのは，明治23年に設立され，旧憲法下の帝国議会に属していた貴族院・衆議院の図書館と，明治5年に設立され，行政機関である文部省に属していた帝国図書館。このうち帝国図書館は内務省からの納本交付資料を中心に，明治以降の近代日本の出版物を広く収集していた。2つの図書館の蔵書は，そのほとんどすべてが国立国会図書館に引き継がれ，現在の蔵書の重要な基礎となっている。

当初は赤坂離宮（現迎賓館）で開館したが，その後昭和36年に現在地へ移転。昭和61年には新館が完成し，昭和43年に完成した本館と合わせ，建物延面積は14万8,000平方メートル，収蔵能力約1,200万冊と，世界でも有数の図書館となった。平成14年5月，児童書専門図書館である国際子ども図書館（東京都台東区）が全面開館し，同年10月，関西文化学術研究都市内（京都府相楽郡精華町）に関西館が開館した。その後の増築等もあり，現在の3施設の総収蔵能力は約2,400万冊を数える。

組織上は，立法府である国会に属し，衆・参両院議長，議院運営委員会の監督下にある。

館長の下に1名の副館長が置かれており，現在の館長・副館長を含む職員数（定員）は895人。一般の職員は，公開の試験によって補充される。

現在は東京本館（総務部，調査及び立法考査局，収集書誌部，利用者サービス部，電子情報部），関西館，国際子ども図書館および行政・司法各部門の支部図書館（27館）という組織構成になっている。行政・司法各部門の政府各省庁と最高裁判所に設置され，収集資料の分担，文献の貸借および調査活動の協力を行う支部図書館制度は，世界にも例のない独特のものである。

このように，国立国会図書館は日本を代表する図書館として，文化的資産の保存に努めるとともに，高度情報社会における一大情報センターとして，国内・外からの多方面にわたる要求に応え，より迅速かつ正確な情報提供に努めている。また，将来にわたるすべての利用者に多様な情報資源を提供する「ユニバーサルアクセス」の実現をめざし，恒久的なインフラとなる国のデジタル情報基盤の拡充を図っている。

## ユニークな機能を支える職員

国立国会図書館職員の主な仕事内容には，以下のようなものがある。

### ①立法調査

同館の全資料を基盤として，国会議員からの依頼に応じて，国政審議に必要な多方面の調査活動を行う。また，依頼に基づく調査に加え，国政課題となりそうなテーマを取り上げて，絶えず調査・研究を行っており，その成果をさまざまな刊行物として，国会議員に配布している。

### ②資料の収集と保存

国立国会図書館法の規定する納本制度に基づく国内資料の網羅的収集に努めるとともに，購入・寄贈・国際交換等の手段を通じて，外国資料の充実を図る。また収集した資料の保存に関する企画・調査・研究等を行う。

### ③資料の整理・提供，書誌の作成

収集した図書や雑誌，新聞等の整理・閲覧・複写サービス等に当たるほか，全国書誌や蔵書目録をはじめ

 **人事担当者から**

「当館には一般的な図書館のイメージとは異なるさまざまな業務があります。大学等で学んだ幅広い専門知識を立法調査やレファレンス・サービスで活かす機会もあります。社会全体の変化に対応して柔軟に能力を発揮できるような，従来の発想や枠組みにとらわれず，さまざまな課題に臆することなく前向きに取り組める人に受験してほしいですね」（国立国会図書館総務部人事課任用係）

とする基本書誌および各種の専門書誌の作成を行う。

### ④レファレンス・サービス

地方公共団体・調査研究機関・研究者等を含む一般公衆からの図書その他の資料の所蔵状況や書誌的事項の問合せ、参考文献紹介の依頼等に対して、電話や文書で回答する。

### ⑤図書館協力

国内の各種図書館・図書館関係団体に対し、図書館活動全般にわたる協力を行う。また国を代表して、国際機関および世界各国の図書館との活動協力や交流にも取り組んでいる。

### ⑥電子図書館サービス

各種蔵書目録のほか、所蔵資料を順次電子化し、著作権処理が完了したものをインターネット上で公開・提供する。また国内のウェブサイトやオンライン資料の収集・保存も行っている。

このほかに、総務・人事・会計等の一般事務の仕事があり、同館では、資料の閲覧・整理等に携わる職員を司書、立法調査業務に携わる職員を調査員、一般事務に携わる職員を参事と呼んでいる。

### 【研修・配属・異動・昇任】

採用後、まず約5日間の新規採用職員研修がある。2年目と3年目には基礎研修が、その後は職員の役職や段階に応じた研修がある。また、語学研修等の職員のスキル向上を目的とした研修もある。また1年に数名、各人がテーマを持って、国内外の大学院等に赴く留学制度もある。

昇任は原則として国家公務員総合職・一般職に準じる。異動については、係長級までは原則複数の部局を経験し、その後も各人の適性に合わせて、司書業務、調査業務、一般事務の職務に就く。

---

## 📁 国立国会図書館職員採用試験

以下のデータは令和6年度試験の情報に基づいています。

### 受験資格

総合職　①H2.4.2～H16.4.1生の者
　　　　②H16.4.2以降生で、R7年3月までに大学を卒業(見込)の者
一般職　①H2.4.2～H16.4.1生の者
　　　　②H16.4.2以降生で、R7年3月までに大学・短大・高専を卒業(見込)の者

### 試験日程

受付期間…2月1日～16日(インターネット)
第一次試験日…3月24日(日)
第二次試験日…4月20日(筆記試験)
　　　　　　4月24日～5月8日(人物試験〈オンライン〉)
第三次試験日…総合職：6月6日、一般職：6月7日～10日
最終合格発表…6月20日以降

### 試験内容

<一次試験>
教養試験(多肢選択式)…2時間
　一般的知識、知能
<二次試験>
専門試験(記述式)
　総合職試験：2時間
　一般職試験：1時間30分
　以下よりあらかじめ1科目選択(カッコ内の分野は受験時に選択)
　法学(憲法、民法、行政法、国際法から2分野)、政治学、経済学、社会学、文学、史学(日本史、世界史から1分野)、図書館情報学、物理学、化学、数学、工学・情報工学(工学全般、情報工学から1分野)、生物学
英語試験(多肢選択式)…1時間(長文読解)
小論文試験…1時間(総合職のみ)
人物試験　※人物試験の参考とするため、性格検査を行う
<三次試験>
人物試験

> 総合職と一般職の併願はできないが、「特例制度」が設けられており、総合職受験者は申込時に希望すれば、総合職に不合格になった場合に一般職の受験者としての取扱いを受けることができる。

### 初任給

総合職：240,840円(東京都特別区内勤務の場合)
一般職：235,440円(東京都特別区内勤務の場合)

### 問合せ先

国立国会図書館総務部人事課任用係
(〒100-8924　東京都千代田区永田町1-10-1　☎03-3506-3315〈直通〉)
e-mail　saiyo@ndl.go.jp
URL　https://www.ndl.go.jp/jp/employ/index.html

### 過去3年間の実施結果

| 試験区分 | 年度 | 申込者数 | 一次受験者数 | 一次合格者数 | 採用者数 |
|---|---|---|---|---|---|
| 総合職 | R3 | 363 | 295 | 101 | 3 |
| | R4 | 384 | 308 | 110 | 3 |
| | R5 | 428 | 296 | 120 | 3 |
| 一般職(大卒程度) | R3 | 507 | 412 | 141 | 13 |
| | R4 | 666 | 542 | 150 | 13 |
| | R5 | 682 | 447 | 130 | 21 |

※一般職(大卒程度)の一次合格者数、採用者数には総合職特例申込者を含む。

# 受験ジャーナルのご案内

| 定期号 | 定期号（年間6冊）では，7年度試験までのスケジュールに合わせ，各種の試験情報・試験対策を特集として取り上げるほか，公務員の仕事FILE，合格体験記，自己採点方式の基礎力チェック問題（正答と解説付き）など，合格に役立つ情報を掲載します。年間発行予定は目次裏を参照してください。 |
|---|---|
| 特別企画・別冊 | 『学習スタートブック 7年度試験対応』（発売中）<br>『7年度 国立大学法人等職員採用試験攻略ブック』（6年12月上旬発行予定）<br>『7年度 直前対策ブック』（7年2月中旬発行予定）<br>『7年度 面接完全攻略ブック』（7年3月中旬発行予定）<br>『7年度 直前予想問題』（7年3月下旬発行予定） |

## 試験情報募集！

編集部では，本試験の情報を募集しています。大卒程度の公務員試験を受験された方は，ぜひ，出題内容などについて情報をお寄せください。情報内容の程度により，謝礼（粗品）を進呈いたします。

※問題が公開されている（持ち帰りができる）試験の情報は不要です。情報をお寄せいただいても謝礼はお送りできませんので，ご注意ください。詳細は，小社ホームページをご覧ください。

「公務員試験情報をお寄せください！」
https://www.jitsumu.co.jp/info/

【個人情報の取扱いについて】弊社にご提供いただきました個人情報につきましては，個人情報保護法など関連法規を遵守し，厳重に管理・使用します。弊社個人情報の取扱い方針は実務教育出版ホームページをご覧ください。

## ホームページのご案内

公務員ガイドや試験情報案内などの「公務員合格ナビ」のほか，通信講座や書籍紹介の各コーナーからなるホームページ。受験ジャーナルのバックナンバーも紹介しています。

https://www.jitsumu.co.jp/

HPはこちら

X(旧Twitter)もやってます！

受験ジャーナル特別企画2
**公務員の仕事入門ブック 7年度試験対応**

2024年7月31日 初版第1刷発行
第50巻9号 通巻第676号 増刊

編集人／加藤幸彦
【編集】川辺知里／田村初穂／笹原奈津子／谷本優子
発行人／淺井 亨
発行所／株式会社 実務教育出版
〒163-8671 東京都新宿区新宿1-1-12
印刷・製本／TOPPANクロレ株式会社
表紙デザイン／鳴田小夜子（KOGUMA OFFICE）
表紙イラスト／森優
本文イラスト／小林孝文
取材・編集協力／株式会社ウララコミュニケーションズ

《問合せ先》
●編集（記事内容について）
FAX.03-5369-2237
TEL.03-3355-1813
E-mail juken-j@jitsumu.co.jp
※原則として，メール，FAXでお願いします。

●販売（当社出版物について）
TEL.03-3355-1951
※万一，落丁，乱丁などの不良品がございましたら，小社にて良品とお取り替えいたします。

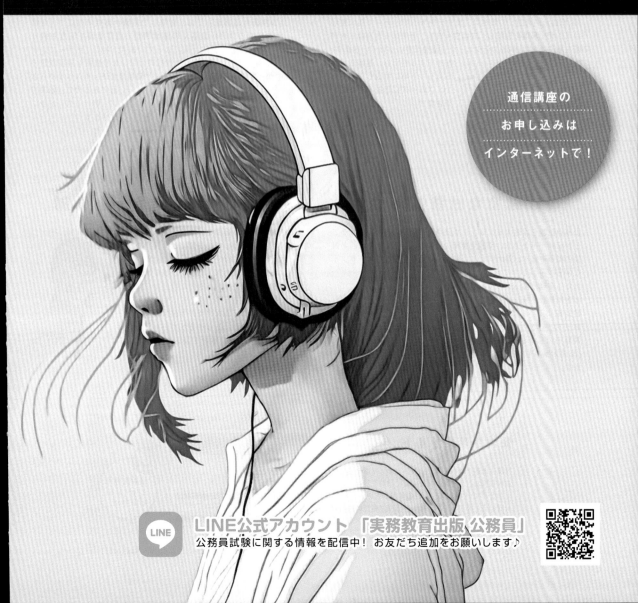

# 「公務員合格講座」の特徴

## 68年の伝統と実績

実務教育出版は、68年間におよび公務員試験の問題集・参考書・情報誌の発行や模擬試験の実施、全国の大学・専門学校などと連携した教室運営などの指導を行っています。その積み重ねをもとに作られた、確かな教材と個人学習を支える指導システムが「公務員合格講座」です。公務員として活躍する数多くの先輩たちも活用した伝統ある「公務員合格講座」です。

## 時間を有効活用

「公務員合格講座」なら、時間と場所に制約がある通学制のスクールとは違い、生活スタイルに合わせて、限られた時間を有効に活用できます。通勤時間や通学時間、授業の空き時間、会社の休憩時間など、今まで利用していなかったスキマ時間を有効に活用できる学習ツールです。

## 取り組みやすい教材

「公務員合格講座」の教材は、まずテキストで、テーマ別に整理された頻出事項を理解し、次にワークで、テキストと連動した問題を解くことで、解法のテクニックを確実に身につけていきます。初めて学ぶ科目も、基礎知識から詳しく丁寧に解説しているので、スムーズに理解することができます。

## 実戦力がつく学習システム

「公務員合格講座」では、習得した知識が実戦で役立つ「合格力」になるよう、数多くの演習問題で重要事項を何度も繰り返し学習できるシステムになっています。特に、eラーニング[Jトレプラス]は、実戦力養成のカギになる豊富な演習問題の中から学習進度に合わせ、テーマや難易度をチョイスしながら学習できるので、効率的に「解ける力」が身につきます。

**eラーニング**

[ J ト レ プ ラ ス ]

## 豊富な試験情報

公務員試験を攻略するには、まず公務員試験のことをよく知ることが必要不可欠です。受講生専用の[Jトレプラス]では、各試験の概要一覧や出題内訳など、試験の全体像を把握でき、ベストな学習プランが立てられます。また、実務教育出版の情報収集力を結集し、最新試験情報や学習対策コンテンツなどを随時アップ！さらに直前期には、最新の時事を詳しく解説した「直前対策ブック」もお届けします。

※KCMのみ

## 親切丁寧なサポート体制

受験に関する疑問や、学習の進め方や学科内容についての質問には、専門の指導スタッフが一人ひとりに親身になって丁寧にお答えします。模擬試験や添削課題では、客観的な視点からアドバイスをします。そして、受講生専用サイトやメルマガでの受講生限定の情報提供など、あらゆるサポートシステムであなたの学習を強力にバックアップしていきます。

## 受講生専用サイト

受講生専用サイトでは、公務員試験ガイドや最新の試験情報など公務員合格に必要な情報を利用しやすくまとめていますので、ぜひご活用ください。また、お問い合わせフォームからは、質問や書籍の割引購入などの手続きができるので、各種サービスを安心してご利用いただけます。

受講生専用メルマガも配信中!!

※サイトのデザインは変更する場合があります

# 志望職種別 講座対応表

各コースの教材構成をご確認ください。下の表で志望する試験区分に対応したコースを確認しましょう。

| | 教材構成 | | | |
|---|---|---|---|---|
| | 教養試験対策 | 専門試験対策 | 論文対策 | 面接対策 |
| K 大卒程度 公務員総合コース［教養＋専門行政系］ | ● | ●行政系 | ● | ● |
| C 大卒程度 公務員総合コース［教養のみ］ | ● | | ● | ● |
| L 大卒程度 公務員択一攻略セット［教養＋専門行政系］ | ● | ●行政系 | | |
| D 大卒程度 公務員択一攻略セット［教養のみ］ | ● | | | |
| M 経験者採用試験コース | ● | | ● | ● |
| N 経験者採用試験［論文・面接試験対策］コース | | | ● | ● |
| R 市役所教養トレーニングセット［大卒程度］ | ● | | ● | ● |

| | 試験名［試験区分］ | | 対応コース |
|---|---|---|---|
| 国家公務員試験 | 国家一般職［大卒程度］ | 行政 | 教養＊3＋専門対策 → K L |
| | | 技術系区分 | 教養＊3対策 → C D |
| | 国家専門職［大卒程度］ | 国税専門A（法文系）／財務専門官 | 教養＊3＋専門対策 → K L ＊4 |
| | | 皇宮護衛官［大卒］／法務省専門職員（人間科学）／国税専門B（理工・デジタル系）／食品衛生監視員／労働基準監督官／航空管制官／海上保安官／外務省専門職員 | 教養＊3対策 → C D |
| | 国家特別職［大卒程度］ | 防衛省 専門職員／裁判所 総合職・一般職［大卒］／国会図書館 総合職・一般職［大卒］／衆議院 総合職［大卒］・一般職［大卒］／参議院 総合職 | 教養＊3対策 → C D |
| | 国立大学法人等職員 | | 教養対策 → C D |
| 地方公務員試験 | 都道府県 特別区（東京23区） 政令指定都市＊2 市役所［大卒程度］ | 事務（教養＋専門） | 教養＋専門対策 → K L |
| | | 事務（教養のみ） | 教養対策 → C D R |
| | | 技術系区分、獣医師 薬剤師 保健師など資格免許職 | 教養対策 → C D R |
| | | 経験者 | 教養＋論文＋面接対策 → M 論文＋面接対策 → N |
| | 都道府県 政令指定都市＊2 市役所［短大卒程度］ | 事務（教養＋専門） | 教養＋専門対策 → K L |
| | | 事務（教養のみ） | 教養対策 → C D |
| | 警察官 | 大卒程度 | 教養＋論文対策 → ＊5 |
| | 消防官（士） | 大卒程度 | 教養＋論文対策 → ＊5 |

＊1 地方公務員試験の場合、自治体によっては試験の内容が対応表と異なる場合があります。
＊2 政令指定都市…札幌市、仙台市、さいたま市、千葉市、横浜市、川崎市、相模原市、新潟市、静岡市、浜松市、名古屋市、京都市、大阪市、堺市、神戸市、岡山市、広島市、北九州市、福岡市、熊本市。
＊3 国家公務員試験では、教養試験のことを基礎能力試験としている場合があります。
＊4 国税専門A（法文系）、財務専門官は K 「大卒程度 公務員総合コース［教養＋専門行政系］」、L 「大卒程度 公務員択一攻略セット［教養＋専門行政系］」に「新スーパー過去問ゼミ 会計学」（有料）をプラスすると試験対策ができます（ただし、商法は対応しません）。
＊5 警察官・消防官の教養＋論文対策は、「警察官 スーパー過去問セット［大卒程度］」「消防官 スーパー過去問セット［大卒程度］」をご利用ください（巻末広告参照）。

# 大卒程度 公務員総合コース

[教養＋専門行政系]

## 膨大な出題範囲の合格ポイントを的確にマスター！

※表紙デザインは変更する場合があります

### 教材一覧

- ●受講ガイド（PDF）
- ●学習プラン作成シート
- ●テキスト＆ワーク［教養試験編］知能分野（4冊）
  判断推理、数的推理、資料解釈、文章理解
- ●テキストブック［教養試験編］知識分野（3冊）
  社会科学［政治、法律、経済、社会］
  人文科学［日本史、世界史、地理、文学・芸術、思想］
  自然科学［数学、物理、化学、生物、地学］
- ●ワークブック［教養試験編］知識分野
- ●数学の基礎確認ドリル
- ●［知識分野］要点チェック
- ●テキストブック［専門試験編］（12冊）
  政治学、行政学、社会学、国際関係、法学・憲法、行政法、
  民法、刑法、労働法、経済原論（経済学）・国際経済学、財政学、
  経済政策・経済学史・経営学
- ●ワークブック［専門試験編］（3冊）
  行政分野、法律分野、経済・商学分野
- ●テキストブック［論文・専門記述式試験編］
- ●6年度 面接完全攻略ブック
- ●実力判定テスト ★（試験別 各1回）
  地方上級［教養試験、専門試験、論文・専門記述式試験（添削2回）］
  国家一般職大卒［基礎能力試験、専門試験、論文試験（添削2回）］
  市役所上級［教養試験、専門試験、論・作文試験（添削2回）］
  ＊教養、専門は自己採点 ＊論文・専門記述式・作文は計6回添削
- ●［添削課題］面接カード（2回）
- ●自己分析ワークシート
- ●［時事・事情対策］学習ポイント＆重要テーマのまとめ（PDF）
- ●公開模擬試験 ★（試験別 各1回）＊マークシート提出
  地方上級［教養試験、専門試験］
  国家一般職大卒［基礎能力試験、専門試験］
  市役所上級［教養試験、専門試験］
- ●本試験問題例集（試験別過去問1年分 全4冊）
  令和6年度 地方上級［教養試験編］★
  令和6年度 地方上級［専門試験編］★
  令和6年度 国家一般職大卒［基礎能力試験編］★
  令和6年度 国家一般職大卒［専門試験編］★
  ※平成27年度～令和6年度分は［Jトレプラス］に収録
- ●7年度 直前対策ブック★
- ●eラーニング［Jトレプラス］

★印の教材は、発行時期に合わせて送付（詳細は受講後にお知らせします）。

## 教養・専門・論文・面接まで対応

行政系の大卒程度公務員試験に出題されるすべての教養科目と専門科目、さらに、論文・面接対策教材までを揃え、最終合格するために必要な知識とノウハウをモレなく身につけることができます。また、汎用性の高い教材構成ですから、複数試験の併願対策もスムーズに行うことができます。

## 出題傾向に沿った効率学習が可能

出題範囲をすべて学ぼうとすると、どれだけ時間があっても足りません。本コースでは過去数十年にわたる過去問研究の成果から、公務員試験で狙われるポイントだけをピックアップ。要点解説と問題演習をバランスよく構成した学習プログラムにより初学者でも着実に合格力を身につけることができます。

| 受講対象 | 大卒程度 一般行政系・事務系の教養試験（基礎能力試験）および専門試験対策<br>［都道府県、特別区（東京23区）、政令指定都市、市役所、国家一般職大卒 など］ | 申込受付期間 | 2024年3月15日～2025年3月31日 |
|---|---|---|---|
| | | 学習期間のめやす | 6か月　学習期間のめやすです。個人のスケジュールに合わせて、長くも短くも調整することが可能です。試験本番までの期間を考慮し、ご自分に合った学習計画を立ててください。 |
| 受講料 | 93,500円<br>（本体85,000円＋税 教材費・指導費等を含む総額）<br>※受講料は2024年4月1日現在のものです。 | 受講生有効期間 | 2026年10月31日まで |

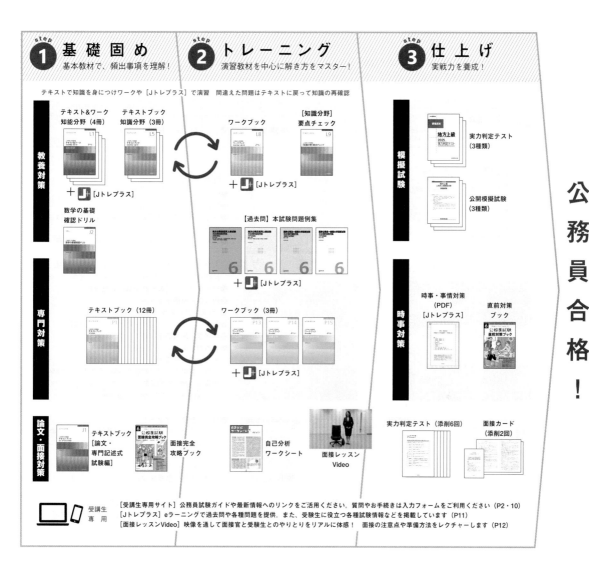

## step 1 基礎固め
基本教材で、頻出事項を理解！

## step 2 トレーニング
演習教材を中心に解き方をマスター！

## step 3 仕上げ
実戦力を養成！

テキストで知識を身につけワークや［Jトレプラス］で演習　間違えた問題はテキストに戻って知識の再確認

**教養対策**

テキスト&ワーク
知能分野（4冊）　L4

テキストブック
知識分野（3冊）　L5

＋ ［Jトレプラス］

数学の基礎
確認ドリル　J2

ワークブック　L8

＋ ［Jトレプラス］

［知識分野］
要点チェック　L9

【過去問】本試験問題例集　6　6　6　6

＋ ［Jトレプラス］

**専門対策**

テキストブック（12冊）　P1

ワークブック（3冊）　P13　P14　P15

＋ ［Jトレプラス］

**論文・面接対策**

テキストブック
［論文・
専門記述式
試験編］　J1

面接完全
攻略ブック

自己分析
ワークシート

面接レッスン
Video

**模擬試験**

実力判定テスト
（3種類）

公開模擬試験
（3種類）

**時事対策**

時事・事情対策
（PDF）
［Jトレプラス］

直前対策
ブック

実力判定テスト（添削6回）

面接カード
（添削2回）

**公務員合格！**

📱 受講生専用　［受講生専用サイト］公務員試験ガイドや最新情報へのリンクをご活用ください。質問やお手続きは入力フォームをご利用ください（P2・10）
［Jトレプラス］eラーニングで過去問や各種問題を提供。また、受験生に役立つ各種試験情報などを掲載しています（P11）
［面接レッスンVideo］映像を通して面接官と受験生とのやりとりをリアルに体感！　面接の注意点や準備方法をレクチャーします（P12）

---

**success voice!!**

## 通信講座を使い時間を有効的に活用すれば念願の合格も夢ではありません

**奥村 雄司 さん**
龍谷大学卒業

京都市 上級Ⅰ 一般事務職 合格

　私は医療関係の仕事をしており平日にまとまった時間を確保することが難しかったため、いつでも自分のペースで勉強を進められる通信講座を勉強法としました。その中でも「Jトレプラス」など場所を選ばず勉強ができる点に惹かれ、実務教育出版の通信講座を選びました。

　勉強は試験前年の12月から始め、判断推理・数的推理・憲法などの出題数の多い科目から取り組みました。特に数的推理は私自身が文系であり数字に苦手意識があるため、問題演習に苦戦しましたが、「Jトレプラス」を活用し外出先でも問題と正解を見比べ、問題を見たあとに正解を結びつけられるイメージを繰り返し、解ける問題を増やしていきました。

　ある程度基礎知識が身についたあとは、過去問集や本試験問題例集を活用し、実際に試験で解答する問題を常にイメージしながら問題演習を繰り返しました。回答でミスした問題も放置せず基本問題であればあるほど復習を忘れずに日々解けない問題を減らしていくことを積み重ねていきました。

　私のように一度就職活動中の公務員試験に失敗したとしても、通信講座を使い時間を有効的に活用すれば念願の合格も夢ではありません。試験直前も最後まであきらめず、落ちてしまったことがある方も、その経験を糧にぜひ頑張ってください。社会人から公務員へチャレンジされる全ての方を応援しています。

# C 大卒程度 公務員総合コース

## [教養のみ]

# 「教養」が得意になる、得点源にするための攻略コース！

| 受講対象 | 大卒程度 教養試験（基礎能力試験）対策<br>[一般行政系（事務系）、技術系、資格免許職を問わず、都道府県、特別区（東京23区）、政令指定都市、市役所、国家一般職大卒など] | 申込受付期間 | 2024年3月15日～2025年3月31日 | |
|---|---|---|---|---|
| | | 学習期間のめやす | 6か月 | 学習期間のめやすです。個人のスケジュールに合わせて、長くも短くも調整することが可能です。試験本番までの期間を考慮し、ご自分に合った学習計画を立ててください。 |
| 受講料 | **68,200円**<br>（本体 62,000円＋税 教材費・指導費等を含む総額）<br>※受講料は、2024年4月1日現在のものです。 | 受講生有効期間 | 2026年10月31日まで | |

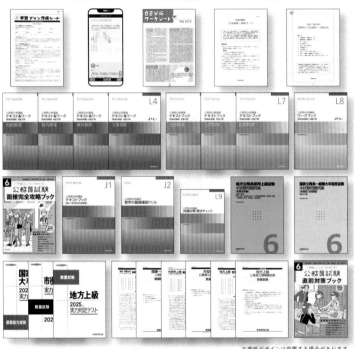

※表紙デザインは変更する場合があります

### 教材一覧

- ●受講ガイド（PDF）
- ●学習プラン作成シート
- ●テキスト＆ワーク［教養試験編］知能分野（4冊）
  判断推理、数的推理、資料解釈、文章理解
- ●テキストブック［教養試験編］知識分野（3冊）
  社会科学［政治、法律、経済、社会］
  人文科学［日本史、世界史、地理、文学・芸術、思想］
  自然科学［数学、物理、化学、生物、地学］
- ●ワークブック［教養試験編］知識分野
- ●数学の基礎確認ドリル
- ●［知識分野］要点チェック
- ●テキストブック［論文・専門記述式試験編］
- ●6年度 面接完全攻略ブック
- ●実力判定テスト★（試験別 各1回）
  地方上級［教養試験、論文試験（添削2回）］
  国家一般職大卒［基礎能力試験、論文試験（添削2回）］
  市役所上級［教養試験、論・作文試験（添削2回）］
  ＊教養は自己採点 ＊論文・作文は計6回添削
- ●［添削課題］面接カード（2回）
- ●自己分析ワークシート
- ●［時事・事情対策］学習ポイント＆重要テーマのまとめ（PDF）
- ●公開模擬試験★（試験別 各1回）＊マークシート提出
  地方上級［教養試験］
  国家一般職大卒［基礎能力試験］
  市役所上級［教養試験］
- ●本試験問題例集（試験別過去問 1年分 全2冊）
  令和6年度 地方上級［教養試験編］★
  令和6年度 国家一般職大卒［基礎能力試験編］★
  ※平成27年度～令和6年度分は、［Jトレプラス］に収録
- ●7年度 直前対策ブック★
- ●eラーニング［Jトレプラス］

★印の教材は、発行時期に合わせて送付します（詳細は受講後にお知らせします）

---

**success voice!!**

## 「Jトレプラス」では「面接レッスンVideo」と、直前期に「動画で学ぶ時事対策」を利用しました

**伊藤 拓生 さん**
信州大学卒業

長野県 技術系 合格

私が試験勉強を始めたのは大学院の修士1年の5月からでした。研究で忙しい中でも自分のペースで勉強ができることと、受講料が安価のため通信講座を選びました。

まずは判断推理と数的推理から始め、テキスト＆ワークで解法を確認しました。知識分野は得点になりそうな分野を選んでワークを繰り返し解き、頻出項目を覚えるようにしました。秋頃から市販の過去問を解き始め、実際の問題に慣れるようにしました。また直前期には「動画で学ぶ時事対策」を追加して利用しました。食事の時間などに、繰り返し視聴していました。

2次試験対策は、「Jトレプラス」の「面接レッスンVideo」と、大学のキャリアセンターの模擬面接を利用

し受け答えを改良していきました。

また、受講生専用サイトから質問ができることも大変助けになりました。私の周りには公務員試験を受けている人がほとんどいなかったため、試験の形式など気になったことを聞くことができてとてもよかったです。

公務員試験は対策に時間がかかるため、継続的に進めることが大切です。何にどれくらいの時間をかけるのか計画を立てながら、必要なことをコツコツと行っていくのが必要だと感じました。そして1次試験だけでなく、2次試験対策も早い段階から少しずつ始めていくのがよいと思います。またずっと勉強をしていると気が滅入ってくるので、定期的に気分転換することがおすすめです。

**大卒程度 公務員択一攻略セット**

[教養＋専門行政系]

## 教養＋専門が効率よく攻略できる

| | |
|---|---|
| 受講対象 | 大卒程度 一般行政系・事務系の教養試験（基礎能力試験）および専門試験対策<br>［都道府県、特別区（東京23区）、政令指定都市、市役所、国家一般職大卒など］ |
| 受講料 | **62,700 円** （本体 57,000 円＋税　教材費・指導費等を含む総額）<br>※受講料は 2024 年 4 月 1 日現在のものです。 |
| 申込受付期間 | **2024 年 3 月 15 日～ 2025 年 3 月 31 日** |
| 学習期間のめやす | 6か月　学習期間のめやすです。個人のスケジュールに合わせて、長くも短くも調整することが可能です。試験本番までの期間を考慮し、ご自分に合った学習計画を立ててください。 |
| 受講生有効期間 | 2026 年 10 月 31 日まで |

**教 材 一 覧**

- ●受講ガイド（PDF）
- ●テキスト＆ワーク［教養試験編］知能分野（4 冊）
  判断推理、数的推理、資料解釈、文章理解
- ●テキストブック［教養試験編］知識分野（3 冊）
  社会科学［政治、法律、経済、社会］
  人文科学［日本史、世界史、地理、文学・芸術、思想］
  自然科学［数学、物理、化学、生物、地学］
- ●ワークブック［教養試験編］知識分野
- ●数学の基礎確認ドリル
- ●［知識分野］要点チェック
- ●テキストブック［専門試験編］（12 冊）
  政治学、行政学、社会学、国際関係、法学・憲法、行政法、
  民法、刑法、労働法、経済原論（経済学）・国際経済学、
  財政学、経済政策・経済学史・経営学
- ●ワークブック［専門試験編］（3 冊）
  行政分野、法律分野、経済・商学分野
- ●［時事・事情対策］学習ポイント&重要テーマのまとめ（PDF）
- ●過去問　※平成27年度～令和6年度　［Jトレプラス］に収録
- ●eラーニング［J トレプラス］

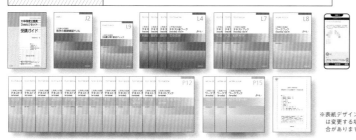

※表紙デザインは変更する場合があります

**教材は K コースと同じもので、**

**面接・論文対策、模試がついていません。**

---

 **大卒程度 公務員択一攻略セット**

[教養のみ]

## 教養のみ効率よく攻略できる

| | |
|---|---|
| 受講対象 | 大卒程度 教養試験（基礎能力試験）対策<br>［一般行政系（事務系）、技術系、資格免許職を問わず、都道府県、政令指定都市、特別区（東京23区）、市役所など］ |
| 受講料 | **46,200 円** （本体 42,000 円＋税　教材費・指導費等を含む総額）<br>※受講料は 2024 年 4 月 1 日現在のものです。 |
| 申込受付期間 | **2024 年 3 月 15 日～ 2025 年 3 月 31 日** |
| 学習期間のめやす | 6か月　学習期間のめやすです。個人のスケジュールに合わせて、長くも短くも調整することが可能です。試験本番までの期間を考慮し、ご自分に合った学習計画を立ててください。 |
| 受講生有効期間 | 2026 年 10 月 31 日まで |

**教 材 一 覧**

- ●受講ガイド（PDF）
- ●テキスト＆ワーク［教養試験編］知能分野（4 冊）
  判断推理、数的推理、資料解釈、文章理解
- ●テキストブック［教養試験編］知識分野（3 冊）
  社会科学［政治、法律、経済、社会］
  人文科学［日本史、世界史、地理、文学・芸術、思想］
  自然科学［数学、物理、化学、生物、地学］
- ●ワークブック［教養試験編］知識分野
- ●数学の基礎確認ドリル
- ●［知識分野］要点チェック
- ●［時事・事情対策］学習ポイント&重要テーマのまとめ（PDF）
- ●過去問　※平成27年度～令和6年度　［Jトレプラス］に収録
- ●eラーニング［J トレプラス］

**教材は C コースと同じもので、**

**面接・論文対策、模試がついていません。**

※表紙デザインは変更する場合があります

# M 経験者採用試験コース

## 職務経験を活かして公務員転職を狙う教養・論文・面接対策コース！

**POINT**

広範囲の教養試験を頻出事項に絞って
効率的な対策が可能！

8回の添削で論文力をレベルアップ
面接は、本番を想定した準備が可能！
面接レッスン Video も活用しよう！

| 受講対象 | 民間企業等職務経験者・社会人採用試験対策 |
|---|---|
| 受講料 | **79,200円** (本体 72,000 円＋税　教材費・指導費等を含む総額)<br>※受講料は、2024 年 4 月 1 日現在のものです。 |
| 申込受付期間 | **2024 年 3 月 15 日〜 2025 年 3 月 31 日** |
| 学習期間のめやす | **6か月**　学習期間のめやすです。個人のスケジュールに合わせて、長くも短くも調整することが可能です。試験本番までの期間を考慮し、ご自分に合った学習計画を立ててください。 |
| 受講生有効期間 | 2026 年 10 月 31 日まで |

※表紙デザインは変更する場合があります

### 教材一覧

- ●受講ガイド（PDF）
- ●学習プラン作成シート
- ●論文試験・集団討論試験等 実際出題例
- ●テキスト＆ワーク［論文試験編］
- ●テキスト＆ワーク［教養試験編］知能分野（4 冊）
  判断推理、数的推理、資料解釈、文章理解
- ●テキストブック［教養試験編］知識分野（3 冊）
  社会科学［政治、法律、経済、社会］
  人文科学［日本史、世界史、地理、文学・芸術、思想］
  自然科学［数学、物理、化学、生物、地学］
- ●ワークブック［教養試験編］知識分野
- ●数学の基礎確認ドリル
- ●［知識分野］要点チェック
- ●面接試験対策ブック
- ●提出課題 1（全 4 回）
  ［添削課題］論文スキルアップ No.1（職務経験論文）
  ［添削課題］論文スキルアップ No.2, No.3, No.4（一般課題論文）
- ●提出課題 2（以下は初回答案提出後発送　全 4 回）
  再トライ用［添削課題］論文スキルアップ No.1（職務経験論文）
  再トライ用［添削課題］論文スキルアップ No.2, No.3, No.4（一般課題論文）
- ●実力判定テスト［教養試験］★（1 回）※自己採点
- ●［添削課題］面接カード（2 回）
- ●［時事・事情対策］学習ポイント＆重要テーマのまとめ（PDF）
- ●本試験問題例集（試験別過去問 1 年分 全 1 冊）
  令和 6 年度 地方上級［教養試験編］★
  ※平成 27 年度〜令和 6 年度分は、［J トレプラス］に収録
- ●7年度 直前対策ブック★
- ●eラーニング［J トレプラス］

★印の教材は、発行時期に合わせて送付します（詳細は受講後にお知らせします）。

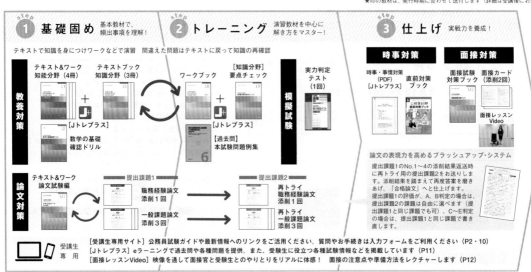

**step1 基礎固め** 基本教材で、頻出事項を理解！
テキストで知識を身につけワークなどで演習　間違えた問題はテキストに戻って知識の再確認

**step2 トレーニング** 演習教材を中心に解き方をマスター！

**step3 仕上げ** 実戦力を養成！

**教養対策**
テキスト＆ワーク 知能分野（4 冊）
テキストブック 知識分野（3 冊）
＋［J トレプラス］
数学の基礎確認ドリル

ワークブック
＋［知識分野］要点チェック
＋［J トレプラス］
［過去問］本試験問題例集

**模擬試験**
実力判定テスト（1 回）

**時事対策**
時事・事情対策（PDF）［J トレプラス］
直前対策ブック

**面接対策**
面接試験対策ブック
面接カード（添削2回）
面接レッスン Video

**論文対策**
テキスト＆ワーク 論文試験編

提出課題1
職務経験論文 添削1回
一般課題論文 添削3回

提出課題2
再トライ 職務経験論文 添削1回
再トライ 一般課題論文 添削3回

**論文の表現力を高めるブラッシュアップ・システム**
提出課題1のNo.1〜4の添削結果返送時に再トライ用の提出課題2をお送りします。添削結果を踏まえて再度答案を磨きあげ、「合格論文」へと仕上げます。
提出課題1の評価が、A、B判定の場合は、提出課題2の課題は自由に選べます（提出課題1と同じ課題でも可）。C〜E判定の場合は、提出課題1と同じ課題で書き直します。

**公務員合格！**

**受講生専用**
［受講生専用サイト］公務員試験ガイドや最新情報へのリンクをご活用ください。質問やお手続きは入力フォームをご利用ください（P2・10）
［J トレプラス］eラーニングで過去問や各種問題を提供。また、受講生に役立つ各種試験情報などを掲載しています（P11）
［面接レッスンVideo］映像を通して面接官と受験生とのやりとりをリアルに体感！　面接の注意点や準備方法をレクチャーします（P12）

# 経験者採用試験 ［論文・面接試験対策］コース

## 経験者採用試験の論文・面接対策に絞って攻略！

**POINT**

8回の添削指導で
論文力をレベルアップ！

面接試験は、回答例を参考に
本番を想定した準備が可能！
面接レッスンVideoも活用しよう！

| 受講対象 | 民間企業等職務経験者・社会人採用試験対策 |
|---|---|
| 受講料 | **39,600円** （本体36,000円＋税 教材費・指導費等を含む総額）<br>※受講料は、2024年4月1日現在のものです。 |
| 申込受付期間 | **2024年3月15日〜2025年3月31日** |
| 学習期間のめやす | **4か月** 学習期間のめやすです。個人のスケジュールに合わせて、長くも短くも調整することが可能です。試験本番までの期間を考慮し、ご自分に合った学習計画を立ててください。 |
| 受講生有効期間 | 2026年10月31日まで |

### 教材一覧

- ●受講のてびき
- ●論文試験・集団討論試験等 実際出題例
- ●テキスト＆ワーク［論文試験編］
- ●面接試験対策ブック
- ●提出課題1（全4回）
  - ［添削課題］論文スキルアップ No.1〜（職務経験論文）
  - ［添削課題］論文スキルアップ No.2、No.3、No.4（一般課題論文）
- ●提出課題2（以下は初回答案提出後発送 全4回）
  - 再トライ用［添削課題］論文スキルアップ No.1（職務経験論文）
  - 再トライ用［添削課題］論文スキルアップ No.2、No.3、No.4（一般課題論文）
- ●［添削課題］面接カード（2回）
- ●［時事・事情対策］学習ポイント&重要テーマのまとめ（PDF）
- ●eラーニング［Jトレプラス］

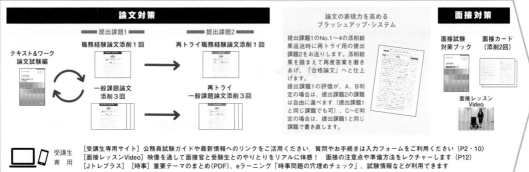

**論文対策**

提出課題1

テキスト＆ワーク
論文試験編

職務経験論文添削1回

一般課題論文
添削3回

提出課題2

再トライ職務経験論文添削1回

再トライ
一般課題論文添削3回

論文の表現力を高める
ブラッシュアップ・システム

提出課題1のNo.1〜4の添削結果返送時に再トライ用の提出課題2をお送りします。添削結果を踏まえて再度答案を磨きあげ、「合格論文」へと仕上げます。
提出課題1の評価が、A、B判定の場合は、提出課題2の課題は自由に選べます（提出課題1と同じ課題でも可）。C〜E判定の場合は、提出課題1と同じ課題で書き直します。

**面接対策**

面接試験
対策ブック

面接カード
（添削2回）

面接レッスン
Video

**公務員合格！**

受講生専用

[受講生専用サイト] 公務員試験ガイドや最新情報へのリンクをご活用ください。質問やお手続きは入力フォームをご利用ください（P2・10）
[面接レッスンVideo] 映像を通して面接官と受験生とのやりとりをリアルに体感！ 面接の注意点や準備方法をレクチャーします（P12）
[Jトレプラス] [時事] 重要テーマのまとめ（PDF）、eラーニング「時事問題の穴埋めチェック」、試験情報などが利用できます

※『経験者採用試験コース』と『経験者採用試験［論文・面接試験対策］コース』の論文・面接対策教材は同じものです。
両方のコースを申し込む必要はありません。どちらか一方をご受講ください。

**success voice!!**

---

## 通信講座のテキスト、添削のおかげで効率よく公務員試験に必要な情報を身につけることができました

**小川 慎司 さん**
南山大学卒業

**国家公務員中途採用者選考試験
（就職氷河期世代）合格**

私が大学生の頃はいわゆる就職氷河期で、初めから公務員試験の合格は困難と思い、公務員試験に挑戦しませんでした。そのことが大学卒業後20年気にかかっていましたが、現在の年齢でも公務員試験を受験できる機会を知り、挑戦しようと思いました。

通信講座を勉強方法として選んだ理由は、論文試験が苦手だったため、どこが悪いのかどのように書けばよいのかを、客観的にみてもらいたいと思ったからです。

添削は、案の定厳しい指摘をいただき、論文の基本的なことがわかっていないことを痛感しました。返却答案のコメントやテキストをみていくうちに、順を追って筋道立てて述べること、明確に根拠を示すことなど論文を書くポイントがわかってきました。すると

筆記試験に合格するようになりました。

面接は、面接試験対策ブックが役に立ちました。よくある質問の趣旨、意図が書いてあり、面接官の問いたいことはなにかという視点で考えて、対応することができるようになりました。

正職員として仕事をしながらの受験だったので、勉強時間をあまりとることができませんでしたが、通信講座のテキスト、添削のおかげで効率よく公務員試験に必要な情報を身につけることができました。

ちょうどクリスマスイブに合格通知書が届きました。そのときとても幸せな気持ちになりました。40歳代後半での受験で合格は無理ではないかと何度もくじけそうになりましたが、あきらめず挑戦してよかったです。

# 市役所教養トレーニングセット

## ［大卒程度］

## 大卒程度の市役所試験を徹底攻略！

| 受講対象 | 大卒程度 市役所 教養試験対策<br>一般行政系（事務系）、技術系、資格免許職を問わず、大卒程度<br>市役所 |
|---|---|
| 受講料 | **31,900円**　（本体 29,000円＋税　教材費・指導費等を含む総額）<br>※受講料は 2024年8月1日現在のものです。 |
| 申込受付期間 | **2024年8月1日～2025年7月31日** |
| 学習期間のめやす | **3か月**　学習期間のめやすです。個人のスケジュールに合わせて、長くも短くも調整することが可能です。試験本番までの期間を考慮し、ご自分に合った学習計画を立ててください。 |
| 受講生有効期間 | 2026年10月31日まで |

### 教材一覧

- ●受講ガイド（PDF）
- ●学習のモデルプラン
- ●テキスト＆ワーク［教養試験編］知能分野（4冊）
  判断推理、数的推理、資料解釈、文章理解
- ●テキストブック［教養試験編］知識分野（3冊）
  社会科学［政治、法律、経済、社会］
  人文科学［日本史、世界史、地理、文学・芸術、思想］
  自然科学［数学、物理、化学、生物、地学］
- ●ワークブック［教養試験編］知識分野
- ●数学の基礎確認ドリル
- ●［知識分野］要点チェック
- ●面接試験対策ブック
- ●実力判定テスト★　※教養は自己採点
  市役所上級［教養試験、論・作文試験（添削2回）］
- ●過去問（5年分）
  ［Jトレプラス］に収録　※令和2年度～6年度
- ●eラーニング［Jトレプラス］

★印の教材は、発行時期に合わせて送付（詳細は受講後にお知らせします）

※表紙デザインは変更する場合があります

---

## 質問回答

### 学習上の疑問は、指導スタッフが解決！

マイペースで学習が進められる自宅学習ですが、疑問の解決に不安を感じる方も多いはず。でも「公務員合格講座」なら、学習途上で生じた疑問に、指導スタッフがわかりやすく丁寧に回答します。手軽で便利な質問回答システムが、通信学習を強力にバックアップします！

| 質問の種類 | 学科質問<br>通信講座教材の内容について<br>わからないこと | 一般質問<br>志望先や学習計画に<br>関することなど |
|---|---|---|
| 回数制限 | **10回まで無料**<br>11回目以降は有料となります。<br>詳細は下記参照 | **回数制限なし**<br>何度でも質問できます。 |
| 質問方法 | 受講生専用サイト　郵便　FAX<br>受講生専用サイト、郵便、FAXで受け付けます。 | 受講生専用サイト　電話　郵便　FAX<br>受講生専用サイト、電話、郵便、FAXで受け付けます。 |

---

## 受講生特典

### 受講後、実務教育出版の書籍を当社に直接ご注文いただくとすべて10％割引になります！！

公務員合格講座受講生の方は、当社へ直接ご注文いただく場合に限り、実務教育出版発行の本すべてを10％OFFでご購入いただけます。
書籍の注文方法は、受講生専用サイトでお知らせします。

# いつでもどこでも学べる学習環境を提供！

# 面接のポイントが動画や添削でわかる！

## 面接レッスン Video

### 面接試験をリアルに体感！

**K C M N R**

実際の面接試験がどのように行われるのか、自分のアピール点や志望動機をどう伝えたらよいのか？
面接レッスン Video では、映像を通して面接試験の緊張感や面接官とのやりとりを実感することができます。面接試験で大きなポイントとなる「第一印象」対策も、ベテラン指導者が実地で指南。対策が立てにくい集団討論やグループワークなども含め、準備方法や注意点をレクチャーしていきます。
また、動画内の面接官からの質問に対し声に出して回答し、その内容をさらにブラッシュアップする「実践編」では、「質問の意図」「回答の適切な長さ」などを理解し、本番をイメージしながらじっくり練習することができます。
[ J トレプラス ] 内で動画を配信していますので、何度も見て、自分なりの面接対策を進めましょう。

### 面接レッスン Video の紹介動画公開中！

面接レッスン Video の紹介動画を公開しています。
実務教育出版 web サイト各コースページからもご覧いただけます。

紹介動画をご覧いただけます

（1）個人面接編
（2）集団討論編
（3）実践編

の3つを見ることができます！

実務教育出版

---

### 指導者 Profile

**坪田まり子先生**

有限会社コーディアル代表取締役、東京学芸大学特命教授、プロフェッショナル・キャリア・カウンセラー®。
自己分析、面接対策などの著書を多数執筆し、就職シーズンの講演実績多数。

**森下一成先生**

東京未来大学モチベーション行動科学部コミュニティ・デザイン研究室 教授。
特別区をはじめとする自治体と協働し、まちづくりの実践に学生を参画させながら、公務員や教員など、公共を担うキャリア開発に携わっている。

---

## 面接試験対策テキスト / 面接カード添削

### テキストと添削で自己アピール力を磨く！

**K C M N**

面接試験対策テキストでは、面接試験の形式や評価のポイントを解説しています。テキストの「質問例＆回答のポイント」では、代表的な質問に対する回答のポイントをおさえ、事前に自分の言葉で的確な回答をまとめることができます。面接の基本を学習した後は「面接カード」による添削指導で、問題点を確認し、具体的な対策につなげます。2回分の提出用紙を、「1回目の添削結果を踏まえて2回目を提出」もしくは「2回目は1回目と異なる受験先用として提出」などニーズに応じて利用できます。

▲面接試験対策テキスト

▲面接カード・添削指導

---

対応コースを記号で明記しています。
**K** …大卒程度公務員総合コース[教養+専門行政系]　**C** …大卒程度公務員総合コース[教養のみ]　**L** …大卒程度公務員択一攻略セット[教養+専門行政系]
**D** …大卒程度公務員択一攻略セット[教養のみ]　**M** …経験者採用試験コース　**N** …経験者採用試験[論文・面接試験対策]コース　**R** …市役所教養トレーニングセット

# お申し込み方法・受講料一覧

## インターネット

実務教育出版ウェブサイトの「公務員合格講座 受講申込」ページへ進んでください。

● 受講申込についての説明をよくお読みになり【申込フォーム】に必要事項を入力の上［送信］してください。
● 【申込フォーム】送信後、当社から［確認メール］を自動送信しますので、必ずメールアドレスを入力してください。

### ■お支払方法

**コンビニ・郵便局で支払う**
教材と同送の「払込取扱票」でお支払いください。
お支払い回数は「1回払い」のみです。

**クレジットカードで支払う**
インターネット上で決済できます。ご利用いただけるクレジットカードは、VISA、Master、JCB、AMEXです。お支払い回数は「1回払い」のみです。

※クレジット決済の詳細は、各カード会社にお問い合わせください。

### ■複数コース受講特典

**コンビニ・郵便局で支払いの場合**
以前、公務員合格講座の受講生だった方（現在受講中含む）、または今回複数コースを同時に申し込まれる場合は、受講料から3,000円を差し引いた金額を印字した「払込取扱票」をお送りします。
以前、受講生だった方は、以前の受講生番号を【申込フォーム】の該当欄に入力してください（ご本人様限定）。

**クレジットカードで支払いの場合**
以前、公務員合格講座の受講生だった方（現在受講中含む）、または今回複数コースを同時に申し込まれる場合は、後日当社より直接ご本人様宛にQUOカード3,000円分を進呈いたします。
以前、受講生だった方は、以前の受講生番号を【申込フォーム】の該当欄に入力してください（ご本人様限定）。

> 詳しくは、実務教育出版ウェブサイトをご覧ください。
> 「公務員合格講座 受講申込」
> https://form.jitsumu.co.jp/contact/kouza_app/default.aspx?fcd=1203999

**教材のお届け**
あなたからのお申し込みデータにもとづき受講生登録が完了したら、教材の発送手配をいたします。
※教材一式、受講証などを発送します。　※通常は当社受付日の翌日に発送します。
※お申し込み内容に虚偽があった際は、教材の送付を中止させていただく場合があります。

## 受講料一覧 ［インターネットの場合］

| コース記号 | コース名 | 受講料 | 申込受付期間 |
|---|---|---|---|
| K | 大卒程度 公務員総合コース［教養＋専門行政系］ | 93,500 円（本体 85,000 円＋税） | 2024年3月15日〜2025年3月31日 |
| C | 大卒程度 公務員総合コース［教養のみ］ | 68,200 円（本体 62,000 円＋税） | |
| L | 大卒程度 公務員択一攻略セット［教養＋専門行政系］ | 62,700 円（本体 57,000 円＋税） | |
| D | 大卒程度 公務員択一攻略セット［教養のみ］ | 46,200 円（本体 42,000 円＋税） | |
| M | 経験者採用試験コース | 79,200 円（本体 72,000 円＋税） | |
| N | 経験者採用試験［論文・面接試験対策］コース | 39,600 円（本体 36,000 円＋税） | |
| R | 市役所教養トレーニングセット［大卒程度］ | 31,900 円（本体 29,000 円＋税） | 2024年8月1日〜2025年7月31日 |

＊受講料には、教材費・指導費などが含まれております。　＊お支払い方法は、一括払いのみです。　＊受講料は、2024年8月1日現在の税込価格です。

---

**【返品・解約について】**

◇教材到着後、未使用の場合のみ2週間以内であれば、返品・解約ができます。
◇返品・解約される場合は、必ず事前に当社へ電話でご連絡ください（電話以外は不可）。
TEL：03-3355-1822（土日祝日を除く9：00〜17：00）
◇返品・解約の際、お受け取りになった教材一式は、必ず実務教育出版あてにご返送ください。教材の返送料は、お客様のご負担となります。
◇2週間を過ぎてからの返品・解約はできません。また、2週間以内でも、お客様による折り目や書き込み、破損、汚れ、紛失等がある場合は、返品・解約ができませんのでご了承ください。
◇全国の取扱い店（大学生協・書店）にてお申し込みになった場合の返品・解約のご相談は、直接、生協窓口・書店へお願いいたします。

## 公務員受験生を応援するwebサイト

実務教育出版は、68年の伝統を誇る公務員受験指導のパイオニアとして、常に新しい合格メソッドと学習スタイルを提供しています。最新の公務員試験情報や詳しい公務員試験ガイド、国の機関から地方自治体までを網羅した官公庁リンク集、さらに、受験生のバイブル・実務教育出版の公務員受験ブックスや通信講座など役立つ学習ツールを紹介したオリジナルコンテンツも見逃せません。お気軽にご利用ください。

※サイトのデザインは変更する場合があります

## 公務員試験ガイド

【公務員試験ガイド】は、試験別に解説しています。試験区分・受験資格・試験日程・試験内容・各種データ、対応コースや関連書籍など、盛りだくさん！

## あなたに合ったお仕事は？
## 公務員クイック検索！

【公務員クイック検索！】は、選択条件を設定するとあなたに合った公務員試験を検索することができます。

## 公務員合格講座に関するお問い合わせ　　　実務教育出版 公務員指導部

「どのコースを選べばよいか」、「公務員合格講座のシステムのこがわからない」など、公務員合格講座についてご不明な点は、電話かwebのお問い合わせフォームよりお気軽にご質問ください。公務員指導部スタッフがわかりやすくご説明いたします。

 **03-3355-1822** （土日祝日を除く 9：00〜17：00）
電話

 **https://www.jitsumu.co.jp/contact/inquiry/**
web　　　　　　　　　　　　　　　　　　　　（お問い合わせフォーム）

## 実務教育出版

**www.jitsumu.co.jp**
〒163-8671　東京都新宿区新宿1-1-12 / TEL：03-3355-1822 （土日祝日を除く 9：00〜17：00）

# 警察官・消防官 [大卒程度]
## 一次試験対策セット！

大卒程度の警察官・消防官の一次試験合格に必要な書籍、教材、模試をセット販売します。問題集をフル活用することで合格力を身につけることができます。模試は自己採点でいつでも実施することができ、論文試験は対策に欠かせない添削指導を受けることができます。

## 警察官 スーパー過去問セット［大卒程度］

### 教材一覧

● 大卒程度 警察官・消防官 スーパー過去問ゼミ[改訂第3版]
社会科学、人文科学、自然科学、判断推理、
数的推理、文章理解・資料解釈
● 数学の基礎確認ドリル
● [知識分野] 要点チェック
● 2025年度版 大卒警察官 教養試験 過去問350
● 警察官・消防官［大卒程度］ 公開模擬試験
＊問題、正答と解説（自己採点）、論文（添削付き）

**セット価格** 18,150円（税込）

**申込受付期間** 2023年10月25日～

## 消防官 スーパー過去問セット［大卒程度］

### 教材一覧

● 大卒程度 警察官・消防官 スーパー過去問ゼミ[改訂第3版]
社会科学、人文科学、自然科学、判断推理、
数的推理、文章理解・資料解釈
● 数学の基礎確認ドリル
● [知識分野] 要点チェック
● 2025年度版 大卒・高卒消防官 教養試験 過去問350
● 警察官・消防官［大卒程度］ 公開模擬試験
＊問題、正答と解説（自己採点）、論文（添削付き）

**セット価格** 18,150円（税込）

**申込受付期間** 2024年1月12日～

# 動画で学ぶ
## 【公務員合格】シリーズ

公務員試験対策のプロから学べる動画講義
お得な価格で受験生を応援します！

「独学」合格のための
**受験生を応援！**

**Check Point**

動画で学ぶ【公務員合格】シリーズは
厳選されたポイントを
何度も見直すことができ
「独学」合格のための
確かなスタートダッシュが可能です

---

## 教養 + 専門パック
### SPI(非言語)+教養+時事+専門

これだけ揃って格安価格！

▶ **9,680円**（税込）◀

◆動画時間：各90分

◆講義数：

| | |
|---|---|
| SPI（非言語）2コマ | 憲法 10コマ |
| 数的推理 4コマ | 民法 15コマ |
| 判断推理 4コマ | 行政法 12コマ |
| 時事対策 3コマ | ミクロ経済学 6コマ |
| [2024年度] | マクロ経済学 6コマ |
| | 速攻ミクロ経済学 6コマ |
| | 速攻マクロ経済学 6コマ |

◆視聴可能期間：1年間

---

## 教養パック
### SPI(非言語)+教養+時事

頻出テーマ攻略で得点確保！

▶ **5,940円**（税込）◀

◆動画時間：各90分

◆講義数：

SPI（非言語）2コマ

数的推理 4コマ

判断推理 4コマ

時事対策 3コマ
[2024年度]

◆視聴可能期間：1年間

---

## 動画で学ぶ【公務員合格】時事対策 2024

2024 年度試験 時事対策を徹底解説！

▶ **4,950円**（税込）◀

◆動画時間：各90分
◆講義数：時事対策 [2024年度] 3コマ
◆視聴可能期間：1年間

# 公務員受験 BOOKS のご案内

2024年6月現在

公務員受験BOOKSにはここに掲載している他にも、基礎固めから実戦演習まで役に立つ、さまざまな参考書や問題集をご用意しています。
あなたの学習計画に適した書籍をぜひ、ご活用ください。

## 基礎レベルの過去問演習書！ 学習スタート期に最適！

公務員試験

# 集中講義 シリーズ

定価：各1,650円

### 数的推理の過去問
資格試験研究会編／永野龍彦 執筆

### 判断推理の過去問
資格試験研究会編／結城順平 執筆

### 文章理解の過去問
資格試験研究会編／饗庭 悟 執筆

### 資料解釈の過去問
資格試験研究会編／結城順平 執筆

### 図形・空間把握の過去問
資格試験研究会編／永野龍彦 執筆

### 憲法の過去問
資格試験研究会編／鶴田秀樹 執筆

### 行政法の過去問
資格試験研究会編／吉田としひろ 執筆

### 民法Ⅰの過去問
資格試験研究会編／鶴田秀樹 執筆

### 民法Ⅱの過去問
資格試験研究会編／鶴田秀樹 執筆

### 政治学・行政学の過去問
資格試験研究会編／近 裕一 執筆

### 国際関係の過去問
資格試験研究会編／高瀬淳一 執筆

### ミクロ経済学の過去問
資格試験研究会編／村尾英俊 執筆

### マクロ経済学の過去問
資格試験研究会編／村尾英俊 執筆

# 公務員受験 BOOKS のご案内

各書籍の詳細については右記ウェブサイトをご覧ください。

## 一般知識分野を効率的に学習するための要点整理集！

資格試験研究会編
定価：各1,320円

### 上・中級公務員試験
# 新・光速マスター シリーズ

**社会科学** [改訂第2版]
[政治 / 経済 / 社会]

**人文科学** [改訂第2版]
[日本史 / 世界史 / 地理 / 思想 /
文学・芸術]

**自然科学** [改訂第2版]
[物理 / 化学 / 生物 / 地学 / 数学]

## 過去問集の決定版。実力試しに最適！

資格試験研究会編

### 公務員試験 合格の500 シリーズ 2025年度版

**国家総合職 教養試験 過去問500**
●定価：3,850円

**国家総合職 専門試験 過去問500**
●定価：3,850円

**国家一般職**[大卒] **教養試験 過去問500**
●定価：3,300円

**国家一般職**[大卒] **専門試験 過去問500**
●定価：3,300円

**国家専門職**[大卒] **教養・専門試験 過去問500**
●定価：3,850円

**地方上級 教養試験 過去問500**
●定価：3,300円

**地方上級 専門試験 過去問500**
●定価：3,300円

**東京都・特別区**[Ⅰ類]**教養・専門試験 過去問500**
●定価：3,300円

**市役所上・中級 教養・専門試験 過去問500**
●定価：3,080円

**大卒警察官 教養試験 過去問350**
●定価：2,420円

**大卒・高卒消防官 教養試験 過去問350**
●定価：2,420円

## 公務員受験者必読の定番書籍です！

受験ジャーナル編集部編

# 受験ジャーナル増刊号

7年度試験対応　公務員試験
**学習スタートブック**
●定価：1,760円

7年度試験対応
**公務員の仕事入門ブック**
●定価：1,760円

6年度
**国立大学法人等職員採用試験攻略ブック**
●定価：2,200円

6年度　公務員試験
**直前対策ブック**
●定価：1,870円

6年度　公務員試験
**面接完全攻略ブック**
●定価：1,870円

6年度　公務員試験
**直前予想問題**
●定価：1,870円

# 公務員受験 *BOOKS* 取扱い書店一覧

公務員受験BOOKSは、掲載書店以外の書店・大学生協でも取扱っております。
書店で品切れの場合は、店頭での注文により、取り寄せることができます。

●**北海道** 紀伊國屋書店（札幌本店・厚別店）／MARUZEN＆ジュンク堂書店札幌店／三省堂書店札幌店／コーチャンフォー（美しが丘店・ミュンヘン大橋店・新川通り店・釧路店・旭川店・北見店）／喜久屋書店小樽店／函館蔦屋書店／ジュンク堂書店旭川店／リーブルファイブックス運動公園通り店／くまざわ書店アリオ札幌店／江別 蔦屋書店

●**青森県** ジュンク堂書店弘前中三店／宮脇書店青森本店／成田本店しんまち店

●**秋田県** ジュンク堂書店秋田店／未来屋書店秋田店／宮脇書店秋田本店／スーパーブックス八橋店

●**岩手県** さわや書店フェザン店／ジュンク堂書店盛岡店／エムズ エクスポ盛岡店／東山堂イオンモール盛岡南店／MORIOKA TSUTAYA

●**山形県** 八文字屋（本店・北店・鶴岡店）／こまつ書店（寿町本店・堀川町店）／戸田書店（三川店・山形店）／TENDO八文字屋

●**宮城県** 八文字屋（泉店・セルバ店）／紀伊國屋書店仙台店／丸善書店仙台アエル店／あゆみBOOKS仙台一番町店／ヤマト屋書店（仙台三越店・東仙台店）／未来屋書店名取店／くまざわ書店エスパル仙台店／蔦屋書店イオンタウン泉大沢店

●**福島県** 岩瀬書店（福島駅西口店・富久山店）／鹿島ブックセンター／ヤマニ書房本店／みどり書房（イオンタウン店・桑野店・福島南店）／ジュンク堂書店郡山店／くまざわ書店（福島エスパル店・会津若松店）

●**茨城県** ACADEMIAイーアスつくば店／コーチャンフォーつくば店／川又書店（県庁店・エクセル店）／WonderGOOつくば店／未来屋書店（水戸内原店・土浦店・つくば店）／蔦屋書店（ひたちなか店・龍ケ崎店）／ブックエース茨城前店／くまざわ書店取手店／リブロトナリエキュートつくば店

●**栃木県** 喜久屋書店宇都宮店／落合書店（イトーヨーカドー店・宝木店・トナリエ店）／うさぎや（自治医大店・栃木城内店）／くまざわ書店（宇都宮インターパーク店・宇都宮店）／TSUTAYA小山ロブレ店／ビッグワンTSUTAYA（佐野店・さくら店）

●**群馬県** 戸田書店高崎店／ブックマンズアカデミー（高崎店・太田店）／喜久屋書店太田店／紀伊國屋書店前橋店／くまざわ書店高崎店／蔦屋書店前橋みなみモール店／未来屋書店高崎

●**埼玉県** 須原屋（本店・コルソ店・武蔵浦和店・川口前川店）／三省堂書店大宮店／ジュンク堂書店大宮高島屋店／紀伊國屋書店（川越店・さいたま新都心店・浦和パルコ店）／東京旭屋書店（新越谷店・志木店・イオンモール浦和美園店）／ブックファーストルミネ川越店／ブックデポ書楽／くまざわ書店（アズセカンド店・宮原店）／ACADEMIA菖蒲店／文教堂書店川口駅店／未来屋書店レイクタウン店／明文堂書店TSUTAYA戸田／TSUTAYAレイクタウン／丸善書店桶川店／リブロ（ららぽーと富士見店・ラ ラガーデン春日部店）／ツタヤブックストアグランエミオ所沢

●**千葉県** 三省堂書店（千葉そごう店・カルチャーステーション千葉店）／東京旭屋書店船橋店／丸善書店津田沼店／堀江良文堂書店松戸店／くまざわ書店（松戸店・津田沼店・ペリエ千葉店・柏высота店）／紀伊國屋書店（流山おおたかの森店・セブンパークアリオ柏店）／喜久屋書店（千葉ニュータウン店・松戸店）／未来屋書店イオン成田店／精文館書店（木更津店・市原五井店）／蔦屋書店（幕張新都心店・茂原店）／ジュンク堂書店（南船橋店・柏モディ店）／丸善ユニモちはら台店／ツタヤブックストアテラスモール松戸／有隣堂ニッケコルトンプラザ店

●**神奈川県** 有隣堂（横浜駅西口店・ルミネ横浜店・戸塚モディ店・本店・藤沢店・厚木店・たまプラーザテラス店・新百合ヶ丘エルミロード店・ミウィ橋本店・テラスモール湘南店・ららぽーと海老名店・ららぽーと湘南平塚店・キュービックプラザ新横浜店）／三省堂書店海老名店／文教堂書店（溝ノ口本店・横須賀MORE'S店）／八重洲Ｂ.Ｃ京急上大岡店／ブックファースト（青葉台店・ボーノ相模大野店）／紀伊國屋書店（横浜店・ららぽーと横浜店・武蔵小杉店）／丸善書店ラゾーナ川崎店／丸善日吉東急アベニュー店／ジュンク堂書店藤沢店／くまざわ書店（相模大野店・本厚木店・横須賀店）／ACADEMIAくまざわ書店橋本店／ACADEMIA港北店

●**東京都** くまざわ書店（八王子店・錦糸町店・桜ヶ丘店・武蔵小金井北口店・調布店・アリオ北砂店）／丸善書店（丸の内本店・日本橋店・お茶の水店・多摩センター店）／オリオン書房（ノルテ店・イオンモールむさし村山店）／有隣堂（アトレ目黒店・アトレ恵比寿店・グランデュオ蒲田店）／久美堂本店／三省堂書店（神保町本店・池袋本店・有楽町店・成城店・東京ソラマチ店・経堂店）／紀伊國屋書店（新宿本店・玉川高島屋店・国分寺店・小田急町田店・アリオ亀有店）／東京旭屋書店池袋店／書泉芳林堂書店高田馬場店／啓文堂書店（府中本店・多摩センター店・渋谷店）／文教堂書店（二子玉川店・赤羽店・市ヶ谷店）／ジュンク堂書店（池袋本店・吉祥寺店・大泉学園店・立川高島屋店）／ブックファースト（新宿店・アトレ大森店・レミィ五反田店・ルミネ北千住店・中野店）／コーチャンフォー若葉台店／喜久屋書店府中店

●**新潟県** 紀伊國屋書店新潟店／ジュンク堂書店新潟店／戸田書店長岡店／知遊堂（三条店・亀貝店・上越国府店）／蔦屋書店（新通店・新発田店）／未来屋書店新潟南店

●**富山県** 文苑堂（福田本店・富山豊田店・藤の木店）／BOOKSなかだ本店／喜久堂書店高岡店／紀伊國屋書店富山店／くまざわ書店富山マルート店

●**石川県** うつのみや金沢香林坊店／金沢ビーンズ明文堂書店／明文堂書店TSUTAYA（野々市店・KOMATSU店）／未来屋書店金沢の里店

●**長野県** 平安堂（新長野店・上田店・東和田店）／宮脇書店松本店／MARUZEN松本店

●**福井県** 紀伊國屋書店福井店／Super KaBoS（新二の宮店・大和田店・敦賀店）

●**山梨県** 朗月堂本店／ブックセンターよむよむフレスポ甲府東店／BOOKS KATOH都留店／未来屋書店甲府昭和店

●**静岡県** 谷島屋（新流通店・浜松本店・イオンモール浜松志都呂店・ららぽーと磐田店・マークイズ静岡店）／未来屋書店浜松市野店／マルサン書店仲見世店／戸田書店（江尻台店・藤枝東店）／MARUZEN＆ジュンク堂書店新静岡店

●**岐阜県** 丸善書店岐阜店／カルコス（本店・穂積店）／未来屋書店各務原店／ACADEMIA大垣店／三省堂書店岐阜店／三洋堂書店アクロスプラザ恵那店

●**三重県** 宮脇書店四日市本店／本の王国文化センター前店／MARUZEN四日市店／コメリ書房鈴鹿店／TSUTAYAミタス伊勢店

●**愛知県** 三洋堂書店いりなか店／三省堂書店名古屋本店／星野書店近鉄パッセ店／精文館書店（本店・新豊田店）／ジュンク堂書店（名古屋店・名古屋栄店）／らくだ書店本店／MARUZEN名古屋本店／丸善書店（ヒルズウォーク徳重店・イオンタウン千種店）／未来屋書店（ナゴヤドーム店・大高店）／夢屋書店長久手店／TSUTAYA（春日井店・瀬戸店・ウイングタウン岡崎店・ららぽーと愛知東郷店）／紀伊國屋書店（名古屋空港店・mozoワンダーシティ店）

●**滋賀県** ジュンク堂書店滋賀草津店／ブックハウスひらがきAスクエア店／大垣書店フォレオ大津一里山店／喜久屋書店草津店／サンミュージック（ハイパーブックス彦根店・ハイパーブックスかがやき通り店）

●**京都府** 紀伊國屋書店（烏丸三条店・イオンモールKYOTO店・イオンモール京都桂川店・京都ヨドバシ店・イオンモール北大路店・京都本店・二条駅店）／未来屋書店高の原店

●**奈良県** 啓林堂書店奈良店／喜久屋書店（大和郡山店・橿原店）／三洋堂書店香芝店／ジュンク堂書店奈良店／WAY書店TSUTAYA天理店

●**和歌山県** TSUTAYA WAY（ガーデンパーク和歌山店・岩出店・田辺東山店）／くまざわ書店和歌山ミオ店／宮脇書店ロイネット和歌山店／未来屋書店和歌山店

●**兵庫県** 喜久屋書店（北神戸店・須磨パティオ店）／ジュンク堂書店（三宮店・三宮駅前店・西宮店・姫路店・神戸住吉店・明石店）／紀伊國屋書店（加古川店・川西店）／ブックファースト阪急西宮ガーデンズ店／大垣書店神戸ハーバーランドumie店／未来屋書店伊丹店／メトロ書店神戸御影店／喜久屋書店ららぽーと甲子園店

●**大阪府** 旭屋書店なんばCity店／紀伊國屋書店（梅田本店・グランフロント大阪店・泉北店・堺北花田店・京橋店・高槻阪急店・天王寺ミオ店・アリオ鳳店）／ジュンク堂書店（大阪本店・難波店・近鉄あべのハルカス店・松坂屋高槻店）／喜久屋書店阿倍野店／田村書店千里中央店／大垣書店高槻店／MARUZEN＆ジュンク堂書店梅田店／未来屋書店（大日店・りんくう泉南店・茨木店）／TSUTAYAららぽーとEXPOCITY／梅田蔦屋書店／丸善（八尾アリオ店・セブンパーク天美店）／水嶋書店くずはモール店／枚方 蔦屋書店

●**鳥取県** 本の学校 今井ブックセンター／今井書店（湖山店・吉成店・錦町店）／宮脇書店鳥取店

●**島根県** ブックセンタージャスト浜田店／今井書店（グループセンター店・学園通り店・出雲店・AERA店）／宮脇書店イオンモール出雲店

●**岡山県** 丸善（岡山シンフォニービル店・さんすて岡山店）／紀伊國屋書店（クレド岡山店・エブリイ津高店）／宮脇書店岡山本店／喜久屋書店倉敷店／TSUTAYA津島モール店／啓文社岡山本店／BOOKSTORE岡山駅前紀伊國屋書店

●**広島県** 紀伊國屋書店（広島店・ゆめタウン広島店・ゆめタウン廿日市店）／廣文館広島駅ビル店／フタバ図書（TERA広島府中店・東広島店・MEGA・アルティアルパーク北棟店・アルティ福山本店）／啓文社ポートプラザ店／ジュンク堂書店広島駅前店／MARUZEN広島店／TSUTAYA（広島駅前店・フジグラン緑井店）／広島蔦屋書店／エディオン蔦屋家電

●**山口県** 文榮堂（本店・山大前店）／宮脇書店（宇部店・徳山店）／明屋書店（南岩国店・MEGA大内店・MEGA新下関店）／くまざわ書店下関店／幸太郎本舗TSUTAYA宇部店／紀伊國屋書店ゆめタウン下松店

●**香川県** 宮脇書店（本店・南本店・総本店・高松天満屋店・丸亀店）／紀伊國屋書店丸亀店／くまざわ書店高松店／ジュンク堂書店高松店

●**徳島県** 紀伊國屋書店（徳島店・ゆめタウン徳島店）／附家書店（松茂店・国府店）／宮脇書店徳島本店／BookCity平惣徳島店／未来屋書店徳島店

●**愛媛県** 明屋書店（中央通店・MEGA平田店・石井店）／ジュンク堂書店松山三越店／TSUTAYA（エミフルMASAKI店・BOOKSTORE 重信・フジグラン松山店）／紀伊國屋書店いよてつ高島屋店

●**高知県** TSUTAYA中万々店／宮脇書店高須店／金高堂／金高堂朝倉ブックセンター／高知 蔦屋書店／未来屋書店高知店

●**福岡県** ジュンク堂書店福岡店／紀伊國屋書店（福岡本店・ゆめタウン博多店・久留米店）／福岡金文堂福大店／ブックセンタークエスト（小倉本店・エマックス久留米店）／六本松蔦屋書店博多店／くまざわ書店小倉店／フタバ図書（TERA福岡店・GIGA春日店）／くまざわ書店（小倉店・福岡西新店・ららぽーと福岡店）／蔦屋書店イオンモール筑紫野／黒木書店七隈店／未来屋書店（福津店・直方店）／六本松蔦屋書店／TSUTAYA和白店／ツタヤブックストアマークイズ福岡ももち店

●**佐賀県** 積文館書店佐大通り店／くまざわ書店佐賀店／紀伊國屋書店佐賀店／TSUTAYA鳥栖店

●**長崎県** 紀伊國屋書店長崎店／メトロ書店本店／くまざわ書店佐世保店／ツタヤブックストアさせぼ五番街店／TSUTAYA長崎COCOWALK

●**熊本県** 金龍堂まるぶん店／紀伊國屋書店（熊本光の森店・熊本はません店・あらおシティモール店）／蔦屋書店（熊本三年坂店・嘉島店・小川町店）／明林堂書店（長嶺店・白山店）／メトロ書店熊本本店

●**大分県** 明林堂書店（別府本店・大分本店）／リブロ大分わさだ店／紀伊國屋書店アミュプラザおおいた店／くまざわ書店大分明野店

●**宮崎県** 田中書店妻ヶ丘本店／蔦屋書店宮崎高千穂通り店／くまざわ書店延岡ニューシティ店／未来屋書店イオンモール宮崎店／紀伊國屋書店アミュプラザみやざき店／ツタヤブックストア宮交シティ

●**鹿児島県** ブックスミスミ（オプシア店・鹿屋店）／ジュンク堂書店鹿児島店／紀伊國屋書店鹿児島店／未来屋書店鹿児島店／TSUTAYA BOOKSTORE霧島

●**沖縄県** 宮脇書店（太陽書房宜野湾店・太陽書房美里店・南風原店・うるま店・イオン名護店・経塚シティ店）／TSUTAYA那覇新都心店／球陽堂書房（那覇メインプレイス店・西原店）／くまざわ書店那覇店／ジュンク堂書店那覇店／未来屋書店ライカム店／HMV&BOOKS OKINAWA

（2024年4月現在）